Gewerberechtliche Entgeltvorschriften
im modernen Arbeitsrecht

Europäische Hochschulschriften
Publications Universitaires Européennes
European University Studies

Reihe II
Rechtswissenschaft

Série II Series II
Droit
Law

Bd./Vol. 3231

PETER LANG
Frankfurt am Main · Berlin · Bern · Bruxelles · New York · Oxford · Wien

Julia Minnameier

Gewerberechtliche Entgeltvorschriften im modernen Arbeitsrecht

PETER LANG
Europäischer Verlag der Wissenschaften

Die Deutsche Bibliothek - CIP-Einheitsaufnahme

Minnameier, Julia:

Gewerberechtliche Entgeltvorschriften im modernen Arbeitsrecht / Julia Minnameier. - Frankfurt am Main ; Berlin ; Bern ; Bruxelles ; New York ; Oxford ; Wien : Lang, 2001
(Europäische Hochschulschriften : Reihe 2, Rechtswissenschaft ; Bd. 3231)
Zugl.: Mannheim, Univ., Diss., 2001
ISBN 3-631-38159-X

D 180
ISSN 0531-7312
ISBN 3-631-38159-X

www.peterlang.de

Meinen Eltern

Vorwort

Die vorliegende Arbeit wurde im Wintersemester 2000/2001 von der Juristischen Fakultät der Universität Mannheim als Dissertation angenommen. Bereits bei der Themenfindung wirkte mein Doktorvater Herr Prof. Dr. Volker Rieble mit. Hierfür und für die jederzeit bereitwillige und stets sehr wertvolle Unterstützung bei der Erstellung der Arbeit gilt ihm mein ganz besonderer Dank.

Herrn Prof. Dr. Pirmin Spieß bin ich für die Erstellung des Zweitgutachtens ebenfalls zu Dank verpflichtet.

Im privaten Bereich haben mich insbesondere meine Eltern und mein Freund Frank in vielfältiger Hinsicht unterstützt, ebenso dessen Eltern sowie meine Großmutter. Auch ihnen möchte ich an dieser Stelle herzlich danken.

Karlsruhe, im Juni 2001 *Julia Minnameier*

Inhalt

Einleitung

Gegenstand dieser Arbeit sind die gewerberechtlichen Entgeltvorschriften. Sie wurden bereits in der Mitte des 19. Jahrhunderts geschaffen, in einer Zeit, als gerade das Zeitalter der Industrialisierung begonnen hatte und auch das Arbeitsrecht in seiner heutigen Form noch nicht entstanden war. Zum Handeln veranlaßt sah sich der damalige Gesetzgeber aufgrund verbreiteter Trucksysteme, welche den Arbeitnehmern den Lohn entzogen. Die gewerberechtlichen Entgeltvorschriften trugen dem durch eine Reihe von Ge- und Verboten Rechnung. Die damaligen Lebensverhältnisse der Arbeiterschaft wurden hierbei berücksichtigt. Naturgemäß konnte die weitere Entwicklung der tatsächlichen Lebensverhältnisse der Arbeiterschaft sowie die Entwicklung des Arbeitsrechts damals noch nicht berücksichtigt werden. Inzwischen haben sich nicht nur die Bestandteile des Entgelts gewandelt. Auch außerhalb der Entlohnungssysteme sind im Zuge vor allem der Mitarbeiterbeteiligung neue Rechtsbeziehungen entstanden. Doch eine Anpassung der gewerberechtlichen Entgeltvorschriften an die sich ändernden Lebens- und Rechtsverhältnisse unterblieb. In der Gewerbeordnung finden sich daher heute Entgeltvorschriften, mit welchen eine Vielzahl heutiger Vereinbarungen zwischen den Arbeitsvertragsparteien in Konflikt gerät.

Ziel dieser Arbeit ist es, unter Betrachtung vor allem des Schutzzwecks dieser Vorschriften zu einer teleologischen Auslegung zu gelangen, welche die Gedanken der Truckvorschriften aufrechterhält, zugleich aber auch den heutigen Rechtsbeziehungen des modernen Arbeitsrechts Rechnung trägt.

Im ersten Kapitel wird zunächst die Entwicklung des Entgelts und die Entstehung neuer Rechtsbeziehungen zwischen den Arbeitsvertragsparteien dargestellt sowie ein Überblick über die gewerberechtlichen Entgeltvorschriften gegeben. Sodann wird in den Kapiteln zwei bis vier auf die drei maßgeblichen Bestimmungen der gewerberechtlichen Entgeltvorschriften, das Truckverbot (§ 115 I GewO), das Kreditierungsverbot (§ 115 II GewO) sowie das Verbot sog. Lohnverwendungsabreden (§ 117 II GewO), im einzelnen eingegangen werden.

1. Teil: Die Geschichte der Entlohnung der Arbeitnehmer

A. Die Gesellschaft und die Arbeit im Wandel

I. Die Gesellschafts- und Wirtschaftsordnung bis zum Beginn des 19. Jahrhunderts

Zu Zeiten des Merkantilismus waren die unteren Stände nicht völlig rechtlos. Ihrer rechtlichen Unterwerfung unter höhere Stände stand eine gewisse Fürsorgepflicht ihrer Herren gegenüber, welche zum Teil gesetzlich geregelt war: Die Bauern unterstanden dem Schutz der adligen Grundherren. Das Handwerk unterfiel der Zunftordnung, welche auch die Ausbildung der Lehrlinge regelte[1]. Es herrschten feste Preise für Waren und Dienste (= Löhne)[2]. Im preußischen Allgemeinen Landrecht (ALR) von 1794 waren der Gewalt des Meisters über seine Lehrlinge und Gesellen zum Schutz derselben gewisse Schranken gesetzt[3].

Das preußische ALR enthielt – auszugsweise – folgende Regelungen:

> zum Gesinde in Th. II Tit. V:
> „§ 82. Die Herrschaft ist schuldig, dem Gesinde Lohn und Kleidung zu den bestimmten Zeiten prompt zu entrichten.
> § 83. Ist auch Kost versprochen worden: so muß selbige in den jeden Orts gewöhnlichen Speisen, bis zur Sättigung gegeben werden.
> § 88. Außerdem ist die Herrschaft zur Vorsorge für kranke Dienstboten nur alsdann verpflichtet, wenn dieselben keine Verwandten in der Nähe haben, die sich ihrer anzunehmen vermögend, und nach den Gesetzen schuldig sind.
> § 144. Dienstboten können vor Ablauf der Dienstzeit, jedoch nach vorhergegangener Aufkündigung den Dienst verlassen: 1) wenn die Herrschaft den bedungenen Lohn in den festgesetzten Terminen nicht richtig bezahlt; ...
> § 204. Das in den **Gesindeordnungen** bestimmte Lohn, ingleichen die an jedem Orte bisher üblich gewesene Kost des Gesindes, kann die Herrschaft eigenmächtig nicht vermindern."
>
> zu den Gesellen in Th. II Tit. VIII:
> „§ 350. Lohn und Kostgeld, oder Beköstigung der Gesellen, muß die **Zunft** unter Direktion der Obrigkeit, bestimmen."

Auch Fabriken existierten in dieser Zeit bereits. Den Fabrikunternehmern und Fabrikanten (= Fabrikarbeitnehmern) war auch im preußischen ALR ein eigener

[1] Müller, Schlaglichter der deutschen Geschichte, Nr. 3.19f.
[2] Wesel, Geschichte des Rechts, S. 438.
[3] V. Landmann (1912), Vorbem. Titel VII, Anm. 1: das Allgemeine Landrecht enthält Grundsätze über die Verhältnisse zwischen den Meistern und deren Lehrlingen und Gehilfen.

Abschnitt (Th. II Tit. VIII, 4. Abschnitt: von Künstlern und Fabrikanten; dort §§ 407 ff) gewidmet. Geprägt war die Zeit des 18. und beginnenden 19. Jahrhunderts jedoch von der ständischen Ordnung und damit von einer Gesellschaft verschiedener Stände, verknüpft mit einer rechtlichen Ordnung, die jedenfalls einen gewissen Schutz der unteren Stände vorsah.

II. Der Wandel der Gesellschaftsordnung im 19. Jahrhundert und deren Folgen

Dies änderte sich zu Beginn des 19. Jahrhunderts. Die alten Ordnungen fielen. Die **Stein'sche Reform** beseitigte die persönliche Unfreiheit und die damit verbundenen persönlichen und dinglichen Lasten[4]. Die **Hardenberg'sche Reform** führte die Gewerbe- und Handelsfreiheit ein[5] und ermöglichte damit jeder Person unabhängig von ihrem Stand den Handel[6].

Diese neue Gesellschaftsordnung, verbunden mit der einsetzenden Industrialisierung, stürzte den Großteil der Bevölkerung – die unteren Stände – aus ihrem sozial abgesicherten Leben in ein völlig neues, ungesichertes Leben. Da die Bauern in Preußen, anders als in den Gebieten westlich der Elbe und in Süddeutschland, im Zuge der Bauernbefreiung zumeist einen Großteil ihres Hoflandes als Entschädigung an die Gutsbesitzer abtreten mußten, entstand eine Schicht besitzloser Landarbeiter, denen es an ihrer Existenzgrundlage fehlte[7]. Die Aufhebung der Zunftordnungen führte mit dem Entstehen der industriellen Fertigung zu einer Massenarbeitslosigkeit der Handwerksgesellen.

Im Zuge der Industrialisierung wanderten die Massen der arbeitslos gewordenen Handwerksgesellen sowie die verarmten und besitzlosen Kleinbauernsöhne[8] in die Städte[9]. Die industrielle Revolution vollzog die Umwandlung der bisherigen Agrargesellschaft in die Industriegesellschaft unserer Zeit[10]. Eine neue Bevölkerungsklasse, die Arbeiterschaft, entstand[11].

Durch die entstehende Bevölkerungsexplosion und Landflucht entstand ein Überangebot an Arbeitskräften, welches, wie auch der entstandene ausländische, vor allem britische Konkurrenzdruck, die Löhne drückte. Zudem war die in der Zeit der Stände bestehende soziale Absicherung durch Fürsorge des Herren bzw.

---

[4] Schmidt, Öff. WirtschR, S. 7; Müller, Schlaglichter der deutschen Geschichte, Nr. 6.11f.

[5] Wesel, Geschichte des Rechts, S. 438.

[6] Schmidt, Öff. WirtschR, S. 7.

[7] Müller, Schlaglichter der deutschen Geschichte, Nr. 6.12.

[8] Müller, Schlaglichter der deutschen Geschichte, Nr. 8.4.

[9] Pohl, Sozialgeschichtliche Probleme in der Zeit der Hochindustrialisierung, S. 35.

[10] Müller, Schlaglichter der deutschen Geschichte, Nr. 8.4.

[11] Kuder, Die Lage der deutschen Industriearbeiter, S. 34: „Entstehung eines neuen Standes, der Industriearbeiter".

der Familie[12] entfallen. Die Arbeiter waren in ihrer Existenz nunmehr völlig von ihrer Arbeit in der Fabrik abhängig. Der Tod des Ernährers, der in der Regel schon nicht allein genug verdienen konnte, um seine ganze Familie zu unterhalten, Krankheit, Arbeitsunfähigkeit durch Unfall, kurzfristige Kündigung sowie Arbeitslosigkeit bei konjunkturellen Schwankungen waren Ereignisse, die die Existenz ganzer Familien bedrohten[13].

III. Die arbeitsrechtlichen Rahmenbedingungen im 19. Jahrhundert

In der ersten Hälfte des 19. Jahrhunderts hatte sich – aufgrund der Ausbreitung liberaler Überzeugungen und Gedanken, aufgrund von Reformgesetzen und der Aufhebung der traditionellen Bindungen der Arbeit durch Zünfte und ähnliche Organisationen – auch in den Rechtsbeziehungen zwischen Arbeitgebern und Arbeitnehmern allmählich die **Vertragsfreiheit** durchgesetzt[14]. Zwar galten die alten Regelungen noch fort, aufgrund der nun bestehenden Gewerbefreiheit konnten diese jedoch nicht mehr die gesamte Arbeiterschaft erfassen. Im Jahre 1845 wurde schließlich in der preußischen Gewerbeordnung der Grundsatz der allgemeinen, unbeschränkten Vertragsfreiheit in Preußen ausdrücklich festgeschrieben[15]. Die hierdurch für die Arbeiterschaft entstehende Abhängigkeit von der Unternehmerschaft, welcher sie ausgeliefert wurde, war von den Reformatoren wohl nicht erkannt worden. Erst als die Mißstände offen zutage getreten waren, setzte sich zögerlich eine die bisherige Ordnung ersetzende Gesetzgebung zum Schutz der Arbeitnehmer durch.

Vorreiterrolle hierfür war das Königreich Preußen[16]. Dort wurde bereits im Jahre 1811 das Gewerbesteueredikt von 1810 durch das Gesetz über die polizeilichen Verhältnisse der Gewerbe (Gewerbepolizeigesetz) ergänzt[17]. Große Bedeutung erlangte das durch Regulativ vom 9.3.1839 erlassene **Kinderschutzgesetz**, welches insbesondere die Beschäftigung von Kindern im Alter unter 9 Jahren verbot[18]. Das o.g. Gewerbepolizeirecht wurde schließlich in der preußischen Gewerbeordnung vom 17.1.1845 weiterentwickelt[19]. Darin wurde den Unternehmern, was den Arbeiterschutz anbelangt, insbesondere die Pflicht zur Rücksichtnahme auf Gesundheit und Sittlichkeit und die Pflicht zur Freistellung der Lehrlinge und Gesellen für die Zeit des Schul- und Religionsunterrichts auferlegt[20]. Die königliche Verordnung vom 9.2.1849 betr. die Errichtung der Ge-

[12] Münchner Handbuch-Richardi, § 2, Rn. 29.
[13] Müller, Schlaglichter der deutschen Geschichte, Nr. 8.5.
[14] Kaufhold ZfA 1991, 278, 283.
[15] Münchner Handbuch-Richardi, § 2, Rn. 13.
[16] V. Landmann (1912), Vorbem. zu Titel VII, Anm. 1.
[17] Schmidt, Öff. WirtschR, S. 8.
[18] v. Landmann (1912), Vorbem. zu Titel VII, Anm. 1.
[19] Schmidt, Öff. WirtschR, S. 8.
[20] V. Landmann (1912), Vorbem. zu Titel VII, Anm. 1.

werberäte (GS S. 93) enthielt Bestimmungen zur **Arbeitszeit** und führte das **Truckverbot** in seiner heutigen Form ein (zum Truckverbot im einzelnen unter *B.* und *C.*). Im Jahre 1853 wurde der Schutz der Kinder erweitert.

Die Gewerbeordnung für den Norddeutschen Bund aus dem Jahre 1869 brachte diese preußischen Gesetze zusammen und erstreckte deren Geltung zunächst auf die übrigen Staaten des Norddeutschen Bundes, nach Errichtung des Deutschen Reiches im Jahre 1871 dann auch nach und nach auf die übrigen deutschen Staaten[21].

Zugleich stellte der in **§ 105 GewO** eingeführte Gesetzesvorbehalt klar, daß Beschränkungen der **Vertragsfreiheit** nur noch gelten sollten, soweit sie gesetzlich geregelt waren, was eben zu dem Zweck geschah, die bis dahin bestehenden, althergekommenen Beschränkungen der Vertragsfreiheit, wie sie zugunsten der Arbeiterschaft hinsichtlich des notwendigen, zulässigen oder unzulässigen Inhalts von Arbeitsverträgen bestanden hatten, aufzuheben[22].

Die Motive zur GewO von 1869 bemerkten über die Regelung der Vertragsfreiheit in § 105 GewO:

> „In die Verhältnisse der Arbeitgeber und Arbeiter läßt der Entwurf keine weitere Einmischung der öffentlichen Gewalt zu, als diejenige, welche durch die Fürsorge für Unmündige (Sicherung der Lehrlinge gegen Mißbrauch der Gewalt des Lehrherrn und die Sicherung der heranwachsenden Jugend gegen vorzeitige Ausbeutung ihrer Kräfte in den Fabriken), für einen Nachhilfsunterricht, soweit der selbe erforderlich, für tunlichste Sicherung der Arbeiter gegen die aus der besonderen Beschaffenheit des Gewerbebetriebs oder der Betriebsstätte sich ergebende Gefahr für Leben und Gesundheit, für Klarstellung der Lehr- und Lohnverträge, endlich für Beseitigung von Mißbräuchen bei der Lohnzahlung (Bestimmungen gegen das Trucksystem) erforderlich sind."[23]

In der Folgezeit wurde der Arbeiterschutz weiterentwickelt, insbesondere durch die Novellen der GewO aus den Jahren 1878 und 1891[24]. Hierdurch wurden weitere Vorschriften zur Kinder- und Frauenarbeit, zur Arbeitszeit, zum Truckverbot, zur Fabrikinspektion, zum Lehrverhältnis, zur Sonntagsruhe, und in bezug auf Lohnbücher und Arbeitszettel erlassen[25].

---

[21] Schenkel, GewO, Einl., S. 3; v. Landmann (1912), Vorbem. zu Titel VII, Anm. 1.
[22] L/R-Neumann (1981), § 105, Rn. 7.
[23] Stenographische Berichte III Drucksache Nr. 13.
[24] Schenkel, GewO, § 105, Anm. 6.
[25] Vgl. ausführlich hierzu: v. Landmann (1912), Vorbem. zu Titel VII, Anm. 1 sowie Kaufhold ZfA 1991, 278, 290 und 307-312.

Während anfangs die Arbeitsordnung (heute: Betriebsvereinbarung[26]) eines Betriebs einseitig durch den Arbeitgeber festgelegt worden war, legte die Novelle der GewO vom 1.6.1891 fest, daß der Erlaß der Arbeitsordnung für den Betrieb fortan der Kontrolle der Obrigkeit (einer Behörde) unterworfen sei, dem die Anhörung der Arbeitnehmer des Betriebs bzw. eines ständigen Arbeiterausschusses (dessen Errichtung jedoch im Belieben des Arbeitgebers stand) voranzugehen hatte[27]. In §§ 134 a-h GewO wurden einige Bestimmungen über den notwendigen und zulässigen Inhalt solcher Arbeitsordnungen getroffen[28]. In der zweiten Hälfte des 19. Jahrhunderts wurde die Gründung einer eigenen Gerichtsbarkeit vorangetrieben[29].

Hieraus wird ersichtlich, daß die Gesetzgebung des 19. Jahrhunderts bereits Fortschritte auf dem Weg zu einem umfassenden Arbeitsrecht brachte. Dennoch blieben die Arbeiter in bezug auf die **materiell-rechtliche Gestaltung ihres Arbeitsverhältnisses** weitgehend auf sich allein gestellt. Um ein Gleichgewicht zwischen Arbeitnehmer und Arbeitgeber zu erzielen, hätte es einer umfassenden Beschränkung der Vertragsfreiheit im Sinne sozialer Verantwortung bedurft, wie sie heute in vielfältiger Weise, nicht nur im Miet- und Arbeitsrecht, für den wirtschaftlich Schwächeren festgeschrieben steht. Doch das Recht des 19. Jahrhunderts blieb, ebenso wie das zum 1.1.1900 in Kraft getretene Bürgerliche Gesetzbuch, von rein liberalem Gedankengut geprägt. Die Arbeitgeber blieben in der Vertragsgestaltung der Arbeitsverhältnisse und damit auch hinsichtlich der **Gestaltung der Entlohnung** frei. Auch konnten sie mangels des Bestehens eines **Kündigungsschutzes**[30] jederzeit Druck auf ihre Arbeiter ausüben. Auch die Stärkung der Position der Arbeiter im Wege eines dem heutigen Selbstverständnis entsprechenden kollektiven Arbeitsrechts war im 19. Jahrhundert nicht möglich, da die Bildung von Gewerkschaften, welche zur Mitte des 19. Jahrhunderts einsetzte, durch die Sozialistengesetzgebung des Jahres 1878 verboten wurde, ehe sie sich zu einer beachtlichen Größe entfalten konnte, und erst wieder ab dem Jahre 1890 zugelassen wurde[31]. Es blieb daher bis zum Ende des

---

[26] L/R-Neumann (1981), § 105, Rn. 24.

[27] Ramm, Festschrift für Mallmann, S. 191, 206f.

[28] V. Landmann (1912), § 105, Anm. 3h; diese Vorschriften wurden 1891 eingeführt und 1934 aufgehoben, vgl. im einzelnen hierzu L/R-Neumann (1991), §§ 134a-134h.

[29] Streitigkeiten aus dem Arbeitsverhältnis kamen zunächst nicht vor Gericht, sondern wurden von Ortspolizeibehörden entschieden, die angeblich mit den Verhältnissen besser vertraut waren. Erst am Ende des Jahrhunderts, als 1891 Gewerbegerichte entstanden, entwickelte sich das Arbeitsverhältnis allmählich vom Unterwerfungsakt zum Rechtsverhältnis (Wesel, Geschichte des Rechts, S. 448). Die durch das Gewerbegerichtsgesetz vom 29.7.1890 (RGBl. 1890, S. 141) eingerichteten Gewerbegerichte wurden durch das Kaufmannsgerichtsgesetz vom 6.7.1904 um Kaufmannsgerichte ergänzt. Die Gewerbe- und Kaufmannsgerichte blieben bis zum Inkrafttreten des Arbeitsgerichtsgesetzes vom 22.12.1926 bestehen (Münchner Handbuch-Richardi, § 2, Rn. 27).

[30] Die §§ 122-124 GewO (in der Fassung 1878) sahen lediglich Bestimmungen hinsichtlich der Kündigungsfristen vor, vgl. v. Schicker, GewO (1879), §§ 122-124.

[31] Müller, Schlaglichter der deutschen Geschichte, Nr. 8.30.

19. Jahrhunderts fast ausschließlich bei Vorschriften über den Arbeiterschutz, während dieser heute durch Kündigungsbeschränkungen, Regelungen über den Inhalt des Arbeitsverhältnisses, durch das Betriebsverfassungsgesetz etc. ergänzt wird[32]. Die Wendung vom liberalen zum sozialen Arbeitsrecht vollzog sich erst in der Weimarer Republik[33]. Ramm bezeichnet das Arbeitsverhältnis des 19. Jahrhunderts daher gar als durch Vertrag begründetes Gewaltverhältnis[34].

B. Mißstände in der Lohnzahlung

Als spezielle Form der Ausbeutung der Arbeiterschaft im 19. Jahrhundert, welche zum Erlaß der hier zu untersuchenden Vorschriften führte, ist **das sog. Trucksystem** zu nennen. Hierunter versteht man eine zuerst in England als Massenerscheinung beobachtete Gewohnheit mancher Arbeitgeber, ihren Arbeitnehmern Waren oder ähnliches aufzudrängen, anstelle ihnen den mit ihnen vereinbarten Barlohn auszubezahlen[35]. Diese Form der Lohnzahlung verbreitete sich insbesondere in den Anfängen der industriellen Entwicklung[36], namentlich in England, bürgerte sich aber dann auch in anderen Ländern, so auch in Deutschland, ein[37].

Die damals existenten Mißbrauchsformen waren vielfältig. So wurde etwa die Hingabe von **Waren** anstelle des vereinbarten Barlohnes praktiziert. Diese erfolgte entweder am Zahltag oder war bereits als – teilweise aufgedrängter – Vorschuß in Form von Waren erfolgt, welcher dann am Zahltag auf den Lohn angerechnet wurde. Teilweise war die Möglichkeit der Entlohnung in Waren auch bereits im Arbeitsvertrag ausbedungen worden[38]. Die den Arbeitern aufgedrängte Ware war dabei kein volles Äquivalent für den in Abzug gebrachten Lohn[39]. Zudem erhielten die Arbeiter nicht nur die für sie notwendigen Gegen-

---

[32] Rohlfing/Kiskalt, Vorbem. zu Titel VII, Anm. B.

[33] Das Arbeitsrecht im eigentlichen Sinne, mit Gesetzgebung, Rechtsprechung, Wissenschaft und einer allgemein anerkannten Gewerkschaftsbewegung entstand erst in der Weimarer Republik: im Jahre 1918 wurde die Tarifvertragsordnung geschaffen, dessen § 1 den Vorrang des Tarifvertrags gegenüber dem Einzelarbeitsvertrag verankerte. Im Jahre 1920 wurde das Betriebsrätegesetz geschaffen, durch welches ein allgemeiner Kündigungsschutz gegen sozialwidrige Kündigungen sowie eine Betriebsverfassung eingeführt wurden. Die Grundlage für eine angemessene Rechtsprechung wurde 1926 durch das Arbeitsgerichtsgesetz gelegt, welches eine unserer heutigen Arbeitsgerichtsbarkeit sehr ähnliche, dreistufige, eigenständige Arbeitsgerichtsbarkeit schuf. – Vgl. hierzu ausführlich Münchner Handbuch-Richardi, § 1, Rn. 2f und § 3, Rn. 8-14; Eisenhardt, Deutsche Rechtsgeschichte, Rn. 608 und 611; Wesel, Geschichte des Rechts, S. 449.

[34] Ramm, Festschrift für Mallmann, S. 191, 209.

[35] Oertmann, S. 179.

[36] Schaub, 6. A., S. 565; Stahlhacke (1966), § 115, Anm. I.

[37] Hueck/Nipperdey, 2. A., S. 77.

[38] Anton, Fabrikgesetzgebung, S. 149; Oertmann, S. 179; Müller, Truckverbot, S. 43: im Arbeitsvertrag war zuweilen dem Arbeitgeber das Recht eingeräumt, den Barlohn durch Waren oder Naturalien zu ersetzen (sog. Ersetzungsbefugnis).

[39] Müller, Truckverbot, S. 43; Reuß/Vollmer, § 115, Anm. I; Nikisch, S. 417; Schaub, 6. A., S. 565.

stände[40], sondern beispielsweise auch Waren, die nicht mehr gefragt waren[41]. Soweit sie sie selbst nicht zu verwenden vermochten, mußten sie sie daher selbst vermarkten, was – abgesehen von der fehlenden Äquivalenz zwischen Lohn und Waren – zu einer weiteren Benachteiligung der Arbeiter führte, wenn sie auf dem Markt einen nur geringeren als den tatsächlichen Wert erzielten oder überhaupt keinen Abnehmer fanden[42].

Beachtlich ist, daß die Fabrikanten auf diese Weise nicht nur die Absetzung der von ihnen selbst produzierten Waren betrieben, sondern der Fabrikherr zum Teil eigens zu diesem Zwecke Waren in möglichst schlechter Qualität anschaffte, die Preise für die Waren willkürlich und weit über ihrem realen Wert festsetzte und die Arbeiter zum Kauf zwang, indem er ihnen drohte, ihre Arbeit nicht mehr anzunehmen, wenn sie die Waren nicht zu den festgesetzten Preisen annähmen[43].

Die Abzüge gingen so weit, daß den Arbeitern teils gar kein Barlohn, oft nur noch ein Bruchteil des vereinbarten Barlohnes in bar ausbezahlt wurde[44]. Die Arbeiter erhielten daher oft nur ein Taschengeld in bar und erlitten aufgrund der zu hoch angesetzten Warenpreise erhebliche Einkommensverluste.

Darüber hinaus erfolgte die Bezahlung teils auch in **Wechseln** oder **Anweisungen**. Dabei wurden die Wechsel meist mit mehrmonatlicher Zahlungsfrist gezogen, was die Arbeiter in der Regel durch die Dringlichkeit ihres Geldbedürfnisses zum Diskontieren des Wechsels zwang[45].

Daneben hielten die Fabrikanten **offene Läden**, aus welchen der Arbeiter seinen Bedarf an Manufaktur- und Materialwaren bei Meidung seiner Entlassung entnehmen mußte[46], teilweise wurden hier Konsumvereine von Arbeitgebern verwaltet und die Arbeiterschaft unter Druck gesetzt, dort ihre Bedürfnisse zu befriedigen[47]. Zudem kam es vor, daß den Arbeitern für den Fall, daß sie ihre Ein-

---

[40] Müller, Truckverbot, S. 43; Oertmann, S. 179.
[41] Reuß/Vollmer, § 115, Anm. I.
[42] Vgl. Stahlhacke (1966), § 115, Anm. I; Anton, Fabrikgesetzgebung, S. 135; Müller, das Truckverbot, S. 44, wenn auch unter der irrigen Annahme, eine doppelte Benachteiligung läge bereits dann vor, wenn es dem Arbeitnehmer nicht gelänge, die Ware zu dem (überhöhten) Wert zu verkaufen, welchen der Arbeitgeber angesetzt hatte.
[43] Anton, Fabrikgesetzgebung, S. 140: die eigens angeschafften Waren „bestanden in der Regel in beschädigten, altmodisch gewordenen Artikeln, seidenen und wollenen Tüchern, Pfeifen, Sackuhren, Luxusgegenständen, falschem Weiberschmuck, Viktualien jeder Art, Kaffee, Branntwein, Tabak, teurem Schweizerkäse, Augsburger Lebensessenz, Lebensbalsam, Frankfurter Pillen und ähnlichen Sachen".
[44] Anton, Fabrikgesetzgebung, S. 149.
[45] Anton, Fabrikgesetzgebung, S. 160.
[46] Anton, Fabrikgesetzgebung, S. 149.
[47] Vgl. Hirsch, in: Stenographische Berichte des Reichstags, 1890/91, S. 1664.

käufe anderswo tätigten, mit der Kündigung[48] oder in anderer Weise[49] gedroht wurde. Teilweise betrieben die Fabrikanten zudem **Schankstuben**, bei welchen der Arbeiter, wollte er seine Arbeit nicht verlieren, einen Teil des Lohns in alkoholhaltige Getränke umzusetzen hatte, welche zu außerordentlichen Preisen ausgegeben wurden[50].

Zwar waren die Arbeiter nach der Gesetzeslage auch ohne Bestehen eines Truckverbots an sich nicht gezwungen, die von den Fabrikanten an Zahlungs Statt angebotenen Waren zu akzeptieren. Dennoch blieb ihnen oft nichts anderes übrig, als dem Willen des Fabrikherrn zu gehorchen. Diese hatten oft eine Monopolstellung als Arbeitgeber für eine bestimmte Gegend inne und die Arbeiter sahen sich durch Bindung an Haus und Hof in ihrer Mobilität behindert[51]. Dem Fabrikherrn war es daher möglich, seinen Arbeitern mit Entlassung oder anderen Zwangsmitteln zu drohen. Auch hatten die Arbeiter oft keine Kenntnis vom Marktwert der ihnen aufgedrängten Waren. Es fehlte ihnen dann an der Einsicht, daß sie geprellt würden[52].

Das Trucksystem ermöglichte aber nicht nur Mißbräuche, sondern erlaubte es dem Fabrikherrn auch, in wirtschaftlichen Krisenzeiten für seine Arbeiter Gutes zu tun, indem er in Zeiten der Lebensmittelknappheit diese zu billigen Preisen aufkaufte und sie den Arbeitern gegen entsprechende Lohnabzüge weitergab[53], oder indem er entlegen wohnende Arbeiter versorgte[54]. Nach Müller war sogar der Ursprung des Trucksystems positiv[55].

---

[48] So das Ergebnis einer Umfrage, zitiert von Grillenberger vor dem Reichstag, in: Stenographische Berichte des Reichstags, 1890/91, S. 1656.

[49] So wurde etwa in einer Wirtschaft auf die Arbeiter eines Baubetriebes sehr genau darauf geachtet, wer am meisten verzehrte, und dieser bekam dann bessere Arbeit oder auch besseren Lohn, aus: Grillenberger, Stenographische Berichte des Reichstags, 1890/91, S. 1657.

[50] Anton, Fabrikgesetzgebung, S. 152.

[51] Anton, Fabrikgesetzgebung, S. 137; Hueck/Nipperdey, 2. A., S. 78.

[52] Anton, Fabrikgesetzgebung, S. 137; Hueck/Nipperdey, 2. A., S. 78.

[53] Vgl. die Diskussion um die Aufnahme der Truckvorschriften in die Reichsgewerbeordnung, genauer: die Aufnahme der Zulässigkeit des Verkaufs von Lebensmitteln zum Preis ihrer Anschaffungskosten, um das Truckverbot in diesem Umfang abzumildern, in der beratenden Sitzung des Reichstags vom 29.4.1869, dort die Stellungnahmen der Abgeordneten Stumm und Braun, in: Stenographische Berichte des Reichstags, 1869, 2. Band, S. 689; Stumm: „Ich halte diese Vorschriften einerseits geradezu für schädlich, indem sie den Arbeitgeber verhindern, dem Arbeiter in schweren Zeiten Wohlthaten zu erweisen und ihm Erleichterungen für seine Existenz zu verschaffen."; Braun: „Ich habe in meinem Geschäftsleben selbst mehrmals so gehandelt und ich glaube, es ist damals den Leuten eine außerordentliche Wohlthat dadurch erzeigt worden."

[54] Müller, Truckverbot, S. 42.

[55] So Müller, Truckverbot, S. 42, leider ohne jeglichen Nachweis.

C. Reaktionen auf das Trucksystem

Aufgrund der geschilderten Mißstände reagierten verschiedene europäische Länder trotz der auch zum Teil positiven Effekte des Trucksystems mit einem weitreichenden Truckverbot.

I. Die Ursprünge des Truckverbots

In England wurde im Jahre 1464 durch Eduard IV. das erste Gesetz gegen den Truck eingeführt – zur Bekämpfung der Mißstände im Tuchmachergewerbe[56]. England kann daher als das Ursprungsland des Truckverbots bezeichnet werden. Bis zum Jahre 1887 wurden weitere 18 Verfügungen gegen den Truck erlassen. Hiervon ist insbesondere das im Jahre 1831 erlassene Gesetz (Truck Acts von 1831) zu nennen, da dieses das erste neuere gegen den Truck ankämpfende Gesetz darstellte und jede Vereinbarung eines Naturallohns für unzulässig erklärte[57]. Es folgten weitere Gesetze in den Jahren 1887 und 1896[58].

Im Jahre 1887 wurde das zunächst nur für Handwerker (artificers) geltende Truckverbot auf die landwirtschaftlichen Arbeitnehmer, die Handwerker, Bergmänner und alle sonst zur Handarbeit in Dienst genommenen Personen (workmen) ausgedehnt – jedoch mit der Einschränkung, daß das Verbot jeglichen Sachlohns für die landwirtschaftlichen Arbeiter nicht gelten sollte, soweit diese Nahrung, ein kleines Haus, nicht berauschende Getränke und sonstige Vergünstigungen neben dem Barlohn als Entgelt erhielten sowie für alle "workmen" insoweit, als diese Medizin, Feuerungsmittel, Werkzeug, Gerätschaften, selbst bereitete Lebensmittel etc. erhielten. Hierfür durften auch Lohnabzüge vorgenommen werden, allerdings unter der Voraussetzung, daß solche Lohnkürzungen oder Abzüge den wirklichen und wahren Wert der gelieferten Gegenstände nicht überstiegen.

Im Jahre 1902 erging der sog. „Shops Clubs Act". Danach blieb zwar das allgemeine Verbot, die Arbeiter zu verpflichten, ihre Waren in bestimmten Verkaufsläden zu beziehen, bestehen. Es wurde jedoch eine Ausnahme für solche Läden gemacht, die im Interesse der Arbeiter errichtet waren, sowie bei Sparclubs, wenn sie tatsächlich nur Wohlfahrtszwecken dienten und demnach unter die „Friendly Societies Acts" von 1896 fielen und eingetragen waren.

---

[56] Müller, Truckverbot, S. 11 mwN.
[57] Müller, Truckverbot, S. 11 mwN.
[58] Hueck/Nipperdey, 2. A., S. 78: die truck acts von 1831, 1887 und 1896.

II. Die Verbreitung des Truckverbots auf andere Länder

Um 1900 griff diese Gesetzgebung auf weitere Teile Europas über. Auch dort wurde in Zeiten des wirtschaftlichen Liberalismus das Bedürfnis nach einem geregelten Lohnschutz erkannt. Im Jahre 1910 erging in Frankreich, im Jahre 1914 in der Schweiz und in den Jahren 1887 und 1896 in Belgien eine entsprechende Gesetzgebung[59].

III. Deutschland im besonderen

In Deutschland waren die ersten Vorschriften zum Truckverbot bereits im 15. und 16. Jahrhundert ergangen[60]. In dieser Zeit entstanden Bestimmungen der Bergbauordnungen, die den Schachtmeistern eine Barzahlung zur Pflicht machten. Im 17. und 18. Jahrhundert wurden weitere, verschiedene Verordnungen im bergischen Land erlassen. Auch **das preußische Allgemeine Landrecht** aus dem Jahre 1794 sah in **II. XVI. § 213** ein Barzahlungsgebot für Bergleute vor[61].

Th. II Tit. XVI § 213 ALR lautete:

> „Den Bergleuten muß ihr Lohn in baarem Gelde, nicht aber in Erzen, Materialien oder Lebensmitteln gereicht, und nach den Abschnitten aus den bereitesten Vorräthen der Grube, bey jeder Lohnung, ohne Verzug gezahlt werden."

Diese Truckverbote können, da sie lediglich Bergarbeiter betrafen, welche in Form eines Korporationsverhältnisses unter der unmittelbaren Beaufsichtigung des Staates standen und als solche keine Arbeitnehmer waren[62], nicht als Ursprung der eigentlichen, die Gewerbefreiheit einschränkenden Truckverbote angesehen werden[63].

In einzelnen Teilen Deutschlands war es aber auch in anderen – gewerblichen – Bereichen zum Verbot der Warenzahlung gekommen, so insbesondere in Solingen. Dort war bereits durch Verbot vom 11.3.1654 für das Härter- und Schleiferhandwerk durch Pfalzgraf Philipp Wilhelm, wiederholt in dem Messermacherprivilegium vom 18.11.1687 durch Johann Wilhelm, sowie durch das Verbot der Warenzahlung in „zum menschlichen Unterhalt nicht nötige(n) Sachen" vom 4.12.1742 durch Karl Philipp, Pfalzgraf am Rhein, durch die Barzahlungspflicht vom 23.11.1757 sowie weitere Verbote vom 14.3.1777 und vom

[59] Müller, Truckverbot, S. 13; hinsichtlich Belgien, vgl. Hueck/Nipperdey, 7. A., S. 356.
[60] Müller, Truckverbot, S. 13f.
[61] Müller, Truckverbot, S. 13f; Stahlhacke (1966), § 115, Anm. I.
[62] Anton, Fabrikgesetzgebung, S. 139.
[63] Anton, Fabrikgesetzgebung, S. 139. Zur weiteren Entwicklung der Gesetzgebung im Bergbau vgl. Stahlhacke (1981), § 115, Vorbem.

8.10.1789 versucht worden, dem Trucksystem Einhalt zu gebieten[64]. Diese Verbote schlugen jedoch nicht durch, da die Strafen durch die aus dem Warenwucher resultierenden Gewinne mehr als aufgewogen wurden. Zudem traten sie, da Teil der Satzungen der Zünfte, mit dem Fall des Zunftwesens im Jahre 1811 außer Kraft[65].

Die preußische Staatsregierung befaßte sich erstmals im Jahre 1831 näher mit der Frage, ob es angemessen sei, das Trucksystem im Wege der Gesetzgebung zu bekämpfen[66]. Letztlich sprach sich eine Mehrheit gegen eine gesetzliche Regelung aus. Man erkannte zwar die tatsächlich bestehenden Mißstände, sah eine gesetzliche Regelung jedoch mehrheitlich entweder als überflüssig an – mit der Begründung, die Arbeiter seien schon jetzt nach dem Gesetz berechtigt, die Annahme von Waren zu verweigern[67] oder man argumentierte, der Unternehmer könne den bislang vereinbarten Barlohn auch ohne weiteres herabsetzen, weshalb das Truckverbot nur höchst unvollkommen greife[68]. Wieder andere hofften darauf, die Brandmarkung des Trucksystems durch die öffentliche Meinung werde die Fabrikanten schließlich zum Einlenken bewegen[69].

Im Jahre 1844 fand schließlich der Antrag des Präsidenten des Solinger Fabrikengerichts, des Kaufmanns Jellinghaus, Gehör. Dieser hatte, wie verschiedene Persönlichkeiten und Institutionen bereits vergeblich vor ihm, gefordert, gesetzliche Maßnahmen gegen das „in den letzten Jahren zu einem wahrhaft entsetzlichen Übel herangewachsenen System des Warenzahlens" zu ergreifen[70]. Da Jellinghaus selbst dem Fabrikantenstande angehörte, wurde dessen Antrag sehr ernst genommen und in Reaktion hierauf eine Befragung der Handelskammern der Rheinprovinz durchgeführt. Diese ließ die verschiedenen Formen des Mißbrauchs zu Tage treten und führte letztlich zur Befürwortung eines Truckverbots seitens sämtlicher Handelskammern[71].

Auf ihre und die Anträge anderer Institutionen hin wurde schließlich am **9.2.1849** ein Truckverbot erlassen[72]. Diese Verordnung trug den zum Teil auch

---

[64] Anton, Fabrikgesetzgebung, S. 141.
[65] Anton, Fabrikgesetzgebung, S. 141.
[66] Anton, Fabrikgesetzgebung, S. 136.
[67] So von Brenn, zitiert in: Anton, Fabrikgesetzgebung, S. 139.
[68] So von Kamptz, zitiert in: Anton, Fabrikgesetzgebung, S. 139.
[69] So die Übereinkunft der Stände im Landtagsabschiede vom 30.12.1843, in: Anton, Fabrikgesetzgebung, S. 145.
[70] Anton, Fabrikgesetzgebung, S. 146.
[71] Mit Ausnahme der Kölner Handelskammer, welche ein Truckverbot jedoch allein deshalb nicht für erforderlich hielt, weil sich in ihrem Bezirk keine Mißbräuche fanden.
[72] Anton, Fabrikgesetzgebung, S. 155f; Stahlhacke (1966), § 115, Vorbem.

positiven Effekten des Trucksystems durch die Schaffung entsprechender Ausnahmevorschriften in angemessener Weise Rechnung[73].

Die **Verordnung vom 9.2.1849 betr. die Errichtung der Gewerberäte** (GS S. 93)[74] lautete:

„§ 50. Fabrikinhaber sowie alle diejenigen, welche mit Ganz- oder Halbfabrikaten Handel treiben, sind verpflichtet, die Arbeiter, welche mit der Anfertigung der Fabrikate für sie beschäftigt sind, in barem Gelde zu befriedigen.
Sie dürfen denselben keine Waren kreditieren.
Dagegen können den Arbeitern Wohnung, Feuerungsbedarf, Landnutzung, regelmäßige Beköstigung, Arzneien und ärztliche Hülfe, sowie Werkzeuge und Stoffe zu den von ihnen anzufertigenden Fabrikaten unter Anrechnung bei der Lohnzahlung verabreicht werden.

§ 51. Die Bestimmungen des § 50 finden auch Anwendung auf Familienglieder, Gehülfen, Beauftragte, Geschäftsführer, Fabrikatoren und Aufseher der dort bezeichneten Personen, sowie auf Gewerbetreibende, bei deren Geschäft eine der erwähnten Personen unmittelbar oder mittelbar beteiligt ist.

§ 52. Unter Arbeitern (§ 50) werden hier auch diejenigen verstanden, welche außerhalb der Fabrikstätten für Fabrikinhaber oder für die ihnen gleichgestellten Personen die zu deren Gewerbebetriebe nötigen Ganz- oder Halbfabrikaten anfertigen, oder solche an sie absetzen, ohne von dem Verkaufe dieser Waren an Konsumenten ein Gewerbe zu machen.

§ 53. Arbeiter, deren Forderungen den Vorschriften der §§ 50 bis 52 zuwider anders als durch Barzahlung berichtigt sind, können zu jeder Zeit die Bezahlung ihrer Forderungen in barem Gelde verlangen.

§ 54. Verträge, welche den §§ 50 bis 52 zuwiderlaufen, sind nichtig.
Dasselbe gilt von Verabredungen zwischen Fabrikinhabern oder ihnen gleichgestellten Personen einerseits und Arbeitern andererseits über die Entnehmung der Bedürfnisse dieser letzteren aus gewissen Verkaufsstellen, sowie überhaupt über die Verwendung des Verdienstes derselben zu einem anderen Zweck als zur Beteiligung an Einrichtungen zur Verbesserung der Lage der Arbeiter oder ihrer Familie (§ 50).

§ 55. Forderungen für Waren, welche ungeachtet des Verbots den Arbeitern kreditiert worden sind, können von Fabrikinhabern und von den ihnen gleichgestellten Personen weder eingeklagt noch durch Anrechnung oder sonst geltend gemacht werden, ohne Unterschied, ob sie zwischen Beteiligten unmittelbar entstanden oder mittelbar erworben sind.
Dagegen fallen dergleichen Forderungen der Kranken-, Sterbe-, Spar- oder ähnlichen Hülfskasse zu, welche in der Wohnortsgemeinde des beteiligten Ar-

[73] Stenographische Berichte des Reichstags, 1869, 2. Band, S. 689.
[74] Auch abgedruckt in: Anton, Fabrikgesetzgebung, 1893.

beiters für diejenige Klasse von Arbeitern besteht, zu welcher er gehört. Sind mehrere solcher Kassen vorhanden, so fällt die Forderung allen zu gleichen Teilen zu, in Ermangelung derartiger Anstalten aber der Ortsarmenkasse.

§ 75. Übertretungen der §§ 50 bis 52 werden mit einer Geldbuße bis zu fünfhundert Thalern und im Falle des Unvermögens mit verhältnismäßiger Gefängnisstrafe bestraft. Im Wiederholungsfalle wird die Strafe verdoppelt.
Die Geldbußen fließen derjenigen Kasse zu, welcher die im § 55 erwähnten Forderungen nach den dort erteilten Vorschriften zufallen.
Jede rechtskräftige Verurteilungen wird auf Kosten des Verurteilten durch das Amtsblatt und andere öffentliche Blätter derjenigen Kreise, in welchem derselbe der beteiligte Arbeiter ihnen Wohnsitz haben, bekannt gemacht."

Dieses Gesetz ist als der Ursprung der heute noch geltenden, in dieser Abhandlung zu untersuchenden gewerberechtlichen Entgeltvorschriften anzusehen, denn bereits in dieser Verordnung findet sich ein Wortlaut, welcher im Jahre **1869** im wesentlichen unverändert in die damalige **Reichsgewerbeordnung des Norddeutschen Bundes** aufgenommen und auch bis heute nicht wesentlich verändert wurde[75].

Auf einen Abdruck der gewerberechtlichen Entgeltvorschriften in der Fassung vom 21.6.1869 (BGBl., S. 245) wird vorliegend verzichtet. Der Wortlaut ist identisch mit dem Wortlaut der soeben dargestellten Verordnung vom 9.2.1849 betr. die Errichtung der Gewerberäte (GS S. 93). Die dortigen §§ 50-55 bildeten nunmehr die §§ 134-139. Lediglich der ehemalige § 53 wurde wie folgt ergänzt:

„§ 137. Arbeiter, deren Forderungen den Vorschriften der §§ 134. bis 136. zuwider anders als durch Baarzahlung berichtigt sind, können zu jeder Zeit die Bezahlung ihrer Forderungen in baarem Gelde verlangen, **ohne daß ihnen eine Einrede aus dem an Zahlungs Statt Gegebenen entgegengesetzt werden kann. Letzteres fällt, soweit es noch bei dem Empfänger vorhanden oder dieser daraus bereichert ist, der im § 139. Absatz 2. gedachten Kasse zu.**"

Im Zuge der Bildung des Deutschen Reiches im Jahre 1871 wurde die Geltung der Gewerbeordnung des Norddeutschen Bundes allmählich auf südliche Länder erstreckt. Durch Vereinbarung vom 15.11.1870 (BGBl., S. 650) zwischen dem Norddeutschen Bunde, Baden und Hessen über die Gründung des Deutschen Bundes und Annahme der Bundesverfassung trat die GewO in Südhessen zum 1.1.1871 in Kraft. Die Geltung der GewO in Württemberg und Baden wurde

[75] In einigen Kommentaren wird das Jahr 1869 als Ursprungsjahr für die Schaffung der gewerberechtlichen Entgeltvorschriften angesehen [vgl. L/R-Neumann (1999), § 115, 2; v. Landmann (1925), § 115, Anm. 1]. Dies beruht vermutlich darauf, daß erst durch die Aufnahme dieser Vorschriften in die damalige Reichsgewerbeordnung im Jahre 1869 das Truckverbot im gesamten Gebiet des Norddeutschen Bundes eingeführt wurde, während sein Geltungsbereich zuvor auf die Fabrikarbeiter des Königreiches Preußen beschränkt gewesen war.

durch Gesetz vom 10.11.1871 beschlossen (RGBl., S. 392), die Geltung in Bayern schließlich durch Gesetz vom 12.6.1872 (RGBl., S. 170)[76].

D. Die wesentlichen Gesetzesänderungen der Truckvorschriften von 1869 bis heute

Als erste wichtige Station der Entwicklung der gewerberechtlichen Entgeltvorschriften ist das Jahr 1887 anzusehen, in welchem diese Vorschriften sachlich auf *alle gewerblichen Arbeiter* ausgedehnt wurden[77]. Zu diesem Zwecke verschob die **Novelle vom 17.7.1878** (RGBl., S. 199) die damaligen §§ 134-139 GewO in den Abschnitt der „allgemeinen Verhältnisse“, die heutigen §§ 115-119 GewO.

Um – was zwangsläufig erforderlich war – nun auch alle Arbeitgeber aller gewerblichen Arbeiter zu verpflichten, wurde die Umschreibung „Fabrikinhaber sowie alle diejenigen, welche mit Ganz- oder Halbfabrikaten Handel treiben“ durch „Die Gewerbetreibenden“ ersetzt.

Durch das **Arbeiterschutzgesetz vom 1.6.1891** (RGBl., S. 261) wurde in § 115 GewO neben dem darin bereits verankerten Barzahlungsgebot das *Gebot der Berechnung und Zahlung der Löhne in Reichswährung* verankert.

Zugleich wurde durch Änderung des § 115 II 2 GewO die Kreditierung von Lebensmitteln für zulässig erklärt. Daneben wurde ein Höchstpreis für die dort aufgezählten Güter festgelegt[78].

§ 115 a GewO wurde eingeführt und lautete zunächst:

> „Lohn- und Abschlagszahlungen dürfen in Gast- oder Schankwirtschaften oder Verkaufsstellen nicht ohne Genehmigung der unteren Verwaltungsbehörde erfolgen; sie dürfen an Dritte nicht erfolgen auf Grund von Rechtsgeschäften oder Urkunden über Rechtsgeschäfte, welche nach § 2 des Gesetzes, betreffend die Beschlagnahme des Arbeits- oder Dienstlohnes, vom 21.Juni 1869 (BGBl. S. 242) rechtlich unwirksam sind.“

Zum Verständnis dieser Vorschrift sei ein Auszug aus dem Gesetz, betreffend die Beschlagnahme des Arbeits- oder Dienstlohnes dargestellt:

> „§ 1. Die Vergütung (Lohn, Gehalt, Honorar u.s.w.) für Arbeiten oder Dienste, welche auf Grund eines Arbeits- oder Dienstverhältnisses geleistet werden, darf, sofern dieses Verhältnis die Erwerbstätigkeit des Vergütungsberechtigten

---

[76] Vgl. im einzelnen L/R-Kahl (1986), Einl., Rn. 10.
[77] Müller, Truckverbot, S. 14.
[78] Vgl. die Stenographischen Berichte 1891, S. 1677.

vollständig oder hauptsächlich in Anspruch nimmt, zum Zwecke der Sicherstellung oder Befriedigung eines Gläubigers erst dann mit Beschlag belegt werden, nachdem die Leistung der Arbeiten oder Dienste erfolgt und nachdem der Tag, an welchem die Vergütung gesetzlich, vertrags- oder gewohnheitsmäßig zu entrichten war, abgelaufen ist, ohne daß der Vergütungsberechtigte dieselbe eingefordert hat.

§ 2. Die Bestimmungen des § 1. können nicht mit rechtlicher Wirkung durch Vertrag ausgeschlossen oder beschränkt werden.
Soweit nach den Bestimmungen die Beschlagnahme unzulässig ist, ist auch jede Verfügung durch Zession, Anweisung, Verpfändung oder durch ein anderes Rechtsgeschäft ohne rechtliche Wirkung."

Zugleich wurde § 119 GewO in § 119 GewO und § 119 b GewO geteilt und u.a. § 119 a GewO hinzugefügt[79].

Verstöße gegen § 115 a GewO und die statuarischen Bestimmungen des § 119 a GewO wurden durch die Novelle vom 1.6.1891 in § 148 GewO unter Strafe gestellt[80]. Zugleich fand eine Ausdehnung des Kreises der als Fabrikarbeiter geltenden Personen statt (§§ 154 und 154 a GewO)[81].

Die zu den Verhandlungen der Abgeordneten des Reichstages im Jahre 1891 existierenden stenographischen Berichte lassen deutlich werden, daß auch zu dieser Zeit noch vielerlei Verstöße gegen das Truckverbot vorkamen[82]. Auch in diesen Reichstagsverhandlungen wurden daher lediglich Modifikationen der gewerberechtlichen Entgeltvorschriften debattiert, die grundsätzliche Berechtigung und Erforderlichkeit einer Bekämpfung des Trucksystems jedoch nicht in Frage gestellt.

Das Inkrafttreten des BGB zum 1.1.1900 ließ die gewerberechtlichen Entgeltvorschriften unberührt. Denn Art. 4 EGBGB regelt, daß die Gewerbeordnung, soweit sie zivilrechtliche Vorschriften enthält, als Spezialregelung den allgemeinen Vorschriften des BGB vorausgeht. Es gelten daher die allgemeinen Vorschriften des BGB über den Inhalt der Verträge überhaupt nur insoweit, als die Gewerbeordnung keine Bestimmung enthält, welche sich mit dem gleichen Gegenstand beschäftigt[83].

---

[79] V. Landmann (1925), § 115, Anm. 2.
[80] Vgl. v. Schicker, GewO (1892), § 148.
[81] L/R-Kahl (1989), Einl., 23, dort Ziff. 23.
[82] So die Abgeordneten Hartmann und Hirsch, die zum Ausdruck brachten, es werde „gegen § 115 ... weit mehr gesündigt, als aus jenen Ziffern hervorgehe" und mitteilten, es seien ihnen viele Klagen zu Ohren gekommen, vgl. Stenographische Berichte des Reichstags, 1890/91, S. 1664 .
[83] L/R-Neumann (1981), vor § 105, Rn. 3 und § 105, Rn. 11.

Im Jahre 1939 erließ der damalige Reichsarbeitsminister eine Anordnung, welche weitere, über § 115 II 2 GewO hinausgehende Ausnahmen von dem weiterhin bestehenden Kreditierungsverbot des § 115 II 2 GewO bestimmte.

Die Anordnung v. 16.1.1939 (RArbBl. I, S. 57) lautete:

> "Aufgrund der AZO vom 30.4.1938 (RGBl. I S. 477) § 28 bestimme ich, daß in Abweichung von § 115 Abs. 2 Satz 1 der GewO Unternehmer den Gefolgschaftsmitgliedern auf deren Wunsch Elektrogeräte, Rundfunkempfangsgeräte, Gasapparate und andere **Gebrauchsgegenstände, die im Betrieb hergestellt oder von ihm regelmäßig vertrieben werden**, zum eigenen Bedarf auf Abzahlung verkaufen dürfen. Die Abzahlungsraten dürfen hierbei - bei Abzahlung mehrerer Gebrauchsgegenstände zusammen - 10 vH des Nettoarbeitsentgelts nicht übersteigen, den das Gefolgschaftsmitglied im Durchschnitt des Ratenzahlungsabschnitts erhält."

Durch Gesetz v. 13.6.1974[84] wurde durch eine Änderung des § 146 GewO die strafrechtliche Sanktionswirkung eines Verstoßes gegen § 115 GewO, ebenso die Sanktionswirkung eines Verstoßes gegen § 115 a Halbsatz 2 und § 119 a II GewO aufgehoben.

Zum 1.1.1978[85] erfolgte eine Anpassung der gewerberechtlichen Entgeltvorschriften an den modernen Sprachgebrauch[86].

Durch den Einigungsvertrag wurde im Jahre 1990 die Geltung der Truckvorschriften auch auf das Beitrittsgebiet der neuen Bundesländer erstreckt[87].

Durch das Zweite Euro-Einführungsgesetz v. 24.3.1999 (BGBl. 1999, I, S. 385) wurde schließlich, rückwirkend zum 1.1.1999, der Euro als alternative Währung für die Berechnung des Lohnes festgeschrieben.

Seit 1.1.1999 lautet § 115 I GewO daher:

> „Die Gewerbetreibenden sind verpflichtet, die Löhne ihrer Arbeitnehmer in Deutsche Mark zu berechnen und bar auszuzahlen. Der Gewerbetreibende kann die Löhne auch in Euro berechnen. Soweit sich die Höhe des Arbeitsent-

---

[84] BGBl. 1974, I. S. 1281.

[85] BGBl. 1978, I, S. 97.

[86] "Deutsche Mark" in § 115 I GewO; aus den Ortsarmen- bzw. Hilfkassen in § 116, 2 GewO werden "Krankenkasse" bzw. "Träger der Sozialhilfe".

[87] BGBl. 1990, II, S. 889, 1020; § 105 GewO gilt dagegen im Gebiet der früheren DDR nicht, vgl. ebenda. Dies beruht darauf, daß sich dort das Arbeitsverhältnis weiter nach den geltenden Vorschriften des Arbeitsgesetzbuchs i.d.R. v. 22.6.1990 (GBl. DDR I S. 105) richten soll. Eine Neuregelung ist in Art. 30 Einigungsvertrag vorgesehen - vgl. L/R-Neumann (1981), § 105, 1; zur Geltung des § 115 a GewO vgl. hingegen die Ausführungen im 4. Teil dieses Kapitels unter B II 1.

gelts einschließlich der Zuschläge, der Zulagen, Prämien und Sonderzahlungen sowie anderer Bestandteile des Arbeitsentgelts aus Werten ergibt, die in Rechtsvorschriften oder Vereinbarungen in Deutscher Mark festgelegt sind, werden diese Werte in Euro umgerechnet und die Bestandteile des Arbeitsentgelts aus den so errechneten Euro-Werten abgeleitet; die umgerechneten Werte sind stets mit zwei Dezimalstellen darzustellen."

Von diesem Zeitpunkt an gilt aufgrund des Euro-Einführungsgesetzes vom 9.6.1998 (BGBl. II, S. 1242) für die Übergangszeit bis zum 31.12.2001 neben der Deutschen Mark gleichberechtigt die Währung Euro[88]. Der Arbeitgeber hat daher die Wahl, den Lohn des Arbeitnehmers in DM oder in Euro zu berechnen. Er kann den Lohn auch wahlweise in DM oder Euro überweisen bzw. einen Scheck in beiden Währungseinheiten ausstellen[89]. Eine Barzahlung in Euro ist freilich noch nicht möglich, da sich Bargeld in der Währung Euro erst ab dem 1.1.2002 in Umlauf befinden wird. Hieraus erklärt sich die etwas umständliche Formulierung in § 115 I GewO den Lohn „in Deutsche Mark zu berechnen und bar auszuzahlen" bzw. „die Löhne ... in Euro zu berechnen".

2. Teil: Das Arbeitsrecht in der zweiten Hälfte des 19. Jahrhunderts

Zu Zeiten der Schaffung der gewerberechtlichen Entgeltvorschriften herrschten folgende Rechtsbeziehungen vor.

A. Entgeltsysteme

In der zweiten Hälfte des 19. Jahrhunderts wurden die Gesellen je nach Gewerbe teils in Form von Zeitlohn oder in Form von Stücklohn, also im Akkordlohn, teils in Mischformen, dem sog. Prämienzeitlohn[90], **bar bezahlt**. Der Akkordlohn gewann zunehmend an Bedeutung[91].

Daneben bildete die **naturale Entlohnung in Form von Kost und Logis** seit langem einen wichtigen Lohnbestandteil. Die Arbeitskräfte wohnten traditionell bei ihrem Meister. Diese Sozialform des Zusammenlebens blieb bis in die zweite Hälfte des 19. Jahrhunderts erhalten[92], wenn sie auch – bei gewerbespezifischen Unterschieden – insgesamt an Bedeutung verlor[93]. In den Jahren 1872 und 1873 kam es zu ersten Bewegungen in Form von Arbeitsniederlegungen gegen die Entlohnung durch Kost und Logis. Forderungen nach einer „Auflassung" des

[88] L/R-Neumann (1999), § 115, Rn. 3a.
[89] Münchner Handbuch-Hanau, § 62, Rn. 20.
[90] Reith, Lohn und Leistung – Lohnformen im Gewerbe 1450 bis 1900, S. 388 und 392.
[91] vgl. im einzelnen Reith, Lohn und Leistung – Lohnformen im Gewerbe 1450 bis 1900, S. 387 und 398.
[92] Reith, Lohn und Leistung – Lohnformen im Gewerbe 1450 bis 1900, S. 18.
[93] Reith, Lohn und Leistung – Lohnformen im Gewerbe 1450 bis 1900, S. 392 und Anhang Nr. 6.

Naturallohns wurden laut. Andernorts wurde um eine Verbesserung des Kost- und Logiswesens gekämpft: die Breslauer Bäckergesellen forderten „vollständige Kost“ und „menschliche Schlafstätten“, die Bäckergesellen in Hamburg und Altona ein eigenes Bett und „bürgerliches Essen“. In Hamburg setzte die Agitation gegen das Kost- und Logiswesen erst ab 1895 ein. Dennoch blieb dieses auch nach der Jahrhundertwende im Nahrungsmittelgewerbe und darüber hinaus in Kleinstädten und ländlichen Orten verbreitet. In Großstädten setzte sich dagegen die vollständige Entlohnung in Barlohn zunehmend durch. Dort erlangten die Arbeiter größere Ungebundenheit[94].

B. Sonstige Rechtsbeziehungen

Soweit Kost und Logis nicht mehr als originärer Lohnbestandteil vereinbart wurden, blieb diese „Sozialform des Mitwohnens und der Beköstigung“ insoweit aufrechterhalten, als für diese Leistungen ein Kost- und Schlafgeld zwischen Gesell und Meister vereinbart wurde[95]. Der Sache nach handelte es sich dabei um eigenständige Verträge über Bewirtung und Unterkunft.

3. Teil: Das moderne Arbeitsrecht

Das moderne Arbeitsrecht sieht eine bei weitem differenziertere Entlohnung vor als sie zu Zeiten der Schaffung der gewerberechtlichen Entgeltvorschriften bekannt war. Auch die sonstigen Rechtsbeziehungen zwischen den Arbeitsvertragsparteien sind vielschichtiger geworden.

A. Moderne Entgeltsysteme

Zunächst erfolgt eine Kurzdarstellung über die bislang im 20. Jahrhundert geläufigen Lohnbestandteile (I.). Sodann wird die Entwicklung der letzten Jahre dargestellt, in denen neue Entgeltbestandteile hinzugetreten und bekannte Entgeltbestandteile in ihrer Form modifiziert worden sind (II). Mit Blick auf die Entgeltvorschriften der Gewerbeordnung wird im Anschluß daran dargestellt, welche arbeitsvertraglichen Regelungen zur Verwirklichung dieser neueren Entgeltsysteme getroffen werden (III).

I. Geläufige Lohnbestandteile des 20. Jahrhunderts

Wichtigster Bestandteil der Vergütung von Arbeitnehmern ist auch im 20. Jahrhundert der **Barlohn** geblieben. Die Vergütung in Form von Barlohn erfolgt

[94] Reith, Lohn und Leistung – Lohnformen im Gewerbe 1450 bis 1900, S. 394.
[95] Reith, Lohn und Leistung – Lohnformen im Gewerbe 1450 bis 1900, S. 390f.

hierbei zeitabhängig, aber auch leistungsabhängig[96]. An **Sachlohnbestandteilen** ist zu den bereits seit langem bekannten Sachbezügen in Form von Waren die Gewährung von Dienstleistungen hinzugetreten.

Daneben werden **Sondervergütungen** gewährt. Hierbei handelt es sich um Leistungen, die der Arbeitgeber zusätzlich zum laufenden Entgelt erbringt und die nicht in jedem Abrechnungszeitraum fällig werden[97]. Hierunter fallen Gratifikationen wie etwa das dreizehnte Monatsgehalt, die Jahresabschlußvergütung, das Urlaubsgeld und die Jubiläumszuwendung[98] sowie Leistungen der betrieblichen Altersvorsorge.

Als weiteres Entgelt sind schließlich im Laufe des 20. Jahrhunderts vermögenswirksame Leistungen des Arbeitgebers hinzugetreten, zu welchen der Arbeitgeber entweder bereits aufgrund eines Tarifvertrags verpflichtet ist oder zu welchen er sich durch eine Betriebsvereinbarung oder individual-arbeitsrechtlich verpflichtet hat. Hier erfolgt die Zahlung von **zweckgebundenem Barlohn**.

Daneben werden den Arbeitnehmern heute bei Abschluß zusätzlicher Verträge verschiedene **geldwerte Vorteile** gewährt, so etwa Personalrabatte, Werkswohnungen oder (verbilligte) Werksdienstwohnungen. Zwar handelt es sich auch hierbei ebenfalls um Entgelt, da diesen geldwerten Vorteilen jedoch zusätzliche Vertragsabschlüsse zugrunde liegen, sei hierauf unter *B.* und *C.* eingegangen.

II. Neue Entgeltbestandteile

Das Arbeitsrecht befindet sich im Wandel. Zu den genannten Lohnbestandteilen treten neue Bestandteile hinzu.

1. Variable Vergütungsbestandteile

Während Arbeit in früherer Zeit lediglich als reine Notwendigkeit betrachtet wurde, entwickelt sie sich heute zum Mittel zur Entfaltung der Persönlichkeit. Die Höhe der Vergütung ist nicht mehr allein entscheidend, sondern auch Formen der Anerkennung der Arbeit insgesamt (Statussymbole wie Dienstwagen und Büroeinrichtung) und Formen der Anerkennung persönlicher Leistungen im besonderen (erfolgsorientierte Vergütung, Teilhabe am Erfolg des Unternehmens) spielen in immer größer werdendem Maße eine Rolle. Nach einer Umfrage des DM-Magazins aus dem Jahre 1996 sind 40 % der befragten Arbeiter und Angestellten bereit, auf einen Teil ihres Gehalts zu verzichten, wenn ihnen

---

[96] Münchner Handbuch-Kreßel, § 66, Rn. 6. Vgl. im einzelnen Münchner Handbuch-Kreßel, § 66, Rn. 8 sowie Eyer, Entgelt und Entgeltsysteme, in: Hromadka, Die Mitarbeitervergütung, S. 3-5.

[97] Erfurter Kommentar zum Arbeitsrecht-Preis, § 611 BGB, Rn. 786.

[98] Erfurter Kommentar zum Arbeitsrecht-Preis, § 611 BGB, Rn. 786.

dafür entweder eine Kapitalbeteiligung oder eine Erfolgsbeteiligung eingeräumt würde[99]. Zugleich haben Unternehmen erkannt, daß sie ihre Arbeitnehmer durch eine leistungs- und erfolgsorientierte Vergütung stärker motivieren und auch an das Unternehmen binden können.

Neben dem Grundgehalt wird daher eine variable Vergütung gewährt, welche zumeist nicht nur das bereits lange verbreitete Element der Leistungsabhängigkeit enthält, sondern auch eine **Beteiligung am Erfolg des Unternehmens** vorsieht[100]. Diese wird nicht mehr nur Führungskräften als fester Lohnbestandteil gewährt, sondern auch die breiten Arbeitnehmerschichten werden immer häufiger in Form eines nicht nur zeit-, sondern auch leistungsabhängigen Gehalts sowie in Form einer Erfolgsbeteiligung bezahlt.

Die Erfolgsbeteiligung, welche bislang lediglich in Form einer Sondervergütung existierte, ist damit auf dem besten Wege, zum *festen Vergütungsbestandteil* zu werden. Zumindest bei oberen Führungskräften kann sie bereits als üblich bezeichnet werden[101]. Wagner bezeichnet sie bereits als dritte Säule der Gesamtvergütung neben Grundgehalt und Leistungsentgelt[102]. Die Erfolgsbeteiligung wird daher in Zukunft nicht mehr nur als Entgeltbestandteil *neben* die bisher vorhandenen Entgeltbestandteile, sie wird in Zukunft vielmehr auch *an die Stelle* altbekannter Vergütungsbestandteile treten. Bei DaimlerChrysler (damals: Daimler-Benz) wurden bereits im Jahre 1997 das bisherige Weihnachtsgeld und bisherige Sondervergütungen durch eine erfolgsabhängige betriebliche Sonderzahlung (Erfolgsbeteiligung) ersetzt[103].

2. Das Cafeteria-Modell

Nicht nur in ihrer Ausgestaltung, sondern gänzlich neu ist die Entstehung sogenannter Cafeteria-Modelle[104]. Praktiziert wird dieses Modell bereits relativ häufig von Unternehmen der Automobil- und Computerindustrie, aber auch von Banken, Versicherungen und Beratungsunternehmen[105]. Das Cafeteria-Modell hat, wie die Erfolgsbeteiligung auch, zum Ziel, die Zusammensetzung der Vergütung flexibler zu gestalten. Während die Erfolgsbeteiligung jedoch lediglich eine Flexibilisierung des Barlohns zur Folge hat, werden dem Arbeitnehmer im Zuge der Cafeteria-Modelle Sachbezüge im weitesten Sinne zuteil.

[99] Wagner BB 1997, 150 unter Verweis auf die besagte Umfrage.
[100] In weiteren Einzelheiten dargestellt von Rieble/Gutzeit, Individualarbeitsrechtliche Kontrolle erfolgsabhängiger Vergütungsformen, S. 41ff.
[101] Vgl. näher im folgenden, Ziffer 4.
[102] Wagner BB 1997, 150, 156.
[103] Vgl. Fiedler-Winter, innovative MAB, S. 99.
[104] Wagner Personalführung 1991, 44.
[105] Dies ergab eine Untersuchung der Universität der Bundeswehr in Hamburg, zitiert in: Wagner Personalführung 1991, 45.

Kernpunkt des Cafeteria-Plans ist die Möglichkeit der freien Auswahl zwischen verschiedenen Entgeltbestandteilen bzw. Firmenleistungen innerhalb eines bestimmten Budgets[106]. Auf diese Weise können die Arbeitnehmer selbst auf die Zusammensetzung ihres Lohnes Einfluß nehmen. Hierin liegt auch ein entscheidendes Motiv für die Gründung von Cafeteria-Modellen. Die Zufriedenheit der Mitarbeiter wird gesteigert, wenn diese sich eine **individuelle Vergütung**, ausgerichtet nach ihren individuellen Bedürfnissen, zusammenstellen können. Dies wiederum fördert deren Motivation und auch die Attraktivität des Arbeitgebers[107]. Daneben sind auch steuerliche Überlegungen ein Motiv. Sachleistungen sind steuerlich oft günstiger[108].

Die einzelnen Cafeteria-Modelle ermöglichen nicht immer die freie Auswahl unter verschiedenen Entgeltbestandteilen (von Wolf als *Buffetplan* bezeichnet[109]), da diese mit einem erheblichen Verwaltungsaufwand für den Arbeitgeber verbunden ist[110]. Oft wird daher ein Kernblock vorgegeben, in dem ein Minimum an Sozialleistungen enthalten ist, welche alle Mitarbeiter zwingend erhalten, ergänzt um einen sog. Wahlblock, in dessen Rahmen der einzelne Arbeitnehmer seine Entgeltbestandteile frei wählen kann (von Wolf als sog. *Kernplan* bezeichnet[111]). Schließlich gibt es auch Formen verschiedener, in sich geschlossener Leistungspakete. Der Mitarbeiter kann hier nicht selbst sein individuelles Paket (ganz oder teilweise) selbst bestimmen, sondern sich nur für eines der vorgegebenen Pakete entscheiden. Wolf bezeichnet dies als *alternativen Menüplan*[112].

Allen Modellen gemeinsam ist ein **regelmäßig wiederkehrendes Wahlrecht** hinsichtlich der Entgeltbausteine, welches erforderlich ist, um eine Anpassung des Entgelts an die geänderte Bedarfsstruktur der Mitarbeiter zu ermöglichen und je nach Modell in einem halb- bis zweijährigen Wahlturnus ausgeübt werden kann[113]. In der Regel werden auf diesem Wege zehn bis dreißig Prozent des monatlichen Bruttogehalts der variablen Vergütung zugänglich gemacht[114].

---

[106] Wolf BB 1993, 928, 929 – zu einer ausführlichen Aufstellung der verschiedenen, möglichen Vergütungsbestandteile, siehe dort S. 931.

[107] Wolf BB 1993, 928, 929f. Nach Wagner/Grawert/Langemeyer, Cafeteria-Modelle, S. 6, stellt die Motivation der Mitarbeiter das Hauptmotiv dar.

[108] Wolf BB 1993, 928, 929f.

[109] Wolf BB 1993, 928, 930.

[110] Wolf BB 1993, 928, 935.

[111] Wolf BB 1993, 928, 930.

[112] Wolf BB 1993, 928, 930.

[113] Wolf BB 1993, 928, 936; Wagner/Grawert/Langemeyer, Cafeteria-Modelle, S. 10.

[114] Wolf BB 1993, 928, 935; Wagner/Grawert/Langemeyer, Cafeteria-Modelle, S. 12f: im Tarifbereich in aller Regel max. 10 %, bei Spitzenverdienern und im AT-Bereich aber auch mehr möglich - für diese sei das Cafeteria-Modell in erster Linie auch gedacht.

Anhand der folgenden Darstellung wird ersichtlich, daß es sich bei den Leistungen, wie sie im Cafeteria-Modell vereinbart werden können, um die verschiedensten Leistungen handeln kann. Von Wagner/Grawert/Langemeyer werden diese (neben Geld- und Zeitkomponenten) als Sozialleistungen bezeichnet[115]. Da heute nicht mehr alle Leistungen ihrer Natur nach auf eine soziale Unterstützung oder Absicherung ausgerichtet sind, vielmehr auch viele Elemente enthalten sind, welche je nach privatem Interesse des Arbeitnehmers für diesen von Bedeutung sind oder nicht (wie etwa die Fortbildung, aber auch Leistungen mit Urlaubsbezug), erscheint es jedoch treffender, von Sachbezügen zu sprechen.

Eine detailliertere Aufteilung in Hauptgruppen ergibt folgendes Bild[116]:

Geldangebote
Urlaubsgeld
Weihnachtsgeld
AG-Darlehen
Fahrtkostenzuschuß
erweiterte Lohnfortzahlung

Sachleistungen
Kfz-Benutzung (als Dienstwagen oder als Zweitwagen für die Ehefrau)
Kfz-Wartung und -Reparatur
Deputate, z.B. Zigaretten, Waschmittel
Ferienwohnung
Dienstwohnung

Bildung
Sprachkurse
Bildungsurlaub / Seminare im Ausland
EDV-Kurse
MBA-Programme etc.
Abendschulangebot und Fortbildung

flexible Zeitmodelle
Zusatzurlaub
kürzere Arbeitswoche
sabbaticals (Langzeiturlaub)

Investivlohn
schuldrechtliche Beteiligung:
Darlehen, Schuldverschreibung
gesellschaftsrechtliche Betlg:
stiller Gesellschafter
Genußrechtsinhaber
Kommanditist
Aktionär
Genosse

Versicherungen
Unfallvers.
Lebensvers.
Berufsunfähigkeitsvers.
Krankenzusatzvers.
„Dienstreisevers." (AuslandsKV, Reisegepäckvers., etc.)
Krankengeldregelung

Vorsorge / Beratung
medizinische Betreuung
Sportprogramme
Rechtsberatung
Steuer- / Finanzberatung

Rente
Rentenansprüche gegen AG
Rentenansprüche gegen „Rentenkasse"
Verkürzung der Lebensarbeitszeit / Vorruhestand durch Zeitsparen

---

[115] Wagner/Grawert/Langemeyer, Cafeteria-Modelle, S. 6.
[116] In Anlehnung an Wagner/Grawert/Langemeyer, Cafeteria-Modelle, S. 20 und S. 33.

3. Die arbeitnehmerfinanzierte betriebliche Altersvorsorge

Die Idee der betrieblichen Altersvorsorge ist nicht neu, jedoch deren Finanzierungsform. Einhergehend mit dem zunehmenden Bedürfnis nach eigener Vorsorge für das Alter, hat man die steuerlichen und sozialversicherungsrechtlichen Vorteile einer betrieblichen Altersvorsorge erkannt und Wege gefunden, sich diese zunutze zu machen. Herausgebildet hat sich daher das Modell der Gehaltsumwandlung in eine betriebliche Altersvorsorge, welche zwar nach außen hin durch den Arbeitgeber erfolgt, wirtschaftlich gesehen jedoch durch den Arbeitnehmer finanziert wird.

Diese Finanzierungsform der Altersvorsorge bietet folgende **steuerliche Vorteile**:

Direktversicherungen im Sinne des § 1 II BetrAVG und Zahlungen an *Pensionskassen* im Sinne des § 1 III BetrAVG können gem. § 40 b EStG pauschal versteuert werden[117]. Dies ist unabhängig davon möglich, ob die Umwandlung einmaliger Beträge vereinbart wurde oder monatliche Lohnbestandteile umgewandelt werden[118].

Versorgungszusagen (§ 1 I BetrAVG) und Zahlungen an *Unterstützungskassen* (§ 1 IV BetrAVG) sind sogar erst bei Auszahlung der Rente zu versteuern, da nach dem im Steuerrecht geltenden Zuflußprinzip erst zu diesem Zeitpunkt ein Zufluß stattfindet (nachgelagerte Besteuerung = deferred taxation oder deferred compensation)[119]. Dies ist für die Arbeitnehmer in aller Regel vorteilhaft, da der Steuersatz im Alter in aller Regel niedriger ist.

Auch für Unternehmen bringt eine Versorgungszusage oder die Einschaltung einer Unterstützungskasse den bemerkenswerten Vorteil mit sich, daß hierbei zunächst die nicht auszuzahlenden Lohnbestandteile im Unternehmen verbleiben und daher eine anderweitige Finanzierung erspart werden kann[120]. Die Finanzierungsformen der Direktversicherung und der Pensionskassen lösen hingegen auf seiten des Arbeitgebers keinen Finanzierungseffekt aus.

---

[117] www.bhf-bank.de/analysen/vowi/wirtsch/avw_1943.htm.

[118] Schmidt/Störmer NZA 1987, 617, 618.

[119] www.bhf-bank.de/analysen/vowi/wirtsch/avw_1943.htm. Vgl. zum ganzen auch Schmidt, EStG, § 1, 30; Wolf BB 1999, 16.

[120] Höfer/Meier BB 1998, 1895; H. Höfer DB 1998, 1562.

Diese steuerlichen Vorteile haben folgende Auswirkungen auf die **Beitragspflicht zur Sozialversicherung**:

Werden Steuern gem. § 40 b EStG pauschal erhoben (also im Rahmen der betrieblichen Altersvorsorge etwa bei *Direktversicherungen* und *Pensionskassen*), so stellt dies entgegen § 14 SGB IV kein sozialversicherungsrechtliches Entgelt dar. Dies beruht auf der aufgrund der Ermächtigung in § 17 SGB IV erlassenen Arbeitsentgeltverordnung. § 2 I 1 Nr. 3 ArEV macht eine Ausnahme von § 14 SGB IV und nimmt solche Lohnbestandteile von der Beitragspflicht zur Sozialversicherung aus[121]. Zu beachten ist jedoch, daß § 2 I 1 Nr. 3 ArEV dann keine Anwendung findet, wenn laufende, monatliche Lohnbestandteile umgewandelt werden[122]. Von der Sozialversicherungspflicht werden Beiträge zur betrieblichen Altersvorsorge in Form einer Direktversicherung oder einer Pensionskasse daher nur dann befreit, wenn eine Gehaltswandlung einmaliger Entgelte stattfindet.

Bei *Versorgungszusagen* und *Unterstützungskassen*, bei welchen Steuerfreiheit besteht, besteht auch keine Sozialversicherungspflicht. Dies beruht darauf, daß Arbeitsentgelte grundsätzlich nur dann sozialversicherungspflichtig sind, wenn sie der Einkommenssteuerpflicht unterliegen[123].

Die rechtliche Konstruktion der arbeitnehmerfinanzierten betrieblichen Altersvorsorge kann inzwischen als anerkannt bezeichnet werden. Der Gesetzgeber hat durch die Schaffung des § 1 V BetrAVG, welcher zum 1.1.1999 in Kraft trat, klargestellt, daß auch solche Versorgungen, die auf einer Entgeltumwandlung beruhen und daher wirtschaftlich gesehen vom Arbeitnehmer finanziert werden, unter den **Anwendungsbereich des BetrAVG** fallen. Für den Unterfall der Umwandlung von Gehalt in eine Versorgung in Form einer Direktversicherung (§ 1 II BetrAVG) war dies bereits im Jahre 1990, nach heftigen Diskussionen in der Literatur, durch das BAG entschieden worden[124]. Durch den Gesetzgeber wurde nunmehr klargestellt, daß das Betriebsrentengesetz – und damit insbesondere auch dessen Insolvenzschutz[125] – auch bei Umwandlungen in eine Versorgung in Form einer unmittelbaren Versorgung, in Form der Einschaltung einer Pensionskasse oder einer Unterstützungskasse Anwendung findet (§ 1 I, III und IV BetrAVG). Hinsichtlich der Frage des **Zeitpunkts der Besteuerung** hat die Finanzverwaltung durch Schreiben des Bundesfinanzministeriums vom 4.2.2000

---

[121] Vgl. Schmidt/Störmer NZA 1987, 617, 619; Bode DB 1997, 1769, 1771.

[122] Bode DB 1997, 1769, 1772 und www.bhf-bank.de/analysen/vowi/wirtsch/avw_1943.htm unter Verweis auf ein Urteil des BSG vom August 1997.

[123] www.bhf-bank.de/analysen/vowi/wirtsch/avw_1943.htm.

[124] BAG, U. v. 26.6.1990, BB 1991, 482.

[125] Wenn auch durch das RRG der Höhe nach beschränkt, vgl. § 7 III 3 BetrAVG für die nach dem 31.8.1998 erteilten Neuzusagen.

klargestellt, daß eine Besteuerung einer Entgeltumwandlung in eine Altersvorsorge im Sinne des BetrAVG so zu besteuern ist wie die vom Arbeitgeber finanzierte Altersvorsorge[126]. Damit sind die Weichen für eine weitere Verbreitung der Entgeltumwandlung zur betrieblichen Altersvorsorge gestellt. Die arbeitnehmerfinanzierte betriebliche Altersvorsorge wird sich daher aller Voraussicht nach zu einem festen Vergütungsbestandteil entwickeln.

4. Virtuelle und echte Mitarbeiterbeteiligung als Vergütungsbestandteil

Im Jahre 1997 galt die Mitarbeiterbeteiligung noch als lediglich freiwillige Leistung der Arbeitgeber oder erfolgte aufgrund eines zusätzlichen Vertragsabschlusses. Als fester Vergütungsbestandteil war sie zu dieser Zeit noch nicht vorgesehen[127]. Zwischenzeitlich hat die Einräumung einer Beteiligung in Form eines festen Lohnbestandteils erhebliche Verbreitung gefunden.

Soweit in diesem Zusammenhang von Investivlohn die Rede ist, soll an diesem Begriff nicht festgehalten werden. Zu unklar ist noch, was hierunter zu verstehen ist. So wird dieser Begriff nicht nur für Entgeltbestandteile verwendet[128], sondern auch für Fälle der Verwendung eines Teils des Arbeitslohns für investive Zwecke[129]. Wieder andere verstehen hierunter zweckgebundenen Barlohn, welcher unmittelbar der Vermögensbildung (als investive Anlage) zugeführt wird[130]. In letzterem Falle handelt es sich etwa um vermögenswirksame Leistungen.

a) Aktien und Aktienoptionen

An erster Stelle ist die Vergütung in Form von Aktien (stocks) und Aktienoptionen (stock options) zu nennen. Durch das **KonTraG**, welches zum 1.1.1998 in

---

126 BMF-Schreiben vom 4.2.2000, IV C 5 – S 2332 – 11/00.

127 Die Welt v. 25.4.1997.

128 Wagner BB 1998, Beilage 11 zu Heft 41, dort unter I und unter Fn. 6 mwN; Schneider/Zander, Erfolgs- und Kapitalbeteiligung, S. 275; Wagner BB 1995, Beilage 7 zu Heft 25, S. 1, 7 und BB 1998, Beilage 11 zu Heft 41, dort unter IV: der *Tarifvertrag zwischen Ostmetall und Christlicher Gewerkschaft Metall vom 15.5.1998* hat eine Erfolgs- und Mitarbeiterbeteiligung zum Gegenstand, welche (wegen des erforderlichen Wahlrechts von Arbeitgebern und Arbeitnehmern - vgl. zu diesen Grenzen der Tarifautonomie: Loritz DB 1985, 531ff) durch eine kalenderjährliche, tarifvertraglich ausgehandelte Einmalzahlung in Höhe von 600,- DM abgewendet werden kann; *Formen der Vereinbarung:* entweder individualvertraglich oder auf Tarifebene, dann allerdings muß Arbeitgebern und Arbeitnehmern ein Wahlrecht zwischen einer bestimmten Barlohnzahlung und der Beteiligung eingeräumt werden, da die Tarifvertragsparteien nicht über die Lohnverwendung bestimmen dürfen (dies folgt wiederum aus den Grenzen der Tarifautonomie – vgl. ausführlich hierzu Loritz DB 1985, 531ff); bislang standen aber individualvertragliche oder betriebliche Vereinbarungen im Vordergrund (Wagner BB 1995, Beilage 7 zu Heft 25, S. 1, 7); Hanau ZGR 1985, 112, 114.

129 Bertelsmann Stiftung / Prognos GmbH, Mitarbeiter am Kapital beteiligen, S. 57.

130 Guski, Vermögensbildung und Vermögenspolitik, S. 31.

Kraft trat[131], wurde die Ausgabe von (selbständigen) Aktienoptionen (naked warrants) möglich (vgl. § 192 AktG), während zuvor ein Umweg über die Wandel- bzw. Optionsanleihe erforderlich war[132]. Bereits in vielen Unternehmen haben sich als Vergütungsbestandteile für Führungskräfte[133] börsennotierter Aktiengesellschaften[134] Aktien und Aktienoptionen durchgesetzt[135]. Die Gründe hierfür sind vielfältig.

Zum einen soll hierdurch die Attraktivität des Unternehmens auf dem Markt um Führungskräfte erhöht werden, was aus Gründen der **Wettbewerbsfähigkeit** schon nahezu unumgänglich geworden ist[136], da Führungskräfte heutzutage ohne Aktien oder Aktienoptionen häufig schon gar nicht mehr zu gewinnen sind[137]. Zum anderen sehen die Unternehmen aber auch selbst derartige Vergütungselemente als für das Unternehmen vorteilhaft an. So hat es sich insbesondere in neu gegründeten Technologie-Unternehmen zunehmend durchgesetzt, die neu benötigten Mitarbeiter nicht allein in Geld zu bezahlen – welches das Unternehmen naturgemäß in der Phase des Aufbaus dringend benötigt – , sondern stattdessen Aktien und Aktienoptionen als festen Lohnbestandteil in die Vergütungsregelung aufzunehmen[138]. Dies ist bei *jungen Unternehmen* schon deshalb erforderlich, weil diese sonst mangels finanziell zur Verfügung stehender Mittel nicht in der Lage wären, erfahrene Manager zu rekrutieren[139]. Schließlich setzt sich auch insgesamt die Erkenntnis durch, daß wertorientierte, variable Entlohnungssysteme dazu beitragen, die Mitarbeiter durch die Verfolgung eigener Ziele zugleich zu einer Steigerung des Unternehmenswerts (shareholder value) zu veranlassen. Manager sollen ein Gewinn- und Verlustrisiko tragen, um sich stärker

---

[131] BGBl. 1998, I, S. 786ff.

[132] Kohler, Stock Options für Führungskräfte, S. 267; Claussen WM 1997, 1825.

[133] Da mit diesen Lohnbestandteilen in der Regel nur für Führungskräfte entsprechende Motivationsanreize geschaffen werden können, wurden diese Lohnbestandteile bislang in der Regel nur in Arbeitsverträge mit Führungskräften eingeführt.

[134] Kohler, Stock Options für Führungskräfte, S. 254; Bernhardt/Witt ZfB 1997, 85, 89; Lutter ZIP 1997, 1: Stock Options haben angesichts ihrer Zweckrichtung Vergütungscharakter; auf diesem Wege erfolgt eine variable, erfolgsbezogene Vergütung.

[135] Etwa bei *DaimlerChrysler*, erstmals im Jahre 1998, vgl. interne Unterlagen. Auch bei *Henkel*, vgl. internet-Seiten von Henkel: Aktienoptionen für Führungskräfte (Stock Incentive Plan); *DaimlerChrysler, Puma, Continental und Henkel* (Die Welt v. 18.3.1997). Die *Deutsche Bank AG* hat Anfang 1998 eine leistungsorientierte Vergütung für alle AT-Angestellten eingeführt. Dadurch entstand ein flexibler Bonus, der sich sowohl am Geschäftsergebnis als auch daran orientiert, ob der jeweils Beurteilte sein Ziel erreicht hat (Fiedler-Winter, innovatie MAB, S. 44). Vgl. auch allgemein Münchner Handbuch-Kreßel, § 68, Rn. 97 und 102.

[136] Kohler, Stock Options für Führungskräfte, S. 256 mit weiteren Literatur-Nachweisen und unter Verweis auch auf die Begründung zu § 192 AktG in dem (damaligen) Referentenentwurf des KonTraG vom 22.11.1996; Wagner BB 1997, 150.

[137] Kohler, Stock Options für Führungskräfte, S. 256 und 261.

[138] Kau/Leverenz BB 1998, 2269; Claussen (WM 1997, 1825) bezeichnet stock options als „Treibstoff der High-Tech-Industrie“.

[139] Kohler, Stock Options für Führungskräfte, S. 249.

für das Unternehmen zu engagieren – ganz so, als wäre es ihr eigenes. Bei Führungskräften soll ebenfalls die **Motivation** gesteigert werden.

b) Virtuelle Aktien- und Aktienoptionsprogramme

Auch virtuelle Aktien (phantom stocks) [140] und Aktienoptionsprogramme (stock appreciation rights) [141] sind beliebt geworden. Bei diesen wird der Mitarbeiter so gestellt, als wäre er Inhaber einer bestimmten Anzahl von Aktien des Unternehmens. Zu einem zuvor bestimmten Zeitpunkt erhält der Mitarbeiter von der Gesellschaft die positive Differenz zwischen dem dann geltenden Börsenkurs und dem fiktiven Ausübungspreis in bar ausbezahlt, ohne daß es zur effektiven Transaktion der Aktien kommt[142]. Als Vergleichswert werden zunehmend anstelle des eigenen Börsenkurses auch andere Indices festgelegt. So wird beispielsweise die Entwicklung der eigenen Aktie mit der Entwicklung des Dow-Jones-Stoxx-Index verglichen. Zuweilen wird auch die Entwicklung einer Konkurrenzaktie zum Vergleich herangezogen oder der Aktienkurs mit internen Kennzahlen verglichen[143]. Die Ausgestaltung der virtuellen Aktienoptionsprogramme unterliegt der freien Parteivereinbarung. Damit werden Führungskräfte nunmehr wertorientiert vergütet.

Soweit eine virtuelle Mitarbeiterbeteiligung erfolgt, handelt es sich der Sache nach um eine Form der variablen Vergütung, wie sie bereits unter Ziffer 1 dargestellt worden war. Da sie jedoch mit der echten Mitarbeiterbeteiligung in engem sachlichen Zusammenhang steht und sich letztlich aus dieser heraus ableitet, erfolgte die Darstellung der virtuellen Mitarbeiterbeteiligung bewußt erst in diesem Abschnitt der Arbeit.

---

[140] Diese Vergütungsform gibt es etwa bei der *Commerzbank*, vgl. Capital 4/99, 38; ebenso bei *SAP* (diese kam das Prämienprogramm STAR teuer zu stehen, vgl. Börsen-Zeitung v. 19.1.2000).

[141] Vgl. das *SAP*-Programm STAR (www.sap-ag.de/germany/press). Weiter hat SAP einen "Long Term Incentive Plan der SAP AG 2000" eingeführt. Es handelt sich dabei um ein Aktienoptions- und Wandelschuldverschreibungsprogramm, ebenfalls mit einem Referenzindex. SAP hat sich hierbei für den Software-Index aus der Familie des Goldman Sachs Technology Index entschieden (www.sap-ag.de/germany/press). Auch die *Veba AG* hat zum Januar 1999 ein neues Vergütungssystem für Vorstandsmitglieder und obere Führungskräfte eingeführt (Veba, Geschäftsbericht 1998, S. 24). Weiter hat auch die *Allianz Gruppe* ihr bisheriges Vergütungssystem um eine weitere Form der Zusatzvergütung ergänzt, den auf sieben Jahre angelegten "Langfristigen Incentive-Plan (L.I.P.)" - die Allianz hatte zuvor lediglich eine Bonuszahlung für leitende Angestellte und eine Erfolgsbeteiligung für Mitarbeiter vorgesehen (www.allianz.de/presse/presse/c).

[142] Kau/Leverenz BB 1998, 2269, 2271.

[143] Capital 4/99, S. 38, 40 u. 42f: von der Boston Consulting Group (BCG) wurde ein neues Gehaltssystem entwickelt, nach welchem die Manager einen bestimmten Teil ihres Gehalts auf ein Sperrkonto einzahlen; die Verzinsung richtet sich nach dem Aktienkurs und internen Kennzahlen wie etwa dem Economic Added Value (EVA) oder der Cash Value Added (CVA).

c) Long term incentives

Soweit von long term incentives die Rede ist, sind hierunter langfristig-strategische, leistungsabhängige Vergütungsbestandteile zu verstehen, welche auf einer langfristigen Bemessungsgrundlage oder auf einer Mehrzahl kurzfristiger, unmittelbar zusammenhängender Bemessungsperioden in der Regel mit dem fixen Grundgehalt gewährt werden und deren Höhe von der Erfüllung langfristiger, strategischer Zielsetzungen abhängig ist, welche zuvor vereinbart worden sind[144].

Diese Anknüpfung an den langfristigen Erfolg eines Unternehmens ist für ein Unternehmen unter anderem deshalb vorteilhaft, weil auf diesem Wege auch dessen Liquidität in ertragsschlechten Zeiten geschont wird[145] und sie durch lange Ausübungs- und Haltefristen die Bindung der Mitarbeiter an das Unternehmen erreichen[146].

Der Sache nach werden hier jedoch ebenfalls Aktien, Aktienoptionen oder virtuelle Aktienoptionsprogramme gewährt. Long term incentives stellen daher keine eigenständige Fallgruppe dar.

d) Andere Beteiligungsformen

Aktien und Aktienoptionen können freilich nur bei Unternehmen zum Einsatz kommen, welche rechtlich als Aktiengesellschaft formiert sind. Auch bei anderen Unternehmen ist die Einführung von Beteiligungen als fester Entgeltbestandteil denkbar, jedoch, soweit ersichtlich, noch nicht verbreitet. Auf sie sei daher nicht weiter eingegangen.

5. Zukunftsvisionen

Darüber hinaus schwebt etwa Oechsler die Vision vor, ein Menü-Paket aufzustellen, in welches nicht nur verschiedene Entgeltbestandteile einfließen, sondern in welchem Entgelterhöhung, Arbeitszeit, Arbeitnehmerbeteiligung, Qualifikationsmaßnahmen etc. ebenfalls in einem Topf enthalten sind[147]. In gleicher Weise hält Fischer die Wahl nicht nur zwischen Entgeltbestandteilen und Sozialleistungen, sondern auch die Wahl zwischen Zeitelementen und der Position des Arbeitsplatzes (Arbeit zu Hause oder Arbeit in der Firma) für erstrebenswert[148]. Es ist daher mit weiteren Flexibilisierungen der Vergütungsbestandteile

---

144 Weilenmann, Value Based Compensation Plans, S. 36.

145 Kohler, Stock Options für Führungskräfte, S. 249.

146 Kau/Leverenz BB 1998, 2269.

147 Oechsler, interviewt in: Fiedler-Winter, innovative MAB, S. 61f.

148 Fischer, interviewt in: Fiedler-Winter, innovative MAB, S. 44.

zu rechnen. Da diese jedoch auf die Einbeziehung weiterer Merkmale gerichtet sind, welche über die einzelnen Vergütungsbestandteile hinausgehen und lediglich die Höhe des Gesamtentgelts von weiteren Elementen abhängig machen, sei hierauf nicht weiter eingegangen.

III. Wege zur Gestaltung dieser neuen Entgeltsysteme

Soweit neue Arbeitsverträge abgeschlossen werden, lassen sich neue Entgeltsysteme von vornherein vertraglich gestalten. Soweit jedoch Verträge bereits bestehen, bedarf es zur Einführung moderner Entgeltbestandteile der Änderung bereits bestehender Arbeitsverträge. Diese erfolgt entweder durch eine sog. **Gehaltsumwandlung** oder durch eine **Gehaltserhöhung**, welche ihrer Natur nach freilich nur verlangsamt zu einer Umgestaltung des Entgelts führen kann.

Neuerdings haben auch die Tarifvertragsparteien erkannt, daß es sinnvoll sein kann, auch der Umwandlung tarifvertraglich abgesicherten Barlohns (§ 4 III TVG) den Weg zu ebnen[149]. Hierzu sehen moderne Tarifverträge neuerdings entsprechende Tariföffnungsklauseln vor[150].

1. Die Gehaltsumwandlung

a) Definition

Nach § 1 V BetrAVG liegt eine „Entgeltumwandlung“ vor, wenn „künftige Entgeltansprüche in eine wertgleiche Anwartschaft auf Versorgungsleistungen umgewandelt werden“[151]. Nach Ansicht des Bundesarbeitsgerichts liegt eine Gehaltsumwandlung (in eine Lebensversicherung) vor, wenn „Arbeitgeber und Arbeitnehmer ihre ursprüngliche Lohnvereinbarung dahin (ändern), daß in Zukunft anstelle eines Teiles des monatlichen Barlohns vom Arbeitgeber eine Versicherungsprämie auf einen Lebensversicherungsvertrag zugunsten des Arbeitnehmers (Direktversicherung) gezahlt werden soll“[152]. Ebenso wird in der Literatur die Gehaltsumwandlung einhellig als Verzicht auf einen Teil des Arbeitslohns gegen Erhalt einer anderen als der bisherigen Leistung (sei es eine be-

---

[149] Ohne tarifvertragliche Regelung ist die Zulässigkeit abhängig vom Verständnis des Günstigkeitsprinzips: ob eine Regelung der betrieblichen Altersvorsorge günstiger ist, ist in der Literatur umstritten – vgl. statt vieler Blomeyer DB 1994, 882, 883 und Groeger DB 1992, 2086, 2088.

[150] Verweisend auf die chemische Industrie: www.bhf-bank.de/analysen/vowi/wirtsch/avw_1943.htm; Höfer/Meier BB 1998, 1894 unter Verweis auf den Tarifvertrag der chem. Industrie v. 9.5.1998 und den der Stahlindustrie vom 12.6.1998; auch der Manteltarifvertrag für das Versicherungsgewerbe sieht seit 11.6.1997 eine Regelung zum sog. Schattengehalt im Rahmen der Gehaltsumwandlung vor, vgl. Blomeyer NZA 2000, 281, 288.

[151] Nach Langohr-Plato BB 1999, 1215 bildet die Wertgleichheit ein Tatbestandsmerkmal im Rahmen des BetrAVG.

[152] BAG BB 1998, 1009.

triebliche Altersvorsorge, ein Sachlohn oder – was auch möglich ist – die Umwandlung von Sachlohn zurück in Barlohn) definiert[153].

Eine Gehaltsumwandlung liegt somit dann vor, wenn die Arbeitsvertragsparteien ihre Lohnvereinbarung dahingehend abändern, daß in Zukunft anstelle von Barlohn eine andere Leistung erfolgen soll.

b) Arten der durch die Gehaltsumwandlung neu geschaffenen Vergütungsbestandteile

Wie bereits eingangs erwähnt, ist die Gehaltsumwandlung in jüngerer Zeit in vielfachen Formen in Erscheinung getreten. Im Vordergrund stand und steht dabei sicherlich die Gehaltsumwandlung zur betrieblichen Altersversorgung. Beliebt sind jedoch auch Gehaltsumwandlungen zur Gestellung eines Firmenwagens[154]. Darüber hinaus werden Gehaltsumwandlungen zur Gruppenkrankenversicherung[155], zu Kindergartenzuschüssen oder zu Zinszuschüssen vorgenommen. Auch kann bei viel reisenden Arbeitnehmern die Verpflegungspauschale[156] erhöht werden. Ebenso wird zum Erhalt von Aktienoptionen beispielsweise ein Verzicht auf zehn Prozent des Festgehalts vereinbart[157]. Auch hierbei handelt es sich um eine Form der Gehaltsumwandlung.

c) Anerkennung durch die Finanzverwaltung und die Finanzgerichtsbarkeit[158]

Allerdings ist die Gehaltsumwandlung steuerlich noch nicht voll anerkannt. Derzeit ergibt sich für die Praxis folgende Situation: Die Gehaltsumwandlung zur Gestellung eines Firmenwagens wird durchweg anerkannt[159]. Auch die Umwandlung von Barlohn in arbeitnehmerfinanzierte Pensionszusagen ist nach dem Erlaß des Finanzministeriums NRW sowie einem Schreiben des BMF steuerrechtlich wirksam[160], ebenso der Gehaltsverzicht zugunsten von Beitragsleistungen des Arbeitgebers an eine Versorgungseinrichtung, die dem Arbeitnehmer

[153] Blomeyer NZA 1998, 911, 912; H. Höfer DB 1998, 1562; R. Höfer DB 1998, 2266. Etwa auch von Simmich DB 1977, 2377f, obwohl dieser im Ergebnis das Vorliegen einer Lohnverwendungsabrede zu bejahen scheint.
[154] Grube DStR 1997, 1957, 1958.
[155] Hanau/Becker VersR 1988, 1093.
[156] Grube DStR 1997, 1956.
[157] So etwa ein Beispiel von Weber, Capital 7/99, 203, 204.
[158] Vgl. zum ganzen Schmidt, § 3 EStG Gehaltsumwandlung.
[159] Dies wurde in Reaktion auf die Entscheidung des BFH vom 20.8.1997 (DB 1997, 2259) in einer LStR festgelegt - vgl. Wolf DB 1999, 16, 19 - soweit Wolf, wohl zu Recht, darauf hinweist, daß damit über die Abgrenzung einer Gehaltsumwandlung von einer Lohnverwendungsabrede nichts gesagt ist, spielt dies für die Frage, welche Rechtsfolgen die Finanzverwaltung aus einer - so beurteilten - Gehaltsumwandlung ableitet, keine Rolle; ebenso FG SchlH EFG 1995, 836.
[160] Erlaß des FinMin NRW DB 1995, 1150, 1151 und BMF-Schreiben vom 4.2.2000.

keinen Rechtsanspruch auf Versicherungsleistungen gewährt (Unterstützungskasse)[161].

Hinsichtlich der Umwandlung von Barlohn in sog. steuerfreie Zuwendungen des Arbeitgebers (vgl. die Aufzählung in § 3 EStG) wird die Anerkennung der Gehaltsumwandlung weitgehend abgelehnt. Die Gehaltsumwandlung in Kindergartenzuschüsse ist daher nicht steuerlich begünstigt[162], ebensowenig die Gehaltsumwandlung in Zinszuschüsse[163]. Unzulässig ist auch die Umwandlung in eine Sonderzahlung[164]. Anerkannt wird hingegen die Gehaltsumwandlung in steuerfreie Reisekosten.

Die teilweise Nichtanerkennung der Gehaltsumwandlung beruht zum einen darauf, daß hierin eine unzulässige Umgehung der Steuerzahlungspflicht gesehen wird, zum anderen darauf, daß eine Gehaltsumwandlung zuweilen als Lohnverwendungsabrede angesehen wird (vgl. zu diesem Meinungsstreit die Darstellung im 5. Teil dieses Kapitels, *A.*, S. 81ff). Lohnverwendungsabreden sind jedoch steuerrechtlich unbeachtlich, da diese den Zufluß, auf welchen es maßgeblich ankommt[165], unberührt lassen und lediglich über die Form der Auszahlung eine Abrede treffen[166].

d) Formen der Gehaltsumwandlung

Gehaltsumwandlungen können derart erfolgen, daß vereinbart wird, zukünftige Einmalbeträge, wie etwa das 13. Monatsgehalt oder die einmalige jährliche Tantieme, bis zur Pensionierung umzuwandeln. Es kann aber auch vereinbart werden, daß zukünftige laufende, monatliche Gehaltsbestandteile umgewandelt werden sollen[167]. Auch hinsichtlich der Dauer werden verschiedene Varianten praktiziert: so werden Gehaltsumwandlungen bis zur Pensionierung, aber auch Gehaltsumwandlungen mit jährlichem Wahlrecht oder auch auf mehrere Jahre befristete Gehaltsumwandlungen vereinbart[168].

---

161 OFD Hannover, Verfügung vom 3.9.1998, DStR 1998, 1633.

162 Wagner BB 1992, 2483; **a.A.:** Schmidt, EStG, § 3 Gehaltsumwandlung.

163 So die Finanzverwaltung bereits ausdrücklich im Jahre 1992, vgl. das Schreiben des Bundesministers der Finanzen v. 13.4.1992 = DB 1992, 917f: die Finanzverwaltung stimmt einer Substitution von normalbesteuerten in steuerfreie Lohnbestandteile nicht zu; im Jahre 1994 dann - in Reaktion auf eine gegenteilige Rechtsprechung des BFH - gesetzlich festgelegt, vgl. den damals eingefügten konstitutiven Zusatz zu § 52 III EStG.

164 BFH E 186, 224, Anm. MIT DStR 1998, 1127; **a.A.:** FG Münster EFG 1998, 720.

165 Arbeitslohn im Sinne des Steuerrechts sind alle Einnahmen, die dem Arbeitnehmer aus dem Dienstverhältnis zufließen (§ 8 I EStG, § 2 I 1 LStDV).

166 Wolf DB 1999, 16, 19.

167 Grube DStR 1997, 1956, 1957.

168 Höfer/Meier BB 1998, 1894, 1896.

e) Auswirkungen der Gehaltsumwandlung

Bei der Entscheidung für die Vornahme einer Gehaltsumwandlung darf allerdings nicht verkannt werden, daß die Ersparnis von Steuern und Sozialversicherungsbeiträgen für den einzelnen Arbeitnehmer auch nachteilig sein kann, beispielsweise dann, wenn infolge der Gehaltsumwandlung die Ansprüche des Arbeitnehmers aus den Sozialversicherungskassen wie etwa Arbeitslosengeld, Mutterschutzgeld oder Krankengeld sinken (Lohnersatzleistungen) und auch im Alter die gesetzliche Rente niedriger ausfällt[169]. Dies hat zur Folge, daß im Einzelfall genau geprüft werden muß, wie sinnvoll alternative Entlohnungsformen tatsächlich sind. Jedenfalls für Arbeitnehmer mit Gehältern, die oberhalb der Beitragsbemessungsgrenzen für die Sozialversicherung liegen, sind derartige Regelungen in aller Regel sinnvoll[170].

2. Gehaltserhöhungen

Mit der Gehaltsumwandlung verwandt sind Formen der Sachlohnvereinbarung, die anstelle einer Erhöhung des Barlohns vereinbart werden. Auch diese Formen finden weite Verbreitung, da auf diesem Wege den Arbeitnehmern nichts genommen wird, was sie bereits an Bareinkommen erzielt hatten[171] und auch durch sie auf eine langfristige Veränderung in der Lohnstruktur hingewirkt werden kann. Diese Form der Gehaltserhöhung hat zudem den Vorteil, daß auf diesem Wege die Ersparnis von Steuern und Sozialversicherungsbeiträgen auch in denjenigen Fällen erreicht werden kann, in denen Gehalts*umwandlungen* von der Finanzverwaltung nicht anerkannt werden und daher durch Gehaltsumwandlungen keine steuer- und sozialversicherungsrechtlichen Vorteile zu erzielen wären[172].

3. Sonderfall: Cafeteria-Modelle

Cafeteria-Modelle können nicht nur im Wege der (befristeten) Gehaltsumwandlung vereinbart werden. Alternativ hierzu kommt auch die Vereinbarung einer Ersetzungsbefugnis zugunsten des Arbeitnehmers oder die Vereinbarung einer Wahlschuld in Betracht.

---

[169] Vgl. etwa Höfer/Meier BB 1998, 1894, 1896: „Vielfalt der individuellen Einflußgrößen" - eine pauschale Aussage über die Zweckmäßigkeit der Gehaltsumwandlung ist daher nicht möglich; besonders ausführlich Metz/Paschek DB 1987, 1938, 1940.

[170] Schmidt/Störmer NZA 1987, 617, 622.

[171] Grube DStR 1997, 1956.

[172] Denn eine Gehaltserhöhung ist immer steuerrechtlich anzuerkennen, vgl. Schmidt, EStG, § 3 Gehaltsumwandlung.

Die Ersetzungsbefugnis gibt dem Berechtigten das Recht, einseitig zu bestimmen, daß anstelle der vereinbarten Leistung eine andere erbracht, mithin eine Leistung an Erfüllungs Statt[173] geleistet wird. Es handelt sich dabei um ein Gestaltungsrecht[174].

Auch die Wahlschuld (vgl. § 262 BGB) gibt einer Partei ein Gestaltungsrecht, durch welches das Schuldverhältnis auf eine bestimmte Leistung konkretisiert werden kann. Der Unterschied besteht darin, daß bei der Ersetzungsbefugnis auch ohne Ausübung derselben ein von Anfang an bestimmtes, erfüllbares Schuldverhältnis vorliegt, während bei der Wahlschuld die Leistungspflicht durch Ausübung des Wahlrechts konkretisiert werden muß[175].

Als Gestaltungsrecht i.S.d. § 315 BGB ist die Vereinbarung eines Cafeteria-Modells hingegen nicht anzusehen, da diesem ein Vertragsverhältnis eigen ist, bei welchem die Leistung erst noch von einer Vertragspartei nach billigem Ermessen bestimmt werden muß, während hier die in Betracht kommenden Leistungen bereits bestimmt sind und dem Arbeitnehmer lediglich freisteht, zwischen diesen bereits bestimmten Leistungen zu wählen[176].

Ob diese Vertragsgestaltungen mit § 115 I GewO vereinbar sind, wird im zweiten Kapitel dieser Arbeit im einzelnen zu untersuchen sein.

B. Die Mitarbeiterbeteiligung

In diesem Kapitel geht es um eine Rechtsmaterie, welche im modernen Arbeitsrecht in maßgeblicher Form neue Rechtsbeziehungen zwischen den Arbeitsvertragsparteien hat entstehen lassen: die Mitarbeiterbeteiligung.

I. Die Entwicklung der Mitarbeiterbeteiligung

1. Geschichtlicher Abriß über praktizierte Beteiligungsformen

Der Beteiligungsgedanke reicht bis in die erste Hälfte des 19. Jahrhunderts zurück. Erstmals bekannt wurde im Jahre 1824 ein Amtsrat namens Albert, welcher im Jahre 1824 auf seinem bei Breslau gelegenen Gut Cöthen eine Beteiligung einführte[177]. Weitaus größeren Bekanntheitsgrad erlangte der Nationalöko-

---

[173] Staudinger-Olzen, § 364, Rn. 17 und 19.
[174] Ziegler AcP 171 (1971), 193, 204.
[175] Ziegler AcP 171 (1971), 193, 204.
[176] Vgl. auch Staudinger-Mader, § 315, Rn. 29 zur Abgrenzung von Gestaltungsrecht i.S.d. § 315 BGB von der Wahlschuld.
[177] Schanz, Entwicklungsstadien und Perspektiven der Mitarbeiterbeteiligung, in: Weber, Entgeltsysteme, S. 273.

nom Johann Heinrich von Thünen zu Tellow, welcher seine landwirtschaftlichen Arbeitnehmer erstmals im Jahre 1847 an seinem Betrieb beteiligte[178]. Zwanzig Jahre später wurde von dem Fabrikanten W. Borchert ein erster Beteiligungsversuch in der deutschen Fabrikindustrie unternommen, welcher jedoch seitens der Arbeitnehmer fast durchweg abgelehnt wurde[179]. Diese sowie spätere Beteiligungsformen des 19. Jahrhunderts beschränkten sich vorwiegend auf Erfolgsbeteiligungen, die Beteiligung am Kapital war noch nicht geläufig.

Zu den ersten Pionieren der Beteiligung am Kapital gehört die Friedrich-Krupp-AG, welche im Jahre 1921 erstmals eine Aktienbeteiligung für ihre Arbeitnehmer einführte, jedoch nur kurze Zeit gewährte, da die Zusage einer Garantiedividende von sechs Prozent zurückgezogen werden mußte[180]. Es folgte eine Vielzahl von Diskussionen um die Frage der Mitarbeiterbeteiligung[181], welche zeitweise zum Erliegen kamen[182].

Einen erheblichen Fortschritt brachte schließlich der Beginn der staatlichen Förderung im Jahre 1961[183]. Großem Einfluß sieht sich die Entwicklung der Mitarbeiterbeteiligung in den letzten Jahrzehnten auch insbesondere durch die USA ausgesetzt, welche die Mitarbeiterbeteiligung wesentlich vorangetrieben hat. In Zeiten der Globalisierung des Wettbewerbs bleibt dies nicht ohne Folgen. Daneben erfuhr die Mitarbeiterbeteiligung auch in den 90er Jahren infolge der Wiedervereinigung neuen Aufschwung, wenn auch nach Meinung mancher Experten die in den neuen Bundesländern vorgefundene Situation nicht in vollem Maße ausgenutzt wurde.

2. Der Wandel in der Beurteilung von Sinn und Zweck der Mitarbeiterbeteiligung

Hervorzuheben ist bereits vorab der Wandel in der Beurteilung von Sinn und Zweck der Mitarbeiterbeteiligung: während die Mitarbeiterbeteiligung in den 80er Jahren nichts anderem diente als der Einflußnahme auf das Sparverhalten der Arbeitnehmer[184], wird sie nunmehr vorwiegend als Instrument eingesetzt,

---

178 Schanz, Entwicklungsstadien und Perspektiven der Mitarbeiterbeteiligung, in: Weber, Entgeltsysteme, S. 273.

179 Ross, die Beteiligung der Arbeitnehmer in der Rechtsform der stillen Gesellschaft, S. 11f.

180 Schanz, Entwicklungsstadien und Perspektiven der Mitarbeiterbeteiligung, in: Weber, Entgeltsysteme, S. 274.

181 Wagner BB 1995, Beilage 7 zu Heft 25, S. 1, 3.

182 Ross, die Beteiligung der Arbeitnehmer in der Rechtsform der stillen Gesellschaft, S. 14.

183 BGBl. 1961, I, S. 909ff.

184 Reuter NJW 1984, 1849, 1855.

um Mitarbeiter zu motivieren und auch die sich aus der Mitarbeiterbeteiligung ergebenden Finanzierungs- und Liquiditätseffekte zu nutzen [185].

3. Die heutigen Motive für die Einführung einer Mitarbeiterbeteiligung

Noch nicht von allen Unternehmen wird die Mitarbeiterbeteiligung in diesem modern verstandenen Sinne eingesetzt. Teils werden nach wie vor lediglich Sozialleistungen erbracht, um die vom Gesetzgeber geschaffenen staatlichen Förderungsmöglichkeiten des VermBG und des § 19 a EStG auszuschöpfen. Teils erfolgt jedoch eine weit darüber hinausgehende Beteiligung – wobei teilweise die staatliche Förderung mit einbezogen, teilweise zugunsten der freien Gestaltbarkeit auf diese verzichtet wird.

Die Motive für diese erweiterte Form der Mitarbeiterbeteiligung sind breit gestreut. Sie reichen vom Konzept einer Erfolgsstrategie durch Bindung und Motivation der Mitarbeiter[186] über die angestrebte Ausnutzung der Finanzierungseffekte[187], über den Wunsch des Inhabers zu einer Beteiligung der Mitarbeiter an dem auch durch sie erwirtschafteten Erfolg, und über Sanierungskonzepte, bei denen die Arbeitnehmer auf Teile ihres Lohnes verzichten und im Gegenzug eine Kapitalbeteiligung erhalten, bis hin zur angestrebten vollständigen Unternehmensnachfolge durch die Mitarbeiter[188]. Oft wird freilich auch eine Kombination dieser – nicht abschließend aufgezählten – Motive die Grundlage sein. Die

[185] Röder NZA 1987, 799; dies verdeutlichen folgende Zitate: „Die Mitarbeiterbeteiligung ist von einer historischen „Sozialleistung" längst zu einem Wettbewerbsfaktor für eine moderne Wirtschaft geworden." (Rosemarie Fiedler-Winter, Wirtschaftsjournalistin, in: Fiedler-Winter, innovative MAB, S. 26); „Die Mitarbeiterbeteiligung ist nicht selten zu einer sozialpolitischen Maßnahme verkommen, anstatt als Unternehmensmaßnahme oder betriebswirtschaftliche Entscheidung deutlich zu werden." (Kajo Schommer, Staatsminister für Wirtschaft und Arbeit des Freistaates Sachsen, interviewt in: Fiedler-Winter, innovative MAB, S. 48).

[186] Kania, Nichtarbeitsrechtliche Beziehungen, S. 101.

[187] So bei der Bertelsmann AG, welche ohne ihre Entwicklung der MAB nicht hätte expandieren können, da sie bei den Bankinstituten mangels vorhandener Sicherungsmöglichkeiten keinen Kreditrahmen erhalten hätte, vgl. Fiedler-Winter, innovative MAB, S. 31; ebenso bei der Aucoteam GmbH, vgl. Fiedler-Winter, innovative MAB, S. 77.

[188] So bei der Grünbeck Wasseraufbereitungs GmbH, vgl. Handelsblatt v. 4./5.12.1998 und Wirtschaftswoche, 8.4.1999, S. 90: die *Grünbeck Wasseraufbereitung GmbH* mündet in eine Nachfolgeregelung ein; eine Veräußerung ist an der internen Börse möglich; ebenso bei der *Meissner AG*, vgl. Handelsblatt v. 4./5.12.1998: die Meissner AG mußte 1994 Konkursantrag stellen, langsam stellten sich wieder Erfolge ein, jedoch fanden sich keine Investoren; die Mitarbeiter nahmen darauf die Firma in eigene Hand und wählten die Rechtsform der AG; auch bei der *Chemnitzer Werkzeugmaschinenbauer Union* (Wirtschaftswoche v. 4.9.1997, S. 140: die Chemnitzer Werkzeugmaschinenbauer Union wurde durch die Investition von rund 100 Beschäftigten vor dem Konkurs bewahrt, diese investierten jeweils 10000,- DM für die Übernahme des wirtschaftlich gesunden Unternehmens, das als Gläubigerin des Werftenriesens Bremer Vulkan in finanzielle Engpässe geraten war); weitere Unternehmen in Mitarbeiterhand: die *Danet GmbH* und die *Living Systems AG*, vgl. Handelsblatt v. 4./5.12.1998.

Motive „Motivation und Bindung der Mitarbeiter“ sowie „Finanzierungs- und Steuereffekte“ dürften jedoch im Vordergrund stehen[189].

4. Die Mitarbeiterbeteiligung in Zahlen

Die Mitarbeiterbeteiligung ist in den USA schon in weit größerem Ausmaße verbreitet als hierzulande. In den USA waren im Jahre 1997 bereits 16 Millionen Mitarbeiter mit 800 Milliarden Dollar an 15.000 Unternehmen beteiligt[190]. Dennoch hat auch hierzulande die Mitarbeiterbeteiligung, insbesondere in den letzten Jahren, einen starken Aufschwung erlebt. Dies verdeutlichen folgende Zahlen[191]:

Jahr	Anzahl der beteiligten Unternehmen	beteiligte Mitarbeiter	Beteiligungskapital der Mitarbeiter
1977	700	800.000	2,3 Milliarden DM
1983	1.000	1.000.000	5,5 Milliarden DM
1987	1.364	1.100.000	14,2 Milliarden DM
1997	2.500	2.000.000	25 Milliarden DM
1999	2.700	2.300.000	25 Milliarden DM[192]

II. Abgrenzung der Erfolgsbeteiligung von der Kapitalbeteiligung

Erfolgsbeteiligungen führen zu einem *variablen Bestandteil der Vergütung*, die Auszahlung des Gehalts erfolgt aber dennoch weiterhin in bar. Bei der Erfolgsbeteiligung handelt es sich daher um ein Mittel zur Flexibilisierung des an die Mitarbeiter zu zahlenden Barlohnes. Zu diesen Formen der Erfolgsbeteiligung gehören auch virtuelle Mitarbeiterbeteiligungsprogramme, wie sie bereits dargestellt wurden, so vor allem virtuelle Aktien sowie virtuelle Aktienoptionsprogramme. Auch hierbei handelt es sich der Sache nach lediglich um einen variablen geldlichen Vergütungsbestandteil[193].

Demgegenüber führt die **Kapitalbeteiligung** zu einer *echten Beteiligung* der Mitarbeiter am Kapital des Unternehmens. Wie bereits dargestellt, kann eine Beteiligung als fester Entgeltbestandteil vereinbart werden. Alternativ hierzu kann den Mitarbeitern aber auch in Einzelaktionen der Erwerb einer Kapitalbe-

[189] Ebenso Schneider/Zander, Erfolgs- und Kapitalbeteiligung, S. 50.
[190] V. Rosen, Börsen-Zeitung v. 5.12.1997 und unter www.dai.de/veroeffentlichungen/.
[191] Hinsichtl. der Daten 1977, 1983 und 1987: s. Nachweise bei Wagner BB 1995, Beilage 7 zu Heft 25, S. 1, 5. Hinsichtl. der Daten 1997: s. v. Rosen, Börsen-Zeitung v. 5.12.1997 und unter www.dai.de/veroeffentlichungen/.
Hinsichtl. der Daten 1999: s. Erhebung der AGP/GIZ, www.online.de/home/giz/news.
[192] Dieser Betrag entspricht demjenigen des Jahres 1997, was jedoch, wie sich aus der vorangegangenen Fußnote ergibt, auf der Einbeziehung verschiedener Quellen in die Gesamtdarstellung beruht.
[193] Vgl. Kau/Leverenz BB 1998, 2269, 2271.

teiligung angeboten werden. Letztere Rechtsbeziehungen, welche neben den zwischen den Parteien geschlossenen Arbeitsvertrag treten, sind Gegenstand der folgenden Ausführungen. Hierbei wird zu unterscheiden sein zwischen freiwilligen Zusatzleistungen des Arbeitgebers[194] und solchen, welche mit Kosten für die Arbeitnehmer verbunden sind[195].

III. Die Formen der Kapitalbeteiligung

Wie bereits der obigen Aufzählung zu möglichen Motiven der Mitarbeiterbeteiligung zu entnehmen war, kann die Mitarbeiterbeteiligung so weit gehen, daß das Unternehmen ganz oder mehrheitlich von der Belegschaft oder dem Management übernommen wird (sog. Belegschaftsbetriebe bzw. Management Buy Out). Diese Beteiligungsformen werden, da sie letztlich zur Unternehmerschaft einer wie auch immer gearteten Gruppe führen, im Rahmen der vorliegenden Arbeit nicht behandelt. Vorliegend sollen diejenigen Beteiligungsformen untersucht werden, welche zu einer echten betrieblichen Partnerschaft führen[196].

Zu unterscheiden ist zunächst zwischen Mitarbeiterbeteiligungsformen, welche Fremdkapital begründen, und solchen, welche Eigenkapital bilden. Zudem gibt es Beteiligungsformen, bei welchen die Betrachtung je nach Sicht – steuerlich oder betriebswirtschaftlich – zu unterschiedlichen Ergebnissen führt. Diese sollen als eigenkapitalähnliche Beteiligung begrifflich erfaßt werden.

Zu den Formen des **Fremdkapitals** gehört insbesondere das *Darlehen*. Wie jede Form der Beteiligung am Fremdkapital führt dieses nicht zu einer Unternehmensbeteiligung im engeren Sinne, sondern die Mitarbeiter bringen lediglich für eine vorher bestimmte Zeit Kapital ein, welches nicht im Unternehmen verbleiben, sondern nach einer bestimmten Zeit wieder ausbezahlt werden soll[197]. Eine weitere Form des Fremdkapitals bilden die sog. *Schuldverschreibungen*. Auch diese sollen nach dem Inhalt der getroffenen, schuldrechtlichen Vereinbarung

---

[194] Teilweise werden den Mitarbeitern Beteiligungen geschenkt, so etwa Einlagen für eine stille Gesellschafterstellung, vgl. etwa die Licher Privatbrauerei Ihrig-Melchior GbmH&Co.KG, Nachweis bei Fiedler-Winter, innovative MAB, S. 159.

[195] S. hierzu vor allem im folgenden.

[196] Der Begriff Partnerschaft wurde von der AGP (Arbeitsgemeinschaft für betriebliche Partnerschaft) geprägt, einem Zusammenschluß von 500 Partnerschaftsunternehmen, welche Beteiligungsmodelle verwirklicht haben und für diese eintreten.

[197] Der Begriff der Kapitalbeteiligung umfaßt nach dem hier zugrunde gelegten Verständnis nicht nur, wie im Gesellschafts- und im Steuerrecht zugrunde gelegt, die gesellschaftsrechtlichen Beteiligungen, sondern auch die schuldrechtlichen Beteiligungen. Bei diesen findet zwar lediglich eine Fremd- und keine Eigenkapitalbeteiligung statt, die Formen des Fremdkapitals werden jedoch in der nichtjuristischen Literatur in aller Regel ebenfalls begrifflich unter die Kapitalbeteiligung gefaßt – ebenso Schneider/Zander, Erfolgs- und Kapitalbeteiligung, S. 21.

nur temporär im Unternehmen verbleiben und später wieder, inklusive Zinsen, ausbezahlt werden.

Demgegenüber führt eine Beteiligung als *Kommanditist*, *GmbH-Gesellschafter*, *Aktionär* oder *Genosse* zur Bildung von **Eigenkapital**. Hierunter zu fassen sind weiter der OHG-Gesellschafter sowie der Komplementär einer KG – da diese jedoch unbeschränkt haften, sind diese Beteiligungsformen für Mitarbeiter ungeeignet. Sie bleiben daher bei der folgenden Darstellung außer Betracht.

Als **eigenkapitalähnliche Beteiligte** sind der *stille Gesellschafter* sowie der *Genußrechtsinhaber* anzusehen. Während es sich bei der Beteiligung als stiller Gesellschafter steuerrechtlich gesehen um Fremdkapital handelt, wird die Beteiligung als voll haftender stiller Gesellschafter betriebswirtschaftlich dem Eigenkapital zugerechnet[198], gleiches gilt fast immer für das Genußrecht[199].

Hieraus ergibt sich folgende Übersicht:

Fremdkapital	**eigenkapitalähnliche Beteiligung**	**Eigenkapital**
Darlehen	stiller Gesellschafter	Kommanditist
Schuldverschreibung	Genußrechts-Inhaber	GmbH-Gesellschafter
		Aktionär
		Genosse

Neben diesen Formen der direkten Beteiligung am Unternehmen gibt es auch die Möglichkeit der Zwischenschaltung einer Beteiligungsgesellschaft. Diese führt zu einer **indirekten Beteiligung** des Arbeitnehmers am Unternehmen seines Arbeitgebers. In der Praxis werden hierzu in aller Regel *Gesellschaften bürgerlichen Rechts*, teilweise auch *GmbHs* gegründet, welche von den Mitarbeitern gehalten werden und welche wiederum in Form eines stillen Gesellschafters am Unternehmen des Arbeitgebers beteiligt sind[200]. Diese Gründung einer Zwischengesellschaft ist etwas aufwendiger, führt aber zu einer erhöhten Flexibilität und ermöglicht Regelungen, die bei einer direkten Beteiligung oft nicht möglich wären[201]. Da auch hier jedoch letztlich die Mitarbeiter in gleicher Weise, wenn auch indirekt, am Unternehmen beteiligt werden, ist diese Form der Beteiligung in diesem Teil der Arbeit nicht gesondert darzustellen.

---

[198] Schneider/Zander, Erfolgs- und Kapitalbeteiligung, S. 154.

[199] Stehle, MAB, S. 51; ohne Einschränkung: Schneider/Zander, Erfolgs- und Kapitalbeteiligung, S. 218.

[200] Schneider/Zander, Erfolgs- und Kapitalbeteiligung, S. 186.

[201] Schneider/Zander, Erfolgs- und Kapitalbeteiligung, S. 142.

IV. Die Beteiligungsmodelle aus der Praxis

Die folgende Darstellung der Beteiligungsmodelle aus der Praxis soll Aufschluß darüber geben, wie Mitarbeiterbeteiligungen in der Praxis tatsächlich durchgeführt werden. Zugleich wird besonderes Gewicht auf die Darstellung der Finanzierung dieser Beteiligungsmodelle gelegt, da diese Mittelaufbringung letztlich in aller Regel eine Frage der **Lohnverwendung** darstellt und daher den Kern der Untersuchung der Vereinbarkeit moderner Beteiligungsmodelle mit den gewerberechtlichen Entgeltvorschriften bilden wird. Da dieser Aspekt der Kapitalbeteiligung in der bislang veröffentlichten Literatur nicht untersucht worden ist, wurden zur Beschaffung der erforderlichen Informationen eine Anzahl von Firmen kontaktiert. In den Fußnoten finden sich zur weiteren Veranschaulichung Beschreibungen über die einzelnen Modellausgestaltungen.

1. Darlehen

Am Anfang der Mitarbeiterbeteiligung steht in vielen Unternehmen – neben der Erprobung einer Gewinnbeteiligung – eine Kapitalbeteiligung der Arbeitnehmer in Form von Darlehen. Diese begründen zwar lediglich ein schuldrechtliches Rechtsverhältnis zwischen Arbeitnehmer und Arbeitgeber, also keine Kapitalbeteiligung im engeren Sinne, weshalb auch die hierdurch erzielbaren Motivationssteigerungen beschränkt sind, ihr unbestreitbarer Vorteil liegt jedoch darin, daß den Arbeitnehmern diese Form der Beteiligung bestens vertraut ist und sie sich daher auf diese Form der Mitarbeiterbeteiligung am ehesten einzulassen bereit sind[202].

Die **Finanzierung** dieser Darlehen erfolgt in aller Regel durch Einbehalt von Lohn, wobei der Arbeitnehmer sehr häufig das Wahlrecht erhält, eine Erfolgsbeteiligung im Unternehmen stehen oder sich bar auszahlen zu lassen[203].

---

[202] Schneider/Zander, Erfolgs- und Kapitalbeteiligung, S. 144. Hervorzuheben ist hier *das Modell der Wala-Stiftung*, welche ihre Darlehensverträge langfristig gestaltet und ihren Mitarbeitern damit die Möglichkeit eröffnet, den Abschluß eines Darlehensvertrags zur langfristigen Vermögensbildung zu nutzen: die Darlehensverträge werden jährlich neu abgeschlossen und haben eine Laufzeit von 25 Jahren (bzw. bis zur Pensionsgrenze). Anschließend erfolgt eine Ausschüttung in zehn Jahresraten. Allerdings sieht dieses Modell keine Sicherung vor, "denn dies würde dem unternehmerischen Charakter dieser Mittel widersprechen", so Vorstand Karl Kossmann (vgl. zum ganzen: Handelsblatt v. 4./5.12.1998). Daneben sei auf das *Modell von DaimlerChrysler* (1998, damals noch Daimler-Benz) verwiesen: die Mitarbeiter belassen ihre Erfolgsbeteiligungen im Unternehmen, wo der Bruttobetrag verzinst wird, die Auszahlung erfolgt, wenn der Arbeitnehmer 60 wird oder in Rente geht. Besonders vorteilhaft wirkt sich dabei aus, daß die Mitarbeiter ihren einbehaltenen Lohn erst im Zuge der Auszahlung zu versteuern haben, was sich insbesondere bei Rentnern aufgrund des dann geringeren Steuersatzes positiv bemerkbar macht (Handelsblatt v. 9./10.1.1998). Oft wird aber auch nur ein kurzfristigeres Darlehen gewährt.

[203] So nicht nur bei DaimlerChrysler, sondern beispielsweise auch beim *Schmelzbasaltwerk*, vgl. Stehle, MAB, S. 104.

Eine staatliche Förderung erfolgt durch das VermBG sowie durch § 19 a EStG. Diese setzt nach § 2 Va 5. VermBG allerdings voraus, daß das Darlehen insolvenzgesichert wird.

2. Belegschaftsaktien

Ähnlich verbreitet ist die Ausgabe von Belegschaftsaktien. Allen Modellen gemeinsam ist, daß in der Regel einmal pro Jahr der Kauf von Belegschaftsaktien angeboten wird.

Die **Finanzierung** der Belegschaftsaktien erfolgt dabei auf unterschiedliche Weise. Diese wird vom Arbeitgeber in der Regel vorgegeben. Der Arbeitnehmer verpflichtet sich entweder zu einem Kaufplan, nach dem *monatlich bestimmte Raten* für den Erwerb von Belegschaftsaktien von der Vergütung abzuziehen sind[204] oder die Mitarbeiter werden, ggf. wahlweise[205], verpflichtet, den *Betrag auf einmal* aufzubringen[206], wobei ihnen in der Regel ein Teil des Monatsgehalts abgezogen[207] oder eine *bestimmte Sonderzahlung*, etwa das dreizehnte Monatsgehalt oder eine bevorstehende Erfolgsbeteiligung[208], zur Tilgung herangezogen wird. Teils erfolgt die Finanzierung auch über eine Anzahlung des Arbeitnehmers, kombiniert mit einem *zinslosen Darlehen an den Arbeitnehmer*[209] oder die

---

[204] *Aktienkaufplan der Microsoft GmbH,* Handelsblatt v. 4./5.12.1998: die Mitarbeiter legen sich darauf fest, sechs Monate lang zwischen 2 % und 10 % ihres Bruttoeinkommens für den Aktienkauf einzusetzen, Kauf mit Abschlag von 15 %; *Aktienkaufplan bei SAP*: bis zu 10 % des Monatsentgelts werden zum Kauf von Aktien verwandt, vgl. Fiedler-Winter, S. 179; *Aktienkaufplan bei Hewlett-Packard:* der Mitarbeiter kann auf bis zu 10 % seines Gehalts verzichten, dieses Geld wird auf einem sog. Aktiensparkonto angesammelt, bis der Aktienerwerb möglich ist, vgl. Fiedler-Winter, innovative MAB, S. 141.

[205] So bei der *Veba AG*, bei der die Mitarbeiter wählen können zwischen einer Zahlung in drei Raten oder einer Einmalzahlung, vgl. interne Broschüre der Veba zum Belegschaftsaktien-Programm.

[206] *Aktienkaufplan der Allianz*, Handelsblatt v. 4./5.12.1998 und allianz.de/az/presse/index.html: die Mitarbeiter können bis zu einem Drittel ihres Monatsgehalts aufwenden, um Aktien der Allianz mit einem Abschlag von 40 % zu erwerben - über diesen Kaufplan entscheidet der Vorstand jedes Jahr neu.

[207] *Modell der Siemens AG,* vgl. zur Verfügung gestellte Unterlagen des Unternehmens: der Kaufpreis wird grundsätzlich aus den Februar-Bezügen einbehalten; soweit dieses zur Bezahlung nicht ausreicht, hat der Mitarbeiter den Restkaufpreis bis Ende des Monats Februar einzubezahlen.

[208] So bei der *Lufthansa*, vgl. interne Papiere der Lufthansa. Ebenso bei der *BASF*, vgl. Pfälzer Kurier v. 30./31.10.1998.

[209] ESOPs (Employee Stock Ownership Programs): *Modell der Continental AG (Conti 100)*, vgl. Handelsblatt v. 7./8.8.1998 und Kreditwesen 1995, 1037f: Anzahlung von 20 %, hierdurch Erwerb von 100 Conti-Aktien, 80 % gab der Arbeitgeber dazu - als zinsloses Darlehen, das innerhalb von 2 Jahren zu tilgen war; Sperrfrist von ebenfalls 2 Jahren, kostenfreie Absicherung gegen Kursverluste - für diese 2 Jahre - durch den Arbeitgeber durch Einschaltung der Dresdner Bank, Übernahme der Depotkosten. Nach diesem Vorbild 1996 bei der *Lufthansa* eingeführt, vgl. interne Papiere der Lufthansa: die Mitarbeiter erhielten ein Paket, bestehend aus kursgesicherten, teilweise geschenkten, teilweise durch ein zinsloses Arbeitgeberdarlehen gewährten Aktien.

Arbeitnehmer erbringen *als Gegenleistung Lohnverzicht und Arbeitsstunden*[210]. Teils wird den Arbeitnehmern auch ein Wahlrecht eingeräumt zwischen einem einmaligen Gehaltsabzug und dem Einsatz *vermögenswirksamer Leistungen*[211].

Teils erfolgt die Förderung im Rahmen der vermögenswirksamen Leistungen, teils geht sie darüber hinaus. Teils werden die Förderungsvoraussetzungen des VermBG und des § 19 a EStG nicht in Kauf genommen, dann erfolgt eine Förderung ohne die Vorteile (aber auch ohne die Nachteile, etwa die 6-jährige Sperrfrist) des VermBG und des § 19 a EStG. Soweit eine über die steuerlichen Vorteile des § 19 a EStG und des VermBG hinausgehende Förderung durch den Arbeitgeber erfolgt, geschieht dies ebenfalls in unterschiedlicher Form. In der Regel werden die Aktien verbilligt abgegeben[212]. In wieder anderen Unternehmen findet eine über das VermBG hinausgehende Förderung für den Fall des Erwerbs einer bestimmten Menge an Aktien statt[213].

3. Genußrechte

Das (im Genußschein verbriefte) Genußrecht ist ein schuldrechtliches Verhältnis eigener Art, das dem Gläubiger Vermögens-, aber keine Verwaltungsrechte gewähren kann, insbesondere kein Stimmrecht, wohl aber einen Anteil am Gewinn- und Liquidationserlös der Gesellschaft[214].

Der Genußschein wird dort eingesetzt, wo die gesetzliche Normierung des Aktienrechts als zu eng empfunden wird[215] sowie in Unternehmen, die nicht in Form einer Aktiengesellschaft bestehen. Für letztere bietet der Genußschein die Möglichkeit, den Mitarbeitern die schuldrechtliche Stellung von Aktionären zu verschaffen. Denn das Genußrecht ist, wie jede Beteiligungsform, die nicht zu Eigenkapital führt, unabhängig von der Rechtsform des Unternehmens.

---

[210] *Modell der Deutz AG*, Handelsblatt v. 19.2.1998: als Gegenleistung für Lohnverzicht und Arbeitsstunden ohne Vergütung erhalten die Mitarbeiter für die nächsten drei Jahre Deutz-Aktien zum Vorzugspreis von 7,50 DM (damaliger Kurs 14,50 DM); die Papiere können sofort wieder verkauft werden.

[211] So bei Siemens, vgl. interne Papiere.

[212] *Modell von DaimlerChrysler* (1998, damals noch Daimler-Benz), Handelsblatt v. 9./10.1.1998: Zeichnungsberechtigung von 30 Aktien, Zuschuß von max. 450,- DM (je nach Zeichnungsumfang); *Modell der Deutschen Telekom AG*, Die Welt v. 14.12.1995: Aktienverkauf mit einem Abschlag von 40 %, jedoch maximale Förderung von 300,- DM gem. § 19 a EStG, allerdings muß der Mitarbeiter die Aktien sechs Jahre halten, damit diese steuerfrei bleiben.

[213] *Modell der BP Oil*, Die Welt v. 12.3.1998: sie stockt die vermögenswirksamen Leistungen von 936,- DM auf 1500,- DM auf, wenn die Mitarbeiter selbst dieselbe Summe in Aktien des Unternehmens investieren.

[214] Kau/Leverenz BB 1998, 2269, 2275.

[215] Silberberger, der Partizipationsschein, S. 61.

Aufgrund des Spielraums der Vertragsgestaltung gibt es verschiedene Arten von Genußscheinen, welche sich nach der Höhe des Verlustrisikos unterscheiden. Dieses kann ganz ausgeschlossen sein, sich als gering darstellen, aber auch voll vorhanden sein. Entsprechend groß bzw. klein sind dann auch die mit der Verlustbeteiligung korrespondierenden Gewinnchancen. Teilweise wird den Mitarbeitern ein Wahlrecht zwischen verschiedenen Risikotypen von Genußscheinen eingeräumt[216].

Die Bertelsmann AG war maßgeblich daran beteiligt, der Mitarbeiterbeteiligung in Form von Genußscheinen ihre heutige Bedeutung zu verleihen. Sie war die erste, die Genußscheine in erheblichem Umfang an ihre Mitarbeiter ausgab. Sie praktiziert diese Form der Mitarbeiterbeteiligung auch heute noch sehr erfolgreich[217].

Die **Finanzierung** erfolgt beispielsweise durch den Einsatz von *Erfolgsbeteiligungen*[218], *den monatlichen Abzug vom Gehalt*[219] oder durch einen *einmaligen Gehaltsabzug*[220].

4. Schuldverschreibungen

Wandelschuldverschreibungen sind Schuldverschreibungen (also schuldrechtliche, handelbare Wertpapiere, auch Obligationen genannt[221]), die ein Recht zum Umtausch in Aktien oder zum Bezug von Aktien geben (vgl. die Legaldefinition in § 221 AktG). Den Arbeitnehmern wird auf diesem Wege zunächst eine Stellung wie einem Darlehensgläubiger eingeräumt, der Anspruch auf einen festen Zinssatz für den von ihm eingebrachten Geldbetrag hat. Verbunden hiermit ist die Möglichkeit des späteren Übergangs in eine Aktionärsstellung, welche der Inhaber im Falle einer günstigen Entwicklung des Aktienkurses dann nutzen kann[222].

Zur **Finanzierung** wurden von SAP entsprechende *Kredite* zur Verfügung gestellt[223].

---

[216] So etwa bei der *Otto-Gruppe*, vgl. Fiedler-Winter, innovative MAB, S. 166.

[217] Nach dem *Modell von Bertelsmann* erhalten die Arbeitnehmer kostenlos eine Beteiligung am Gewinn des Konzerns. Dieser wurde bis zum Jahre 1980 in Form einer stillen Beteiligung angelegt, seit dem Jahre 1981 erhalten die Arbeitnehmer die Gewinnbeteiligung in Form von Genußscheinen. Die Verzinsung betrug im Jahre 1991 15 %, das Genußkapital bildete zu dieser Zeit etwa 40 % des gesamten Konzernkapitals (Wirtschaftswoche, 8.4.1999, S. 90).

[218] So bei Bertelsmann, Wirtschaftswoche, 8.4.1999, S. 90.

[219] So bei FEN-Fahrzeugtechnik-Handel GmbH, Fiedler-Winter, innovative MAB, S. 130.

[220] So bei der Drägerwerk AG, vgl. Schneider/Zander, Erfolgs- und Kapitalbeteiligung, S. 224.

[221] Hueck, Gesellschaftsrecht, § 29 I.

[222] Hueck, Gesellschaftsrecht, § 29 I.

[223] Wirtschaftswoche, 8.4.1999, S. 90.

Gewinnschuldverschreibungen sind Schuldverschreibungen, deren Inhaber nicht oder nicht nur feste Zinsen erhalten, sondern am Gewinn derart beteiligt sind, daß ihre Rechte mit Gewinnanteilen von Aktionären in Verbindung gebracht werden (vgl. die Legaldefinition in § 221 AktG). Sie sind in der Praxis der Mitarbeiterbeteiligung, soweit ersichtlich, eher selten.

Die **Finanzierung** erfolgt bei Altana im Wege eines *einmaligen Gehaltsabzugs*[224].

5. Aktienoptionen

Aktienoptionen sind Bezugsrechte auf Aktien, die Organen, Mitarbeitern und anderen Personen von Aktiengesellschaften gewährt und die bei Fälligkeit aus dem bedingten Kapital bedient werden[225]. Das reine stock-options-Modell ist, wie bereits unter A II 4 dieses Teils der Arbeit dargestellt, erst durch die Reform des § 192 AktG durch das KonTraG, welches zum 31.4.1998 in Kraft trat[226], ermöglicht worden. Zuvor durften Optionsrechte nicht allein, also „nackt" (daher der englische Begriff „naked warrants"), emittiert werden, sondern nur in Verbindung mit einer Schuldverschreibung[227]. Aktienoptionen werden in der Regel durch Abschluß eines aufschiebend bedingten Aktienkaufvertrags vergeben[228]. Dem Arbeitnehmer wird die Möglichkeit eingeräumt, nach Ablauf einer bestimmten Frist Aktien des Arbeitgebers zu erwerben. Bei diesen Aktienoptionen kann es sich sowohl um handelbare als auch um nicht handelbare Aktienoptionen handeln. Teilweise wird der Ankauf von Aktien zur Voraussetzung für den Bezug von Aktienoptionen gemacht[229].

Vorliegend wird nicht verkannt, daß die Beteiligung durch Aktienoptionen heute vor allem auch ein Vergütungsbestandteil der Vergütung von Führungskräften geworden ist. Es wird insoweit auf die Ausführungen unter *A* II 4 dieses Teils der Arbeit (S. 45) verwiesen. Dennoch werden Aktienoptionen auch im Rahmen der Mitarbeiterbeteiligung eingesetzt, wie etwa das Beispiel der Tecoplan AG zeigt, welche sich einige Jahre nach ihrer aufsehenerregenden Krise im Jahre 1993, bei welcher auch die Belegschaftsaktien nicht verschont geblieben waren, an ihre Mitarbeiter wandte und ihnen den Erwerb von Aktienoptionen anbot ge-

---

[224] Schneider/Zander, Erfolgs- und Kapitalbeteiligung, S. 223: dort als sog. Namensgewinnscheine bezeichnet, bei welchen es sich jedoch nach ihrer Vertragsausgestaltung um Gewinnschuldverschreibungen handeln dürfte.
[225] Claussen WM 1997, 1825.
[226] BGBl. 1998, I, S. 786ff.
[227] Claussen WM 1997, 1825, 1827.
[228] Kau/Leverenz BB 1998, 2269, 2270.
[229] So bei der *Lufthansa*, LH-Performance (=Aktienmodell für Führungskräfte), vgl. Clermont/Schmeisser/Krimphove, Personalführung und Organisation, S. 698f; ebenso bei der *Schering AG* im Jahre 1998, vgl. FAZ v. 28.9.1998, S. 35; und bei der *BASF*, vgl. Börsen-Zeitung v. 14.11.1998.

gen eine Anzahlung in Höhe von 20 % des Kaufpreises, welcher im Falle der Nichtausübung der Option verzinst werden sollte und gegen das Insolvenzrisiko abgesichert war[230].

Die **Finanzierung** erfolgt, sofern keine *gratis-Ausgabe* von Aktienoptionen erfolgt[231], durch eine *Anzahlung* seitens der Arbeitnehmer[232].

6. Stille Beteiligung

Die stille Beteiligung ist sehr oft in mittelständischen Unternehmen anzutreffen[233]. Sie zeichnet sich durch Rechtsformunabhängigkeit und einen großen Gestaltungsspielraum aus[234].

Die **Finanzierung** erfolgt durch die *Verrechnung mit dem Weihnachts- und Urlaubsgeld*[235], durch *Verrechnung mit Gewinnanteilen* der Mitarbeiter[236], durch ein *Wahlrecht der Mitarbeiter zwischen Gehaltsabzug und Verrechnung mit einer Sonderzahlung (Jubiläumszuwendungen, Gewinnbeteiligungen)*[237] oder durch einen *einmaligen Gehaltsabzug*[238].

7. Zwischenschaltung einer Beteiligungsgesellschaft

Modelle der indirekten Beteiligung werden etwa von der Globus Holding GmbH&Co.KG[239] und der Deutschen Telekom AG[240] praktiziert.

---

[230] Handelsblatt v. 30./31.1.0.1998.

[231] So bei der *Tecoplan AG*, vgl. Capital 9/99, S. 78.

[232] Modell der *Metallgesellschaft AG*: die Mitarbeiter erklären eine Kaufabsicht und zahlen 20 % an. Sie erhalten eine Kaufmöglichkeit nach 2 Jahren. Wenn sie diese nicht wahrnehmen wollen, erhalten sie ihr Geld zurück, verzinst mit 1%, vgl. Handelsblatt v. 30./31.1.0.1998.

[233] Schneider/Zander, Erfolgs- und Kapitalbeteiligung, S. 150.

[234] Schneider/Zander, Erfolgs- und Kapitalbeteiligung, S. 153.

[235] *Drägerwerk AG*, vgl. Fiedler-Winter, innovative MAB, S. 121.

[236] *Homag-Gruppe*, vgl. Fiedler-Winter, innovative MAB, S. 148.

[237] *HSB Umwelttechnik Gabriele Lindener KG*, vgl. Fiedler-Winter, innovative MAB, S. 153.

[238] *Plus 2000 der Globus Holding*, vgl. interne Papiere.

[239] *Modell der Globus Holding GmbH&Co.KG:* Beteiligung des oberen Managements an einem geschlossenen Immobilienfonds, der sich an der Finanzierung der Globus-Betriebe beteiligt - durch Erwerb von Anteilen an diesem Fonds mit einer Ausschüttung von 5 - 7 % und einer Verlustbeteiligung von 70 - 100 %, vgl. Handelsblatt v. 4./5.12.1998.

[240] *Modell der Deutschen Telekom AG:* Telekom Investment Programm (TIP); die Mitarbeiter schließen sich zu einer Beteiligungsgesellschaft zusammen mit Einlagen von 300,- DM, zusätzlich wird ihnen ein risiko- und kostenloser Kredit bei der Schweizerischen Bankgesellschaft gewährt, finanziert durch einen Zuschuß der Telekom. Der Mitarbeiter erhält bei einem eigenen Einsatz von 300,- DM Mitarbeiteraktien für 1500,- DM, jedoch bei Verzicht auf Dividende für sechs Jahre, vgl. Die Welt v. 14.12.1995.

Die **Finanzierung** erfolgt teilweise durch *Gehaltsabzüge*[241], teils durch eine *Kombination von Gehaltsverzicht und zinslosem Darlehen des Arbeitgebers*[242].

8. GmbH-Gesellschafter

Eine Beteiligung in Form von GmbH-Anteilen ist in der Praxis von untergeordneter Bedeutung, da GmbH-Anteile keine Wertpapiere sind und es dafür keinen organisierten Markt gibt. Zudem muß eine Übertragung notariell beurkundet werden, was die Übertragbarkeit dieser Anteile wesentlich erschwert[243]. Dennoch gibt es einige Unternehmen, die diese Form der Kapitalbeteiligung bevorzugen[244].

Die **Finanzierung** erfolgt teilweise durch *Umwandlung einer stillen Beteiligung* in die eines GmbH-Gesellschafters[245], teilweise durch *Erfolgsanteile*[246] oder *andere Gehaltsteile*[247].

9. Ergebnis

Die Darstellung von Beteiligungsmodellen aus der Praxis hat gezeigt, daß letztlich, unabhängig von der Wahl eines Beteiligungsmodells, immer die gleichen Finanzierungsmöglichkeiten offenstehen. Diese lassen sich einteilen in Zulagen oder sonstige Zuwendungen des Arbeitgebers und in Eigenleistungen der Mitarbeiter. Auffällig ist, daß die Finanzierung häufig durch eine Erfolgsbeteiligung erfolgt[248]. Dies liegt darin begründet, daß Unternehmen, die sich mit der Einführung von Mitarbeiterbeteiligungen befaßten und befassen, oft zunächst eine – von ihnen finanzierte – Erfolgsbeteiligung erproben, bevor sie eine Kapitalbeteiligung einführen. Diese Mittel können sodann unproblematisch zur Finanzierung von Kapitalbeteiligungen eingesetzt werden, ohne daß den Mitarbeitern feste Bestandteile ihres Gehalts genommen werden müssen.

---

[241] Vgl. *Modell der Globus Holding*, Handelsblatt v. 4./5.12.1998.
[242] Vgl. *Modell der Deutschen Telekom AG*, Die Welt v. 14.12.1995.
[243] Schneider/Zander, Erfolgs- und Kapitalbeteiligung, S. 176.
[244] So die *Grünbeck Wasseraufbereitung GmbH*, vgl. Wirtschaftswoche, 8.4.1999, S. 90 und die *Südstahl GmbH*, vgl. Schneider/Zander, Erfolgs- und Kapitalbeteiligung, S. 179.
[245] So bei der *Grünbeck Wasseraufbereitung GmbH*, vgl. Wirtschaftswoche, 8.4.1999, S. 90.
[246] Bei der *Südstahl GmbH* erfolgt die Anlage der Erfolgsanteile in Mitarbeiter-Darlehen, welche anschließend in GmbH-Geschäftsanteile umgewandelt werden können, vgl. Schneider/Zander, Erfolgs- und Kapitalbeteiligung, S. 179.
[247] So verzichten Manager auf die Auszahlung eines Teils ihrer Bezüge, z.B. auf die Gewinntantieme. Das Unternehmen verbucht dieses Geld auf eigens angelegten Kapitalkonten des leitenden Angestellten, bis der Nominalwert der Stammeinlage erreicht ist, vgl. www.agpev.de/modelle/modell1.htm.
[248] Schneider/Zander, Erfolgs- und Kapitalbeteiligung, S. 15.

Im einzelnen erfolgt die Finanzierung wie folgt:

Zuwendungen des AG	Eigenleistungen des AN
- Zuschüsse iRd § 19a EStG oder darüber hinausgehende Verbilligungen - Vorfinanzierung der Eigenleistungen des AN durch zinsloses Darlehen an AN - Erfolgsbeteiligung (wenn kein Wahlrecht des AN zw. Anlage und Barzahlung besteht) - gratis-Ausgabe der Beteiligungen	- monatlicher Gehaltsabzug - einmaliger Gehaltsabzug - Anlage von vermögenswirksamen Leistungen - Tilgung eines Darlehens durch das Privatvermögen - Erfolgsbeteiligung (bei Wahlrecht des AN zw. Anlage und Barzahlung) - Lohnverzicht und Arbeitsstunden

C. Sonstige Vereinbarungen zwischen Arbeitgeber und Arbeitnehmer

Neben der Mitarbeiterbeteiligung haben sich auch andere Vereinbarungen zwischen den Arbeitsvertragsparteien durchgesetzt, welche teilweise neue Elemente in die Ausgestaltung des Arbeitsvertrags einführen, teilweise über eine Gestaltung des Arbeitsverhältnisses hinausgehen und – neben den bereits dargestellten, neuen Rechtsbeziehungen durch Mitarbeiterbeteiligung – weitere, neue Rechtsbeziehungen zwischen den Arbeitsvertragsparteien begründen.

I. Neue Formen der Einbehaltung von Arbeitslohn

Während in der Geschichte des Arbeitsrechts bislang nur kurzfristige Stundungen von Arbeitslohn durch den Arbeitnehmer erfolgten, haben sich inzwischen auch in diesem Punkt die Rechtsbeziehungen zwischen den Arbeitsvertragsparteien erweitert. Die aufgeschobene Auszahlung von Arbeitslohn bildet nicht mehr eine individuell vereinbarte Ausnahmeregelung im Einzelfall, sondern erfolgt nunmehr systematisch. Sie dient der Bildung eines Zeit- oder Geldguthabens, welches sodann für verschiedene Zwecke eingesetzt werden kann.

1. Erscheinungsformen

a) Langfristige Zeitkonten

Langfristige Zeitkonten sind zunächst von (kurzfristigen) Gleitzeitkonten abzugrenzen, welche lediglich eine Flexibilisierung der Arbeitszeit bezwecken und regelmäßig, entweder in Zeit oder durch Überstundenbezahlung, ausgeglichen werden. Langfristige Zeitkonten sind darauf ausgerichtet, ein Zeit-Guthaben anzusammeln, welches in der Folgezeit – je nach den vertraglichen Rahmenbedingungen – auf verschiedenste Weise verwendet werden kann. Im modernen Arbeitsrecht wird der Zeitfaktor damit zunehmend zum Vermögenswert, der zu gegebener Zeit in Geld, in vermögensbildende Maßnahmen oder auch in Zeit für die Weiterbildung umgewandelt werden kann[249].

b) Gutschriften

Eng verwandt mit diesen Zeitkonten sind Gutschriften, bei welchen anstelle von Zeit Geld gutgeschrieben wird, welches dann ebenfalls wiederum flexibel eingesetzt werden kann.

2. Einzelne Ausgestaltungen

Abhängig von dem mit der Ansparung von Geld oder Zeit verfolgten Zweck ist zwischen verschiedenen Formen der Einbehaltung von Zeit oder Geld zu unterscheiden.

a) Flexible Zeitmodelle

Bei Zeitangeboten ist der Verwendungszweck von vornherein festgelegt. Es handelt sich um eine Flexibilisierung der Arbeitszeit, ohne daß mit dem hiermit verbundenen „Zeitansparen" weitergehende Zwecke verfolgt würden.

Sabbaticals sind Freistellungszeiten, welche beispielsweise aufgrund einer Gehaltskürzung von 11 % entweder nach zwei Jahren für den Zeitraum von drei Monaten oder nach neun Jahren für ein ganzes Jahr gewährt werden. Es handelt sich somit um die Gewährung von Langzeiturlaub. Finanziert werden diese sabbaticals dadurch, daß in der Zeit der Beschäftigung lediglich 89 % des dem Arbeitnehmer zustehenden Gehalts ausbezahlt werden[250].

Ein Steuervorteil entsteht hierbei nicht, jedoch ermöglicht die Freistellungszeit dem Arbeitnehmer ein großes Maß an Freiheit zur Selbstverwirklichung und erhöht daher die Attraktivität des solch variable Elemente anbietenden Unternehmens.

b) Zeitwertpapiere

Zeitkonten können jedoch auch dergestalt errichtet werden, daß ihr Verwendungszweck offenbleibt. Der Arbeitnehmer kann dann frei entscheiden, ob er einen Zeitausgleich wünscht oder die Auszahlung in Geld. Derartige Zeitkonten wurden auch bereits von einigen Firmen geschaffen. An erster Stelle stehen hier das berühmte Zeitwertpapier von VW, welches vor allem auf eine Vorruhe-

---

[249] Fiedler-Winter, innovative MAB, S. 45.
[250] Fiedler-Winter, innovative MAB, S. 23; Wagner/Grawert/Langemeyer, Cafeteria-Modelle, S. 33.

standsregelung gerichtet ist, jedoch auch zur Rentenaufbesserung oder zur Bezahlung von Mitarbeiterbeteiligungen verwendet werden kann[251], sowie die Modelle fünf weiterer Unternehmen (Lemken, Röck, Langendorf, Heidenreich und NCR), die eine Umwandlung von Zeit in Mitarbeiterbeteiligungen praktizieren[252].

Um den Geldwert nicht zu mindern, werden diese Zeitguthaben nach dem Modell von VW extern angelegt. Dem Arbeitnehmer werden hierüber Zertifikate ausgestellt, sog. Zeitwertpapiere. Die geschaffenen Zeitguthaben ändern durch deren externe Vermögensanlage ihre schuldrechtliche Rechtsnatur. Der Lohn für die erarbeitete Zeit wird nicht länger lediglich gestundet, auch wenn er weiterhin in Form von Zeitguthaben der Arbeitnehmer dargestellt wird.

II. Die vom Arbeitgeber geförderte, externe Vermögensanlage

Manche Arbeitgeber unterstützen auch eine externe Vermögensanlage der Arbeitnehmer. Dabei organisieren sie diese Anlage selbst und schaffen für ihre Arbeitnehmer entsprechende Anreize, diese Anlageform zu wählen. So hat beispielsweise die Veba AG (heute: e.on) einen **Investment-Plan** entwickelt, bei dem sie die Fondseinlage durch eine sog. Veba-Invest-Prämie fördert, welche umso größer wird, je länger der Mitarbeiter seinen Fonds hält[253]. Zusätzlich zu dieser Invest-Prämie wird in erfolgreichen Jahren im Sinne einer einmaligen Ergebnisbeteiligung eine Invest-Prämie-Plus gewährt. Die Mitarbeiter können jederzeit die Auszahlung ihres angesparten Vermögens verlangen und sind in der Verwendung dieser Gelder frei. Wie eine telefonische Nachfrage im September 2000 ergab, erfreut sich dieser Investment-Plan inzwischen großer Beliebtheit. Motiv des Unternehmens ist es, den Arbeitnehmern größere Freiheiten bei ihrer Anlagenwahl zu ermöglichen. Es soll ihnen freistehen, entweder Geld im eigenen Unternehmen anzulegen oder extern Vermögen zu bilden.

III. Darlehen des Arbeitgebers an den Arbeitnehmer

Seit langem ist der Arbeitgeber dem Arbeitnehmer auch bei der Finanzierung etwa des Eigenheims oder anderer größerer Anschaffungen behilflich, indem er ihm ein zweckgebundenes Darlehen zur Verfügung stellt. Die Bewilligung setzt in aller Regel eine bestimmte Dauer der Betriebszugehörigkeit voraus.

---

[251] Fiedler-Winter, innovative MAB, S. 36; *Modell von VW:* die Zeitkonten sind Teil eines Arbeitszeitmodells, mit dem Mitarbeiter ein finanzielles Polster für die Zeit nach einer frühen Verabschiedung aus dem Arbeitsleben "ansparen" können. Möglichkeit des Kaufs von Wandelschuldverschreibungen, Laufzeit 5 Jahre, vgl. Die Welt v. 24.3.1997.

[252] Fiedler-Winter, innovative MAB, S. 23 mit weiteren Einzelheiten.

[253] Vgl. interne Papiere.

IV. Sachleistungen aufgrund zusätzlicher Verträge

Weitere Vergünstigungen werden den Arbeitnehmern durch die Möglichkeit des Personaleinkaufs zuteil. Zudem vermittelt der Arbeitgeber zuweilen Vergünstigungen, welche das Unternehmen von Dritten erhält.

V. Abnahme- und andere Verpflichtungen des Arbeitnehmers

Vereinbart wird insbesondere bei unselbständigen Handelsvertretern oft auch die Pflicht, eine bestimmte Anzahl von Produkten abzunehmen. Kann der unselbständige Handelsvertreter diese dann nicht absetzen, trägt er das Vermarktungsrisiko und hat entsprechende Lohneinbußen zu verzeichnen.

Des weiteren wird der Arbeitnehmer zuweilen verpflichtet, einen PC oder ein Kfz als Arbeitsmittel anzuschaffen oder es wird, wie dies zuweilen bei jungen Technologie-Unternehmen der Fall ist, der Kauf einer bestimmten Anzahl von Aktien zur Einstellungsvoraussetzung gemacht[254].

4. Teil: Die gewerberechtlichen Entgeltvorschriften – ein Überblick

A. Die wesentlichen Ge- und Verbote der §§ 115 ff GewO

I. Die Verbote des § 115 I GewO (Truckverbot)

§ 115 I GewO verbietet dem Arbeitgeber, mit dem Arbeitnehmer anstelle der Lohnzahlung **Leistungen an Erfüllungs Statt** zu vereinbaren. Dies selbst dann, wenn der Arbeitnehmer hiermit einverstanden ist. Die Unabdingbarkeit des § 115 I GewO ergibt sich schon aus § 117 I GewO, welcher *Verträge* für nichtig erklärt, welche dem § 115 GewO zuwiderlaufen. Daneben enthält § 115 I GewO auch das **Gebot der Berechnung in deutscher Währung oder in Euro und das Gebot der Auszahlung des Lohnes in Deutscher Mark**. § 115 I GewO schützt die Lohnauszahlung und stellt sich somit als Lohnsicherungsvorschrift dar.

Ob § 115 I GewO auch eine Regelung über den Inhalt des Arbeitsvertrags trifft, d.h. eine Regelung darüber, ob und in welchem Maße die **Vereinbarung von Sachlohn** zulässig ist, ist streitig und wird im 2. Kapitel dieser Arbeit noch eingehend zu untersuchen sein. Bereits vorab sei ausgeführt, daß jedenfalls die in § 115 II 2 GewO genannten Waren als Sachlohnbestandteil vereinbart werden können. Die systematische Stellung des § 115 II 2 GewO beruht auf einem re-

---

[254] Hinsichtlich des Kaufs eines Laptops als Einstellungsvoraussetzung: LAG Hamburg CR 1994, 169.

daktionellen Versehen. Er ist als § 115 III GewO zu lesen, welcher auch im Rahmen des § 115 I GewO Berücksichtigung findet[255].

§ 115 II 3 GewO sieht keine weitere Ausnahme vom Kreditierungsverbot vor. Er trifft lediglich in bezug auf die Preisgestaltung von Werkzeugen und Stoffen eine Sonderregelung. Auf ihn sei daher nicht weiter eingegangen.

II. Das Verbot des § 115 II GewO (Kreditierungsverbot)

§ 115 II GewO regelt die Frage, inwieweit **Kreditierungen** zulässig sind, mithin die Frage, inwieweit die Arbeitsvertragsparteien einen Kaufvertrag unter Vereinbarung eines Zahlungsaufschubs abschließen können. Diese Vorschrift bezieht sich nicht auf die Vereinbarung und Erfüllung der Lohnzahlungspflicht des Arbeitgebers. Sie greift nicht in den Arbeitsvertrag oder dessen Erfüllung ein und kann daher an sich gar nicht mehr als arbeitsrechtliche Regelung (im engeren Sinne) angesehen werden. § 115 II GewO beschränkt die Freiheit der Arbeitsvertragsparteien, neben ihrem Arbeitsvertrag einen Kreditierungsvertrag zu schließen. Dennoch steht er in engem, sachlichem Zusammenhang zu § 115 I GewO. Er wurde vom damaligen Gesetzgeber mit Blick auf die Gewohnheiten des Trucksystems geschaffen. Diese Vorschrift war erforderlich, weil die Arbeitgeber in damaliger Zeit ihre Arbeitnehmer nicht nur zur Hinnahme von Leistungen an Erfüllungs Statt drängten, sondern diesen regelmäßig auch zeitlich vor der Lohnauszahlung Waren kreditierten, um die hieraus erlangten Forderungen sodann bei der Lohnzahlung in Abzug zu bringen. § 115 II GewO wurde daher als erforderlich angesehen, um § 115 I GewO zu ergänzen. Die Reichweite dieses Kreditierungsverbots wird Gegenstand des 3. Kapitels der vorliegenden Arbeit sein.

III. Das Verbot des § 117 II GewO (Verbot sog. Lohnverwendungsabreden)

1. Die Regelung des § 117 I GewO in Abgrenzung zur Regelung des § 117 II GewO

§ 117 I GewO enthält eine reine Rechtsfolgenregelung. Durch ihn werden lediglich die Rechtsfolgen von Verstößen geregelt, wie sie durch § 115 I GewO verboten wurden. Diese Regelung war erforderlich, da die gewerberechtlichen Vorschriften für sich allein nur tatsächliche Verhaltensweisen verboten, ohne zugleich die zivilrechtliche Folge von Verstößen gegen die Gewerbeordnung zu bestimmen[256]. Es bedurfte daher einer Regelung der zivilrechtlichen Rechtsfolgen eines Verstoßes gegen § 115 GewO. Heute erklärt § 134 BGB Verträge,

---

[255] Müller, Truckverbot, S. 66 und 71; v. Landmann (1925), § 115, Anm. 4; L/R-Neumann (1979), § 115, Rn. 40.
[256] Reuß/Vollmer, § 117, Anm. I.

welche gegen gesetzliche Verbote verstoßen, für nichtig. Da § 117 I GewO und § 134 BGB den gleichen Inhalt haben, kann dahinstehen, welchen Einfluß § 134 BGB auf die ältere Vorschrift des § 117 I GewO hat. Die Regelung des Art. 4 EGBGB spricht jedoch dafür, § 117 I GewO als lex specialis zu § 134 BGB anzusehen[257].

§ 117 I GewO stellt klar, daß sämtliche Verträge, welche dem § 115 GewO zuwiderlaufen, nichtig sind[258]. Nichtig ist daher beispielsweise ein Vertrag, durch den der bedungene Arbeitslohn in einer anderen Währung berechnet wird[259], ein Vertrag, durch den der Arbeitgeber ermächtigt wird, an Stelle des ausbedungenen Geldlohns dem Arbeitnehmer andere als die in § 115 II bezeichneten Naturalbezüge zu gewähren (Ersetzungsbefugnis des Arbeitgebers) sowie ein Vertrag, durch den die in § 115 II 2 zulässigen Naturalbezüge zu hoch festgesetzt werden (Vereinbarung unzulässigen Sachlohns).

2. Die Regelung des § 117 II GewO

Ebenso wie § 115 II GewO regelt § 117 II GewO nicht Inhalte des Arbeitsvertrags und dessen Erfüllung, sondern greift in die allgemeine Vertragsfreiheit der Arbeitsvertragsparteien ein. Da diese Norm zudem einen weit über § 115 II GewO hinausgehenden Inhalt geschaffen hat, ist sie als Vorschrift anzusehen, durch welche ein arbeitnehmerspezifischer Verbraucherschutz geschaffen wurde.

a) Die Regelung des § 117 II 1. Halbsatz GewO

§ 117 II 1. Halbsatz GewO untersagt es dem Arbeitnehmer, sich zur **Entnahme der Bedürfnisse aus gewissen Verkaufsstellen** zu verpflichten. Er ergänzt § 115 I GewO, welcher die Hingabe von Bons und Marken, die nur in bestimmten Verkaufsstellen eingesetzt werden können, an Erfüllungs Statt verbietet. Hier wird nun zum Schutz des Arbeitnehmers vor Umgehungen des Truckverbots die Bindung des Arbeitnehmers daran verboten, nur in bestimmten Geschäften oder Kantinen Waren beziehen zu können. Die Wirksamkeit einer hierauf gerichteten Vereinbarung würde letztlich zu derselben Behinderung in der Verfügungsfreiheit über den Lohn führen, wie sie § 115 GewO gerade zu verhindern sucht. Dem Arbeitnehmer würde zwar zunächst sein Lohn ausbezahlt, dieser wäre dann jedoch wiederum an eine bestimmte Lohnverwendung gebunden, die Verfügungsfreiheit des Arbeitnehmers eingeschränkt.

---

257 Im Ergebnis ebenso: Reuß/Vollmer, § 117, Anm. I.
258 Stahlhacke (1981), §§ 115a-119, Anm. II am Anfang.
259 So auch Hueck/Nipperdey, 7. A., S. 358.

b) Die Regelung des § 117 II 2. Halbsatz GewO

Bedeutender und in ihrer Reichweite umstritten ist die Regelung des § 117 II 2. Halbsatz GewO. Diese verbietet sämtliche Verträge zwischen Arbeitgeber und Arbeitnehmer, welche die Verfügungsfreiheit des Arbeitnehmers über seinen Lohn einschränken. Solche Vereinbarungen sind nach dem ausdrücklichen Wortlaut des § 117 II GewO nichtig. Allein Abreden über Einrichtungen zur Verbesserung der Lage der Arbeitnehmer und ihrer Familien (sog. Wohlfahrtseinrichtungen) werden nach dem Gesetzeswortlaut hiervon ausgenommen.

Es ist unstreitig, daß § 117 II GewO Umgehungen des Truckverbots unterbinden will[260]. § 117 II GewO erweitert § 117 I GewO und damit § 115 I GewO dahingehend, daß er auch die Nichtigkeit von Abreden bestimmt, die nicht unmittelbar den Inhalt des Arbeitsvertrags und dessen Erfüllung modifizieren, sondern welche rechtlich getrennt von den Ansprüchen aus dem Arbeitsvertrag getroffen werden, im Ergebnis jedoch ebenfalls dem Arbeitnehmer dessen Lohn entziehen. Damit schützt er den Arbeitnehmer davor, Lohnbindungen einzugehen, die zwar nicht den Lohnzufluß verhindern, dem Arbeitnehmer auf Umwegen aber letztlich doch die zunächst erhaltene Verwendungsfreiheit wieder – durch die Hintertür – nehmen.

Während es dem Arbeitnehmer wie auch jedem sonstigen Verbraucher im übrigen gestattet ist, Kreditverträge einzugehen oder Verträge zu schließen, welche ihn in der Verwendung seines Arbeitslohns beschränken, ist den Arbeitnehmern gegenüber ihren (eigenen) Arbeitgebern diese Vertragsfreiheit nach dem Wortlaut des § 117 II GewO größtenteils genommen worden. Ob und inwieweit § 117 II GewO dennoch Verträge zwischen den Arbeitsvertragsparteien erlaubt, wird im einzelnen im 4. Kapitel dieser Arbeit zu untersuchen sein.

IV. Andere Meinungen zum Regelungsgehalt der §§ 115 ff GewO

Die unter I. bis III. erfolgte Darstellung der §§ 115 ff GewO ist nicht unstreitig.

So betrifft § 117 II GewO nach Ansicht von H a n a u / B e c k e r sowie M ö l d e r s das Eingehen schuldrechtlicher Verpflichtungen, während § 115 I GewO auf der Verfügungsebene wirkt[261].

Der Ansicht, § 117 II GewO betreffe die schuldrechtliche, § 115 I GewO die dingliche Ebene, ist zu widersprechen. Wollte man § 115 I GewO lediglich eine Wirkung auf der Verfügungsebene zuerkennen, wäre nicht verständlich, weshalb

---

260 Statt vieler L/R-Neumann (1979), § 117, Rn. 9.

261 Hanau/Becker VersR 1988, 1093, 1098; Mölders DB 1996, 213 und 215.

im Rahmen des § 115 I GewO die Frage diskutiert wird, ob dieser auch so weit geht, daß er ein Sachlohnverbot beinhaltet. Daß dieses Sachlohnverbot jedoch möglicher Regelungsinhalt des § 115 I GewO sein kann, ist bislang noch nie in Frage gestellt worden.

Auch Müller ist zu widersprechen. Dieser ist der Ansicht, „daß § 115 nicht den Arbeitsvertrag als solchen berühre, d.h. nicht das obligatorische Kausalgeschäft zwischen Arbeitnehmer und Arbeitgeber, sondern nur das sachenrechtliche Leistungsgeschäft, die abstrakte Seite der Übereignung des Leistungsgegenstandes". § 117 GewO ergänze und erweitere § 115 GewO, indem er „auch die obligatorische Seite des Arbeitsvertrags" betreffe[262]. Müller widerspricht sich bereits selbst, indem er einerseits die Ansicht vertritt, § 115 GewO betreffe „nicht das obligatorische Kausalgeschäft zwischen Arbeitnehmer und Arbeitgeber", andererseits aber im folgenden zu dem Ergebnis gelangt, § 115 I GewO verbiete auch die Vereinbarung von Naturallohn[263].

Es ist daher der oben erfolgten Auslegung der gewerberechtlichen Entgeltvorschriften zu folgen, mithin festzustellen, daß § 115 I GewO Vereinbarungen im Rahmen des Arbeitsverhältnisses betrifft, während § 117 II GewO die Zulässigkeit des Abschlusses sonstiger Verträge zwischen den Arbeitsvertragsparteien regelt.

V. Ergebnis

Damit ist festzuhalten, daß § 115 I GewO Inhalt und Erfüllung der Lohnzahlungspflicht des Arbeitgebers betrifft, während § 117 II GewO einen darüber hinausgehenden, arbeitnehmerspezifischen Verbraucherschutz begründet, indem er den Abschluß sonstiger Rechtsgeschäfte zwischen den Arbeitsvertragsparteien in noch genauer festzustellendem Umfang verbietet.

§ 115 II GewO betrifft ebenfalls den Abschluß zusätzlicher Verträge, steht allerdings aufgrund seines Inhalts und aus historischen Gründen auch § 115 I GewO nahe.

B. Rechtsfolgen der Verstöße gegen §§ 115 ff GewO

Ein Verstoß gegen § 117 II GewO zog seit jeher lediglich zivilrechtliche Folgen nach sich. Verstöße gegen § 115 I GewO sowie gegen § 115 II GewO waren hingegen bis zum Jahre 1978 strafrechtlich sanktioniert (vgl. § 146 GewO a.F.). In (verspäteter) Reaktion auf das Abklingen die Arbeitnehmer ausbeutender

---

[262] Müller, Truckverbot, S. 48.
[263] Müller, Truckverbot, S. 55.

Trucksysteme wurde diese Strafsanktion durch eine Gesetzesnovelle aus dem Jahre 1978 gestrichen. Nunmehr ziehen Verstöße gegen §§ 115 ff GewO insgesamt allein zivilrechtliche Konsequenzen nach sich.

Diese zivilrechtlichen Folgen weisen zum Teil in erheblichem Maße Abweichungen von dem sonst üblicherweise greifenden § 134 BGB mit dessen Folge der Nichtigkeit sowie von den sonst üblicherweise greifenden Regeln der ungerechtfertigten Bereicherung auf. Geregelt sind diese Rechtsfolgen in §§ 116, 117 I und 118 GewO.

I. Verstoß gegen das Truckverbot, § 115 I GewO

Die Rechtsfolgen eines Verstoßes gegen das Truckverbot bestimmen sich nach §§ 116, 117 I GewO.

1. Verstoß gegen das Verbot der Leistung an Erfüllungs Statt

§ 116 GewO stellt eine Sonderregelung dar, welche die Anwendbarkeit des § 364 BGB in den Fällen eines Verstoßes gegen § 115 I GewO ausschließt[264]. Das Rechtsgeschäft über die Leistung an Erfüllungs Statt ist unwirksam. Demgemäß kann ein Arbeitnehmer auch weiterhin selbst dann nach wie vor Lohnzahlung fordern und notfalls einklagen, wenn er sich mit einer Leistung an Erfüllungs Statt einverstanden erklärt hatte (§ 116, 1 GewO)[265]. Da andererseits der Arbeitnehmer bei Verstoß gegen § 115 I GewO nicht bereichert werden soll, regelt § 116, 2 GewO, daß der Arbeitnehmer dasjenige, worum er durch die Leistung an Erfüllungs Statt bereichert wurde, an seine Krankenkasse herauszugeben habe – in Ermangelung einer solchen einer anderen zum Besten der Arbeitnehmer an dem Ort bestehenden, von der Gemeindebehörde zu bestimmenden Kasse und in deren Ermangelung dem Träger der Sozialhilfe. Diese Stelle tritt als Gläubigerin an die Stelle des Arbeitgebers in das durchzuführende Rückabwicklungsverhältnis ein (cessio legis)[266]. Der Arbeitnehmer behält damit trotz einer Leistung an Erfüllungs Statt seinen Lohnanspruch, muß jedoch das durch die Leistung an Erfüllungs Statt Erlangte an die in § 116, 1 GewO bestimmte Stelle herausgeben.

Wie eine Nachfrage bei der Stadt Mannheim (Gewerbeabteilung) ergab, hat diese keine Behörde für den Fall bestimmt, daß ein Arbeitnehmer keiner Krankenkasse angehört. Das Interesse an einer solchen Regelung wurde unter Verweis darauf, daß die Stadt Mannheim als Sozialhilfeträger auch ohne eine solche Regelung anspruchsberechtigt ist, verneint. Auch bei anderen Gemeindebehör-

---

[264] V. Landmann 1925), § 116, Anm. 1; Sigel, S. 39; L/R-Neumann (1979), § 116, Rn. 1.
[265] L/R-Neumann (1979), § 116, Rn. 3; Stahlhacke (1981), §§ 115a-119, Anm. II 1.
[266] V. Landmann (1925), § 118, Anm. 2.

den dürfte hierzu aufgrund der geringen Beachtung, welche die gewerberechtlichen Entgeltvorschriften heute finden, keine Regelung getroffen worden sein. Dies auch deshalb, weil eine solche Regelung ohnehin nur dann greifen könnte, wenn ein Arbeitnehmer nicht einer Krankenkasse angehörte. Dies dürfte jedoch nur in Ausnahmefällen der Fall sein.

2. Abschluß eines dem § 115 I GewO zuwiderlaufenden Verpflichtungsgeschäfts

Verträge, die gegen das Truckverbot verstoßen, sind gem. § 117 I GewO nichtig. Besondere Regelungen zu den sich hieraus ergebenden Rechtsfolgen finden sich in der Gewerbeordnung nicht. Diese ergeben sich daher aus dem allgemeinen Zivilrecht. Es verbleibt somit im Falle nachträglicher Änderungsverträge bei den vorherigen Rechtsbeziehungen. Sollten solche noch nicht bestanden haben, beispielsweise im Falle der anfänglichen Sachlohnvereinbarung, kann hieraus aber nicht der Schluß gezogen werden, daß der Arbeitsvertrag unwirksam ist. Vielmehr muß der Vertrag so beurteilt werden, „wie wenn über den Lohn keine ausdrückliche Verabredung getroffen wäre, und demnach in einem den ortsüblichen Lohnsätzen entsprechenden Betrag in Geld geschuldet wird“[267].

II. Verstoß gegen das Kreditierungsverbot, § 115 II GewO

Die Rechtsfolgen eines Verstoßes gegen das Kreditierungsverbot ergeben sich aus § 118 GewO i.V.m. § 116 GewO. Gem. § 118 GewO ist der abgeschlossene **Kreditierungsvertrag** trotz Verstoßes gegen das gewerbepolizeiliche Verbot des § 115 II GewO **wirksam**. § 118 GewO stellt sich damit als Sonderregelung zu § 117 I GewO dar[268]. Die hierzu vertretene Gegenmeinung[269] widerspricht dem eindeutigen Wortlaut des § 118 GewO und kann den sich aus der Geltung beider Vorschriften ergebenden Widerspruch nicht überzeugend widerlegen[270]. Dennoch kann der Arbeitgeber mit dieser Forderung zur Erfüllung seiner **Lohn-**

---

[267] L/R-Neumann (1979) § 117, Rn. 8; Palandt-Putzo, Einf. v. § 611, Rn. 29; ähnlich Hueck/Nipperdey, 7. A., S. 358: an die Stelle des unrichtig berechneten Lohns tritt ein entsprechender Betrag in Bundeswährung.

[268] V. Landmann (1925), § 117, Anm. 2 und § 118, Anm. 2; Stahlhacke (1966), §§ 115a-119, Anm. II 2; L/R-Neumann (1981), Anm. III; Schnorr v. Carolsfeld, S. 184; Stahlhacke (1981), §§ 115a-119, Anm. III.

[269] Nelken, S. 539; Sinzheimer, Lohn und Aufrechnung, S. 10-12.

[270] So auch v. Landmann (1925), § 118, Anm. 2: „Nelken, S. 539, der den Widerspruch, in dem bei seiner Annahme die §§ 117 und 118 miteinander stehen würde, durch eine verfehlte Bezugnahme auf § 141 BGB zu lösen versucht“ und „Sinzheimer, Lohn und Aufrechnung, S. 10-12, der zu einer gezwungenen Auslegung des § 118 kommt“ und BAG, U. v. 20.3.1974, ArbuR 1974, 157, 158: „die von Sinzheimer ... vertretene Ansicht, § 118 GewO beziehe sich nur auf den wegen der Nichtigkeit des Kreditgeschäfts entstandenen Bereicherungsanspruch, wird durch den klaren Wortlaut der gesetzlichen Bestimmungen widerlegt“.

zahlungspflicht nicht aufrechnen (vgl. § 118 GewO)[271]. Er muß den Lohnanspruch des Arbeitnehmers erfüllen, ohne Rechte aus dem Kreditierungsvertrag geltend machen zu können. Da jedoch auch hier nach dem Willen des Gesetzgebers das aus dem Kreditierungsvertrag Erlangte nicht zum Vorteil des Arbeitnehmers bei diesem verbleiben soll, bestimmt § 118 GewO, daß die **Forderung des Arbeitgebers** auf die in § 116 GewO bezeichnete Stelle (in der Regel die Krankenkasse des Arbeitnehmers) übergeht (cessio legis)[272].

Der Arbeitnehmer bleibt somit voll an den Kreditierungsvertrag gebunden. Der Arbeitgeber hingegen verliert sämtliche Rechte aus dem Kreditierungsvertrag, an seine Stelle tritt die in § 116 GewO bezeichnete Stelle.

Es wird die Ansicht vertreten, daß dies nur dann der Fall sein solle, wenn eine Kreditierung erfolge, die nach § 115 II GewO schlechterdings unzulässig sei. Soweit eine Kreditierung über in § 115 II 2 GewO genannte Waren erfolge, welche lediglich zu hohe Preise festsetze, habe diese Forderung beim Arbeitgeber zu verbleiben, sie sei lediglich auf das gesetzlich zulässige Maß zu ermäßigen. In dieser Höhe bestünden gegen die Durchsetzbarkeit keine Bedenken[273]. Dies überzeugt jedoch nicht. Der Wortlaut des § 118 GewO nimmt diesbezüglich keine Einschränkung vor. Auch würde der Arbeitgeber, folgte man dieser Auslegung, bei Verstoß gegen diese Formen des Kreditierungsverbots, keinerlei zivilrechtliches Risiko eingehen. Er könnte die in § 115 II 2 GewO genannten Waren überteuern und würde dann in jedem Fall zumindest den in § 115 II GewO als zulässig bezeichneten Lohn in Abzug bringen können. Sanktionen würden ihn dann in keinerlei Hinsicht treffen. Damit würde § 115 II GewO aber seinen abschreckenden Charakter verlieren. Dies kann nicht Sinn und Zweck dieser Vorschrift entsprechen. So wird dies von der allgemein anerkannten Ansicht auch in bezug auf wucherische Zinsen gesehen. Auch dort ist anerkannt, daß ein Verstoß gegen § 138 BGB nicht dazu führen kann, daß sich der vertraglich zu zahlende Zins auf das gesetzlich zulässige Maß ermäßigt[274]. Auch dort wird dies mit dem Argument abgelehnt, daß der Darlehensgeber sonst keinerlei wirtschaftliches Risiko einginge. Der vorgenannten Ansicht, § 118 GewO sei eng auszulegen, kann daher nicht gefolgt werden.

Aufgrund des eindeutigen Wortlauts des § 118 GewO kann dieser auch nicht dahingehend einschränkend ausgelegt werden, daß der Arbeitnehmer nur dasjenige an die in § 116 GewO bezeichnete Stelle abzuführen habe, worum er bereichert sei. Auch diese einengende Auslegung des § 118 GewO findet keinerlei Stütze im Gesetz. Der Kreditierungsvertrag ist vom Arbeitnehmer daher auch

---

[271] L/R-Neumann (1979), § 116, Rn. 3; Stahlhacke (1966), §§ 115a-119, Anm. II 1a.
[272] Stahlhacke (1966), §§ 115a-119, Anm. III; Reuß/Vollmer, § 118.
[273] Stahlhacke (1966), §§ 115a-119, Anm. III; L/R-Neumann (1979), § 1118, Rn. 2.
[274] Vgl. Palandt, § 138, 19 mwN.

dann zu erfüllen, wenn er durch den Arbeitgeber übervorteilt wurde. Anders als bei Verstoß gegen § 115 I GewO kommt es nicht zur Rückabwicklung und in dessen Rahmen zur Herausgabe des Bereicherten, sondern der voll wirksame Kreditierungsvertrag ist nach dem ausdrücklichen Wortlaut des § 118 GewO als solcher auch in vollem Umfang zu erfüllen[275].

III. Verstoß gegen § 117 II GewO, Treffen von Lohnverwendungsabreden

An das Treffen von Lohnverwendungsabreden knüpft die GewO keine von den allgemeinen zivilrechtlichen Regelungen abweichende Folgen. Derartige Vereinbarungen sind nichtig.

Nipperdey zufolge sind auch aufgrund von Lohnverwendungsabreden erfolgte Erfüllungsgeschäfte unwirksam. Er begründet dies mit dem engen und unmittelbaren Zusammenhang, in welchem die Verfügung zur nichtigen Lohnverwendungsabrede stünde. Dies hätte zur Folge, daß sich die Nichtigkeit der schuldrechtlichen Vereinbarung auch auf die an sich abstrakte, dingliche Verfügung erstrecke[276]. Ein Blick auf die ausdrückliche Regelung des § 117 II GewO, dort Halbsatz 1, sowie auf die Abrede über die Beitragsabführung an Wohlfahrtseinrichtungen zeigt jedoch, daß nicht von einem engen Zusammenhang zwischen Verpflichtungs- und Erfüllungsgeschäft die Rede sein kann. Bereits in zeitlicher Hinsicht erfolgt der Abschluß eines solchen Rechtsgeschäfts und dessen Erfüllung in deutlichem Zeitabstand. Gerade die zeitliche Nähe ist jedoch etwa im Falle einer Abtretung entscheidend dafür, bei dieser die Nichtigkeit auch auf das dingliche Rechtsgeschäft zu erstrecken[277]. Woraus sich im übrigen ein enger, unmittelbarer Zusammenhang ergeben könnte, ist nicht ersichtlich. Es hat daher beim Abstraktionsprinzip zu verbleiben.

Die Folge ist, daß gewährte Leistungen nach Bereicherungsrecht rückabzuwickeln sind. Hierbei stellt sich die Frage, ob auch § 817, 2 BGB zur Anwendung kommt. Danach sind Leistungen, die bewußt trotz fehlenden Rechtsgrundes hingegeben wurden, nicht mehr zurückzugewähren. Ähnlich wie bei der Schwarzarbeit[278] wird dieses Ergebnis jedoch gem. § 242 BGB zur Vermeidung unbilliger Ergebnisse zu korrigieren sein.

---

[275] Stahlhacke (1966), §§ 115a-119, Anm. III; L/R-Neumann (1979), § 118, Rn. 4; Schnorr v. Carolsfeld, S. 184.
[276] Nipperdey, Rechtsgutachten, S. 38.
[277] Vgl. Staudinger-Sack, § 134 BGB, Rn. 117.
[278] BGH 111, 308.

C. Heute noch anzuwendendes Recht

In der Mitte des 20. Jahrhunderts wurde verstärkt darüber diskutiert, ob die Vorschriften der §§ 115 ff GewO überhaupt noch anwendbares Recht darstellten. Es wurde argumentiert, diese Vorschriften seien durch die heutige Entwicklung der arbeitsrechtlichen Verhältnisse überholt oder jedenfalls aufgrund von Gewohnheitsrecht nicht mehr anwendbar. Eine Entscheidung des BAG[279] befaßte sich mit dieser Frage und stieß in der Folgezeit auf weitgehende Zustimmung in Rechtsprechung und Literatur[280]. Seitdem herrscht wieder Einigkeit darüber, daß die §§ 115 ff GewO weiterhin geltendes Recht sind.

Dem ist zuzustimmen. Die genannten Vorschriften sind nicht überholt. Hierfür spricht die Überlegung, daß die Mißstände heute zwar seltener geworden sind, dies jedoch durchaus auch eine Wirkung dieser Regelungen sein kann[281]. Auch haben sich die wirtschaftlichen Verhältnisse nicht derart gravierend geändert, daß die Anwendung heute schlechterdings nicht mehr sinnvoll erschiene[282]. Das heutige Arbeitsrecht beinhaltet zwar eine Vielzahl von Schutzvorschriften zugunsten des Arbeitnehmers, diese zielen jedoch zumeist in eine andere Richtung und betreffen nicht die Sicherung der Lohnzahlung. Zudem kann sich ein Arbeitnehmer auch heute Wünschen des Arbeitgebers gegenüber sehen, und dazu gedrängt werden, bestimmte, für den Arbeitgeber vorteilhafte Rechtsgeschäfte abzuschließen, beispielsweise im Rahmen der Mitarbeiterbeteiligung, welche bekanntlich zeitweilig auch zur Verfolgung von Arbeitgeberinteressen eingesetzt wird, etwa, wenn das Unternehmen sich auf diesem Wege finanzielle Mittel verschaffen will. Auch unerwünschten Forderungen nach Flexibilisierungen der Entlohnungssysteme kann sich der Arbeitnehmer ausgesetzt sehen. Letztlich aber entscheidend ist, daß über die Fortgeltung gesetzlicher Regelungen der Gesetzgeber zu entscheiden hat und allein Zweifel an der Zweckmäßigkeit einer gesetzlichen Regelung es nicht rechtfertigen können, das geltende Recht für überholt zu erklären[283].

Die §§ 115 ff GewO sind auch nicht durch Gewohnheitsrecht beseitigt worden[284]. Hierzu fehlt es bereits an einer Übung durch Organe der Gemeinschaft, durch welche sich ein solcher allgemeiner Rechtsgeltungswille der Gemeinschaft manifestiert haben könnte[285].

---

[279] BAG BB 1974, 1026 = AP Nr. 1 zu § 115 GewO.
[280] BAG, U. v. 15.5.1974, AP Nr. 2 zu § 387 BGB; BGH, U. v. 12.5.1975, AP Nr. 3 zu § 115 GewO; BAG DB 1979, 1848, 1849; LAG Frankfurt 1996, U. v. 6.2.1996, 9 Sa 1278/95, nicht veröffentlicht.
[281] Vgl. Anm. von Weitnauer/Holtkamp zu BAG AP Nr. 1 zu § 115 GewO.
[282] BAG ArbuR 1974, 157 = BAG BB 1974, 1026ff = AP Nr. 1 zu § 115 GewO.
[283] So auch BAG AP Nr. 1 zu § 115 GewO.
[284] BAG DB 1979, 1848, 1849 = AP Nr. 4 zu § 115 GewO.
[285] BAG DB 1979, 1848, 1849.

Zudem geht der Gesetzgeber selbst von der Fortgeltung dieser Vorschriften aus, wie die Neufassung der GewO vom 1.1.1978 (BGBl. I, S. 97) zeigt, durch welche diese Vorschriften in ihrer Gesamtheit unverändert übernommen und in einigen Punkten, insbesondere in bezug auf die Strafbarkeit von Verstößen gegen § 115 GewO, den heutigen Verhältnissen angepaßt wurden[286]. Noch deutlicher zeigen dies die Regelungen im Einigungsvertrag, durch welchen ein Inkrafttreten der beschriebenen Verbote auch im Gebiet der ehemaligen DDR vereinbart wurde, wohingegen die Vorschrift des § 115 a GewO als praktisch überholt angesehen und daher deren Inkrafttreten im Gebiet der ehemaligen DDR ausgeschlossen wurde[287]. Zuletzt wurde § 115 I GewO durch das Zweite Euro-Einführungsgesetz vom 24.3.1999 bestätigt.

D. Die Regelung des § 115 a GewO

Zu den dargestellten Ge- und Verboten ist im Zuge des Arbeiterschutzgesetzes vom 1.6.1891 ein weiteres Verbot in die GewO aufgenommen worden, das Verbot der Lohnzahlung in Gaststätten oder Verkaufsstellen ohne Vorliegen einer behördlichen Genehmigung, § 115 a GewO. Diese Vorschrift hat zwischenzeitlich aufgrund der heute vorwiegend praktizierten bargeldlosen Lohnzahlung stark an praktischer Relevanz verloren. Da sie jedoch ebenfalls der Lohnsicherung dient, sei sie im folgenden kurz vorgestellt.

§ 115 a GewO lautet:

> „Lohn- und Abschlagszahlungen dürfen in Gaststätten oder Verkaufsstellen nicht ohne Genehmigung der zuständigen Behörde erfolgen."

Während also grundsätzlich der Ort der Lohnzahlung durch die Arbeitsvertragsparteien frei bestimmt werden kann, schließt § 115 a GewO die Möglichkeit der Lohnzahlung in Gaststätten oder Verkaufsstellen aus, es sei denn, es liegt eine Genehmigung hierfür vor[288]. Diese Vorschrift wurde geschaffen, um der Gefahr vorzubeugen, daß die Arbeitnehmer verleitet werden, den erhaltenen Lohn sofort an Ort und Stelle wieder auszugeben[289].

---

[286] So auch BAG DB 1979, 1848, 1849.

[287] Vgl. Erläuterung zu Anlage I Kapitel VIII Sachgebiet A Abschnitt 3 Ziffer 3 des Einigungsvertrags, in: Einigungsvertrag mit amtlichen Erläuterungen, S. 682 sowie die Ausführungen der vorliegenden Arbeit im 2. Kapitel, 4. Teil, unter B II 1.

[288] Die zuständige Behörde ergibt sich aus § 155 II GewO; gem. § 5 Nr. 2 GewOZuVO (Nr. 143 im Dürig) ist in Baden-Württemberg hierfür das Gewerbeaufsichtsamt zuständig.

[289] L/R-Neumann (1991), § 115 a, Rn. 2.

I. Geltung des § 115 a GewO

Die Regelung des § 115 a GewO existiert nach wie vor. Sie kann nicht deshalb als überholt bezeichnet werden, weil die Notwendigkeit eines derartigen Verbots heute in Frage gestellt werden muß. Etwas anderes folgt auch nicht daraus, daß im Einigungsvertrag geregelt wurde, daß diese Vorschrift in den neuen Bundesländern nicht gelten soll[290]. Zwar besagt die amtliche Erläuterung hierzu, daß „überholte Regelungen der Gewerbeordnung, die auch im bisherigen Geltungsbereich des Grundgesetzes keine praktische Bedeutung mehr haben", nicht im Gebiet der ehemaligen DDR in Kraft treten sollten[291]. Hieraus ergibt sich jedoch nicht deren Aufhebung im Gebiet der alten Bundesländer. Kommentierungen des Gesetzgebers erscheinen nicht als ausreichend, um eine Vorschrift als überholt einzustufen. Es ist daran festzuhalten, daß – schon aus Gründen der Rechtssicherheit – es hierzu einer tatsächlichen Aufhebung einer Vorschrift bedarf. § 115 a GewO gilt daher im Gebiet der alten Bundesländer fort.

II. Ausgenommene Arbeitnehmergruppen

Fraglich ist, ob § 115 a GewO auch für das **Bedienungspersonal** gelten soll. Dies wird von Oehmann verneint für den Fall, daß das Bedienungspersonal das Trinkgeld, welches nach der Rechtslage dem Wirt zusteht, derart abrechnet, daß es mit diesem gegen den ihm zustehenden Lohnanspruch die Aufrechnung erklärt[292]. In gleicher Weise hält Oehmann es für zulässig, **Bauarbeiter in Baukantinen** auszubezahlen, da dies verkehrsüblich sei und nicht von einer besonderen Genehmigung abhängig sein dürfe, zumal die Baukantine häufig der einzige geeignete Platz für die Lohnzahlung auf der Baustelle sei[293].

Dem ist zuzustimmen. Arbeitnehmer, die einer bestimmten Gaststätte oder Verkaufsstelle täglich ausgesetzt sind, sind an diesen Ort gewöhnt. Bei ihnen besteht jedenfalls keine beachtliche Gefahr dahingehend, daß sie ihren Lohn an Ort und Stelle sofort wieder ausgeben würden.

Anders stellt sich die Sachlage bei Arbeitnehmern dar, welche an dem in § 115 a GewO bezeichneten Ort weder ihren Arbeitsplatz haben noch im täglichen Arbeitsleben dessen Einfluß ausgesetzt sind. Bei diesen ist § 115 a GewO – bis zur Aufhebung dieser Norm durch den Gesetzgeber – zu beachten.

---

[290] Vgl. die Fußnote zum Gesetzestext im Sartorius; ebenso Anlage I Kapitel VIII Sachgebiet A Abschnitt 3 Ziffer 3 des Einigungsvertrags, in: Einigungsvertrag mit amtlichen Erläuterungen, S. 217.

[291] Erläuterung zu Anlage I Kapitel VIII Sachgebiet A Abschnitt 3 Ziffer 3 des Einigungsvertrags, in: Einigungsvertrag mit amtlichen Erläuterungen, S. 682.

[292] Oehmann, AR-Blattei D Lohnzahlung I, Anm. C IV.

[293] Oehmann, AR-Blattei D Lohnzahlung I, Anm. C IV.

III. Rechtsfolgen eines Verstoßes gegen § 115 a GewO

Streitig ist, ob ein Verstoß gegen § 115 a GewO überhaupt sanktioniert wird. Dies wird zum Teil verneint mit dem Argument, daß die Gewerbeordnung in den oben umschriebenen Verbotsnormen lediglich gewerbepolizeiliche Verbote aufstelle[294], ein Verstoß hiergegen jedoch, wie die Vorschriften der §§ 116, 117 I und 118 GewO zeigten, nicht immer die zivilrechtliche Nichtigkeit des Rechtsgeschäfts zur Folge haben solle. Da § 115 a GewO in diesen Vorschriften nicht genannt sei, müsse davon ausgegangen werden, daß ein Verstoß gegen dieses Verbot (seit Abschaffung der Strafbarkeit durch die Novelle aus dem Jahre 1978) konsequenzlos bleibe[295].

Dem kann jedoch nicht gefolgt werden. Jedenfalls seit Geltung des BGB und damit auch des § 134 BGB ist anerkannt, daß Verstöße gegen ein gesetzliches Verbot dann, wenn der Erfolg einer hiergegen verstoßenden Vereinbarung nicht eintreten soll, zur Nichtigkeit der getroffenen Vereinbarung führen. Nach Art. 4 EGBGB soll etwas anderes nur dann gelten, wenn die Gewerbeordnung eine hiervon abweichende Regelung trifft. Allein aus der Nichtexistenz einer die Nichtigkeit regelnden Norm kann jedoch nicht darauf geschlossen werden, daß die Gewerbeordnung hier eine Spezialregelung vorsehe. Es hat daher dabei zu verbleiben, daß Rechtsgeschäfte, die gegen ein gesetzliches Verbot verstoßen, gem. § 134 BGB nichtig sind. Verboten ist die Lohn- und Abschlagszahlung in Gaststätten. Hierbei handelt es sich um das dingliche Rechtsgeschäft zur Erfüllung der schuldrechtlichen Ansprüche des Arbeitnehmers aus dem Arbeitsvertrag. Dieses ist somit nichtig. Der Anspruch des Arbeitnehmers auf Erfüllung seiner arbeitsrechtlichen Ansprüche bleibt bestehen.

5. Teil: Die Rechtsnatur einzelner Rechtsgeschäfte

A. Die Rechtsnatur der Gehaltsumwandlung

Die Rechtsnatur der Gehaltsumwandlung ist umstritten. Unter anderem wird vertreten, es werde hierdurch eine neue Vergütungsvereinbarung getroffen, es wird aber auch die Ansicht vertreten, in der Gehaltsumwandlung sei eine Abrede über die Lohnverwendung zu sehen. Da es damit für die Frage, in welchem der folgenden Kapitel die Gehaltsumwandlung zu untersuchen ist, maßgeblich auf deren Rechtsnatur ankommt, sei dieser Fragestellung vorab nachgegangen.

---

[294] Stahlhacke (1981), §§ 115a-119, Anm. I 2 und II 2.

[295] Stahlhacke (1981), §§ 115a-119, Anm. I 2 und II 2; v. Landmann (1925), § 115 a Anm. 2 mwN; L/R-Neumann (1979) § 116, Rn. 4 mwN; Bürger/Oehmann/Matthes, Handwörterbuch des Arbeitsrechts, unter Lohn, Gehalt (Arbeitsentgelt), Nr. 6 (ohne Begründung).

I. Darstellung des Meinungsstands

1. Die Vereinbarung von Sachlohn

Die Gehaltsumwandlung entspricht - zumindest aus steuerlicher Sicht - einem Gehaltsverzicht und - in zeitlichem Zusammenhang damit - der Neuvereinbarung eines Vergütungsbestandteils[296]. Die Finanzgerichtsbarkeit stellt damit auf den formalen Weg des Gehaltsverzichts ab[297].

Auch das Bundesarbeitsgericht hat die Umwandlung von Barlohn in eine betriebliche Altersversorgung nunmehr ausdrücklich als „*mehr* als eine Lohnverwendungsabrede", nämlich als „Bestandteil des Arbeitsvertrags", und damit als **neue Vergütungsvereinbarung** bezeichnet[298].

Hanau/Becker sind ebenfalls der Ansicht, daß keine Lohnverwendungsabrede, sondern die Vereinbarung einer Sachleistung anstelle von Barlohn getroffen wird. Zwar handle es sich bei wirtschaftlicher Betrachtungsweise bei der Gehaltsumwandlung um eine Lohnverwendung. Die rechtliche Konstruktion sei jedoch eine andere, nämlich eine Vereinbarung auf schuldrechtlicher Ebene[299].

Auch Mölders bejaht das Vorliegen einer neuen Vergütungsvereinbarung[300].

2. Die Lohnverwendungsabrede

Die Gehaltsumwandlung wird hingegen von anderen, allein abstellend auf ihr eigentliches Ziel, den Lohn zu einem anderen Zwecke als der Barauszahlung zu verwenden, als **Lohnverwendungsabrede** qualifiziert[301].

---

[296] Wolf DB 1999, 16, 17; daß diese Definition für die zivilrechtliche Beurteilung nicht zwingend ist, folgt bereits aus Vorschriften wie der des § 41 I 1 AO, nach welcher eine Vereinbarung unter Verstoß gegen das Tarifrecht - steuerrechtlich - Geltung behält, wenn und solange sich die Parteien selbst daran halten.

[297] Wolf DB 1999, 16, 17.

[298] BAG BB 1998, 1009, 1010. Ebenso bereits BAG BB 1994, 73, 74: der Arbeitnehmer sei damit einverstanden, daß in Zukunft in dieser Höhe kein Anspruch auf Barlohn mehr entstehe. An die Stelle des Gehaltsanspruchs trete der Anspruch auf später fällig werdende Versicherungsleistungen. Desgleichen BAG DB 1996, 1241, 1242: es handle sich um den Abschluß eines Erlaßvertrags mit gleichzeitiger Versorgungszusage (oder die Vereinbarung einer betrieblichen Altersvorsorge anstelle eines höheren Gehalts).

[299] Hanau/Becker VersR 1988, 1093, 1098; so wohl auch Hanau, Münchner Handbuch-Hanau, § 65, Rn. 10.

[300] Mölders DB 1996, 213, 215.

[301] Schmid BB 1977, 700, 704 unter Verweis auf die angeblich herrschende Meinung; Steinmeyer BB 1992, 1553, 1559 unter VIII; Simmich, wohl bereits in DB 1977, 2377, 2378, jedenfalls aber in DB 1992, 991, 992: Simmich qualifiziert die Gehaltsumwandlungs-Vereinbarung, je nach dem Wortlaut

3. Je nach Ausgestaltung der vertraglichen Abrede

Wolf und wohl auch Blomeyer sprechen sich für eine differenzierende Lösung aus: ihrer Ansicht nach ist die Rechtsnatur der Gehaltsumwandlung von der Ausgestaltung der vertraglichen Abrede, mithin **vom Einzelfall abhängig**[302]. Dem Inhalt der Vereinbarung sei besondere Sorgfalt zu widmen. Die Rechtsnatur sei abhängig von der Ausgestaltung der Abrede. So sei etwa maßgebend, ob eine zeitliche Befristung vereinbart werde und ob künftige prozentuale Anhebungen der Bezüge nach dem nicht geminderten Arbeitslohn bemessen werden sollten, mithin das ursprüngliche Gehalt Bedeutung behalte (von Wolf als „Schattengehalt" bezeichnet).

4. Die Vereinbarung einer Leistung an Erfüllungs Statt

Hanau/Arteaga sind - am Beispiel der Gehaltsumwandlung in eine Versorgungszusage - der Meinung, bei der Gehaltsumwandlung, mithin dem Verzicht auf Gehalt zugunsten einer Versorgungszusage, handle es sich um die **Vereinbarung einer Leistung an Erfüllungs Statt**[303]. Sie begründen dies damit, es erfolge eine Änderung des Schuldverhältnisses, mithin ein Änderungsvertrag im Sinne des § 305 BGB[304], der an die Stelle der ursprünglich geschuldeten Leistung ein Surrogat bzw. ein aliud treten lasse. Der Arbeitnehmer verzichte im Rahmen des Dauerschuldverhältnisses, des Arbeitsvertrags, im voraus auf die ursprünglich vereinbarte Leistung und nehme die Versorgungszusage als Surrogat bzw. aliud *an Erfüllungs Statt* an[305].

II. Stellungnahme

1. Zur Vereinbarung einer Leistung an Erfüllungs Statt

Zunächst muß der Meinung widersprochen werden, es handle sich bei der Entgeltumwandlung um die Vereinbarung einer Leistung an Erfüllungs Statt.

Im Rahmen der Gehaltsumwandlung wird der Arbeitsvertrag dahingehend abgeändert, daß **in Zukunft** anstelle eines Barlohnteiles der Anspruch auf eine andere Leistung entstehen soll. Daß durch die Gehaltsumwandlung eine Verän-

---

der Vereinbarung, als Anweisung iSd § 783 BGB, Abtretung bzw. Lohnverwendungsabrede; wohl auch Loritz, Anm. zu BAG WuB IX. A. § 117 1.94, indem er das 5. VermBG als lex specialis zu § 117 II GewO ansieht; **unklar:** Groeger DB 1992, 2086ff, der die Gehaltsumwandlung zunächst als Erlaßvertrag, negatives Schuldanerkenntnis, Novation oder bloße Schuldänderung bezeichnet (S. 2087f), dann jedoch von einer Gehaltsverwendungsabrede iSd § 117 II GewO spricht (S. 2088).

[302] Wolf DB 1999, 16, 18; Blomeyer DB 1994, 882, 883 unter 4 b aa.

[303] Hanau/Arteaga, die Gehaltsumwandlung, B, Rn. 1 ff.

[304] Hanau/Arteaga, die Gehaltsumwandlung, B, Rn. 2.

[305] Hanau/Arteaga, die Gehaltsumwandlung, B, Rn. 3, 6.

derung zukünftig entstehender Ansprüche bewirkt wird, sehen auch Hanau / Arteaga. Ebenso wird von ihnen erkannt, daß es für § 364 BGB kennzeichnend ist, daß der Gläubiger durch die Annahme einer anderen als der ursprünglich geschuldeten Leistung auf die ursprüngliche Leistung verzichtet[306].

Sie gehen jedoch fehl in der Ansicht, eine Leistung an Erfüllungs Statt käme auch dann in Betracht, wenn im Rahmen eines Dauerschuldverhältnisses „im voraus auf zukünftige Leistungen verzichtet bzw. eine andere Leistung an Erfüllungs Statt vereinbart" wird[307]. Zwar ist die Rechtsnatur der Leistung an Erfüllungs Statt seit jeher streitig[308]. Es besteht jedoch Einigkeit darüber, daß die Leistung an Erfüllungs Statt jedenfalls **zum Zwecke der Erfüllung eines Rechtsgeschäfts** erfolgt. Ob im Rahmen dieser Erfüllung lediglich ein Erfüllungsgeschäft abgeschlossen wird oder daneben auch ein schuldrechtlicher Vertrag geschlossen wird, der das ursprüngliche Schuldverhältnis abändert oder ausdrücklich den Erlaß erklärt, kann dahinstehen. Dieser dogmatische Streit ist vorliegend im Ergebnis nicht von Bedeutung. Wichtig und charakteristisch für die Leistung an Erfüllungs Statt – und auch unstreitig – ist, daß diese **im Rahmen der Erfüllung** erfolgt und durch sie die Schuld des alten Schuldverhältnisses erlischt[309]. Sie ist damit ein Rechtsgeschäft im Rahmen der Erfüllung und als solches abzugrenzen von Rechtsgeschäften, welche den Inhalt künftiger Ansprüche dahingehend abändern, daß in Zukunft die ursprünglichen Ansprüche bereits schon nicht mehr zum Entstehen kommen.

Man kann Hanau / Arteaga auch nicht dahingehend verstehen, bei der Gehaltsumwandlung finde die Vereinbarung einer Leistung an Erfüllungs Statt **im voraus** statt, da auch diese Konstruktion rechtlich nicht möglich ist. Die Vereinbarung einer Leistung an Erfüllungs Statt kann ihrer Natur nach nicht vor Entstehen des zu erfüllenden Anspruchs vereinbart werden. Denn die Vereinbarung einer Leistung an Erfüllungs Statt stellt sich, wie soeben dargelegt, als Rechtsgeschäft **im Rahmen der Erfüllung** dar. Erfolgt eine Schuldänderung bereits zeitlich vor der Erfüllung, so kann daher nicht von der Vereinbarung einer Leistung an Erfüllungs Statt die Rede sein. Vielmehr ist eine im voraus erfolgende Vereinbarung als Schuldabänderungsvertrag zu qualifizieren, welcher bewirkt, daß die ursprüngliche Schuld künftig schon gar nicht mehr zum Entstehen gelangt. Alternativ kann die im voraus erfolgte Vereinbarung als Einräumung einer Ersetzungsbefugnis zugunsten einer Partei angesehen werden. Keinesfalls kann jedoch von einer Leistung an Erfüllungs Statt die Rede sein.

---

306 Hanau/Arteaga, die Gehaltsumwandlung, B, Rn. 6.
307 Hanau/Arteaga, die Gehaltsumwandlung, B, Rn. 6.
308 Vgl. zum Meinungsstand im einzelnen: Gernhuber, die Erfüllung und ihre Surrogate, S. 188f; Staudinger-Olzen, § 364 BGB, Rn. 7ff; Harder, die Leistung an Erfüllungs Statt, S. 63ff.
309 Ebenso MK-Heinrichs, § 364 BGB, Rn. 1.

Die Unstimmigkeit der Auffassung von Hanau / Arteaga ergibt sich auch daraus, daß diese Schwierigkeiten haben, zu begründen, warum die Zweifelsregelung des § 364 II BGB, nach der im Zweifel nur eine Leistung erfüllungshalber erfolgt, wenn eine neue Verbindlichkeit eingegangen wird, vorliegend keine Anwendung finden soll. Dies wird damit begründet, daß nach herrschender Meinung diese Zweifelsregel nicht gelte, wenn der Gläubiger ein eigenes Interesse daran habe, die ersatzhalber angebotene Leistung oder Sache mit ihren speziellen Eigenschaften selbst zu nutzen[310]. Indes bedarf es dieses Kunstgriffes nicht. Der Arbeitnehmer erhält die vertraglich vereinbarte Leistung, keine ersatzhalber angebotene Leistung. Die Anwendbarkeit der Zweifelsregelung muß nicht zwanghaft mit den Interessen des Arbeitnehmers begründet werden, sie greift schon deshalb nicht ein, weil schon nicht von einer Leistung an Erfüllungs Statt die Rede sein kann.

Hanau / Arteaga halten die Annahme einer Verabredung zur Leistung an Erfüllungs Statt für erforderlich, um zu der „wichtigen Konsequenz" zu gelangen, daß bei der Entgeltumwandlung eine synallagmatische Verknüpfung zwischen Arbeitsleistung und Altersvorsorge vorliegt[311]. Indes besteht hierzu kein Bedürfnis. Der herkömmliche, bloße Entgeltcharakter einer betrieblichen Altersvorsorge[312] wandelt sich zwanglos in den Charakter einer synallagmatischen Hauptleistungspflicht, wenn eine Gehaltsumwandlung vorgenommen wird. Die betriebliche Altersvorsorge wird dann – entgegen ihrer traditionellen Herkunft als freiwillige Sozialleistung des Arbeitgebers – im modernen Arbeitsrecht zu einem synallagmatischen Bestandteil der Gegenleistung des Arbeitgebers. Einer Charakterisierung der Gehaltsumwandlung als Verabredung einer Leistung an Erfüllungs Statt bedarf es hierzu nicht.

Schließlich hätte die Annahme einer Leistung an Erfüllungs Statt die unerträgliche Konsequenz, daß die Rechtsfolgen der anfänglichen Eingehung eines Arbeitsvertrags sowie die nachträgliche Änderung dieses Arbeitsvertrags unterschiedlichen Rechtsvorschriften unterfielen. So wäre, würde man der Ansicht von Hanau / Arteaga folgen, die Gehaltsumwandlung – als Leistung an Erfüllungs Statt – nur insoweit zulässig, als § 115 I GewO diese nicht verböte. Nach der Ansicht von Hanau wäre die anfängliche Sachlohnvereinbarung hingegen schrankenlos zulässig[313]. Die nachträgliche Änderung des Arbeitsvertrags muß

[310] Hanau/Arteaga, die Gehaltsumwandlung, B, Rn. 20, 22.
[311] Hanau/Arteaga, die Gehaltsumwandlung, B, Rn. 8f.
[312] Vgl. etwa Bode/Grabner, Rückstellungen, S. 30; Steinmeyer BB 1992, 1553, 1554 (anderer Ansicht noch im Jahre 1991, vgl. Steinmeyer, BetrAV und Arbeitsverhältnis, S. 61); EuGH, 13.5.1986, AP Nr. 10 zu § 119 EWG-Vertrag; ausführlich hierzu Steinmeyer, Betriebliche Altersversorgung und Arbeitsverhältnis, 1991, S. 11ff zur historischen Entwicklung, S. 67ff zur Gegenleistung des Arbeitnehmers.
[313] Münchner Handbuch-Hanau, § 65, Rn. 10.

jedoch im Ergebnis zur gleichen Rechtslage führen, wie sie bei einer anfänglichen Eingehung eines Arbeitsvertrags mit gleichem Inhalt besteht.

2. Zwischenergebnis

Vom Vorliegen einer Vereinbarung von Leistungen an Erfüllungs Statt kann daher keine Rede sein. Vorliegend bleibt daher zu untersuchen, ob es sich bei der Gehaltsumwandlung um eine Sachlohnvereinbarung oder um eine Lohnverwendungsabrede handelt oder ob dies von der jeweiligen Ausgestaltung der Entgeltumwandlungsvereinbarung abhängig ist.

3. Zum Vorliegen einer Lohnverwendungsabrede

Die rechtliche Einordnung als Lohnverwendungsabrede scheidet nicht von vornherein aus. Anderer Ansicht ist Heither, die es – argumentierend am Beispiel der Gehaltsumwandlung in eine betriebliche Altersvorsorge – für „lebensfremd" und „juristisch nicht begründbar" erachtet, das Vorliegen einer **Lohnverwendungsabrede** anzunehmen. Der Arbeitnehmer, der Versorgungslohn anstelle von Barlohn begehre, sei damit einverstanden, daß der Anspruch auf Barlohn in Zukunft nicht mehr entstehe. Zudem könnten sich Lohnverwendungsabreden nur auf bereits entstandene Lohnansprüche beziehen[314].

Heither ist zwar zuzugeben, daß der Umstand, daß das Gehalt umgewandelt wird, die Lohnverwendungsabrede nicht ganz eindeutig als solche erscheinen läßt. Dies ist aber gerade bezweckt, um in den Genuß der steuerlichen Vorteile gelangen zu können. Die Bezeichnung als Lohnverwendungsabrede kann daher nicht von vornherein mit Worten wie „lebensfremd" oder „juristisch nicht begründbar" abgelehnt werden. Wirtschaftlich gesehen stellt die Gehaltsumwandlung zur betrieblichen Altersvorsorge in jedem Fall eine Lohnverwendungsabrede dar. Die betriebliche Altersvorsorge soll durch monatliche Einzahlungen erfolgen, welche zwar nach außen hin vom Arbeitgeber vorgenommen werden, wirtschaftlich gesehen aber vom Arbeitnehmer erbracht werden. Letztlich finanziert der Arbeitnehmer seine Altersvorsorge in diesen Fällen gerade selbst.

Heither geht auch fehl, wenn sie meint, Lohnverwendungsabreden könnten sich nur auf bereits entstandene Lohnansprüche beziehen. Denn es steht außer Frage, daß man auch über noch nicht entstandene Ansprüche bereits im voraus verfügen kann. Dann kann man sich aber auch schuldrechtlich zu einer bestimmten Verwendung verpflichten. Abreden über künftigen Lohn zu verbieten, ist im übrigen gerade ein Hauptanliegen des § 117 II GewO. Hierauf wird im vierten Kapitel näher einzugehen sein.

---

314 Heither, ergänzende Altersvorsorge, S. 75.

Es bedarf daher einer genaueren Untersuchung der Rechtsnatur der Gehaltsumwandlung.

4. Weitere Stellungnahme

a) Formale oder wirtschaftliche Sicht?

Im vorliegenden Meinungsstreit kommt es – bei den verbleibenden Standpunkten – auf die Frage an, ob man die rechtliche Qualifikation der Gehaltsumwandlung einer **formalen Sicht** unterstellt oder ob man auf den Zweck der Vereinbarung abstellt, also auf das **wirtschaftliche Ergebnis**.

Das Bundesarbeitsgericht hat zu dieser Frage in anderem Zusammenhang bereits Stellung genommen. Es hatte die Frage zu entscheiden, ob auch bei einer wirtschaftlich im Wege der Gehaltsumwandlung vom Arbeitnehmer finanzierten betrieblichen Altersvorsorge die Schutzvorschriften des BetrAVG anwendbar seien[315]. Das BAG hat sich für die formale Sicht ausgesprochen und damit den Anwendungsbereich des BetrAVG bejaht.

Auch das Bürgerliche Gesetzbuch stellt grundsätzlich auf die formale Sicht ab. Es bindet die Parteien an ihre Erklärungen (§ 157 BGB). Dies ist aus Gründen der Rechtssicherheit auch geboten. Lediglich in den §§ 116 - 118 BGB sind einige Bestimmungen zu den Fällen nicht gewollter Willenserklärungen enthalten. Vorliegend greifen diese jedoch nicht. Der einzig in Betracht kommende § 117 BGB scheidet aus, da die Parteien vorliegend die Wirksamkeit der Gehaltsumwandlung rechtlich gerade bewirken wollen, weil sie nur so in den Genuß der steuerlichen Vorteile gelangen können. Der Abschluß einer Lohnverwendungsabrede wäre nicht ausreichend, um die steuerlichen Vorteile herbeizuführen.

Auch die Rechtssicherheit gebietet eine rechtliche Beurteilung nach dem Inhalt der abgegebenen Erklärungen und nicht nach dessen wirtschaftlichen Zielen. Es ist daher auf die formale Sicht abzustellen. Dies entspricht der Dogmatik des Zivilrechts und dem Bedürfnis des Rechtsverkehrs nach Rechtssicherheit.

b) Auslegung je nach Einzelfall?

Nach Wolf und Blomeyer ist die Gehaltsumwandlung im Einzelfall auszulegen.

Wie bereits dargestellt, beurteilt sich das Vorliegen einer Gehaltsumwandlung nach Wolf[316] danach, ob der bisherige Barlohnanspruch völlig aufgegeben wer-

---

[315] BAG DB 1990, 2475 = BB 1991, 482.
[316] Wolf DB 1999, 16, 18.

de oder ob er in irgendeiner Weise noch von Bedeutung bleibe – was etwa bei einer zeitlichen Befristung der Gehaltsumwandlung oder bei einer fortgesetzten Funktion des ursprünglichen Barlohns als sog. Schattengehalt der Fall sei.

Wolf ist jedoch entgegenzuhalten, daß auch dann, wenn die Gehaltsumwandlung nur befristet erfolgt oder das frühere Gehalt eine Funktion als sog. Schattengehalt behält, das frühere Gehalt nach Vornahme der Gehaltsumwandlung nicht mehr geschuldet wird. Der Arbeitnehmer hat in Höhe der Gehaltsumwandlung seinen früheren Barlohnanspruch verloren. Bei Vorliegen einer bloßen Lohnverwendungsabrede müßte jedoch der volle Barlohn nach wie vor geschuldet sein, es würde dann lediglich ein entsprechender Lohnabzug erfolgen, welcher den zunächst bestehenden Lohnanspruch wieder reduzieren würde. Dies ist schon deshalb nicht gewollt, weil auf diese Weise nicht die steuerlichen Vorteile erlangt werden könnten.

Auch eine Rückkehrmöglichkeit des Arbeitnehmers zum früheren Barlohn ändert nichts daran, daß der frühere Lohnanspruch modifiziert wird. Vielmehr verdeutlicht die Regelung einer Rückkehrmöglichkeit, daß der Arbeitnehmer den Arbeitsvertrag zunächst geändert hat und auf diesen einwirken muß, um die Gehaltsumwandlung wieder zu beseitigen.

Nach Blomeyer soll der Umstand, daß die Beitragspflicht des Arbeitgebers für den Fall einer über sechs Wochen hinausgehenden Erkrankung des Arbeitnehmers suspendiert sein soll, zumindest ein Indiz für das Vorliegen einer bloßen Lohnverwendungsabrede sein, das Fehlen einer derartigen Vereinbarung hingegen ein Indiz für das Vorliegen einer Beitragsleistung des Arbeitgebers[317] und somit für das Vorliegen eines Schuldänderungsvertrags. Doch auch dieses Kriterium kann nicht maßgebend sein. Vielmehr bringt diese Regelung zum Ausdruck, daß der Arbeitnehmer nur für solche Zeiten eine Versorgung erhalten soll, in denen er auch für den Arbeitgeber gearbeitet hat bzw. in denen der Gesetzgeber dem Arbeitgeber eine Fortzahlungspflicht auferlegt hat. Diese Ausgestaltung der Gehaltsumwandlungsvereinbarung verdeutlicht damit lediglich den Wunsch der Arbeitsvertragsparteien, eine wirtschaftlich ausgeglichene Regelung zu finden, die keiner Partei schadet. Auch hiergegen ist jedoch nichts einzuwenden.

[317] Vgl. Blomeyer DB 1994, 882, 883, welcher sich zwar nicht auf die Frage nach der Rechtsnatur bezieht, aber die vergleichbare Frage behandelt, ob bei der Erbringung von Arbeitgeberleistungen durch den Arbeitgeber von diesem eine Versorgung im Sinne des BetrAVG geleistet werde.

c) Zwischenergebnis

Es hat daher bei der formalistischen Betrachtung zu verbleiben. Danach stellt sich die Gehaltsumwandlung als neue Vergütungsvereinbarung dar.

d) Abgrenzung zur sog. Lohnverwendungsabrede

Ein **Schuldänderungsvertrag** (hier: eine Gehaltsumwandlung) liegt somit immer dann vor, wenn die Arbeitsvertragsparteien eine Änderung der Lohnbestandteile vereinbaren und sich die einklagbaren Gehaltsansprüche des Arbeitnehmers hierdurch entsprechend ändern.

Eine **Lohnverwendungsabrede** liegt demgegenüber, abstellend auf die formale Sicht, nur dann vor, wenn die Arbeitsvertragsparteien die Ansprüche aus dem Arbeitsvertrag unberührt lassen, jedoch durch Abschluß eines eigenständigen Vertrags eine Verpflichtung des Arbeitnehmers begründen.

Was die Parteien vereinbart haben, ist durch **Auslegung** zu ermitteln. Dabei kann es zu Abgrenzungsschwierigkeiten kommen, da dann, wenn die Erfüllung der Lohnverwendungsabrede durch Lohnabzug seitens des Arbeitgebers erfolgt, letztlich in beiden Fällen nur ein verringerter Barlohn geleistet wird. Hilfskriterium zur Ermittlung des Parteiwillens kann dann zum einen sein, ob der Arbeitnehmer einen klagbaren Anspruch auf den unveränderten Arbeitslohn hat, ob der Arbeitgeber im Rahmen der Gehaltsabrechnung noch den unveränderten Arbeitslohn ansetzt und von diesem einen Abzug erbringt. Zum anderen spricht die Begründung eines eigenständigen Vertrags, der etwa auf einer eigenständigen Urkunde festgehalten wird, aber auch die Koppelung des Rechtsverhältnisses an das Bestehen des Arbeitsvertrags, für das Vorliegen einer Lohnverwendungsabrede. Eine Koppelung ist zum Beispiel darin zu sehen, daß die begründete Rechtsposition des Arbeitnehmers in ihrem Bestand vom Bestand des Arbeitsvertrags abhängig gemacht wird.

5. Subsumtion der in der Praxis vorkommenden Formen der Gehaltsumwandlung

Für die in der Praxis vorkommenden Formen der Gehaltsumwandlung ergibt sich damit folgendes: Die *unbefristete Gehaltsumwandlung* stellt unproblematisch eine neue Vergütungsvereinbarung dar. An die Stelle des früheren Lohnanspruchs tritt ein neuer Leistungsinhalt. Auch soweit der frühere Barlohn als *sog. Schattengehalt* für den Fall der Gehaltserhöhung und ähnliches maßgebliche Berechnungsgrundlage bleibt, liegt eine neue Vergütungsvereinbarung vor. Ebensowenig schadet die Vereinbarung einer *Rückkehrmöglichkeit des Arbeit-*

nehmers zum früheren Barlohn. Schließlich entsteht auch bei einer *zeitlichen Befristung* eine Änderung in der Zusammensetzung der Vergütung.

III. Ergebnis

Eine Gehaltsumwandlung ist somit jedenfalls immer dann als Schuldänderungsvertrag zu werten, wenn kein eigenständiger Vertrag geschlossen wird und die Parteien eindeutig erklären, die Zusammensetzung des Arbeitslohnes ändern zu wollen. Eine solche Vereinbarung kann ihrer Natur nach nie als bloße Lohnverwendungsabrede verstanden werden.

B. Die Rechtsnatur des sog. Vereinbarungsdarlehens

Ein Vereinbarungsdarlehen liegt dann vor, wenn fällige Lohnansprüche des Arbeitnehmers in ein Darlehen an den Arbeitgeber umgewandelt werden. Dies geschieht regelmäßig dergestalt, daß der Arbeitnehmer einen Teil seiner Arbeitsvergütung, meist Provisionen, Gewinnbeteiligungen, Tantiemen usw., auf Zeit im Unternehmen stehen läßt[318].

Je nach Vertragsgestaltung liegt eine bloße Schuldabänderung, eine kausale Schuldumschaffung (Novation) oder eine abstrakte Schuldumschaffung vor[319]. Die **bloße Schuldabänderung** läßt die frühere Schuld bestehen und ändert diese nur inhaltlich, beispielsweise in bezug auf Verzinsung, Tilgung oder Verjährung ab. § 115 I GewO wird hierdurch nicht verletzt. Der Anspruch auf Barlohn bleibt erhalten. Gleiches gilt für den Fall einer **abstrakten Schuldumschaffung**. Durch diese anerkennt der Arbeitgeber lediglich die Verpflichtung zur Zahlung des Entgelts. Sie sichert dem Arbeitnehmer daher seinen Lohnanspruch und ist daher unabhängig davon, ob sich die Anspruchsgrundlage geändert hat, mit § 115 I GewO vereinbar. Es ist jedoch näher zu prüfen, ob auch eine **kausale Schuldumschaffung (Novation)** mit §§ 115 ff GewO vereinbar ist.

Streitig ist die Rechtsnatur der Novation. Von der Rechtsnatur dieser Form von Vereinbarungsdarlehen hängt es ab, im Rahmen welcher gewerberechtlichen Entgeltvorschrift in den folgenden Kapiteln eine Vereinbarkeitsprüfung stattzufinden hat. Einerseits wird vertreten, die Novation stelle einen Unterfall der Leistung an Erfüllungs Statt dar[320], andererseits existiert die Ansicht, die Novation mache einen eigenständigen Vertragstypus aus[321]. Im ersten Falle wären die Fäl-

[318] Jesse/Schellen, Arbeitgeberdarlehen und Vorschuß, S. 153.
[319] Palandt-Putzo, § 607, Rn. 15-18 - hierzu und zum folgenden.
[320] So die ganz h. M., vgl. Staudinger-Olzen, § 364 BGB, Rn. 20 und 42 mwN; ebenso Erman-H.P.Westermann, § 364 BGB, Rn. 7.
[321] Gernhuber, die Erfüllung und ihre Surrogate, S. 193 und S. 410 mwN in Fn. 22; Harder, die Leistung an Erfüllungs Statt, S. 27, Fn. 75.

le der Novation vom Verbot des § 115 I GewO erfaßt, im zweiten Falle wäre die Zulässigkeit des Vereinbarungsdarlehens an § 117 II GewO zu messen. Diese Frage ist daher vorab zu klären.

I. Der Meinungsstreit

Einigkeit besteht noch insoweit, als die Novation als **Schuldumschaffung oder Schuldersetzung** bezeichnet wird[322]. Sie stellt eine Vereinbarung dar, durch welche die Parteien das ursprüngliche Schuldverhältnis aufheben und dieses durch ein gänzlich neues ersetzen[323]. Beide Vertragsteile sind mittels einer Ersetzungsabrede aufeinander bezogen[324].

1. Die Novation als Unterfall der Leistung an Erfüllungs Statt

Bereits nach dem Wortlaut des Gesetzes kann die Novation einen Unterfall der Leistung an Erfüllungs Statt darstellen: Gemäß § 364 II BGB erfolgt die Eingehung einer neuen Verbindlichkeit „im Zweifel" nur erfüllungshalber und nicht an Leistungs Statt. Daraus ist zu schließen, daß auch die Eingehung einer neuen Verbindlichkeit bei ausdrücklicher Einigung hierüber als Leistung an Erfüllungs Statt vereinbart werden kann[325].

2. Die Novation als eigenständiger Vertragstypus

Harder und Gernhuber sind dennoch anderer Ansicht. Zum einen beruft sich Harder darauf, bei der Novation bleibe der Leistungsgegenstand, anders als bei der Leistung an Erfüllungs Statt, identisch[326]. Zum anderen argumentieren Harder und Gernhuber, die Novation sei, im Gegensatz zur Leistung an Erfüllungs Statt, nicht auf sofortige Befriedigung gerichtet[327].

II. Stellungnahme

1. Zur Identität des Leistungsgegenstands

Harder fügt der oben dargestellten Definition der Novation das Merkmal hinzu, daß bei der Novation der Leistungsgegenstand immer derselbe bleibe, die Pflicht zur Leistung **lediglich** auf eine **andere rechtliche Grundlage** gestellt werde. Es

---

[322] Erman-Battes, § 364 BGB, Rn. 7.
[323] Staudinger-Löwisch, § 305 BGB, Rn. 59; Gernhuber, die Erfüllung und ihre Surrogate, S. 404.
[324] Gernhuber, die Erfüllung und ihre Surrogate, S. 407.
[325] Im Ergebnis ebenso Erman-H.P.Westermann, § 305 BGB, Rn. 16 sowie Erman-H.P.Westermann, § 64 BGB, Rn. 7.
[326] Harder, die Leistung an Erfüllungs Statt, S. 28.
[327] Harder, die Leistung an Erfüllungs Statt, S. 28; Gernhuber, die Erfüllung und ihre Surrogate, S. 193.

werde daher lediglich der Rechtsgrund geändert, ohne daß sich etwas an der geschuldeten Leistung ändere. Dies unterscheide die Novation von der Leistung an Erfüllungs Statt.

Dem ist entgegenzuhalten, daß die nunmehr geschuldete Leistung selbst in den Fällen, in denen sie auf die gleiche Leistung gerichtet ist, nicht mit der zuvor geschuldeten Leistung identisch ist. Mit Staudinger-Olzen ist hierzu auszuführen, daß bei einer anderen Rechtsgrundlage auch immer eine andere Leistungspflicht entsteht. Es entsteht die Pflicht zu einer anderen, da auf einem anderen Schuldverhältnis beruhenden, Leistung[328]. Ein Leistungsgegenstand kann nicht getrennt von den Rahmenbedingungen eines Vertrags betrachtet werden. Einwendungen und Sicherheiten sind letztlich auch auf die Durchsetzbarkeit und damit die Eigenart einer Leistung von Einfluß. Werden aber – wie dies bei der abstrakten Novation der Fall ist – Einwendungen oder Sicherheiten aufgehoben, so beeinflußt dies selbst dann, wenn an deren Stelle neue Sicherheiten begründet werden, den Charakter der Leistung. Die Identität des Leistungsgegenstandes ist daher in den Fällen der Novation nicht gegeben.

Selbst wenn man in diesen Fällen die Identität des Leistungsgegenstandes bejahen würde, änderte dies jedoch nichts am Ergebnis. Denn der Begriff der Novation ist, so auch Gernhuber, jedenfalls nicht auf die Fälle einer Identität der geschuldeten Leistung beschränkt[329].

2. Zum Merkmal „Aufhebung der alten Schuld, nicht aber Befriedigung"

Als Negativmerkmal der Novation sehen Harder und Gernhuber, wie bereits dargestellt, den Umstand an, daß die Novation **nicht auf sofortige Befriedigung gerichtet** sei[330]. Auch dies unterscheide sie von der Leistung an Erfüllungs Statt und mache beide Begriffe miteinander unvereinbar.

Gernhuber betont, daß die Übernahme einer neuen Verbindlichkeit niemals einen Tilgungsakt darstellen könne[331]. Wer eine Schuld erfülle, hebe sie nicht auf. Wer eine Schuld aufhebe, erfülle sie nicht. Eine Novation könne daher niemals als Leistung an Erfüllungs Statt verstanden werden[332].

---

[328] Staudinger-Olzen, § 364 BGB, Rn. 44.
[329] Gernhuber, die Erfüllung und ihre Surrogate, S. 406f.
[330] Harder, die Leistung an Erfüllungs Statt, S. 28; Gernhuber, die Erfüllung und ihre Surrogate, S. 193.
[331] Gernhuber, die Erfüllung und ihre Surrogate, S. 193.
[332] Gernhuber, die Erfüllung und ihre Surrogate, S. 409.

Gernhuber und auch Harder gestehen zu, daß es Fälle der Leistung an Erfüllungs Statt durch Eingehung einer neuen Verbindlichkeit gebe[333]. Harder argumentiert sodann jedoch, daß sich diese Vereinbarung nicht als Novation darstelle, da die Novation, wie schon der Name sage, lediglich auf Schulderneuerung, die Leistung an Erfüllungs Statt hingegen auf sofortige Befriedigung gerichtet sei. Letztere Überlegung wird auch von Gernhuber zur Unterscheidung herangeführt[334].

Was die Einordnung der Novation aus Sicht von Gernhuber und Harder problematisch erscheinen läßt, ist wohl der Umstand, daß zwar das alte Schuldverhältnis erlischt, der Schuldner jedoch lediglich eine neue Verbindlichkeit eingeht, ohne diese zugleich zu erfüllen (§ 607 II BGB). Der Gläubiger bleibt Gläubiger, wenn auch das neue Schuldverhältnis auf eine andere Leistung gerichtet ist. Das Merkmal des sofortigen Leistungsvollzugs tritt damit in den Hintergrund bzw. entfällt ganz.

Der Negation einer Zweckgerichtetheit auf sofortige Befriedigung ist jedoch entgegenzuhalten, daß die Schulderneuerung – aus der Sicht des Schuldners – gerade auch bezweckt, die ursprüngliche Forderung zum Erlöschen zu bringen. Gerade dies vermag er jedoch nur durch das Eingehen einer neuen Schuld zu erreichen. Es entspricht daher auch dem Wesen der Novation, daß durch diese die ursprüngliche Schuld zum Erlöschen gelangt, und zwar durch die Verpflichtung zu einer neuen Leistung. Das Erlöschen der ursprünglichen Leistung ist zumindest vom Schuldner durchaus bezweckt. Daß dies der alleinige Zweck einer Vereinbarung ist, setzt eine Vereinbarung über die Leistung an Erfüllungs Statt nicht voraus.

Gernhuber verweist noch auf die unterschiedlichen Rechtsfolgen im Falle der ungerechtfertigten Bereicherung – diese hindern meines Erachtens jedoch ebenfalls nicht die Einordnung der Novation als Unterfall der Leistung an Erfüllungs Statt. Eine solche Einordnung setzt nicht voraus, daß sich die Rechtslage auch im Falle der ungerechtfertigten Bereicherung völlig deckt.

Entscheidend bleibt damit, daß das alte Schuldverhältnis in anderer Form als durch Leistung des an sich Geschuldeten erlischt. Die Novation weist lediglich die Besonderheit auf, daß mit der Tilgungsvereinbarung zugleich ein neues Schuldverhältnis begründet wird[335].

---

[333] Gernhuber, die Erfüllung und ihre Surrogate, S. 410.
[334] Gernhuber, die Erfüllung und ihre Surrogate, S. 193.
[335] So auch MK-Heinrichs, § 364 BGB, Rn. 1.

III. Ergebnis

Die Novation stellt sich als Unterfall der Leistung an Erfüllungs Statt dar. Die Zulässigkeit des Vereinbarungsdarlehens wird daher im Rahmen des § 115 I GewO zu untersuchen sein.

IV. Abgrenzung des Vereinbarungsdarlehens von sonstigen Darlehen

An dieser Stelle sei noch darauf hingewiesen, daß nicht jedes Darlehen des Arbeitnehmers an den Arbeitgeber sich als Vereinbarungsdarlehen im Sinne des § 607 II BGB darstellt. Soweit eine Vereinbarung dergestalt erfolgt, daß nicht nur bereits fällige Lohnansprüche in ein Darlehen umgewandelt werden sollen, sondern etwa für die Dauer des folgenden Jahres bei jeder Gehaltszahlung ein bestimmter Gehaltsteil in ein Darlehen an den Arbeitgeber umgewandelt werden soll, liegt ein eigenständiges Darlehen vor. Es erfolgen dann nicht einzelne Leistungen an Erfüllungs Statt, sondern die einzelnen Gehaltsabzüge beruhen dann auf der diesbezüglich seitens des Arbeitnehmers im voraus eingegangenen Verpflichtung, diese Beträge dem Arbeitgeber zur Verfügung zu stellen. Diese Darlehen werden im dritten und vierten Kapitel dieser Arbeit einer Prüfung auf ihre Vereinbarkeit mit § 115 II GewO sowie mit § 117 II GewO zu unterziehen sein.

C. Die Rechtsnatur von Zeitwertpapieren

Die Vereinbarung von Zeitwertpapieren stellt, wie bereits bei der Vorstellung dieser neuen Variante der Vertragsgestaltung festgestellt, mehr als eine Stundung dar. Der Inhalt des Schuldverhältnisses ändert sich. Der Arbeitgeber wird verpflichtet, das Guthaben des Arbeitnehmers extern anzulegen. Der Arbeitnehmer erhält einen Anspruch auf Freistellung von der Arbeit im Vorruhestandsalter bzw. kann die Auszahlung seines Guthaben in bar verlangen.

Die jeweils vom Arbeitnehmer veranlaßte Gutschrift von Zeit oder Geld zum Zwecke des Aufbaus eines Zeitwertpapiers ist als Novation anzusehen, da der Arbeitnehmer bei jeder Einzahlung von Zeit oder Geld eine eigenständige Entscheidung hierüber trifft. Dem steht nicht entgegen, daß dieser Form der Vermögensanlage ein Gesamtkonzept – Aufbau eines Zeitwertpapiers – zugrunde liegt, mithin die einzelnen Einzahlungen von Zeit oder Geld in einem Zusammenhang stehen. Denn der Arbeitnehmer ist hinsichtlich der Entscheidung, ob er einzahlt, und hinsichtlich deren Höhe bei jeder einzelnen Einzahlung frei. Eine Verbindlichkeit, zukünftig bestimmte Beträge gutschreiben zu lassen, geht der Arbeitnehmer nicht ein. Die Zulässigkeit von Zeitwertpapieren richtet sich damit nach deren Vereinbarkeit mit § 115 I GewO.

1. Teil: Der persönliche Geltungsbereich des § 115 I GewO

A. Der Adressatenkreis nach der GewO

Die Einhaltung der §§ 115 ff GewO obliegt den „selbständigen Gewerbetreibenden". Geschützt hierdurch sind die „gewerblichen Arbeitnehmer". Dies ergibt sich aus § 105 GewO, welcher den Grundsatz der Vertragsfreiheit regelt und diese Personengruppen nennt[336]. Weitere Regelungen enthalten §§ 119, 119 b GewO sowie §§ 154, 154 a GewO.

I. Der verpflichtete Personenkreis

1. Die selbständigen Gewerbetreibenden

a) Gewerbe

Der Begriff des Gewerbes wurde vom Gesetzgeber in der Gewerbeordnung nicht definiert. Dies unterblieb absichtlich, da es unmöglich erschien, den Begriff des Gewerbes so zu definieren, daß exakt alle gewünschten Betätigungsfelder darunter fielen und unerwünschte nicht. Es wurde befürchtet, die Definition könne zu eng oder auch zu weit ausfallen. Auch war man sich der sich wandelnden wirtschaftlichen Verhältnisse bewußt und wollte verhindern, daß eine ständige Neudefinition des Gewerbebegriffs erforderlich würde[337]. Es blieb daher Rechtsprechung und Literatur überlassen, eine Definition des Gewerbes zu entwickeln. Hieraus entstand eine Charakterisierung anhand positiver und negativer Merkmale.

Nach heute herrschender Meinung ist Gewerbe "jede erlaubte, auf Gewinnerzielung gerichtete, selbständige Tätigkeit, die fortgesetzt und nicht nur gelegentlich ausgeübt wird mit Ausnahme der Urproduktion, der Verwaltung eigenen Vermögens, wissenschaftlicher, künstlerischer und schriftstellerischer Berufe sowie persönlicher Dienstleistungen höherer Art"[338].

Dem folgend, sind unter den Begriff des Gewerbes insbesondere das **Handelsgewerbe** (Einzelhandel, Großhandel, Außenhandel)[339] einschließlich seiner Hilfsgewerbe (Vermittler, Banken), **Industrie und Handwerk**, das **Verkehrs-**

---

[336] L/R-Neumann (1981), § 115, Rn. 5.
[337] Schmidt, Öff. WirtschR, S. 332.
[338] Schmidt, Öff. WirtschR, S. 333 mwN in Fußnote 45.
[339] Der Begriff des Handelsgewerbes ist untechnisch zu verstehen und darf keinesfalls mit dem Begriff des Handelsgewerbes im Sinne des HGB gleichgesetzt werden.

gewerbe (Personen- und Güterbeförderung), das **Versicherungsgewerbe**, das **Hotel- und Gaststättengewerbe** sowie das **Dienstleistungsgewerbe** zu fassen[340].

Aufgrund fehlender Gewinnerzielungsabsicht scheiden dagegen die kommunalen Versorgungs- und Verkehrsbetriebe aus[341]. Ebenso handelt es sich bei Rundfunk- und Fernsehanstalten nicht um eine gewerbliche Tätigkeit, sondern um öffentliche Verwaltung[342].

Da Urproduktion, scheiden weiterhin alle Tätigkeiten aus, die auf die Gewinnung roher Naturerzeugnisse gerichtet sind. Dazu zählen die Wirtschaftszweige Fischerei, Bergwesen und Viehzucht, ferner der Ackerbau, die Forstwirtschaft, Garten- und Weinbau, die Jagd und das Sammeln von Naturprodukten. Der Urproduktion ist es eigen, daß die Gewinnung roher Naturerzeugnisse auf herkömmliche Art und damit jahreszeiten-, witterungs- und bodenabhängig erfolgt. Sie steht damit in Gegensatz zur gewerblichen Betätigung, wie sie die GewO erfassen will. Hieraus ergibt sich sogleich, daß etwa die Intensivtierhaltung, die Landschaftsgärtnerei und dergleichen[343] nicht unter die Urproduktion fallen, da hier industrielle Methoden mit automatisch betriebenen technischen Anlagen im Vordergrund stehen[344].

Wissenschaft, Kunst und Schriftstellerei werden traditionell nicht als Gewerbe betrachtet. Eine überzeugende rationale Begründung hierfür gibt es nicht[345]. Die Herausnahme aus dem Gewerberecht läßt sich auf die Verfassung und auf die Gesetzgebung stützen, die Kunst und Wissenschaft auch heute als "freie" Tätigkeiten ansehen, die nicht den Vorschriften des gewerblichen Ordnungsrechts unterfallen sollen[346].

Bei persönlichen Dienstleistungen höherer Art handelt es sich um Tätigkeiten, für die eine höhere Bildung erforderlich ist und bei der die eigenverantwortliche Tätigkeit auf berufsethischer Grundlage gegenüber dem Gewinnstreben im Vordergrund steht. Dazu gehören die in § 6 GewO aufgeführten Dienstleistungen von Erziehern, Rechtsanwälten, Notaren, Wirtschaftsprüfern, Steuerberatern und Ärzten sowie Schriftsachverständigen. Nach Ansicht der Rechtsprechung steht auch der Apotheker den freien Berufen nahe[347]. Auch die in § 1 II PartGG genannten freien Berufe sind persönliche Dienstleistungen höherer Art.

---

[340] Schmidt, Öff. WirtschR, S. 333.
[341] Schmidt, Öff. WirtschR, S. 334.
[342] L/R-Neumann (1981), Vor § 105, 12; BVerfGE 12, 205, 244.
[343] Vgl. im einzelnen L/R-Neumann (1981), Vor § 105, Rn. 31.
[344] Schmidt, Öff. WirtschR, S. 336.
[345] Schmidt, Öff. WirtschR, S. 337.
[346] Schmidt, Öff. WirtschR, S. 337.
[347] BVerfGE 89, 30.

§ 1 II PartGG lautet:

> „Die Freien Berufe haben im allgemeinen auf der Grundlage besonderer beruflicher Qualifikation oder schöpferischer Begabung die persönliche, eigenverantwortliche und fachlich unabhängige Erbringung von Dienstleistungen höherer Art im Interesse der Auftraggeber und der Allgemeinheit zum Inhalt. Ausübung eines Freien Berufs im Sinne dieses Gesetzes ist die selbständige Berufstätigkeit der Ärzte, Zahnärzte, Tierärzte, Heilpraktiker, Krankengymnasten, Hebammen, Heilmasseure, Diplom-Psychologen, Mitglieder der Rechtsanwaltskammern, Patentanwälte, Wirtschaftsprüfer, Steuerberater, beratenden Volks- und Betriebswirte, vereidigten Buchprüfer (vereidigte Buchrevisoren), Steuerbevollmächtigten, Ingenieure, Architekten, Handelschemiker, Lotsen, hauptberuflichen Sachverständigen, Journalisten, Bildberichterstatter, Dolmetscher, Übersetzer und ähnlicher Berufe sowie der Wissenschaftler, Künstler, Schriftsteller, Lehrer und Erzieher."

Dies hat zur Folge, daß der Begriff des Gewerbes auch diese Tätigkeiten nicht umfassen kann. Dem steht die Aufzählung in § 6 GewO nicht entgegen, da dieser insoweit nur klarstellende Funktion hat (vgl. im folgenden unter *c)*).

b) Selbständig

Der Begriff der Selbständigkeit hat keine eigenständige Bedeutung[348]. Er ist bereits dem Begriff des Gewerbes immanent[349]. Ihm kommt lediglich die Bedeutung zu, zwischen Gewerbetreibenden und Arbeitnehmern zu unterscheiden[350]. Selbständig ist somit, wer weder als Stellvertreter tätig ist noch als gewerblicher Arbeitnehmer gewerbliche Tätigkeiten ausübt[351].

Wer selbständig ist und wer demgegenüber als Arbeitnehmer anzusehen ist, bestimmt sich nach den allgemeinen arbeitsrechtlichen Grundsätzen[352]. Die Diskussion über die Scheinselbständigkeit ändert hieran nichts. Der durch Gesetz zur Neuregelung der geringfügigen Beschäftigungsverhältnisse vom 24.3.1999 (BGBl. I, S. 388) mit Rückwirkung zum 1.1.1999 eingeführte § 7 IV SGB IV stellt lediglich Vermutungen auf, welche nur dann greifen, wenn die Frage der Selbständigkeit oder der abhängigen Beschäftigung mangels Kenntnis der genauen Verhältnisse nicht ermittelt werden kann. Für die Unterscheidung ist da-

---

[348] So bereits v. Schicker, § 105, Anm. 2: selbständige Gewerbetreibende würden „sonst auch als Arbeitgeber, Gewerbetreibende, Gewerbeunternehmer im Gesetz bezeichnet"; vgl. auch Schmidt, Handelsrecht, § 9 IV, S. 281.
[349] Schmidt, Handelsrecht, § 9 IV, S. 281.
[350] Schmidt, Handelsrecht, § 9 IV, S. 281. Dies zeigt meines Erachtens auch die Regelung des § 84 HGB. Auch dort wird der Begriff der Selbständigkeit zur Abgrenzung des Arbeitnehmers vom Handelsvertreter eingesetzt.
[351] L/R-Marcks (1999), § 14, Rn. 40.
[352] Vgl. hierzu Lieb, S. 1ff.

mit nach wie vor maßgebend, ob der Arbeitnehmer in persönlicher Abhängigkeit zum Dienstberechtigten steht.

c) Der Anwendungsbereich unter Berücksichtigung von § 6 GewO

§ 6 GewO hat nicht den Zweck, den Begriff des Gewerbes abzugrenzen. Er dient vielmehr der Klarstellung, trifft Vorbehalte für spezial- und landesgesetzliche Regelungen und dehnt den Anwendungsbereich der Gewerbeordnung auf bestimmte Bereiche aus, die ihr nach der obigen Begriffsdefinition – welche unverändert bleibt – an sich nicht unterfallen würden[353].

§ 6 GewO lautet:

> „Dieses Gesetz findet, abgesehen von § 120 c Abs. 5, keine Anwendung auf die Fischerei, die Errichtung und Verlegung von Apotheken, die Erziehung von Kindern gegen Entgelt, das Unterrichtswesen, auf die Tätigkeit der Rechtsanwälte und Notare, der Rechtsbeistände, der Wirtschaftsprüfer und Wirtschaftsprüfungsgesellschaften, der vereidigten Buchprüfer und Buchprüfungsgesellschaften, der Steuerberater und Steuerberatungsgesellschaften sowie der Steuerbevollmächtigten, auf den Gewerbebetrieb der Auswandererberater, die Befugnis zum Halten öffentlicher Fähren, das Seelotswesen und Rechtsverhältnisse der Kapitäne und der Besatzungsmitglieder auf den Seeschiffen. Auf das Bergwesen findet dieses Gesetz nur insoweit Anwendung, als es ausdrückliche Bestimmungen enthält; das gleiche gilt, abgesehen von § 120 c Abs. 5 für den Gewerbebetrieb der Versicherungsunternehmen, die Ausübung der ärztlichen und anderen Heilberufe, den Verkauf von Arzneimitteln, den Vertrieb von Lotterielosen und die Viehzucht."

Zu den bereits aufgrund der obigen Definition vom Anwendungsbereich der GewO ausgeschlossenen Tätigkeiten zählen etwa die Tätigkeit der Rechtsanwälte und Notare, der Rechtsbeistände, der Wirtschaftsprüfer und Wirtschaftsprüfungsgesellschaften, weiter die Tätigkeit der vereidigten Buchprüfer und Buchprüfungsgesellschaften, der Steuerberater, Steuerberatungsgesellschaften und Steuerbevollmächtigten sowie die Tätigkeit der Versicherungsunternehmer und die Ausübung der ärztlichen und anderer Heilberufe. Insoweit weist § 6 GewO lediglich klarstellenden Charakter auf und muß zudem, wie ein Blick auf § 1 II PartGG zeigt, als insoweit unvollständig angesehen werden, als er nicht mehr alle heute existenten Formen der freien Berufe erfaßt.

Aufgrund spezialgesetzlicher Regelungen findet die GewO etwa auf die Errichtung und Verlegung von Apotheken – im Gegensatz zum Betrieb der Apotheken – keine Anwendung[354]. Ebenso sind zur Erziehung von Kindern gegen Entgelt

[353] L/R-Marcks (1999), § 6, Rn. 2.
[354] So auch das Verständnis des BVerfG in BVerfGE 7, 377, 389.

spezialgesetzliche Vorschriften, früher im Jugendwohlfahrtsgesetz (JWG), heute im SGB VIII, getroffen. Auf dem gleichen Grund beruht auch etwa der Ausschluß des Unterrichtswesens, wenn auch die Reichweite dieses Ausschlusses umstritten ist[355]. Der Gewerbebetrieb der Auswandererberater unterfällt nach § 6 GewO nicht der GewO, weil die an diesen Betrieb zu stellenden Anforderungen im Gesetz zum Schutze der Auswanderer (Auswandererschutzgesetz, AuswSG) geregelt sind. Das Seelotsenwesen ist im Gesetz über das Seelotsenwesen[356] gesondert geregelt und unterfällt daher nicht der GewO. Die Rechtsverhältnisse der Kapitäne und der Besatzungsmitglieder auf Seeschiffen sind im Seemannsgesetz[357] geregelt.

Fischerei und Viehzucht unterliegen, obwohl es sich hierbei an sich um Urproduktion handelt, aufgrund von § 6 GewO in Teilbereichen der Gewerbeordnung.

d) Keine Beschränkung auf das produzierende Gewerbe

Zur Einhaltung der gewerberechtlichen Entgeltvorschriften verpflichtet sind neben Industrie und Handwerk auch das Handelsgewerbe (Einzelhandel, Großhandel, Außenhandel), ebenso deren Hilfsgewerbe (Vermittler und Banken), das Versicherungsgewerbe, das Hotel- und Gaststättengewerbe sowie das Dienstleistungsgewerbe. Es sei hier auf die oben erfolgte Definition der Gewerbeordnung verwiesen. Danach werden sämtliche gewerblichen Arbeitgeber zur Einhaltung der gewerberechtlichen Entgeltvorschriften verpflichtet.

Dies entspricht nicht nur dem Wortlaut des Gesetzes („die Gewerbetreibenden"), sondern folgt auch aus der Entwicklung der gewerberechtlichen Entgeltvorschriften, in welchen zunächst von Fabrikinhabern und Handeltreibenden die Rede war („Fabrikinhaber sowie alle diejenigen, welche mit Ganz- oder Halbfabrikaten Handel treiben"). Danach sollte die Geltung der §§ 115 ff GewO gerade nicht auf das produzierende Gewerbe beschränkt sein.

---

[355] Im Laufe der Zeit wurde die Reichweite des Ausschlusses unterschiedlich eng bzw. weit interpretiert. Dem BVerwG und der wohl herrschenden heutigen Lehre folgend, umfaßt der Begriff Unterrichtswesen im Sinne des § 6 GewO entsprechend seinem Wortsinn auch nichtschulische Unterrichtsveranstaltungen, allerdings nur insoweit, als sie landesgesetzlich geordnet sind. Denn nach seinem Sinn und Zweck enthält § 6 GewO einen Vorbehalt für den Landesgesetzgeber dahingehend, daß die GewO zurücktritt, soweit für Unterrichtsveranstaltungen landesrechtliche Regelungen bestehen – vgl. zum ganzen L/R-Marcks (1999), § 6, Rn. 15.

[356] Vgl. das Gesetz über das Seelotsenwesen vom 13.10.1954 (BGBl. II, s. 1035), zuletzt geändert durch Art. 3 des Gesetzes vom 17.7.1997 (BGBl. I, S. 1832).

[357] Vgl. das Seemannsgesetz vom 26.7.1957 (BGBl. II, S. 713), zuletzt geändert durch Art. 4 des Gesetzes vom 9.9.1998 (BGBl. I, S. 2860).

2. Ausdehnung auf andere Personen

Die Gewerbeordnung verpflichtet nicht nur selbständige Gewerbetreibende zur Einhaltung der gewerberechtlichen Entgeltvorschriften, sondern auch weitere Personen.

Gemäß **§ 119 GewO** sind auch alle Familienmitglieder von selbständigen Gewerbetreibenden zur Einhaltung der gewerberechtlichen Entgeltvorschriften verpflichtet, ebenso die Gehilfen, Beauftragten, Geschäftsführer usw. Hierdurch sollen Umgehungsmöglichkeiten unterbunden werden, welche ohne die Einbeziehung dieser Personen durch deren Zwischenschaltung bei der Lohnzahlung ohne weiteres möglich wären.

Nach Sinn und Zweck des § 119 GewO ist der Anwendungsbereich zudem auf Gesellschaften zu erstrecken, welche mit dem Arbeitgeber derart gesellschaftlich verbunden sind, daß sie ebenfalls auf die Rechtsverhältnisse der Arbeitsvertragsparteien einzuwirken in der Lage sind[358]. Dies ist etwa bei Muttergesellschaften der Fall.

Weiter sind gem. **§ 119 b GewO** auch Heimarbeiter und Hausgewerbetreibende, soweit sie selbst Arbeitnehmer beschäftigen, zur Beachtung der §§ 115 ff GewO gehalten. In diesem Fall nehmen sie eine Doppelstellung als Arbeitnehmer und Arbeitgeber ein[359]. Sie unterfallen, wie die folgenden Ausführungen zeigen werden, dem Schutz der §§ 115 ff GewO, sind aber gegenüber eigenen Arbeitnehmern ebenfalls zur Einhaltung dieser Vorschriften verpflichtet.

II. Der geschützte Personenkreis

Seit Änderung der Gewerbeordnung im Jahre 1887 gelten die gewerberechtlichen Entgeltvorschriften der Gewerbeordnung nicht mehr nur für Fabrikarbeiter, sondern für alle gewerblichen Arbeitnehmer.

Titel VII der GewO lautet:

> „Titel VII. Gewerbliche Arbeitnehmer (Gesellen, Gehilfen, Lehrlinge, Betriebsbeamte, Werkmeister, Techniker, Fabrikarbeiter)"

Aus § 133 g GewO folgt, daß die gewerblichen Arbeitnehmer in die Gruppe „Gesellen, Gehilfen, Lehrlinge und sonstige gewerbliche Arbeitnehmer" sowie in die Gruppe „Betriebsbeamte, Werkmeister und Techniker" unterteilt werden.

---

[358] So auch BGH NJW 1975, 1515, 1517: „ ... in einer Weise Einfluß nehmen könnte, daß diese (dem Arbeitnehmer) als eine Art verlängerter Arm seiner Arbeitgeberin gegenübergestanden hätte".
[359] Müller, Truckverbot, S. 27.

Bei ersteren handelt es sich um die **gewerblichen Arbeiter**, bei letzteren um die gewerblichen Angestellten, in §§ 133 e und f GewO auch als **technische Angestellte** bezeichnet[360]. Hieraus folgt, daß die gewerberechtlichen Entgeltvorschriften nicht nur auf Arbeiter, sondern auch auf Angestellte anzuwenden sind. Dies wurde im Jahre 1978 durch die Änderung der Überschrift von Arbeiter in Arbeitnehmer schließlich klargestellt.

Die Gewerbeordnung enthält keinen eigenen Arbeitnehmerbegriff. Es ist daher auf den allgemeinen arbeitsrechtlichen Arbeitnehmerbegriff zurückzugreifen.

1. Die gewerblichen Arbeitnehmer

a) Definition

Gewerblicher Arbeitnehmer ist, wer in einem Gewerbebetrieb aufgrund eines privatrechtlichen Arbeitsverhältnisses für Zwecke des Gewerbebetriebs beschäftigt ist[361]. Die geleisteten Dienste müssen dem fraglichen Gewerbebetrieb zugute kommen[362].

b) Der kaufmännische Arbeitnehmer

Abzugrenzen ist der Begriff des gewerblichen Arbeitnehmers insbesondere von dem des **kaufmännischen Arbeitnehmers**, dem sog. Handlungsgehilfen, für welchen das HGB in seinen §§ 59-83 ein eigenes Arbeitsrecht enthält. Handlungsgehilfen sind nach § 59 HGB diejenigen Gehilfen, die kaufmännische Dienste leisten[363]. Das Arbeitsrecht des HGB enthält keine den §§ 115 ff GewO entsprechenden Entgeltvorschriften. Lediglich § 64 HGB schreibt vor:

> „§ 64. Die Zahlung des dem Handlungsgehilfen zukommenden Gehalts hat am Schlusse jedes Monats zu erfolgen. Eine Vereinbarung, nach der die Zahlung des Gehalts später erfolgen soll, ist nichtig."

Nicht jeder, der sich gegenüber einem Kaufmann zu Dienstleistungen verpflichtet, ist Handlungsgehilfe im Sinne der §§ 59 ff HGB, sondern nur derjenige, der zur Leistung *kaufmännischer* Dienste angestellt ist[364]. Nur diese Arbeitnehmer eines Kaufmanns sind vom Schutzbereich der §§ 115 ff GewO ausgenommen. Für die übrigen Arbeitnehmer eines Kaufmanns gelten die ge-

[360] Vgl. Münchner Handbuch-Richardi, § 26, Rn. 7f.
[361] Vgl. L/R-Neumann (1981), Vor § 105, Rn. 5.
[362] L/R-Neumann (1981), Vor § 105, Rn. 11.
[363] L/R-Schönleiter (1999), § 154, Rn. 9.
[364] Heidelberger Kommentar-Ruß, § 59 HGB, Rn. 2.

werberechtlichen Vorschriften, mithin auch die §§ 115 ff GewO[365]. Dies stellt § 83 HGB klar[366].

§ 83 HGB bestimmt:

> „§ 83. Hinsichtlich der Personen, welche in dem Betrieb eines Handelsgewerbes andere als kaufmännische Dienste leisten, bewendet es bei den für das Arbeitsverhältnis dieser Personen geltenden Vorschriften."

Da auch das Handelsgewerbe ein Gewerbe im Sinne der Gewerbeordnung darstellt, gelten danach für andere als kaufmännische Dienste leistende Arbeitnehmer (die sog. Handlungsgehilfen) die Vorschriften der Gewerbeordnung[367]. Welches Arbeitsrecht einschlägig ist, richtet sich somit nicht nach der Art des Betriebes, sondern nach der Art der Tätigkeit jedes einzelnen Arbeitnehmers. Die Differenzierung erfolgt tätigkeitsbezogen.

Kaufmännische Dienste sind solche, die bei überwiegend geistiger statt körperlicher Tätigkeit nach der Verkehrsauffassung und ohne Rücksicht auf Art und Umfang der vorherigen Ausbildung ein gewisses Maß an kaufmännischer Übung erfordern[368]. Eine solche Tätigkeit wird nur von Angestellten ausgeübt und teilt daher lediglich die Gruppe der Angestellten in zwei Lager, und zwar in diejenigen, welche mit kaufmännischen Tätigkeiten befaßt sind und solche, welche mit technischen Diensten betraut sind.

Handlungsgehilfen sind beispielsweise: Buchhalter, Verkäufer mit nicht rein mechanischer Tätigkeit, Sekretäre, Kassierer im Selbstbedienungsladen, Angestellte mit Werbetätigkeit, Einkäufer, (angestellte) Vertreter, Hotelleiter, Filialleiter und Bezirksdirektoren[369].

Ein Prokurist oder Handelsvertreter kann auch Handlungsgehilfe sein, muß es aber nicht, denn beide Begriffe beschreiben nur besondere Formen der Vollmacht, nicht aber die Art der zu leistenden Dienste[370].

Keine Handlungsgehilfen sind beispielsweise Gewerbegehilfen (z. B. Arbeiter, Fahrer, Kinokassierer, Kellner, Schaffner in Verkehrsmitteln, Packer, Tankwarte), Ingenieure und Chemiker. Diese erbringen technische Leistungen[371].

---

365 Münchner Handbuch-Richardi, § 25, Rn. 3; zur bislang ergangenen Einzelfallrechtsprechung vgl. L/R-Neumann (1981), Vor § 105, Rn. 49.
366 Stahlhacke (1981), § 115, Vorbem.
367 Münchner Handbuch-Richardi, § 26, Rn. 10.
368 Heidelberger Kommentar-Ruß, § 59, Rn. 2.
369 Heidelberger Kommentar-Ruß, § 59, Rn. 2. Vgl. auch die Darstellung in L/R-Neumann (1979), Vor § 105, Rn. 49 mit einer Vielzahl von Beispielen.
370 Heidelberger Kommentar-Ruß, § 59, Rn. 2.

Trotz dieser tätigkeitsbezogenen Zuordnung der Arbeitnehmer ist die Handelsrechtsreform vom 22.6.1998 (BGBl. I, S. 1474) nicht ohne Einfluß auf diese Einteilung der Arbeitnehmer geblieben. Denn Handlungsgehilfe ist nur, wer **für einen Kaufmann** kaufmännische Dienste leistet. Indem die Handelsrechtsreform den Begriff des Handelsgewerbes grundlegend erweitert hat, ist nunmehr nahezu jeder Gewerbetreibende Kaufmann. Dies regelt nunmehr § 1 HGB, welcher bestimmt:

> „§ 1. (1) Kaufmann im Sinne dieses Gesetzes ist, wer ein Handelsgewerbe betreibt.
> (2) Handelsgewerbe ist jeder Gewerbebetrieb, es sei denn, daß das Unternehmen nach Art oder Umfang einen in kaufmännischer Weise eingerichteten Geschäftsbetrieb nicht erfordert."

Obwohl damit Gewerbebetriebe, die nach Art oder Umfang keinen in kaufmännischer Weise eingerichteten Geschäftsbetrieb erfordern, kein Handelsgewerbe darstellen und auch in §§ 2 und 3 HGB weitere Modifikationen getroffen sind, welche den Begriff des Handelsgewerbes von dem des Gewerbebetriebs unterscheiden, kann festgestellt werden, daß sich die Begriffe jedenfalls weitgehend decken.

Dies hat zur Konsequenz, daß seit der Handelsrechtsreform des Jahres 1998 nahezu keine Unterscheidung mehr zwischen gewerblichen Arbeitgebern und Kaufleuten getroffen wird. Der Begriff des kaufmännischen Arbeitnehmers hat sich hierdurch wesentlich erweitert. Während vor der Handelsrechtsreform des Jahres 1998 beispielsweise kein kaufmännischer Arbeitnehmer war, wer bei einem Bauunternehmen in kaufmännischen Diensten stand, ist nach der Neudefinition des Kaufmannsbegriffs nunmehr auch dieser Arbeitnehmer als Handlungsgehilfe anzusehen mit der Folge, daß für diejenigen, welche nach der früheren Definition des Kaufmanns nicht für einen solchen tätig waren, nun nicht mehr die gewerberechtlichen Entgeltvorschriften, sondern die handelsrechtlichen Entgeltvorschriften gelten, welche keine den §§ 115 ff GewO vergleichbaren Regelungen enthalten.

Das Merkmal der Dienste *für einen Kaufmann* hat daher erheblich an Bedeutung verloren. Die Differenzierung nach der Tätigkeit des Arbeitnehmers ist deutlich in den Vordergrund getreten.

---

[371] Heidelberger Kommentar-Ruß, § 59, Rn. 2. Vgl. auch die Darstellung in L/R-Neumann (1981), Vor § 105, Rn. 50 mit einer Vielzahl von Beispielen.

c) Sonstige Arbeitnehmer

Dem Schutz der gewerberechtlichen Entgeltvorschriften unterfallen diejenigen Arbeitnehmer nicht, **deren Arbeitgeber nicht der Gewerbeordnung unterfallen**[372] – unabhängig davon, welcher Tätigkeit der einzelne Arbeitnehmer nachgeht. Dies betrifft insbesondere die kommunalen Versorgungs- und Verkehrsbetriebe, Rundfunk- und Fernsehanstalten, die Urproduktion, Wissenschaft, Kunst und Schriftstellerei sowie persönliche Dienstleistungen höherer Art. Auch soweit die Gewerbeordnung aufgrund spezialgesetzlicher Regelungen nicht gilt (vgl. die Ausführungen zu § 6 GewO), fehlt es am Gewerbebetrieb, so daß die dort Beschäftigten keine gewerblichen oder kaufmännischen Arbeitnehmer sind. Dies betrifft etwa Tätigkeiten im Bereich der Kindererziehung, des Unterrichtswesens, der Auswandererberatung sowie die Tätigkeit von Seelotsen und Schiffsbesatzungen von Seeschiffen.

Auch **Hauspersonal** wird, sofern es lediglich im Rahmen der Hauswirtschaft tätig wird (z. B. Hauslehrer, Krankenhilfen, Kindermädchen), nicht von der Gewerbeordnung erfaßt[373].

Ob daneben auch **diejenigen Arbeitnehmer** aus dem Anwendungsbereich der GewO herausfallen, **die zwar in einem Gewerbebetrieb beschäftigt sind, aber keine gewerbliche Tätigkeit ausüben**, ist streitig[374]. Dem Grundsatz der Unterscheidung nach Tätigkeit folgend, erschiene es konsequent, etwa auch Juristen und andere Angestellte eines Unternehmens, welche nach Art ihrer Tätigkeit auch nicht selbständige Gewerbetreibende sein könnten, vom Anwendungsbereich der Gewerbeordnung und damit auch vom Schutzbereich der §§ 115 ff GewO auszunehmen. Andererseits erscheint es zu kurzsichtig, alle Arbeitnehmer, die nicht unmittelbar im produzierenden Bereich eines Gewerbebetriebs tätig sind, vom Anwendungsbereich der GewO auszunehmen, da nicht verkannt werden kann, daß auch kaufmännische und andere Tätigkeiten, etwa auch die eines Juristen, erforderlich sind, um ein Gewerbe erfolgreich betreiben zu können. Für diese weitergehende Auslegung des Begriffs des Arbeitnehmers spricht auch, daß § 154 I Nr. 2 GewO als Ausnahmevorschrift ausgestaltet ist, welche von vornherein nicht erforderlich gewesen wäre, wenn man nicht auch kaufmännische Arbeitnehmer – in einem ersten Schritt – zu den gewerblichen Arbeitnehmern gerechnet hätte. Auch diese Arbeitnehmer sind daher unter den Schutz der gewerberechtlichen Entgeltvorschriften zu stellen.

---

[372] V. Landmann (1912), Vorbem. zu Titel VII, Anm. 5a: „grundsätzlich untersteht das gesamte im Gewerbebetrieb beschäftigte Personal eines gewerblichen Unternehmers dem Titel VII“.

[373] Rohlfing-Kiskalt, Vorbem. zu Titel VII, Anm. 3.

[374] Vgl. hierzu Lindenberg, Vorbem. zu Titel VII, Anm. 2 mwN.

2. Einschränkungen des geschützten Arbeitnehmerkreises

Der Anwendungsbereich der §§ 115 ff GewO wird durch **§ 154 I Nr. 1 GewO** eingeschränkt. Danach unterfallen Gehilfen und Lehrlinge in Apotheken nicht dem Schutzbereich der §§ 115 ff GewO. Die Arbeiter in Apotheken bleiben hingegen von der Anwendbarkeit der §§ 115 ff GewO erfaßt. Dies ergibt ein Vergleich des § 154 I Nr. 1 mit § 154 I Nr. 3 GewO.

Gleiches gilt nach **§ 154 I Nr. 2 GewO** für Handlungsgehilfen und Handlungslehrlinge. Indes folgt diese Unterscheidung auch bereits aus den Regelungen des HGB, welches für Handlungsgehilfen in §§ 59 ff HGB ein eigenes Arbeitsrecht geschaffen hat und in § 83 HGB bestimmt, daß lediglich für die sonstigen Arbeitnehmer eines Handelsgewerbes die sonstigen arbeitsrechtlichen Vorschriften gelten sollen.

3. Erweiterungen des geschützten Arbeitnehmerkreises

Auch **Auszubildende** unterfallen dem Anwendungsbereich der §§ 115 ff GewO. Für Ausbildungsverhältnisse gilt zwar heute das BBiG, die zusätzliche Geltung der §§ 115 ff GewO ergibt sich jedoch aus der Überschrift des VII. Titels der GewO[375] sowie indirekt auch aus § 154 I Nr. 1 und 2 GewO, welche die Anwendbarkeit auf einen Teil der Auszubildenden wiederum ausschließen.

Weiterhin werden vom Schutzbereich gem. **§ 119 b GewO** auch **Heimarbeiter** und **Hausgewerbetreibende** erfaßt. Heimarbeiter ist nach der Legaldefinition des § 2 I des Heimarbeitergesetzes, wer in selbstgewählter Arbeitsstätte allein oder mit seinen Familienangehörigen im Auftrag von Gewerbetreibenden oder Zwischenmeistern gewerblich arbeitet, jedoch die Verwertung der Arbeitsergebnisse dem unmittelbar oder mittelbar auftraggebenden Gewerbetreibenden überläßt. Hausgewerbetreibender ist, wer in eigener Arbeitsstätte (eigener Wohnung oder Betriebsstätte) mit nicht mehr als zwei fremden Hilfskräften im Auftrag von Gewerbetreibenden oder Zwischenmeistern Waren herstellt, bearbeitet oder verpackt, wobei er selbst wesentlich am Stück mitarbeitet, jedoch die Verwertung der Arbeitsergebnisse dem unmittelbar oder mittelbar auftraggebenden Gewerbetreibenden überläßt (§ 2 II Heimarbeitsgesetz).

§ 119 b GewO verfolgt ersichtlich den Zweck, auch arbeitnehmerähnliche Personen in den Schutzbereich der §§ 115 ff GewO mit einzubeziehen, da diese zwar nicht weisungsabhängig sind, jedoch wirtschaftlich auf ihren Arbeitgeber

---

[375] L/R-Neumann (1999), § 115, 1; Stahlhacke (1981), § 115, Anm. II.

angewiesen sind[376]. Daher dürfte § 119 b GewO – jedenfalls analog – auch auf **freie Mitarbeiter** anzuwenden sein. Auch diese stehen in einer wirtschaftlichen Abhängigkeit zum Arbeitgeber. Daß § 119 b GewO sich nach seinem Wortlaut auf Heimarbeiter beschränkt und zudem voraussetzt, daß diese gewerbliche Erzeugnisse anfertigen, mithin im produzierenden Gewerbe tätig sind, dürfte auf das Alter dieser Vorschrift zurückzuführen sein.

III. Erweiterungen des Anwendungsbereichs

Obwohl an sich Urproduktion, erweitert **§ 154 a GewO** den verpflichteten und geschützten Personenkreis des VII. Titels der Gewerbeordnung auf die Besitzer von Bergwerken, Salinen, Aufbereitungsanstalten und unterirdisch betriebenen Brüchen und Gruben einerseits und deren Arbeitnehmer andererseits. Diese Vorschrift erklärt sich vor dem historischen Hintergrund, welcher bereits im 18. Jahrhundert eine Regelung des Truckverbots für Bergwerke und dergleichen im preußischen ALR erforderlich machte.

Schließlich finden die gewerberechtlichen Entgeltvorschriften aufgrund spezialgesetzlicher Regelungen auch auf **Schiffer der Binnenschiffahrt und Floßführer** sowie auf **Schiffsmannschaften der Binnenschiffahrt und Floßmannschaften** Anwendung[377].

B. Verfassungsmäßigkeit des Adressatenkreises der GewO

I. Differenzierung zwischen gewerblichen und anderen Arbeitgebern

Wie festgestellt, erfaßt die Gewerbeordnung nach der Definition des Gewerbebegriffs zunächst diejenigen Tätigkeiten nicht, die nicht auf Gewinnerzielung gerichtet sind. Dies erscheint sachgerecht. Unternehmen, deren Tätigkeit nicht auf Gewinnerzielung gerichtet ist, dürften durchaus ein deutlich geringeres Interesse an der Ausbeutung ihrer Arbeitnehmer haben.

Soweit Privatpersonen, die Hauspersonal beschäftigen, vom Anwendungsbereich der §§ 115 ff GewO ausgenommen sind, erscheint dies ebenfalls sachlich gerechtfertigt, da der Arbeitgeber auch hier nicht mit Gewinnerzielungsabsicht tätig wird.

---

[376] Vgl. v. Landmann (1925), § 119b, Anm. 2c: „Das Gesetz will zweifellos, wie aus der Entstehungsgeschichte der betreffenden Bestimmung hervorgeht, hier ... diejenigen Personen schützen, welche wirtschaftlich in einer gleichen Lage sich befinden wie die eigentlichen Lohnarbeiter.".

[377] Vgl. §§ 20, 21 des Gesetzes über die Binnenschiffahrt v. 20.5.1898 (RGBl. S. 868) und §§ 16, 17 des Gesetzes über die Flößerei v. 15.6.1895 (RGBl. S. 341).

Ebenso erscheint der Ausschluß von Dienstleistungen höherer Art gerechtfertigt, da auch bei diesen die eigenverantwortliche Tätigkeit auf berufsethischer Grundlage gegenüber dem Gewinnstreben im Vordergrund steht.

Auch der Ausschluß der Urproduktion kann als gerechtfertigt erachtet werden. Auch diese wird in der Regel, solange sie sich auf eine jahreszeitabhängige Tätigkeit beschränkt, nicht unter dem Gesichtspunkt der Gewinnerzielung betrieben. Die Gewinnerzielung tritt erst dann in den Vordergrund, wenn die Urproduktion zu einem ständig betriebenen Unternehmen wird. Dann fällt sie jedoch bereits nicht mehr unter den Begriff der von der GewO ausgenommenen Urproduktion.

Soweit Ausschlüsse vom Begriff des Gewerbes traditionell bedingt sind, wie dies bei Kunst, Wissenschaft und Schriftstellerei der Fall ist, kann ebenfalls argumentiert werden, daß in diesen Bereichen das Interesse an der Ausübung einer bestimmten Tätigkeit unter Einbringung persönlicher Begabung im Vordergrund steht, so daß auch hier die Gewinnerzielungsabsicht als sekundär betrachtet werden kann.

Aufgrund von Spezialgesetzen ist die GewO und damit auch das gewerberechtliche Arbeitsrecht auf einige Unternehmen nicht anwendbar. Hierunter fallen die Kindeserziehung, das Unterrichtswesen, die Auswandererberatung, das Seelotsenwesen und das Rechtsverhältnis zwischen Kapitän und Schiffsmannschaft. Hierbei mag es sich um nur wenige Bereiche handeln. Dennoch kann die Frage nach einem sachlichen Grund für die Differenzierung nicht übergangen werden. Allein der Umstand, daß diese Tätigkeiten einen geringeren Verbreitungsgrad haben dürften, kann keine sachliche Differenzierung – inhaltlich – rechtfertigen. Das Ausmaß, in dem ein Gewerbezweig Mißbräuche üben könnte, kann nicht entscheidend sein. Kleine wie große Gewerbezweige bedürfen einer einheitlichen Regelung. Das Vorliegen einer sachlichen Rechtfertigung erscheint daher in diesen Bereichen fraglich.

II. Differenzierung zwischen gewerblichen und insbesondere kaufmännischen Arbeitnehmern

Jedenfalls aber die Differenzierung zwischen gewerblichen und insbesondere kaufmännischen Arbeitnehmern entbehrt eines sachlichen Differenzierungsgrundes.

Als Rechtfertigungsgrund käme in Betracht, daß die Arbeitgeber geneigter seien, ihre gewerblichen Arbeitnehmer in Form von Surrogaten oder anderem als Barlohn zu entlohnen als ihre kaufmännischen Angestellten. Soweit die Gewerbeordnung zwischen dem Bereich der Produktion und dem der Verwaltung unterscheidet, könnte argumentiert werden, daß Arbeitnehmer, die in der Produktion tätig sind, diesen Produkten näher stehen und aufgrund dessen, daß sie Waren selbst herstellen, eher darauf verweisbar sein könnten, sich mit diesen Waren als Surrogaten abzufinden. Jedoch zeigt die Geschichte des Trucksystems, daß Arbeitgeber sich nicht darauf beschränkten, ihre eigens produzierten Waren an Erfüllungs Statt hinzugeben, sondern unter anderem auch Waren zu eben diesem Zweck ankauften. Dieser Differenzierungsgrund scheidet aber jedenfalls deshalb aus, weil die Gewerbeordnung lediglich kaufmännische Angestellte vom Schutz der §§ 115 ff GewO ausnimmt, kaufmännische Arbeiter hingegen weiter diesem Schutz unterfallen läßt (vgl. § 154 I Nr. 2 GewO, § 83 HGB).

Es kann auch nicht damit argumentiert werden, daß Angestellte aufgrund ihrer geistigen Tätigkeit dem Arbeitgeber näher stünden oder deren Arbeit stärker von ihrer Motivation abhinge und Angestellte daher nicht gleichermaßen einer Ausbeutung ausgesetzt seien wie Arbeiter. Dies würde nicht erklären, weshalb auch technische Angestellte dem Schutz der §§ 115 ff GewO unterstellt sind.

Heute steht zudem die Motivation aller Mitarbeiter im Vordergrund der Unternehmenspolitik. Eine Differenzierung zwischen gewerblichen und anderen Tätigkeitsfeldern erscheint daher heute jedenfalls nicht mehr gerechtfertigt.

Dieses Ergebnis entspricht auch der allgemeinen Entwicklung des Arbeitsrechts. Die Differenzierung zwischen verschiedenen Tätigkeiten der Arbeitnehmerschaft ist historisch bedingt. Das Arbeitsrecht wuchs nicht einheitlich, sondern für jedes Berufsfeld wurde ein eigenständiges Arbeitsrecht geschaffen. Heute erfolgt keine derartige Unterscheidung mehr. Soweit in Gesetzen eine Differenzierung nach verschiedenen Arbeitnehmergruppen noch erhalten blieb, werden diese inzwischen häufig auf andere Arbeitnehmer entsprechend angewandt.

Dies zeigt etwa die heute allgemeine Ansicht zur Auslegung der zivilrechtlichen Verjährungsvorschriften, bei welchen heute allgemein anerkannt ist, daß sie entgegen ihrem eindeutigen Wortlaut (§ 196 I Nr. 8 BGB: „Privatbedienstete" und § 196 I Nr. 9 BGB: „gewerbliche Arbeiter"), auf sämtliche Angestellten und sämtliche Arbeiter (analoge) Anwendung finden[378]. Deren überholter Geltungsbereich wurde an den heutigen Entwicklungsstand der Arbeitswelt und des Arbeitsrechts angepaßt.

[378] Vgl. Palandt, § 196, Rn. 23 mwN.

Gleiches gilt für das in §§ 74 ff HGB enthaltene Wettbewerbsverbot. Die Geltung der §§ 74 ff HGB auch für gewerbliche Arbeitnehmer hat das BAG bereits im Jahre 1970 bejaht[379].

Die Differenzierung zwischen gewerblichen und anderen Arbeitnehmern entbehrt daher einer sachlichen Rechtfertigung[380].

III. Folgen für die Geltung der §§ 115 ff GewO

Dennoch verbietet sich eine Lösung dergestalt, die gewerberechtlichen Entgeltvorschriften analog auf sämtliche sonstigen Arbeitnehmer anzuwenden. Dem steht die ausdrückliche Regelung des § 154 I Nr. 2 GewO entgegen, welche die analoge Anwendung auf kaufmännische Arbeitnehmer verbietet[381]. Weiter stehen dem die Regelung des § 154 a I GewO sowie die spezialgesetzlich getroffenen Regelungen anderer Gesetze entgegen, welche den Anwendungsbereich der §§ 115 ff GewO auf weitere Arbeitnehmer erstrecken (vgl. hierzu oben unter *A* II 3, S. 79). Auch an diesen zeigt sich der eindeutige Wille des Gesetzgebers, die gewerberechtlichen Entgeltvorschriften nicht auf alle Arbeitnehmer anzuwenden.

Da § 154 I Nr. 2 GewO einer Ausdehnung des Anwendungsbereichs der gewerberechtlichen Entgeltvorschriften auf andere Arbeitnehmer entgegensteht, ein sachlicher Differenzierungsgrund jedoch nicht vorliegt, ist diese Vorschrift verfassungswidrig und folglich für nichtig zu erklären (§ 78 Satz 1 BVerfGG).

Eine Verwerfungskompetenz steht ausschließlich dem Bundesverfassungsgericht zu, da der nachkonstitutionelle Gesetzgeber die Geltung der gewerberechtlichen Entgeltvorschriften, wie die dargelegten mehrfachen Gesetzesänderungen zeigen, in seinen Willen aufgenommen hat.

Die Nichtigerklärung des § 154 I Nr. 2 GewO, wie sie durch das Bundesverfassungsgericht zu erfolgen hätte, führt jedoch nicht zur Nichtigkeitserklärung der gewerberechtlichen Entgeltvorschriften insgesamt. Denn wie das Bundesverfassungsgericht in ständiger Rechtsprechung ausführt, muß die Nichtigerklärung eines gleichheitswidrigen Gesetzes unterbleiben. Dies beruht darauf, daß dieser Verstoß regelmäßig auf verschiedene verfassungsrechtlich zulässige Art und Weise behoben werden kann, so durch Einbeziehen der benachteiligten Gruppe, durch gänzliche Abschaffung der Begünstigung oder auch durch eine Neudefi-

---

[379] BAG NJW 1970, S. 626.
[380] Ebenso Stahlhacke (1981), § 115, Anm. IV: „Es ist kaum vertretbar, das Truckverbot auf eine bestimmte Gruppe von Angestellten und Arbeitern zu beschränken. Wenn es für sinnvoll und notwendig erachtet wird, sollte man es auf alle Arbeitnehmer ausdehnen."
[381] So auch Hueck, Anm. zu BAG AP Nr. 2 zu § 394 BGB.

nition des Begünstigtenkreises[382]. Eine verfassungsgemäße Lösung kann auch darin bestehen, die gewerberechtlichen Vorschriften auf alle Arbeitnehmer auszudehnen oder darin, diese insgesamt abzuschaffen. Ob daneben die Möglichkeit besteht, diese Vorschriften auf einen bestimmten, anderen als den jetzigen Arbeitnehmerkreis zu beschränken, kann dahinstehen.

Diese Entscheidung muß, wie das Bundesverfassungsgericht bereits in anderem Zusammenhang zum Arbeitsschutzrecht entschieden hat[383], dem Gesetzgeber überlassen bleiben. Die gewerberechtlichen Entgeltvorschriften sind daher nicht nichtig. Von einem Gericht wären sie lediglich für mit dem Grundgesetz unvereinbar zu erklären.

V. Ergebnis

Die Beschränkung der gewerberechtlichen Entgeltvorschriften verstößt jedenfalls aufgrund der Differenzierung zwischen gewerblichen und kaufmännischen Arbeitnehmern gegen Art. 3 I GG. Die den Anwendungsbereich der gewerberechtlichen Entgeltvorschriften regelnden Vorschriften sind daher nichtig.

Auf die Geltung der gewerberechtlichen Vorschriften bleibt dies jedoch ohne Einfluß. Diese gelten bis zu einer dem Gesetzgeber zu überlassenden Neuregelung des Anwendungsbereichs fort.

An dieser Stelle sei darauf hingewiesen, daß auch die Arbeitsgesetzbuchentwürfe der Jahre 1923 sowie 1977 keine Differenzierung mehr zwischen verschiedenen Arbeitnehmergruppen vorsahen. Vielmehr sollten die – in diesen Entwürfen modifizierten – gewerberechtlichen Entgeltvorschriften für alle Arbeitnehmer gelten[384].

2. Teil: Der Schutzgegenstand des § 115 I GewO

Die Verfügungsfreiheit des Arbeitnehmers wird durch verschiedene Vorschriften gewährleistet. Diese verhindern eine Verfügung über den unpfändbaren Teil des Lohnes und regeln den Fall der Insolvenz des Arbeitgebers.

Der Arbeitnehmer kann seine Ansprüche weder abtreten (§ 400 BGB) noch verpfänden (§ 1274 II BGB), noch eine Lohneinbehaltung vereinbaren. Auch Gläubiger unterliegen dieser Schranke: Sie können einen bestimmten Teil des Entgelts nicht pfänden, soweit der **Pfändungsschutz** greift (§§ 850 ff ZPO), in die-

---

[382] BVerfGE 33, 349.
[383] Vgl. hierzu und zum ganzen Umbach/Clemens, BVerfGG, § 78, Rn. 17ff mwN.
[384] Vgl. RABl. 1923, 498ff sowie Arbeitsgesetzbuch-Kommission, Entwurf eines ArbGB, hrsg. v. BM für Arbeits- und Sozialordnung.

ser Höhe nicht aufrechnen (§ 394 BGB) und den Lohn – zu diesem Zwecke – nicht zurückbehalten (§ 394 BGB analog).

Ebenfalls zum Zwecke der Lohnsicherung genießt der Arbeitnehmer im Falle der **Insolvenz des Arbeitgebers** besonderen Schutz: Rückständige Lohnforderungen werden zwar nicht mehr bevorrechtigt behandelt (so noch § 59 I Nr. 3 KO), die Arbeitnehmer erhalten stattdessen jedoch Insolvenzausfallgeld von der Bundesanstalt für Arbeit (§§ 183 ff SGB III). Nach Eröffnung der Insolvenz entstehende Forderungen entstehen zudem als vor sämtlichen Insolvenzforderungen zu befriedigende Masseforderungen (§§ 108 I, 55 I Nr. 2 InsO). Auch diese Forderungen sind abgesichert (vgl. näher § 143 III SGB III).

In diese Vorschriften reihen sich die gewerberechtlichen Entgeltvorschriften ein. Sie verhindern die **Schmälerung des Arbeitsentgelts** durch unzulässige Einflußnahmen des Arbeitgebers auf die Entgeltvereinbarung, die Entgeltauszahlung sowie die spätere Verwendung des Arbeitsentgelts.

Je nach Regelungskomplex unterscheidet sich jedoch der Begriff des geschützten Arbeitsentgelts. Zunächst ist daher zu untersuchen, was unter dem Begriff der „Löhne der Arbeitnehmer", wie er Eingang in § 115 I GewO gefunden hat, zu verstehen ist. Diese Frage wurde bislang noch nicht untersucht. In § 115 I GewO wurde jedoch mit Wirkung zum 1.1.1999 ein zweiter Satz eingefügt, aus welchem geschlossen werden kann, daß unter Arbeitsentgelt nicht nur das „Arbeitsentgelt einschließlich der Zuschläge, der Zulagen, der Prämien und Sonderzahlungen" zu verstehen ist, sondern hierunter auch „andere Bestandteile des Arbeitsentgelts" fallen sollen. Da diese Vorschrift jedoch im Rahmen des Euro-Einführungsgesetzes entstand, welches lediglich den Zweck verfolgte, deutsche Gesetze an die neue Währung anzupassen, erscheint es nicht sachgerecht, allein hierauf den Begriff des Arbeitsentgelts im Sinne der §§ 115 ff GewO zu stützen. Vielmehr soll dieser Frage näher nachgegangen werden.

A. Das Arbeitsentgelt im Arbeitsrecht

Der Begriff des Arbeitsentgelts im Arbeitsrecht unterscheidet sich von dem des Arbeitsentgelts im steuerrechtlichen oder im sozialversicherungsrechtlichen Sinne[385], was auf der unterschiedlichen Zweckrichtung der jeweiligen Rechtsgebiete beruht.

Das Arbeitsentgelt im steuerrechtlichen Sinne ist in § 2 I LStDV definiert. Danach sind Arbeitslohn alle Einnahmen, die dem Arbeitnehmer aus dem Dienstverhältnis oder einem früheren Dienstverhältnis zufließen. Er umfaßt sämtliche

[385] Altehoefer/Schwarz, Steuerrecht und Arbeitsverhältnis, S. 46.

Einnahmen aus unselbständiger Arbeit. Arbeitslohn im steuerrechtlichen Sinne ist damit nicht nur das nach dem Arbeits- oder Dienstvertrag vereinbarte Arbeitsentgelt, sondern grundsätzlich alles, was aus Anlaß oder als Ausfluß eines Dienstverhältnisses und als Ertrag aus nichtselbständiger Arbeit dem Arbeitnehmer zufließt, auch wenn kein Rechtsanspruch auf diese Bezüge besteht[386].

Das Arbeitsentgelt im sozialversicherungsrechtlichen Sinne stellt ebenfalls, ähnlich dem steuerrechtlichen Begriff, darauf ab, was dem Arbeitnehmer tatsächlich zugeflossen ist. In § 14 SGB IV findet sich folgende Definition: „Arbeitsentgelt sind alle laufenden oder einmaligen Einnahmen aus einer Beschäftigung, gleichgültig, ob ein Rechtsanspruch auf die Einnahmen besteht, unter welcher Bezeichnung oder in welcher Form sie geleistet werden und ob sie unmittelbar aus der Beschäftigung oder im Zusammenhang mit ihr erzielt werden". Dennoch deckt es sich nicht mit der steuerrechtlichen Definition des Arbeitsentgelts. Satz 2 schränkt den sozialversicherungsrechtlichen Begriff des Arbeitsentgelts ein, indem er steuerfreie Aufwandsentschädigungen und die in § 3 Nr. 26 des Einkommenssteuergesetzes genannten steuerfreien Einnahmen vom Begriff des Arbeitsentgelts ausnimmt.

Demgegenüber stellt das Arbeitsentgelt im arbeitsrechtlichen Sinne auf die Zwecke des Arbeitsrechts ab und definiert dieses daher wie folgt: Arbeitsentgelt ist die Gegenleistung für die Arbeitsleistung des Arbeitnehmers, d. h. jeder als Gegenwert für die geschuldeten Dienste bestimmte geldwerte Vorteil[387]. Das Arbeitsentgelt im arbeitsrechtlichen Sinne erfaßt daher beispielsweise nicht – anders als das Steuer- und Sozialversicherungsrecht – Schadensersatzansprüche des Arbeitnehmers wegen Verletzung arbeitsvertraglicher Pflichten[388].

B. Der Begriff des Entgelts im Sinne des § 115 I GewO

Soweit Regelungen für die Vergütung der Arbeitnehmer bestehen, ist ihrer Auslegung zu entnehmen, ob sie nur für die laufenden Entgelte gelten oder auch anderweitiges Entgelt erfassen. So erfaßt beispielsweise § 82 II BetrVG jegliches Entgelt[389] (freilich der Sache nach eingeschränkt durch § 77 III BetrVG, nach welchem die im Tarifvertrag geregelten oder üblicherweise geregelten Entgelte nicht Gegenstand einer Betriebsvereinbarung sein können), § 64 HGB hingegen lediglich das laufende Entgelt[390].

---

[386] Altehoefer/Schwarz, Steuerrecht und Arbeitsverhältnis, S. 45-47.
[387] Münchner Handbuch-Hanau, § 62, Rn. 1.
[388] Altehoefer/Schwarz, Steuerrecht und Arbeitsverhältnis, S. 46.
[389] Staudinger-Richardi, § 611 BGB, Rn. 799.
[390] Baumbach/Hopt, § 64 HGB.

I. Die Bestandteile des Entgelts

Nach seiner Eigenart unterscheidet man, an welchen Aspekt der Arbeit das Entgelt anknüpft. Es kann an die Quantität der Arbeit, die Qualität der Arbeit, die Erfüllung weiterer Pflichten und an die Betriebstreue anknüpfen[391].

Das **„laufende Entgelt"**[392] (auch „eigentliches Arbeitsentgelt"[393] oder „normaler Lohn"[394] genannt) ist Gegenleistung für die Dienste des Arbeitnehmers. Es steht in einem Gegenseitigkeitsverhältnis zur Arbeitsleistung des Arbeitnehmers[395].

„Entgeltleistungen aus besonderem Anlaß oder mit besonderer Zweckbestimmung" sind etwa Gratifikationen oder Leistungen der betrieblichen Altersvorsorge[396]. Sie stellen zwar ebenfalls eine Gegenleistung für die Dienste des Arbeitnehmers dar, stehen jedoch nicht in einem Gegenseitigkeitsverhältnis zu den Diensten des Arbeitnehmers.

Auch Personalrabatte und andere **geldwerte Vorteile** stellen eine Form des Arbeitsentgelts dar. Sie sind dazu bestimmt, die bereits erbrachte und noch zu erwartende Betriebstreue zu vergüten[397]. Hierunter fällt beispielsweise auch die Mitarbeiterbeteiligung oder die Gewährung eines Arbeitgeberdarlehens[398].

II. Übertragung auf § 115 I GewO

Eine Beschränkung des Regelungsgegenstands des § 115 I GewO auf das laufende Entgelt erscheint bei näherer Betrachtung nicht sinnvoll. Dies bereits deshalb, weil sich das laufende Entgelt schon begrifflich nicht fest von sonstigen Entgeltbestandteilen abgrenzen läßt[399]. Wie bei der Darstellung moderner Entgeltsysteme ersichtlich wurde, werden heute auch vielfach Erfolgsbeteiligungen oder im Rahmen der Cafeteria-Modelle auch Formen der betrieblichen Altersvorsorge in das monatlich zu zahlende Entgelt aufgenommen. Es findet eine Vermischung von Entgelt besonderer Zweckbestimmung mit anderen Entgeltbestandteilen statt. Zum zweiten ist aufgrund der Verbreitung zweckbestimmter Entgeltbestandteile festzustellen, daß ein Arbeitnehmer bei Abschluß eines Arbeitsvertrags nicht nur an der Leistung des laufenden Entgelts interessiert ist, sondern auch ein dreizehntes oder vierzehntes Monatsgehalt in die Ge-

---

[391] Münchner Handbuch-Hanau, § 62, Rn. 6.
[392] Staudinger-Richardi, § 611 BGB, Rn. 555.
[393] BAG DB 1990, 692.
[394] Staudinger-Richardi, § 611 BGB, Rn. 799.
[395] Staudinger-Richardi, § 611 BGB, Rn. 555.
[396] Staudinger-Richardi, § 611 BGB, Rn. 555.
[397] Münchner Handbuch-Hanau, § 70, Rn. 6 mwN; BAG AP Nr. 1 zu § 87 BetrVG.
[398] Münchner Handbuch-Hanau, § 70, Rn. 18 und § 71, Rn. 4.
[399] So auch Herschel in Anm. zu BAG AP NR. 2 zu § 387 BGB.

haltsverhandlungen mit einbezieht. Dem Arbeitnehmer kommt es hierbei nicht entscheidend auf den Zeitpunkt der Lohnzahlung an, sondern darauf, welches Entgelt ihm innerhalb eines Jahres insgesamt zufließen soll. Spielen aber auch zweckgebundene Entgeltbestandteile für die Vertragsverhandlung eine Rolle, so sind sie im Verlauf der Erfüllung dieses Vertrags genauso schützenswert wie das laufende Entgelt. Es sind daher neben dem laufenden Entgelt auch zweckgebundene Entgeltbestandteile schützenswert.

Demgegenüber stellen geldwerte Vorteile, die in Form einer Vergünstigung bestimmter Güter gewährt werden, eine losere Beziehung zur Leistung des Arbeitnehmers dar. Zudem – und das dürfte vorliegend ausschlaggebend sein – werden sie an den Arbeitnehmer nicht im Rahmen des Arbeitsvertrags, sondern nur bei Eingehung eines zusätzlichen Vertrags gewährt. Deshalb paßt § 115 I GewO nicht auf sie. § 115 I GewO hat lediglich Entgeltbestandteile zum Gegenstand, welche als Gegenleistung für die erbrachte Arbeitsleistung erbracht werden. Freilich können auch zusätzliche Vertragsabschlüsse auf einer unzulässigen Beeinflussung seitens des Arbeitgebers beruhen. Dies betrifft jedoch nicht mehr den Regelungsgegenstand des § 115 I GewO, sondern den des § 117 II GewO.

III. Das Kriterium der Freiwilligkeit

Es ist auch nicht geboten, dem Arbeitgeber dort, wo er **freiwillige, zusätzliche Leistungen** erbringt, auf die der Arbeitnehmer keinen Anspruch hat, Vorschriften zu machen[400].

Dies hat das BAG bereits ausdrücklich für die Gewährung von Sonderzahlungen anläßlich von Jubiläen entschieden[401]. Gleiches muß für die Gewährung freiwilliger Gratifikationen oder zusätzlicher, freiwilliger Prämien gelten[402]. Kein Entgelt im Sinne der §§ 115 ff GewO ist auch die freiwillige Abgabe einer Altersversorgungszusage oder die Zahlung von Weihnachtsgeld – sofern oder solange hierauf kein Anspruch besteht.

Hat der Arbeitnehmer keinen Anspruch auf Leistungen, so erscheint es auch nicht sachgerecht, dem Arbeitgeber Vorschriften über den Inhalt seiner freiwilligen Leistungen zu machen. Es fehlt bereits an einem zu sichernden Lohnanspruch. § 115 I GewO kann nur dasjenige Entgelt betreffen, auf welches der Arbeitnehmer einen Anspruch hat.

---

[400] BAG, U. v. 23.9.1992, WuB IX A. § 117 1.94 = WM 1993, 2222; L/R-Neumann (1999), § 115, Rn. 16.
[401] BAG WuB IX A. § 117 GewO 1.94.
[402] L/R-Neumann (1999), § 115, Rn. 16; BAG WuB IX A. § 117 GewO 1.94.

Dem kann auch nicht entgegengehalten werden, daß auf diesem Wege den Arbeitsvertragsparteien Umgehungsmöglichkeiten gegeben würden. Es ist bereits fraglich, ob sich ein Arbeitnehmer darauf einlassen würde, wesentliche Entgeltbestandteile auf die Basis der Freiwilligkeit zu stellen. Dies erfordert ein doch erhebliches Vertrauen gegenüber dem Arbeitgeber. Zudem wird Umgehungen von Vorschriften ohnehin dadurch Rechnung getragen, daß auch diese an den umgangenen Verboten gemessen werden.

IV. Das Kriterium der Gegenleistung

Da mithin nur dasjenige Entgelt dem Schutz des § 115 I GewO unterliegt, welches als **Gegenleistung** für die Dienste des Arbeitnehmers anzusehen ist, unterfallen Leistungen, die *nicht die Tätigkeit des Arbeitnehmers vergüten* oder *in ganz überwiegend eigenbetrieblichem Interesse erbracht* werden, nicht der Regelung des § 115 I GewO. Diese stellen schon keinen Naturallohn dar[403]. Dies verdeutlicht auch ein Blick ins Steuerrecht. Denn Annehmlichkeiten und Vorteile, die nicht als Gegenleistung für die Dienste des Arbeitnehmers anzusehen sind, sind nicht zu versteuern – obwohl das Steuerrecht, wie eingangs ausgeführt, den Begriff des Arbeitsentgelts auf alle Leistungen erstreckt, welche dem Arbeitnehmer tatsächlich zufließen und damit über den Begriff des Arbeitsentgelts im arbeitsrechtlichen Sinne weit hinausgeht.

Nicht von § 115 I GewO erfaßt, da nicht als Vergütung der Tätigkeit des Arbeitnehmers anzusehen, sind daher beispielsweise die Bereitstellung von Sozialleistungen (z.B. Wasch-, Dusch- und Aufenthaltsräume) und Parkplätzen, medizinische Betreuung, Abgabe von Medikamenten, Grippeschutzimpfungen, Betreuung von Kindern im Betriebskindergarten, unentgeltliche Abgabe von Getränken und die Überlassung von betrieblichen Sportstätten. Nicht von § 115 I GewO erfaßt, da in ganz überwiegend eigenbetrieblichem Interesse erbracht, werden beispielsweise Kuren auf Veranlassung des Arbeitgebers, unentgeltliche Vorsorgeuntersuchungen, Haustrunk, Freitabak und die private Nutzung des Fernsprechers für Ortsgespräche[404].

V. Ergebnis

Damit fallen geldwerte Vorteile, welche im Rahmen des Abschlusses zusätzlicher Verträge gewährt werden, nicht unter den Schutz des § 115 I GewO. Sie stellen bereits ihrer Eigenart nach kein Entgelt dar, welches im Rahmen der Lohnzahlung an den Arbeitnehmer gewährt werden könnte. Gleiches gilt für

---

[403] Schaub, 8. A., S. 481; Kania, Nichtarbeitsrechtliche Beziehungen, S. 156f.

[404] Vgl. hierzu Schaub, 8. A., S. 483f, der diese Leistungen ebenfalls nicht als Gegenleistung für die Dienste des Arbeitnehmers ansieht bzw. ein ganz überwiegend eigenbetriebliches Interesse des Arbeitgebers an diesen Leistungen bejaht.

Leistungen jeglicher Art, welche freiwillig erbracht werden. Es fehlt bereits am zu sichernden Lohnanspruch. Schließlich fallen auch Leistungen aus dem Regelungsgegenstand heraus, die entweder schon nicht als Gegenleistung für die Dienste des Arbeitnehmers anzusehen sind oder in ganz überwiegend eigenbetrieblichem Interesse gewährt werden.

C. Lohnvorschüsse

Es entspricht einhelliger Ansicht, daß sich das Barzahlungsgebot des § 115 I GewO auch auf **Lohnvorschüsse** bezieht. Denn nach der früheren Praxis waren Waren oft nicht erst am Zahltag, sondern bereits im Vorfeld als Lohnvorschuß an Erfüllungs Statt hingegeben worden. Derartige Vereinbarungen mußten daher ebenfalls unterbunden werden[405].

3. Teil: Die Abgrenzung des Regelungsinhalts des § 115 I GewO

A. Gebot der sofortigen Zahlung?

I. Der Zeitpunkt der Zahlung als Regelungsinhalt des § 115 I GewO

Das Truckverbot verfolgt zwar das Ziel, die Gewährung von Sachwerten an Zahlungs Statt zu unterbinden, die Gewerbeordnung enthält jedoch keine Bestimmungen über den Zeitpunkt der Lohnzahlung und die Folgen des Verzugs[406].

Bereits im Wortlaut findet sich hierfür kein Anhaltspunkt. Auch ein Vergleich mit der dem Truckverbot vorangegangenen Regelung des II XVI § 213 des pr. ALR spricht gegen die Regelung des Zeitpunkts der Lohnzahlung. Während dieses ein Gebot der Zahlung ohne Verzug enthielt (vgl. die Abschrift dieser Norm auf S. 30), ist eine solche Regelung in § 115 I GewO nicht wiederzufinden.

In systematischer Hinsicht ist festzustellen, daß § 119 a II Nr. 1 GewO eine Regelung über den Zeitpunkt der Lohnzahlung für regelungsfähig erachtet.

---

[405] Müller, Truckverbot, S. 47 mwN zur strafrechtlichen Rechtsprechung der Reichsgerichte; L/R-Neumann (1999), § 115, Rn. 11. Vgl. zur Abgrenzung zwischen Vorschuß und Arbeitgeberdarlehen die Ausführungen von Kania, Nichtarbeitsrechtliche Beziehungen, S. 9.

[406] So bereits v. Landmann (1925), § 115, Anm. 2h; L/R-Neumann (1999), § 115, Rn. 19; Reuß/Vollmer, § 115, Anm. V; **a.A.:** wohl Tettinger/Wank, § 115, Rn. 2.

§ 119 a II Nr. 1 GewO lautet:

> „(2) Durch statuarische Bestimmung einer Gemeinde oder eines weiteren Kommunalverbandes (§ 142) kann für alle Gewerbebetriebe oder gewisse Arten derselben festgesetzt werden, daß
> 1. Lohn- und Abschlagszahlungen in festen Fristen erfolgen müssen, welche nicht länger als einen Monat und nicht kürzer als eine Woche sein dürfen,"

Wäre jedoch bereits durch § 115 I GewO der Zeitpunkt der Lohnzahlung vorgegeben, ergäbe diese Vorschrift keinen Sinn. Dies entspricht auch der Ansicht des historischen Gesetzgebers. Ein Blick in die Stenographischen Berichte des Reichstags von 1891 zeigt, daß die Abgeordneten bei Schaffung des § 119 a GewO darüber diskutierten, ob § 115 I GewO bereits eine Regelung über den Zeitpunkt der Zahlung enthalte und § 119 a GewO daher überflüssig sei[407]. Im Ergebnis beschlossen sie die Einführung des § 119 a GewO durch das Arbeiterschutzgesetz vom 1.6.1891. Dies zeigt, daß auch der historische Gesetzgeber § 115 I GewO keinen Regelungsgehalt in bezug auf den Zeitpunkt der Lohnzahlung entnahm.

Es hätte daher einer klaren Regelung dahingehend bedurft, daß auch die **sofortige Verfügbarkeit** über den Lohn gesichert werden solle. Hierfür bestand und besteht jedoch kein Bedürfnis. Im Falle des Zahlungsverzugs des Arbeitgebers kann der Arbeitnehmer seine Arbeitskraft nach § 273 BGB zurückbehalten und den Arbeitgeber hiermit unter Druck setzen. Auch aus historischer Sicht ergibt sich kein Bedürfnis, den Arbeitnehmer vor Verzögerungen in der Lohnzahlung zu schützen. Zwar waren die Arbeiter, wie im 1. Teil des ersten Kapitels unter *B.*, S. 27, dargestellt, bei Hingabe von Wechseln aufgrund der Dringlichkeit ihrer Bedürfnisse häufig gezwungen, diese zu diskontieren. Insoweit war in historischen Zeiten auch die sofortige Verfügbarkeit über das Erlangte gefährdet. Wechsel bargen jedoch zudem weitere Risiken in sich. War der Gläubiger eines Wechsels nicht liquide, so war der Arbeitnehmer um seinen Lohn gebracht. Gerade auch aufgrund dieser Risiken war es dem Arbeitnehmer bei vorzeitigem Verkauf des Schecks oder Wechsels nicht möglich, den Wert zu erzielen, welcher vom Arbeitgeber bei Hingabe des Wechsels angesetzt worden war. Gerade hiervor sollte er geschützt werden.

Nach allgemeiner Meinung[408] ist die Gewährung von Barvorschüssen und ihre Rückzahlung durch spätere Anrechnung auf den Lohn zulässig[409]. Ebensowenig steht § 115 I GewO einer Vereinbarung über die Stundung des Arbeitsentgelts

[407] Stenographische Berichte 1891, S. 1700.
[408] Gegenteilige Stimmen liegen, soweit ersichtlich, nicht vor.
[409] Kaskel/Dersch, S. 180f; Rohlfing/Kiskalt/Wolff, § 115, Anm. 3; unter Verweis auch auf Hueck/Nipperdey, 7. A., S. 357; Stahlhacke (1966), § 115, Anm. III 3.

entgegen[410]. Eine Begründung hierzu findet sich in der Literatur nicht. Es kann jedoch auf dic soeben erfolgten Ausführungen verwiesen werden. Da § 115 I GewO keine Regelung über den Zeitpunkt der Zahlung enthält, kann diese Norm auch nicht Abreden, die den Zeitpunkt der Lohnzahlung modifizieren, entgegenstehen.

II. Subsumtion moderner Fallgruppen

Moderne Leistungsmodalitäten wie die Einrichtung von **Zeitkonten und Gutschriftenkonten** stellen Stundungsvereinbarungen dar, soweit das schuldrechtliche Rechtsverhältnis, aufgrund dessen der Arbeitnehmer diese Leistungen fordern kann, nicht verändert wird. Wie soeben festgestellt, sind Stundungen zulässig.

Soweit über das Ansparen hinaus jedoch Vereinbarungen über die Vermögensanlage oder dergleichen getroffen werden – wie dies etwa bei den genannten **Zeitwertpapieren oder Investment-Plänen** der Fall ist –, handelt es sich um Sachverhalte, wie sie noch näher zu untersuchen sein werden.

Soweit ein Unternehmen, wie dies beispielsweise in den USA ein Internet-Unternehmen namens TixToGo praktiziert, den Arbeitnehmern die Wahl zwischen Bargeld und Aktien läßt, diese aber in jedem Fall nicht sofort entlohnt, sondern lediglich ein schriftliches Versprechen für die spätere Entlohnung abgibt – welche stattfinden soll, wenn das neu gegründete Unternehmen liquide geworden ist[411], steht § 115 I GewO der Regelung des Zahlungszeitpunkts nicht entgegen. Abreden über den Zeitpunkt der Fälligkeit des Entgelts sind nicht Schutzgegenstand des § 115 I GewO. Ob hingegen eine Entlohnung in Aktien mit § 115 I GewO vereinbar ist, wird im folgenden noch eingehend zu prüfen sein.

B. Die Person des Leistungsempfängers

Auch die auftragsgemäße Lohnauszahlung an einen Dritten wird durch § 115 I GewO nicht verboten. Auch bei dieser erbringt der Arbeitgeber seine Schuld in zulässiger Weise. Aus § 115 I GewO kann nicht etwa die Pflicht des Arbeitgebers abgeleitet werden, den Lohn unmittelbar an den Arbeitnehmer zu

---

[410] Rohlfing/Kiskalt/Wolff, § 115, Anm. 3; Stahlhacke (1966), § 115, Anm. III 3; L/R-Neumann (1979), § 115, Rn. 19 unter Verweis auch auf die Stenographischen Berichte zu den Verhandlungen des Reichstags, 1891, S. 1672 und S. 1700; v. Landmann (1925) unter Verweis auf die uneinheitliche Rechtsprechung, welche jedoch zuletzt wieder im Sinne der hier dargestellten, allgemeinen Meinung judizierte; Schenkel, GewO, §115, Anm. 11; v. Schicker, GewO (1892), § 115, Anm. 4; **a.A. wohl:** Tettinger/Wank, § 115, Rn. 2.

[411] Kürten, Aktien statt Gehalt, in: Eyer, Report Vergütung, S. 144.

zahlen[412]. Hierfür besteht kein Bedürfnis. Die Zulässigkeit der auftragsgemäßen Lohnauszahlung an Dritte ergibt sich auch aus der früheren Bestimmung des § 115 a, 2. Halbsatz GewO, durch welchen die Lohnauszahlung an Dritte (nur) insoweit untersagt wurde, als die Grenzen der Pfändbarkeit überschritten wurden[413].

§ 115 a, 2. Halbsatz GewO lautete:

> "sie (Anm: Lohn- und Abschlagszahlungen) dürfen an Dritte nicht erfolgen aufgrund von Rechtsgeschäften oder Urkunden über Rechtsgeschäfte, welche nach § 2 des Gesetzes, betreffend die Beschlagnahme des Arbeits- oder Dienstlohns, vom 21. Juni 1869 (BGBl S. 242) rechtlich unwirksam sind."

C. Rechtshemmende Einreden und ähnliches

Der Arbeitgeber verstößt auch nicht durch die Geltendmachung eines **Zurückbehaltungsrechts** (§ 273 bzw. § 320 BGB) oder durch eine **Einbehaltungsabrede** (d.h. die vertragliche Vereinbarung einer dem Zurückbehaltungsrecht gleichkommenden Nichtauszahlung[414]) gegen § 115 I GewO[415]. Dies folgt bereits aus § 119 a I GewO, welcher andernfalls keine Existenzberechtigung hätte.

§ 119 a I GewO lautet:

> „Lohneinbehaltungen, welche von Gewerbeunternehmern zur Sicherung des Ersatzes eines ihnen aus der widerrechtlichen Auflösung des Arbeitsverhältnisses erwachsenden Schadens oder einer für diesen Fall verabredeten Strafe ausbedungen werden, dürfen bei den einzelnen Lohnzahlungen ein Viertel des fälligen Lohnes, im Gesamtbetrage den Betrag eines durchschnittlichen Wochenlohns nicht übersteigen."

Auch durch **Anrechnung** kann eine Entgeltforderung in ihrem Bestand zulässigerweise geschmälert werden. Sie gibt dem Arbeitgeber ein einredeweise zu berücksichtigendes Leistungsverweigerungsrecht[416]. Dabei rechnet der Arbeitgeber eigene Leistungen oder Leistungen eines Dritten auf den Vergütungsanspruch des Arbeitnehmers an. Die Anrechnung beruht auf einer gesetzlichen Regelung. Die wichtigsten gesetzlichen Anrechnungsbestimmungen betreffen die Anrechnung anderweitigen Einkommens wie etwa §§ 615, 2 BGB, 11 KSchG, bei unverschuldeter Unmöglichkeit der Arbeitsleistung § 324 I 2 BGB, bei der Ka-

---

[412] So bereits das Preußische Ob. Tribunal v. 3.1.1875 (Goldt. Arch. 23, 133; L/R-Neumann (1979), § 115, 20f unter der (selbstverständlichen) Voraussetzung, daß eine ganz unzweideutige Zustimmung des Arbeitnehmers vorliegen muß; Stahlhacke (1966), § 115, Anm. III 3.

[413] L/R-Neumann (1979), § 115, Rn. 21.

[414] Vgl. Hueck/Nipperdey, 2. A., S. 81.

[415] Dies ist unstreitig, vgl. Stahlhacke (1966), § 115, Anm. III 3; Kaskel/Dersch, S. 181.

[416] Schaub, 8. A., S. 730; L/R-Neumann (1981), § 115, Rn. 28.

renzentschädigung im Falle des Wettbewerbsverbots § 74 c HGB und im Krankheitsfall §§ 616 I 2, 617 I 3 BGB.

D. Erfüllungssurrogate

I. Die Aufrechnung

Ebenso kann der Arbeitgeber die Aufrechnung erklären, mithin seine Schuld mit einer ihm gegen den Arbeitnehmer zustehenden Forderung durch Erklärung der Aufrechnung zum Erlöschen bringen (§ 389 BGB). Dieses Erfüllungssurrogat wird dem Arbeitgeber durch § 115 I GewO nach weithin herrschender Meinung ebenfalls nicht untersagt[417]. Abgesehen davon, daß sich für die gegenteilige Meinung im Wortlaut kein Anhalt findet, ist auch nach der Entstehungsgeschichte bei Schaffung des Truckverbots zu keiner Zeit ein Aufrechnungsverbot bezweckt worden. Im Gegenteil, ein entsprechender Antrag auf Änderung des § 115 GewO wurde ausdrücklich abgelehnt[418]. Zudem wird der Arbeitnehmer durch die Aufrechnung auch nicht benachteiligt[419]. Für die Zulässigkeit von Lohnabzügen spricht schließlich auch die frühere Bestimmung des § 115 a Satz 2 GewO, durch welche die Lohnauszahlung an Dritte untersagt wurde, soweit die Grenzen der Pfändbarkeit überschritten wurden. Diese Vorschrift war aber nur deshalb erforderlich, weil § 115 GewO nicht schon grundsätzlich den Aufrechnungsvertrag verbot[420].

Soweit zuweilen darauf hingewiesen wird, daß eine Aufrechnung jedoch dann unzulässig sei, wenn sie letztlich dazu diene, Forderungen aus an den Arbeitnehmer (unzulässigerweise) kreditierten Waren zu begleichen[421], ist festzustellen, daß eine solche Aufrechnung bereits nach den allgemeinen Regeln des Zivilrechts ins Leere geht, da in solchen Fällen der Entgeltforderung des Arbeitnehmers bereits wegen der Rechtsfolge des § 118 GewO (Forderungsübergang auf die in § 116 GewO bezeichnete Kasse) keine Forderung des Arbeitgebers gegenübersteht, mit welcher der Arbeitgeber die Aufrechnung erklären könnte.

---

[417] L/R-Neumann (1979), § 115, Rn. 19; Oertmann, S. 178; Kaskel/Dersch, S. 180f; v. Landmann (1925), § 115, Anm. 2h; **a.A.**: Lotmar, der annimmt, eine Aufrechnung verbiete sich, weil der Lohn dann eben nicht in bar ausgezahlt werde. Er entnimmt § 115 GewO das Gebot, den Lohn immer in voller Höhe auszubezahlen, sieht mithin jeglichen Lohnabzug als verboten an - vgl. näher Lotmar, S. 411ff mit jedoch nicht überzeugenden Argumenten gegen die bereits damals herrschende Meinung.

[418] Vgl. L/R-Neumann (1979), § 115, Rn. 19 mwN.

[419] Stahlhacke (1966), § 115, Anm. III 3.

[420] L/R-Neumann (1979), § 115, Rn. 21.

[421] Etwa L/R-Neumann (1979), § 115, Rn. 20: „die Beachtung des § 115 II GewO vorausgesetzt"; ebenso Stahlhacke (1966), § 115, Anm. III 3.

Soweit zuweilen darauf hingewiesen wird, daß eine Aufrechnung nur innerhalb der Pfändungsgrenzen zulässig sei[422], folgt dies richtigerweise bereits aus § 394 BGB.

II. Erlöschen der Schuld durch Vereinbarungen zwischen Arbeitgeber und Arbeitnehmer

1. Der Erlaßvertrag

Neben der Aufrechnung kann die Schuld des Arbeitgebers auch dadurch zum Erlöschen kommen, daß Arbeitnehmer und Arbeitgeber einen Erlaßvertrag (§ 397 BGB) schließen. Dieser bringt die Schuld des Arbeitgebers, das sog. Schuldverhältnis im engeren Sinne[423], zum Erlöschen. Dieser verfügende Vertrag verstößt nicht gegen § 115 I GewO[424]. Hierüber herrscht Einigkeit, ohne daß diese Frage je näher untersucht worden wäre.

Die Grenze des Wortlauts und damit der Auslegung würde zwar nicht überschritten, würde man in das Gebot der Zahlung in bar auch das Verbot eines Erlaßvertrags hineinlesen. Auch erscheint es zunächst widersprüchlich, den Arbeitsvertragsparteien eine Vereinbarung über die Leistung an Erfüllungs Statt zu verbieten, nicht hingegen den gänzlichen Verzicht auf den vereinbarten Lohn. Andererseits bedarf es bei Auslegung des § 115 I GewO naturgemäß in nicht geringem Maße des Blickes auf die historische Entstehung dieser Vorschrift und damit einer Auslegung vor dem Hintergrund dessen, welche Mißstände durch Schaffung der §§ 115 ff GewO beseitigt werden sollten. Hier wurde der Arbeitnehmer aber niemals zu einem Verzicht auf Lohn gedrängt. Für die Schaffung eines Verzichtsverbots bestand daher nie Anlaß.

Zu bedenken ist auch, daß § 115 I GewO keinen umfassenden Schutz des Arbeitnehmers bietet. So schützt er die Arbeitnehmer auch nicht vor der Festlegung niedriger Löhne. Dies wurde bereits in der Diskussion um die Schaffung eines Truckverbots als Argument dafür angeführt, daß Truckvorschriften ohnehin nicht in der Lage seien, einen umfassenden Schutz des Arbeitnehmers zu bieten (vgl. die Ausführungen im 1. Teil des ersten Kapitels unter *C* III, S. 31). Sind die Parteien aber in der Vereinbarung der Lohnhöhe frei, so erscheint es konsequent, ihnen auch nicht die zeitlich nachfolgende Reduktion des Lohnes zu verbieten.

Es besteht auch kein erhebliches Bedürfnis, den Erlaßvertrag zu verbieten. Bei Erlaß seiner Lohnschuld ist dem Arbeitnehmer bewußt, daß er seinen Lohnan-

---

[422] Vgl. etwa L/R-Neumann (1979), § 115, Rn. 23ff.
[423] Palandt-Heinrichs, § 397, Rn. 2.
[424] Stahlhacke (1966), § 115, Anm. III 3 mwN.

spruch völlig aufgibt. Der Arbeitnehmer wird daher selbst in Zeiten starker Abhängigkeit vom Arbeitgeber nicht dazu zu drängen gewesen sein, auf seinen Lohnanspruch, welcher im 19. Jahrhundert noch viel mehr als heute seine Existenzgrundlage bildete, zu verzichten. Hinzu kommt, daß der Arbeitnehmer bei einem Verzicht auf seinen Lohn sich der ihm hieraus entstehenden Nachteile voll bewußt war, er hingegen bei der Entgegennahme von Leistungen an Erfüllungs Statt, wie in der historischen Darstellung ausgeführt, oft geprellt wurde. Hieraus folgt ein deutlich geringeres Schutzbedürfnis des Arbeitnehmers vor dem Abschluß eines Erlaßvertrags. Es ist daher gerechtfertigt, diesen an sich deutlich schwerwiegenderen Eingriff in die Verfügungsfreiheit des Arbeitnehmers als nicht durch § 115 I GewO verboten anzusehen.

Im übrigen bedarf es auch deshalb keiner solch weitgehenden Auslegung des § 115 I GewO, weil bereits andere arbeitsrechtliche Vorschriften, insbesondere § 4 IV TVG die Erhaltung des Lohnes jedenfalls für den überwiegenden Teil der Arbeitnehmerschaft sichern. Zwar sind nur ca. 30 % der Arbeitnehmerschaft organisiert, ein tarifgebundener Arbeitgeber wendet jedoch in aller Regel den Tarifvertrag auf alle Arbeitnehmer einheitlich an und weiß nicht, welche seiner Arbeitnehmer organisiert sind. Mangels dieser Kenntnisse wird er auch nicht daran interessiert sein, Erlaßverträge zu schließen, deren Wirksamkeit im Einzelfall er nicht überblicken kann.

2. Die Aufrechnungsvereinbarung

Auch eine Aufrechnungsvereinbarung verstößt nicht gegen § 115 I GewO. Der Aufrechnungsvertrag ist ein sog. Erfüllungsersetzungsvertrag[425]. Er wird vor allem dann geschlossen, wenn es an den Voraussetzungen einer einseitigen Aufrechnung, etwa der Gegenseitigkeit der Forderungen, fehlt[426]. Eine Aufrechnungsvereinbarung liegt beispielsweise dann vor, wenn im Rahmen eines Werkwohnungsüberlassungsvertrags vereinbart wird, daß der Arbeitgeber die Miete bei der Gehalts- bzw. Lohnzahlung einbehalten darf[427]. Die frühere Rechtsprechung des Reichsarbeitsgerichts hierzu verlief zunächst uneinheitlich[428]. Dann jedoch entschied das Reichsarbeitsgericht in einer Reihe von Urteilen, daß § 115 GewO einer Aufrechnungsvereinbarung so lange nicht entgegen stehe, wie keine unzulässige Umgehung der §§ 115, 117 GewO vorliege[429]. Diese Ansicht kann heute als herrschend angesehen werden[430]. Dem ist zuzustimmen. Dem Arbeitnehmer geht auf diesem Wege nichts verloren, da durch den

---

[425] Palandt-Heinrichs, § 387, Rn. 19.
[426] Palandt-Heinrichs, § 387, Rn. 20.
[427] Vgl. BAG v. 15.5.1974, 5 AZR 395/73, Entscheidung 3 zu AR-Blattei, D Lohnzahlung I.
[428] V. Landmann (1925), § 115, Anm. 2h.
[429] RAG ArbRS 7, 310; RAG ArbRS 14, 345; RAG ArbRS 30, 131.
[430] L/R-Neumann (1979), § 115, Rn. 22; Kaskel/Dersch, S. 180f; BAG AP Nr. 1 zu § 392 BGB.

Aufrechnungsvertrag auch eine der Entgeltforderung auf seiten des Arbeitgebers gegenüberstehende Forderung zum Erlöschen kommt.

Die zuweilen gemachte Einschränkung, daß ein Aufrechnungsvertrag nur zulässig sei, wenn keine Umgehung der §§ 115, 117 GewO vorliege, ist nicht erforderlich. Aufrechnungsverträge, bei welchen eine Forderung unwirksam ist, sind ohnehin unwirksam[431]. Anderes ergäbe sich nur für den Fall des in zulässiger Weise erfolgten Anerkenntnisses dieser Forderung[432]. Die Anerkennung einer aufgrund eines gesetzlichen Verbots unwirksamen Forderung würde selbst gegen dieses gesetzliche Verbot verstoßen und wäre daher ihrerseits nichtig.

3. Die Anrechnungsvereinbarung

Streitig ist, ob auch eine Anrechnungsvereinbarung zulässig ist. Es wird vertreten, die Anrechnungsvereinbarung sei unzulässig, soweit nicht § 115 II 2 GewO greife[433]. Dies folge daraus, daß Vereinbarungen zwischen Arbeitgeber und Arbeitnehmer über eine andere Form der Erfüllung als durch Barzahlung unwirksam seien.

Die Anrechnung unterscheidet sich von der Aufrechnung dadurch, daß sich bei der Aufrechnung zwei selbständige Forderungen gegenüberstehen, während bei der Anrechnung von einem Anspruch ein unselbständiger Anrechnungsposten in Abzug zu bringen ist[434]. Die Anrechnung findet von Amts wegen statt, bedarf also keiner entsprechenden Parteierklärung[435]. Dies hat zur Folge, daß auch eine Anrechnungsvereinbarung nur dort möglich ist, wo die Anrechnung – auch ohne Mitwirkung des Arbeitnehmers – möglich wäre. Andernfalls ginge der Charakter der Anrechnung verloren. Die Anrechnungsvereinbarung kommt daher nur dort in Betracht, wo auch seitens des Arbeitgebers eine Anrechnung vorgenommen werden könnte[436]. Aus diesem Grund ist sie auch mit § 115 I GewO problemlos vereinbar.

E. Die Leistung erfüllungshalber

Die Frage, ob § 115 I GewO auch Leistungen erfüllungshalber zuläßt, hat in der bisherigen Literatur und Rechtsprechung keine abstrakte Untersuchung erfahren.

---

[431] Palandt-Heinrichs, § 387, Rn. 20; BGH NJW 1991, 744.
[432] Palandt-Heinrichs, § 387, Rn. 20.
[433] Kaskel/Dersch, S. 180f; **a.A.:** L/R-Neumann (1981), § 115, Rn. 28.
[434] Palandt-Heinrichs, § 387, Rn. 2.
[435] Palandt-Heinrichs, § 387, Rn. 2.
[436] Das Gesetz sieht in §§ 324 I 2, 552, 2, 615, 2, 616 I 2 und 649 BGB die Anrechnung vor; weiter kommt sie bei der Schadensermittlung nach der Differenztheorie und nach der Anwendung der Saldotheorie im Bereicherungsrecht in Betracht, vgl. Palandt-Heinrichs, § 387, Rn. 2.

Lediglich im Rahmen der Fragestellung, ob die Bezahlung per Wechsel und / oder Scheck zulässig sei, wurde diese Frage bislang erörtert.

I. Erörterung der Problematik hinsichtlich Scheck und Wechsel

Zur Unzulässigkeit werden in ihrer Reichweite unterschiedliche Auffassungen vertreten. Hinsichtlich eines **Wechsels** wird die Hingabe erfüllungshalber teilweise grundsätzlich für unzulässig erachtet[437], teils wird die sofortige Verfügbarkeit durch sofortige Fälligkeit zur Voraussetzung gemacht[438]. Die Hingabe eines **Schecks** erfüllungshalber wird, soweit ersichtlich, von keinem ausnahmslos verboten, die Hingabe jedoch häufig dann als unzulässig angesehen, wenn die sofortige Verfügbarkeit nicht gesichert ist[439]. Andere sind der Meinung, eine Leistung erfüllungshalber sei zumindest beim Scheck nie ausgeschlossen[440], teilweise wird auch die Zulässigkeit der Hingabe eines Wechsels erfüllungshalber uneingeschränkt bejaht[441].

Soweit die Auffassung von der grundsätzlichen Unzulässigkeit der Hingabe von Wechsel und / oder Scheck begründet wird, wird erklärt, § 115 I GewO verfolge den Zweck, dem Arbeitnehmer die *sofortige* Verfügungsmöglichkeit über seinen Lohn einzuräumen[442] oder es wird argumentiert, bereits die aus der Hingabe erfüllungshalber folgende Pflicht des Arbeitnehmers, aus dem hingegebenen Gegenstand Befriedigung zu suchen, stelle einen unzulässigen Eingriff in die Rechtsstellung des Arbeitnehmers dar[443].

II. Stellungnahme

Zunächst ist festzustellen, daß Wechsel und Scheck sich in ihrer wirtschaftlichen Bedeutung wesentlich unterscheiden.

---

437 Staudinger-Richardi, § 611 BGB, Rn. 703; wohl auch Schaub, 8. A., S. 732: „die Hingabe eines Schecks erfolgt nur erfüllungshalber; sie ist mit dem Zweck des § 115 I GewO nicht vereinbar; v. Landmann (1925), § 115, Anm. 2g: die Hingabe eines eigenen Wechsels sei unzulässig; Ob. Tribunal v. 2.6.1874, GA Bd. 22, S. 430.

438 Stahlhacke (1966), § 115, Anm. III 2; Nikisch, S. 417; Hueck/Nipperdey, 7. A., 357.

439 Nikisch, S. 417; Rohlfing/Kiskalt/Wolff, § 115, Anm. 3; Hueck/Nipperdey, 7. A., 357; Stahlhacke (1966), § 115, Anm. III 2; Müller, Truckverbot, S. 58f.

440 L/R-Neumann (1999), § 115, Rn. 17; Schaub, 6. A., S. 565; Oertmann, S. 178; wohl auch v. Landmann (1925), § 115, Anm. 2g, der sich nur hinsichtlich der Hingabe eines Wechsels zur Voraussetzung der sofortigen Verfügbarkeit äußert.

441 Oertmann, S. 178 mit dem Argument, auch hierbei handle es sich um Formen der - mittelbaren - Barzahlung durch den Arbeitgeber.

442 Stahlhacke (1966), § 115, Anm. III 2; Nikisch, S. 417; Staudinger-Richardi, § 611 BGB, Rn. 703; Rohlfing/Kiskalt/Wolff, § 115, Anm. 3; Müller, Truckverbot, S. 60f.

443 Staudinger-Richardi, § 611 BGB, Rn. 703.

Der **Scheck** verkörpert lediglich eine Zahlungsanweisung des Schuldners an dessen Bank und stellt sich damit als reines Zahlungsmittel des bargeldlosen Verkehrs dar[444]. Auf die sofortige Verfügbarkeit kann es schon deshalb nicht ankommen, weil anerkannt ist, daß § 115 I GewO keine Regelung über den Zeitpunkt der Zahlung trifft und deshalb auch eine Stundung nicht verbietet. Die sofortige Verfügbarkeit fällt nicht in den Schutzzweck des § 115 I GewO. Eine Zahlung durch Scheck erfüllungshalber begegnet daher keinen Bedenken.

Demgegenüber kommt dem Wechsel in aller Regel keine Funktion als reines Zahlungsmittel zu, er wird vielmehr als Kreditmittel oder, was im Verhältnis der Arbeitsvertragsparteien zueinander zu vernachlässigen ist, als Sicherungsmittel eingesetzt[445]. Die Hingabe eines **eigenen Wechsels** erfolgt in aller Regel unter Vereinbarung einer Laufzeit des Wechsels von drei Monaten[446], d.h. mit der Annahme des Wechsels durch den Gläubiger erklärt dieser sich mit einer dreimonatigen Stundung der dem Wechsel zugrunde liegenden Forderung einverstanden[447]. Der Sache nach liegt daher eine Stundung der Entgeltforderung vor, verbunden mit weiteren Rechten des Arbeitnehmers, nach Ablauf der Laufzeit nicht nur erneut Zahlung vom Arbeitgeber fordern zu können, sondern alternativ einen Wechselprozeß anstrengen oder eigens mit dem Wechsel eine eigene Schuld bei einem Dritten begleichen zu können[448]. Auch hier stellt sich die Rechtslage daher für den Arbeitnehmer nicht nachteiliger dar als bei einer Stundung seiner Entgeltforderung. Zudem kann es auch hier, da auch die Zulässigkeit der Stundung allgemein anerkannt ist, nicht auf den mit dem Wechsel in aller Regel verbundenen Zahlungsaufschub ankommen. Die sofortige Verfügbarkeit ist, wie bereits oben festgestellt, durch § 115 I GewO nicht geschützt.

Auch die Hingabe eines **gezogenen Wechsels**, mithin die Anweisung an einen Dritten, an den Wechselinhaber zu zahlen, ist zulässig[449]. Der Arbeitgeber haftet in diesem Fall sekundär für den Fall, daß der Bezogene den Wechsel nicht annimmt oder nicht einlöst[450]. Der Anspruch des Arbeitnehmers gegen den Arbeitgeber bleibt daher (sekundär) bestehen. Zwar trifft den Gläubiger (= Arbeitnehmer) aufgrund der Erfüllungsabreden eine besondere Sorgfaltspflicht. So muß er den Wechsel rechtzeitig vorlegen und gegebenenfalls Protest erheben, um sich die wechselrechtlichen Rückgriffsrechte zu erhalten[451]. Hierbei handelt es sich jedoch um Pflichten, welche mit der Hingabe eines Wechsels typischerweise verbunden sind. Nimmt der Arbeitnehmer einen Wechsel an Erfüllungs

---

[444] Gursky, Wertpapierrecht, S. 100.
[445] Brox, Handelsrecht und Wertpapierrecht, S. 264.
[446] Brox, Handelsrecht und Wertpapierrecht, S. 264.
[447] Brox, Handelsrecht und Wertpapierrecht, S. 259.
[448] Brox, Handelsrecht und Wertpapierrecht, S. 264.
[449] Gursky, Wertpapierrecht, S. 34.
[450] Gursky, Wertpapierrecht, S. 34.
[451] Gursky, Wertpapierrecht, S. 41.

Statt an, erscheint er nicht schutzbedürftiger als jede andere natürliche Person, die einen Wechsel in dieser Form entgegennimmt. § 115 I GewO schützt den Arbeitnehmer vor solchen Gefahren nicht.

Die Hingabe von Scheck oder Wechsel erfüllungshalber verstößt damit nicht gegen § 115 I GewO.

III. Die Leistung erfüllungshalber in sonstigen Fällen

Auch in sonstigen Fällen von erfüllungshalber erbrachten Leistungen liegt kein Verstoß gegen § 115 I GewO vor. Die Leistung erfüllungshalber schadet dem Entgeltanspruch des Arbeitnehmers der Sache nach nicht. Im Gegensatz zur Leistung an Erfüllungs Statt wird hier kein Zahlungsrisiko übernommen. Der Anspruch des Arbeitnehmers wird nur dann erfüllt, wenn er aus dem erfüllungshalber Hingegebenen tatsächlich Befriedigung erlangt. Die Wirkung der Leistung erfüllungshalber beschränkt sich darauf, dem Gläubiger bei Weiterbestehen der bisherigen Forderung eine zusätzliche Befriedigungsmöglichkeit zu gewähren[452]. Soweit in der Leistung erfüllungshalber, wie bereits bei den Ausführungen zu Scheck und Wechsel dargelegt, eine Stundung enthalten ist, schadet dies ebenfalls nicht, da § 115 I GewO, wie bereits dargelegt, die Stundung nicht verbietet.

IV. Ergebnis

Leistungen erfüllungshalber sind zulässig.

F. Die bedingte Erfüllung

§ 115 I GewO gebietet die Barzahlung zum Zwecke der freien Verfügbarkeit des Arbeitnehmers über seinen Lohn. Die Zahlung unter der Bedingung, den ausbezahlten Lohn sofort zum Warenkauf beim Arbeitgeber oder einem Dritten einzusetzen, ist daher unzulässig[453]. Dies bedarf keiner näheren Erörterung.

G. Ergebnis

§§ 115 ff GewO schützen den Arbeitnehmer vor einer mißbräuchlichen Ausnutzung der abhängigen Stellung des Arbeitnehmers bei der Frage, wie dieser zu entlohnen ist. Nicht geschützt wird dagegen die *Lohnhöhe*. Es ist nicht Sinn und Zweck dieser Vorschriften, eine Parität zwischen Arbeitgeber und Arbeitnehmer

---

[452] Palandt-Heinrichs, § 364, Rn. 8.

[453] L/R-Neumann (1999), § 115, Rn. 14 unter Verweis auf BAG AP Nr. 1 zu § 115 GewO; Abg. Gutfleisch, Stenographische Berichte der Verhandlungen des Reichstags, 1891, S. 2768; Stahlhacke (1966), § 115, Anm. III.

herzustellen. Ebensowenig wird der *Zeitpunkt der Lohnzahlung* geschützt. Selbst der *Verzicht auf den Lohn* durch Abschluß eines Erlaßvertrags wird dem Arbeitnehmer nicht untersagt.

Auch *Aufrechnungen und Anrechnungen* sind möglich. Soweit Leistungen an Erfüllungs Statt erbracht werden, sind diese nur dann verboten, wenn dem Arbeitnehmer hierdurch letztlich ein Anspruch auf Barlohn genommen und an dessen Stelle eine Sache treten soll. Veränderungen bezüglich des Schuldverhältnisses sind daher nur dann verboten, wenn hierdurch ein Anspruch auf eine Barzahlung beseitigt werden soll.

§ 115 I GewO schützt damit allein die **Art der Entlohnung**. Die Frage, ob, wann und in welcher Höhe der Arbeitnehmer Lohn erhalten soll, wird hingegen durch § 115 I GewO nicht berührt.

H. Subsumtion moderner Fallgruppen

Unproblematisch zulässig sind sämtliche Vereinbarungen, welche zwar die Höhe des Barlohns flexibel gestalten, an der Bezahlung in barem Gelde jedoch nichts ändern. Über die Höhe des zu zahlenden Barlohns, etwa dessen Angemessenheit, findet sich in § 115 GewO keine Regelung. **Leistungs- oder erfolgsabhängige Vergütungsbestandteile** sind daher ebenso zulässig wie **virtuelle Beteiligungen**. Die Frage, ob und gegebenenfalls inwieweit der Vereinbarung variabler Vergütungsbestandteile durch andere Gesetze Grenzen gezogen sind, kann vorliegend nicht weiter vertieft werden[454].

4. Teil: Das Verbot der Leistung an Erfüllungs Statt

A. Überblick über das Verbot der Leistung an Erfüllungs Statt

I. Fallgruppen der Leistung an Erfüllungs Statt

Verboten ist nach allgemeiner Ansicht zunächst die Hingabe von **Waren und Naturalien** an Zahlungs Statt. Ebenso ist seit Schaffung der gewerberechtlichen Entgeltvorschriften die Hingabe von **Bons** (= Gutscheine, für welche von bestimmten Händlern Waren zu beziehen sind) oder **Marken** (gegen welche für Rechnung des Arbeitgebers bei einem Dritten Lebensmittel zu entnehmen sind) an Zahlungs Statt untersagt. Der Arbeitnehmer war durch die erhaltenen Bons oder Marken verpflichtet, seine Bedürfnisse in den entsprechenden Verkaufsstellen zu befriedigen. Deshalb ist die Gewährung derartiger Sachwerte an Zah-

---

[454] Vgl. hierzu näher Rieble/Gutzeit, Individualarbeitsrechtliche Kontrolle erfolgsabhängiger Vergütungsbestandteile, S. 47ff.

lungs Statt nach einhelliger Auffassung durch § 115 I GewO verboten[455]. Auch die Hingabe von (auf Geld lautenden) **Anweisungen** (an Dritte), **Schecks** und **Wechseln** an Erfüllungs Statt wurde und wird generell als unzulässig angesehen[456].

II. Zulässige Ausnahmen

Ausgenommen sind die in § 115 II 2 GewO genannten Waren. Diese dürfen an Erfüllungs Statt hingegeben werden. Die Anwendbarkeit des § 115 II 2 GewO auch auf § 115 I GewO ist allgemein anerkannt und ergibt sich bereits daraus, daß § 115 II 2 GewO zunächst als § 115 III GewO ausgestaltet war (vgl. hierzu § 134 GewO in der Fassung vom 21.6.1869), dann jedoch infolge eines redaktionellen Versehens Bestandteil des § 115 II GewO wurde[457].

B. Die Art der Erfüllung

Nach dem Wortlaut des Gesetzes hat der Arbeitgeber dem Arbeitnehmer den Lohn in bar auszubezahlen. Damit stellt sich die Frage, ob § 115 I GewO tatsächlich in diesem wörtlichen Sinne, der Zahlung in bar, zu verstehen ist, oder ob nicht auch die Zahlung in unbarer Form, mithin die Zahlung per Überweisung, möglich ist.

Angesichts des klaren Wortlauts des § 115 I GewO war diese Frage zu Beginn des Aufkommens des bargeldlosen Zahlungsverkehrs, etwa Anfang des 20. Jahrhunderts, heftig umstritten[458]. Nach anfänglichen Unsicherheiten kamen die Stimmen der Literatur jedoch überein, daß die Leistung durch Zahlung per Überweisung zulässig sein müsse, da der Arbeitnehmer auch auf diesem Wege letztlich, wie gewünscht, Geld erhalte[459]. Gerade hierauf sei § 115 I GewO gerichtet. Heute steht die Zulässigkeit des bargeldlosen Zahlungsverkehrs durch Überweisung außerhalb jeglicher Diskussion[460]. Begründet wird dies zutreffend

---

[455] Statt vieler: Rohlfing/Kiskalt/Wolff, § 115, Anm. 3; Müller, Truckverbot, S. 61 mwN; v. Landmann (1925), § 115, Anm. 2c mit vielen Fallbeispielen; L/R-Neumann (1999), § 115, Rn. 16 mit vielen Fallbeispielen zur früher üblichen Praxis; Stahlhacke (1966), § 115, Anm. III 2.

[456] Staudinger-Richardi, § 611 BGB, Rn. 703; Oertmann, S. 180.

[457] Müller, Truckverbot, S. 66 und 71; v. Landmann (1925), § 115, Anm. 4; L/R-Neumann (1979), § 115, Rn. 40.

[458] Vgl. Hueck/Nipperdey, 5. A., S. 85; Müller, Truckverbot, S. 55-60 mwN.

[459] Staudinger-Richardi, § 611 BGB, Rn. 703 (die Verfügungsmöglichkeit sei maßgebend); Hueck/Nipperdey, 5. A., S. 85.

[460] Neumann ZfA 1970. 339, 346; L/R-Neumann (1999), § 115, Rn. 17 mwN zu Literatur und Rechtsprechung;
BAG zuletzt: BAG WuB IX A § 117 GewO 1.94: § 115 I gebiete die „Barauszahlung oder Überweisung“; Schnorr v. Carolsfeld, S. 183; Kaskel/Dersch, S. 171; Stahlhacke (1966), § 115, Anm. III 2; **einschränkend** Müller, das Truckverbot, S. 60 sowie Hueck/Nipperdey, 7. A., S. 357, die eine Bank-

damit, daß es sich bei der Zahlung durch Banküberweisung nicht um die Hingabe anderer Sachwerte handelt, sondern lediglich um eine bestimmte Zahlungs*form*[461].

Dieses Ergebnis folgt nach der hier vertretenen Ansicht bereits daraus, daß die bargeldlose Zahlung – nach der hier vertretenen Ansicht – schon keine Leistung an Erfüllungs Statt darstellt. Die Rechtsnatur der Zahlung per Überweisung wurde und wird in den Kommentaren zur Gewerbeordnung nie untersucht, obwohl es in Literatur und Rechtsprechung seit jeher streitig ist, ob die Leistung per Banküberweisung eine Erfüllung darstellt[462] oder ob in ihr eine Leistung an Erfüllungs Statt zu sehen ist[463].

Die Gegenansicht, welche in der Überweisung eine Leistung an Erfüllungs Statt erblickt, ist abzulehnen. Die unbare Zahlung ist vielmehr mit Schmidt lediglich als Erfüllungsmodalität anzusehen[464]. Nach der Verkehrsauffassung stehen Barzahlung und unbare Zahlung zueinander nicht, wie zum Beispiel Zahlung und Befreiung von einer Verbindlichkeit, im Verhältnis der geschuldeten Leistung zur Leistung an Erfüllungs Statt: Die Frage, was als Erfüllung anzusehen ist, bestimmt sich nach dem Inhalt der „geschuldeten Leistung" im Sinne von § 362 Abs. 1 BGB[465]. Diese kann in heutiger Zeit jedoch nicht mehr einzig als Verpflichtung zur Zahlung mit Bargeld angesehen werden. Im kaufmännischen Verkehr ist die Zahlung per Überweisung bereits als handelsüblich anerkannt. Auch im Privatverkehr ist die Barzahlung bereits weitgehend verdrängt worden. Die klassische Form der Barzahlung, wie sie früher weit verbreitet war, kann daher heute nicht mehr als einzige Erfüllungsmodalität angesehen werden. Auch das Gesetz schreibt dies nicht vor. So findet sich, im Gegensatz etwa zu dem Recht der Schweiz[466], in der deutschen Gesetzgebung keine Pflicht zur Zahlung in bar[467]. Zudem gehen häufig beide Parteien bereits bei Vertragsschluß davon aus, daß eine Zahlung per Überweisung erfolgen soll, was durch das Ausfüllen bereits vorgegebener Felder für die Bankverbindung dokumentiert wird. Man

---

überweisung nur dann für zulässig halten, wenn dem Arbeitnehmer die sofortige Verfügungsmöglichkeit am Zahltage gesichert ist.

[461] Rohlfing/Kiskalt/Wolff, § 115, Anm. 3.

[462] Staudinger-Schmidt, Vorbem zu §§ 244 ff BGB, C 45, *derselbe:* Schmidt, Staudinger, 100 Jahre BGB, S. 81; Palandt-Heinrichs, § 362, Rn. 9; MK-Heinrichs, § 362, Rn. 22 mwN; Ermann-H.P. Westermann, § 362 BGB, Rn. 8.

[463] BGH NJW 1953, 897; OLG Hamm NJW 1988, 2115; OLG Köln NJW-RR 1991, 50; Jauernig-Stürner, §§ 364, 365, Rn. 4; Soergel-Zeiss, § 362, Rn. 4 mwN.

[464] Staudinger-Schmidt, Vorbem zu §§ 244 ff BGB, C 45; Simitis AcP 159 (1960), 406, 449.

[465] Staudinger-Schmidt, Vorbem zu §§ 244 ff BGB, C 39.

[466] Art. 84 Abs. 1 des Schweizer Obligationenrechts, daß Geldschulden in „Landesmünze" zu bezahlen sind, vgl. Weber SJZ 1982, 137, 139.

[467] Schön, AcP 198 (1998), 401, 453.

wird jedoch auch in diesen Fällen nach der Verkehrsanschauung nicht ernsthaft das Vorliegen einer Geldschuld verneinen können.

Der Qualifikation der unbaren Zahlung als Erfüllungsmodalität steht auch nicht entgegen, daß bei ihr die Gefahr besteht, daß das Konto des Gläubigers gepfändet wird oder in einem Debet steht. Diesen Gefahren wird dadurch hinreichend Rechnung getragen, daß nach allgemeiner Meinung eine unbare Zahlung nur mit Zustimmung des Gläubigers erfolgen darf[468]. Eine unbare Zahlung kann daher nur dann erfolgen, wenn der Gläubiger sich für diese entschieden hat. Eine Pflicht zur Annahme einer unbaren Zahlung besteht nämlich, im Gegensatz zur baren Zahlung, nicht.

C. Sonderfall der Leistung an Erfüllungs Statt: die Novation

Einen Sonderfall der Leistung an Erfüllungs Statt stellt, wie im 5. Teil des ersten Kapitels unter *B.*, S. 90ff, festgestellt, die Novation dar. Eine Novation liegt vor, wenn Lohnansprüche des Arbeitnehmers in ein **Darlehen des Arbeitnehmers an den Arbeitgeber** (sog. Vereinbarungsdarlehen) umgewandelt werden oder der der Arbeitsleistung des Arbeitnehmers gegenüberstehende Zeit- oder Geldwert in Form eines sog. **Zeitwertpapiers** angelegt wird. Weiter liegt eine Novation etwa dann vor, wenn ein Auszahlungsanspruch, etwa auf Auszahlung einer Gewinnbeteiligung, nicht ausbezahlt, sondern zur Begründung einer **Mitarbeiterbeteiligung** verwendet werden soll.

Es handelt sich hierbei um verschiedene Formen der Umwandlung von Entgeltansprüchen. Allen gemeinsam ist jedoch, daß bei ihnen ein Anspruch des Arbeitnehmers auf Zahlung eines bestimmten Barbetrags erhalten bleibt, mag dieser auch infolge einer Schuldumschaffung nunmehr auf einem anderen Schuldverhältnis beruhen.

Nach dem Wortlaut des Gesetzes sind auch diese Formen der Leistung an Erfüllungs Statt verboten. Hiergegen sprechen jedoch Sinn und Zweck dieser Vorschrift. Das Truckverbot hat zum Ziel, die Hingabe von Waren an Erfüllungs Statt zu vermeiden, gerade deshalb, weil den Arbeitnehmern hierdurch ein Teil ihres Lohnes oder gar ihr gesamter Lohn entzogen werden könnte[469]. Demgegenüber handelt es sich bei der Umwandlung von Entgeltansprüchen in andere Geldansprüche um Fälle, in denen die Verfügungsfreiheit des Arbeitnehmers über seinen Lohn gerade erhalten bleibt. Zwar liegt in diesen Fällen keine Stundung vor. Mit der Stundung ist den vorliegenden Fällen jedoch gemein, daß der Sache nach lediglich eine spätere Auszahlung des Lohnes, wenn auch auf einer

[468] Staudinger-Olzen, Vorbem zu §§ 362 ff BGB, Rn. 33.
[469] So wohl auch L/R-Neumann (1999), § 115, Rn. 14: „§ 115 GewO bezieht sich nur auf die Hingabe von Waren oder anderen Naturalleistungen".

dann anderen Rechtsgrundlage, erfolgt. Da jedoch die Stundung zulässig ist, können auch Veränderungen in der Rechtsgrundlage, welche den Anspruch auf eine Barleistung unverändert lassen, nicht gegen § 115 I GewO verstoßen.

Es wird jedoch – im 4. Kapitel dieser Arbeit – noch zu prüfen sein, ob diese Rechtsgeschäfte gegen § 117 II GewO verstoßen, da sie letztlich auf eine Vermögensanlage gerichtet sind.

D. Verwandte Formen

I. Die Ersetzungsbefugnis des Arbeitgebers

Die Ersetzungsbefugnis des Arbeitgebers gewährt dem Arbeitgeber die Möglichkeit, einseitig auf eine Leistung an Erfüllungs Statt hinzuwirken. Ihre Begründung stellt sich damit als umfassende Einwilligung des Arbeitnehmers im voraus in verschiedene, konkret bestimmte Leistungen an Erfüllungs Statt dar. Sie ist daher, ebenso wie die Leistung an Erfüllungs Statt, unzulässig.

II. Die Ersetzungsbefugnis des Arbeitnehmers

Hingegen räumt die Ersetzungsbefugnis des Arbeitnehmers bzw. das Wahlrecht des Arbeitnehmers allein diesem das Recht ein, auf eine Leistung an Erfüllungs Statt hinzuwirken. Ihm wird auf diesem Wege die Möglichkeit eröffnet, auf ihm günstige Surrogatsleistungen hinzuwirken.

Fraglich ist, ob diese dem Arbeitnehmer die volle Entscheidungsfreiheit offen haltende Vereinbarung einer Ersetzungsbefugnis für den Arbeitnehmer zulässig ist. Entscheidend ist dies für die Frage der Zulässigkeit von Cafeteria-Modellen[470].

Für die Zulässigkeit dieser Gestaltungsbefugnis spricht, daß die Rechtsstellung des Arbeitnehmers auf diesem Wege lediglich erweitert wird. Dem könnte entgegengehalten werden, daß auch in diesen Fällen die Gefahr bestünde, daß der Arbeitgeber auf den Arbeitnehmer dahingehend einwirke, daß dieser von seiner Ersetzungsbefugnis Gebrauch oder, wenn der Arbeitgeber das Gegenteil bezweckt, keinen Gebrauch mache. Diese Gefahr erscheint jedoch als gering. Ein Arbeitgeber, der seinem Arbeitnehmer eine Ersetzungsbefugnis einräumt, handelt entweder bereits in guter Absicht oder gefährdet doch zumindest durch Einräumung der Ersetzungsbefugnis seine Position, muß er doch damit rechnen, mit einer unzulässigen Einflußnahme auf den Arbeitnehmer zu scheitern. Die Gefahr der negativen Beeinflussung nach Einräumung der Ersetzungsbefugnis erscheint

[470] Mölders DB 1996, 213, 215.

daher als gering. Fehlt aber die Schutzbedürftigkeit, besteht auch keine Rechtfertigung dafür, § 115 I GewO in diesem weiten Sinne auszulegen.

Die Einräumung einer Ersetzungsbefugnis oder eines Wahlrechts zugunsten des Arbeitnehmers steht daher mit § 115 I GewO in Einklang.

Da die Ersetzungsbefugnis jedoch letztlich bestimmt, welcher Art der zu zahlende Lohn sein soll, wird im folgenden noch zu prüfen sein, inwieweit Sachlöhne Gegenstand einer Ersetzungsbefugnis sein können und inwieweit § 115 I GewO die Möglichkeit der Vereinbarung von Sachlöhnen beschränkt.

E. Ausnahmen nach dem Schutzzweck

Mit Blick auf den Schutzzweck wird die Auffassung vertreten, daß das Verbot der Leistung an Erfüllungs Statt in bestimmten Situationen keine Geltung beanspruchen könne.

I. Zeiten der erschwerten Beschaffungsmöglichkeit von Waren

So wird vertreten, in Zeiten der *Währungskrise*[471], der *Knappheit von Zahlungsmitteln* oder auch der *Knappheit von bestimmten Waren* sei eine Ausnahme vom Verbot der Leistung an Erfüllungs Statt zu machen. In diesen Situationen sei es für den Arbeitnehmer von großem Vorteil, wenn der Arbeitgeber ihm Waren liefere, welche sich der Arbeitnehmer sonst nur schwer und nur zu hohen Preisen beschaffen könnte.

Indes ist diese Ansicht überholt. Für eine solche Einschränkung des Geltungsbereichs des § 115 I GewO besteht jedenfalls seit der Novelle der GewO vom 1.6.1891 kein Bedürfnis mehr. Denn seitdem ist auch die Hingabe von Lebensmitteln an Zahlungs Statt für zulässig erklärt worden, so daß die Arbeitnehmer aufgrund des Ausnahmekatalogs des § 115 II 2 GewO seit Inkrafttreten dieser Novelle auch durch die Hingabe von Leistungen an Zahlungs Statt in ihren Grundbedürfnissen befriedigt werden können.

II. Der Arbeitgeber in der Insolvenz

Nach Stahlhacke könnte sich ein besonderer Anwendungsfall dann ergeben, wenn ein Betrieb, der insolvent geworden ist, an Stelle des Lohnes Waren hin-

---

[471] Müller, Truckverbot, S. 43, 45: In Zeiten vor der Währungsreform [durch Gesetz zur Neuordnung des Geldwesens (Währungsgesetz) v. 20.6.1948] legte der Arbeitnehmer wenig Wert auf baren Lohn, als vielmehr auf Naturalien.

zugeben beabsichtigt[472]. Er beruft sich darauf, daß dies auch durchaus im Interesse des Arbeitnehmers liegen könne.

Vor diesem Hintergrund stellt sich die Frage nach einer teleologischen Reduktion des § 115 I GewO dergestalt, daß diese Vorschrift im Falle der Insolvenz des Arbeitgebers keine Geltung zu beanspruchen habe.

Es erscheint jedoch bereits fraglich, ob der Arbeitnehmer auf diesem Wege die Erhaltung seines Arbeitsplatzes fördern könnte. Die Annahme von Waren, welche aus dem Bereich der Produktion stammen und vermarktet werden müssen, durch den Arbeitnehmer entzieht dem Arbeitgeber die Möglichkeit der eigenen Vermarktung bzw., bei Zwischenprodukten, die Möglichkeit der Weiterverarbeitung. Auch werden die dem Arbeitgeber im Falle der Insolvenz zur Verfügung stehenden Waren oft nicht für den Arbeitnehmer selbst von Gebrauch sein können. Den Arbeitnehmern wird damit zugleich das Vermarktungsrisiko übertragen, obwohl diese im Vergleich zum Arbeitgeber nur unverhältnismäßig schlechter in der Lage sein dürften, diese Produkte letztlich zu vermarkten.

Als einzig aus der Hingaben von Waren an Zahlungs Statt resultierender Vorteil ergäbe sich damit die Befreiung des Arbeitgebers von der Lohnzahlung. Hier ist jedoch zu bedenken, daß diese auch durch einen Erlaßvertrag oder, weniger einschneidend, durch eine Stundung der Lohnansprüche erreicht werden kann.

Zudem würden Rechtsunsicherheiten dadurch entstehen, daß man vor Anwendbarkeit des § 115 I GewO zunächst überprüfen müßte, ob sich das fragliche Unternehmen in einer Krisensituation befindet.

Nach alldem besteht kein Bedürfnis für eine teleologischen Reduktion des § 115 I GewO für den Fall der Insolvenz eines Unternehmens. Auch im Falle der Insolvenz des Arbeitgebers ist § 115 I GewO daher strikt zu beachten.

5. Teil: Die Zulässigkeit von Sachlohnvereinbarungen

Die Zulässigkeit von Sachlohnvereinbarungen ist im Rahmen des § 115 I GewO umstritten. In der Praxis kommen dabei nicht nur anfängliche, sondern auch nachträgliche Sachlohnvereinbarungen, insbesondere durch Gehaltsumwandlung, vor. Da jedoch die Frage nach der Zulässigkeit einer Sachlohnvereinbarung nicht davon abhängen kann, ob diese anfänglich oder nachträglich erfolgt, werden beide Fallgruppen im folgenden zugleich diskutiert.

---

472 Stahlhacke (1981), § 115, Anm. I.

A. Zulässige Sachbezüge nach den gewerberechtlichen Vorschriften

I. Die in § 115 II 2 GewO genannten Güter

Einigkeit besteht darüber, daß jedenfalls die in **§ 115 II 2 GewO** genannten Gegenstände als Sachlöhne zuzulassen sind. Die Zulässigkeit dieser Sachlöhne ergibt sich daraus, daß dieser Satz 2 systematisch lediglich infolge eines redaktionellen Versehens – im Rahmen der Aufnahme der §§ 134 ff a. F. GewO in den Allgemeinen Teil der §§ 105 ff GewO – in seine heutige Stellung geriet[473]. Zudem wäre es widersprüchlich, bestimmte Kreditierungen zuzulassen, hinsichtlich dieser Gegenstände die Vereinbarung als Sachlohn jedoch zu verbieten[474].

II. Subsumtion moderner Fallgruppen

Die Hingabe von **in § 115 II 2 GewO genannten Sachen** – wie etwa kostenlosem Kantinenessen, oder die Zur-Verfügung-Stellung von Werkswohnungen – ist unproblematisch zulässig. Soweit jedoch **andere Sachen** erbracht werden, genannt seien etwa die Kfz-Gestellung oder eine aufwendige Büroausstattung, welche zuweilen anstelle von Barlohn angeboten wird, etwa im Rahmen eines Cafeteria-Modells, bleibt deren Zulässigkeit problematisch.

B. Zulässige Sachbezüge nach den gesetzlichen Vorschriften

Andere arbeitsrechtliche Gesetze enthalten Regelungen über *Unterkunft und Verpflegung*. Es regeln dies die **§§ 618 II BGB, 62 II HGB sowie §§ 39-41 SeemG**. Ein Vergleich mit § 115 II 2 GewO zeigt, daß diese Sachleistungen alle durch § 115 II 2 GewO zugelassen sind. Aus den oben genannten arbeitsrechtlichen Vorschriften ergeben sich für die Auslegung des § 115 I GewO daher keine Besonderheiten.

Darüber hinaus enthält **§ 1 V BetrAVG** seit der Fassung vom 1.1.1999 die gesetzlich verankerte Möglichkeit der Gehaltsumwandlung zur *betrieblichen Altersvorsorge*. Dadurch wird die Vereinbarung einer Sachleistung zugelassen, die auf die Schaffung einer betrieblichen Altersvorsorge gerichtet ist, mag auch im einzelnen Uneinigkeit darüber bestehen, worin genau die seitens des Arbeitgebers zu erbringende Leistung zu sehen ist, ob in der Erbringung der Beiträge, im

---

[473] Müller, Truckverbot, S. 66 und 71; v. Landmann (1925), § 115, Anm. 4 unter Berufung auf die Vorschrift des § 114 a II GewO, eingeführt durch die Novelle vom 30.6.1900, welche die Möglichkeit eines Naturallohns ausdrücklich vorsieht - und unter Verweis auf die bereits zuvor in diesem Sinne vertretene, herrschende Meinung und mit weiteren Nachweisen; L/R-Neumann (1979), § 115, Rn. 40.
[474] Kaskel/Dersch, S. 172.

Verschaffen der Versicherung oder in der späteren Ausbezahlung der Rentenbeiträge[475].

§ 10 II BBiG beinhaltet keine Sonderregelung. Wie die Kommentierungen zeigen, bezweckt er lediglich, daß dem Auszubildenden auch nach Abzug für Kost und Logis (beispielsweise bei Unterbringung in einem Internat) ein gewisser Prozentsatz in Geld belassen wird[476]. Über die Frage, welche Sachlöhne zulässig sind, trifft er hingegen keine Aussage. Da § 10 II BBiG den Auszubildenden gerade trotz niedriger Vergütung besonders schützen will, kann es jedoch als gesichert gelten, daß er keinesfalls über die nach anderen Gesetzen zulässigen Sachlöhne hinausgehende Sachlöhne für zulässig erklären wollte.

In **§ 19 a EStG** ist von einem Vergütungsbestandteil nicht die Rede. Dennoch bezeichnet L o r i t z § 19 a EStG als "geradezu klassischen Fall eines Sachbezugs"[477]. Im Jahre 1990 hatte Loritz hingegen selbst noch die Ansicht vertreten, die Gehaltsumwandlung sei von § 19 a EStG nicht erfaßt, da dieser nur freiwillige Leistungen regle[478]. Letzteres ist jedoch der Fall. § 19 a EStG behandelt lediglich freiwillige Zusatzentgelte des Arbeitgebers, welche nicht in den Schutzbereich der §§ 115 ff GewO fallen, und kann daher keine Aussage über die Zulässigkeit von Sachlöhnen in Form von geschuldeten Entgeltbestandteilen treffen. Auch das **5. VermBG** regelt keine Sachlöhne. Soweit darin von *Aufwendungen des Arbeitnehmers* die Rede ist, zeigt bereits diese Formulierung, daß das 5. VermBG die Lohnverwendung regelt. Soweit *vermögenswirksame Leistungen des Arbeitgebers* erfolgen, handelt es sich um die Gewährung von Barlohn, mag dieser auch zweckgebunden gewährt werden. Die genannten Vorschriften treffen daher keine Aussagen über die Zulässigkeit der Vereinbarung von Sachlöhnen. Auf sie wird jedoch im vierten Kapitel dieser Arbeit zurückzukommen sein.

In **§ 88 Nr. 3 BetrVG** ist ebenfalls die Zulässigkeit von Maßnahmen zur Förderung der Vermögensbildung vorausgesetzt. Diese Vorschrift wurde eingeführt, um klarzustellen, daß der Gesetzgeber auch andere als die durch das VermBG geförderten Vermögensbildungen als erwünscht und durch Betriebsvereinbarung regelbar ansah[479]. Jedoch kann auch dieser Vorschrift nicht – ebensowenig wie dem VermBG selbst – die Zulässigkeit der Vereinbarung von Sachleistungen als Teil des Arbeitsentgelts im engeren Sinne entnommen werden.

---

475 Letzterer Ansicht ist etwa Simmich DB 1992, 991.

476 Weber, BBiG, § 10, Anm. 2; Natzel, Berufsbildungsrecht, S. 226.

477 Loritz, Anm. zu BAG WuB IX A. § 117 GewO 1.94.

478 Loritz BB 1990, 1741 ff.

479 Richardi, § 88 BetrVG, Rn. 23; Buschmann, Vermögensbildung durch Kollektivvereinbarungen, S. 50.

In **§ 850 e Nr. 3 ZPO** ist ebenfalls vorausgesetzt, daß neben Geldlohn Naturallohn als Arbeitsentgelt gegeben wird. Indes folgt auch aus ihm nicht die Zulässigkeit anderer als der in § 115 II 2 GewO genannten Sachlöhne.

Durch die Schaffung des neuen **§ 192 AktG** hat sich der Gesetzgeber für die Zulässigkeit aller Formen der Mitarbeiterbeteiligung ausgesprochen. Auch wurde durch den neuen § 192 AktG die Überlassung von Aktienoptionen an die Arbeitnehmer – ohne eine zwingende Verknüpfung mit Schuldverschreibungen – erstmals möglich[480]. Auch diese Gesetzesänderung sagt jedoch nichts darüber aus, ob und inwieweit die Gewährung von Aktien als Entgeltbestandteil zulässig ist.

Als Ergebnis ist somit festzuhalten: Die untersuchten Vorschriften lassen keine über § 115 II 2 GewO hinausgehenden Sachleistungen zu. Lediglich die Regelung des § 1 V BetrAVG kommt als Spezialregelung in Betracht.

C. Der Meinungsstreit

I. Die Zulässigkeit der Vereinbarung von Sachlohn

Es wird vertreten, § 115 I GewO verbiete nur die Hingabe von Waren an Erfüllungs Statt[481].

Oertmann begründet seine Ansicht damit, § 115 I GewO erfasse nur den vereinbarten Geldlohn, da nur bei ihm die Berechnung in Reichswährung in Frage komme und es sozialpolitisch schwer notwendig sei, jeglichen Naturallohn zu verbieten, erst recht nicht als Verbot bei Strafe (vgl. den bis 1974 gültigen § 146 Ziff. 1 GewO)[482].

Lotmar sieht in § 115 I GewO nur die Erfüllung der Verbindlichkeit der Gewerbetreibenden, nicht aber die Begründung dieser Verbindlichkeit geregelt, zumal dort nur von den „schuldigen“ Löhnen die Rede sei. Zudem regle § 116 GewO nur die Rechtsfolgen eines Verstoßes gegen die Hingabe an Zahlungs Statt, nicht jedoch die einer Vereinbarung von Naturallohn[483].

---

480 Claussen WM 1997, 1825, 1828.

481 Hueck/Nipperdey, 7. A., S. 357 (ohne Begründung); Lotmar, S. 678 ff; vorsichtig Oertmann, S. 180: „wohl eher“ nicht verboten; Schaub, 6. A., S. 565 und 8. A., S. 481 (ohne Begründung); Staudinger-Richardi, § 611 BGB, Rn. 702 (ohne Begründung); Stahlhacke (1981), § 115, Anm. III 1; Hofmann, Lohnverwendungsabreden, S. 6; Tettinger/Wank, § 115, Rn. 1 (ohne Begründung); Hanau/Becker VersR 1988, 1095; Hanau/Arteaga, die Gehaltsumwandlung, C 534f; Mölders DB 1996, 213, 215 (ohne nähere Begründung); Münchner Handbuch-Hanau, § 65, Rn. 10; Loritz, Anm. zu BAG WuB IX A § 117 GewO 1.94, S. 564.

482 Oertmann, S. 180.

483 Lotmar, S. 678 ff.

Letzteres wird auch von S t a h l h a c k e angeführt zur Begründung dafür, daß die Gewerbeordnung sich nur auf den vereinbarten Geldlohn beziehe. Zudem habe zwar das preußische Allgemeine Landrecht nach seinem eindeutigen Wortlaut jeglichen Sachlohn verboten, gerade heute sei aber der Wortlaut des § 115 GewO ein anderer[484].

H a n a u / B e c k e r und, diesen folgend, M ö l d e r s, stellen darauf ab, in Deutsche Mark zu berechnen könne zunächst einmal nur der Barlohn sein[485]. Wollte diese Vorschrift auch Sachlohn-Vereinbarungen verbieten, hätte sie eine Umrechnung des Sachlohns in den entsprechenden Barlohn anordnen müssen, was jedoch nicht ansatzweise dem Wortlaut des § 115 I GewO zu entnehmen sei. Weiter argumentieren Hanau / Becker, die strafrechtliche Praxis habe die Vereinbarung von Sachlöhnen nie sanktioniert. Auch sei das Verbot der Sachlohnvereinbarung weder vom BAG noch vom BGH in Erwägung gezogen worden[486]. Schließlich sei es auch für den Arbeitgeber weniger attraktiv, Sachlohn zu vereinbaren als die Zahlung des vereinbarten Barlohnes zu verweigern. Es bleibe daher bei der Gestaltungsfreiheit der Arbeitsvertragsparteien hinsichtlich des Inhalts des Arbeitsvertrags. Wie es dem Arbeitnehmer freistehe, über seinen Lohn zu verfügen, hindere ihn die GewO nicht, zu abweichenden Arbeitsbedingungen tätig zu werden und sich die Arbeitsleistung anders vergüten zu lassen. § 115 GewO habe nur den Zweck, den Arbeitnehmer vor faktisch einseitig aufgedrängten Barlohnverringerungen zu schützen, damit er sich auf die Lohnzahlung einstellen könne. Er solle sich darauf einstellen können, daß er den vereinbarten Barlohn auch tatsächlich ausbezahlt erhalte.

L o r i t z argumentiert, § 19 a EStG lasse den Sachlohn zu. Damit könne aber auch nach den gewerberechtlichen Vorschriften die Sachlohnvereinbarung nicht unzulässig sein[487]. Andernfalls würde man dem Gesetzgeber unterstellen, er habe mit § 19 a EStG eine zum Teil rechtswidrige, da gegen das Truckverbot verstoßende Praxis der Arbeitgeber steuerlich fördern wollen.

---

[484] Stahlhacke (1981), § 115, Anm. III 1.
[485] Hanau/Becker VersR 1988, 1095; Mölders DB 1996, 213, 215.
[486] Hier sei angemerkt, daß sich in den genannten Entscheidungen gerade *keine* Stellungnahme zu dieser Frage findet.
[487] Loritz, Anm. zu BAG WuB IX A § 117 GewO 1.94, S. 564.

II. Die Unzulässigkeit der Vereinbarung von anderem als dem gesetzlich zugelassenen Sachlohn

Andere sind der Ansicht, Sinn und Zweck des Truckverbots sei es von jeher gewesen, sicherzustellen, daß dem Arbeitnehmer sein Lohn insgesamt und ungeschmälert in Geldform zufließe[488].

V. Landmann und, ihm folgend, Neumann bekennen, daß diese Auslegung des § 115 I GewO zwar nicht aus dem Wortlaut ersichtlich sei, die Norm aber andernfalls zu leicht umgangen werden könne. Zudem habe bereits die Vorgänger-Regelung der §§ 115 ff GewO im preußischen Allgemeinen Landrecht jegliche Sachlohn-Vereinbarung ausdrücklich verboten[489].

Auch Müller ist der Ansicht, die Ausdrucksweise des Gesetzgebers in § 115 I GewO sei „nicht gerade glücklich gewählt" und die gegen die vorliegende Meinung erhobenen Einwendungen entbehrten nicht einer gewissen Berechtigung[490]. Dennoch sieht er diese Auslegung mit Blick auf die historische Bedeutung und die Schutzfunktion des § 115 I GewO als nahezu zwingend an. Zwar sei der Wortlaut des § 115 I GewO ein anderer als der im preußischen Allgemeinen Landrecht. Es sei jedoch seit jeher das Ziel des Truckverbots gewesen, Barlohnauszahlungen zu erreichen. In den Motiven zur GewO finde sich keine Stellungnahme dazu, man habe hier eine inhaltlich von den früheren Regelungen abweichende, diese einschränkende Bestimmung treffen wollen. In Zeiten hoher Arbeitslosigkeit sei die Unternehmerschaft in der Lage, die Naturalentlohnungsform zur regelmäßigen Entlohnungsform zu machen. Dies widerspreche jedoch dem Schutzcharakter des § 115 GewO. Dem Verweis der Gegenmeinung auf § 116 GewO hält er entgegen, daß § 117 I GewO jede Vereinbarung für nichtig erkläre, die dem § 115 GewO zuwiderlaufe.

D. Stellungnahme

Das Argument von Oertmann, die *Berechnung in Reichswährung* käme nur für den vereinbarten Geldlohn in Betracht, geht fehl, da dieses Element der Vor-

[488] Kaskel/Dersch, S. 171f (ohne Begründung); bereits v. Landmann (1925), § 115, Anm. 2e mwN; v. Schicker, GewO (1879), § 115, Anm. 2 und GewO (1892), Anm. 4; vorsichtiger L/R-Neumann (1981), § 115, Rn. 15, eindeutiger hingegen nunmehr L/R-Neumann (1999), § 115, 15; Schnorr v. Carolsfeld, S. 183: § 115 I GewO ergreife den ursprünglich vereinbarten Naturallohn, Schuldumwandlung von Geld- in Naturallohn und die Leistung an Erfüllungs Statt iSd § 364 I BGB (ohne Begründung); Müller, Truckverbot, S. 53-55; Nikisch, S. 418 (ohne Begründung): Zulässigkeit von „Sachbezügen der (in § 115 II 2 GewO) bezeichneten Art" (zuweilen falsch zitiert, für die gegenteilige Meinung); Oehmann, AR-Blattei D Lohnzahlung I, Anm. B II 1b; Wörlen, S. 101; hierzu tendierend weiter Zöllner/Loritz, S. 201; wohl auch Löwisch, S. 260.

[489] V. Landmann (1925), § 115, Anm. 2e mwN; L/R-Neumann (1999), § 115, 15.

[490] Müller, Truckverbot, S. 53-55.

schrift erst im Jahre 1891 eingefügt wurde und ein zusätzliches Gebot begründen sollte, ohne daß hierdurch auf den zuvor vorhandenen Wortlaut und die Auslegung der ursprünglichen Fassung eingewirkt werden sollte. Sinn und Zweck dieses nachträglich eingeführten Verbots war es allein, der in Elsaß-Lothringen aufgekommenen Praxis der Entlohnung in französischer Währung Einhalt zu gebieten.

Weiter ist entgegen der Darstellung von Lotmar in § 115 I GewO gerade nicht von *„schuldigen" Löhnen* die Rede, sondern nur von „Löhnen". Die Auslegung des Wortes „Löhne" kann jedoch in verschiedenerlei Art und Weise erfolgen. Hierunter kann sowohl lediglich der „vereinbarte Lohn" als auch der „gesamte Lohn" gefaßt werden. Die Formulierung „Löhne" stützt die Meinung, § 115 I GewO enthalte kein Sachlohnverbot, gerade nicht.

Th. II Tit. XVI § 213 ALR lautete:

> „Den Bergleuten muß ihr Lohn in baarem Gelde, nicht aber in Erzen, Materialien oder Lebensmitteln gereicht, und nach den Abschnitten aus den bereitesten Vorräthen der Grube, bey jeder Lohnung, ohne Verzug gezahlt werden."

Entgegen der Darstellung von Stahlhacke enthielt das pr. ALR damit aber kein ausdrückliches Sachlohnverbot. Die Vorschrift zeichnet sich vielmehr durch die Gegenüberstellung von Geld einerseits und Erzen, Materialien oder Lebensmitteln andererseits aus. Die Argumentation, der Wortlaut des § 115 I GewO unterscheide sich wesentlich von der Regelung im pr. ALR, kann daher nicht greifen.

Soweit Hanau / Becker argumentieren, die §§ 115 ff GewO hätten überhaupt nur den Zweck, dem Arbeitnehmer letztlich die Sicherheit zu geben, daß er letzten Endes auch erhalte, was vertraglich vereinbart worden sei, geht dies zu kurz und wird dem Hintergrund, vor dem das Truckverbot errichtet wurde, nicht gerecht. Der Arbeitnehmer soll durch die gewerberechtlichen Entgeltvorschriften davor geschützt werden, sich überhaupt in irgendeiner Weise dauerhaft an eine bestimmte Verwendung seines Lohnes zu binden. Ihm sollen gerade Mittel zufließen, über deren Verwendung er sodann selbst entscheiden kann. Dies zeigt vor allem auch die Regelung des § 117 II GewO, welche gerade solche Lohnbindungen zu verhindern trachtet und bezweckt, den Arbeitnehmer vor jeglicher Lohnbindung im voraus zu schützen. Gemeinsam mit § 117 II GewO ist § 115 I GewO somit darauf gerichtet, die Auszahlung des Lohnes des Arbeitnehmers zu dessen **freier Verwendung** zu gewährleisten. Auch die Vereinbarung bestimmter Bindungen im Arbeitsvertrag würde dem jedoch zuwiderlaufen.

Dies wäre nur dann nicht der Fall, wenn der Arbeitnehmer bei Abschluß des Arbeitsvertrags eine solche Machtposition besäße, daß er sich vor unzulässigen

Beeinflussungen des Arbeitgebers bei der Lohnvereinbarung schützen könnte. Dies ist jedoch entgegen der Ansicht von Hanau / Becker nicht der Fall. Der Arbeitnehmer ist nicht etwa bei Abschluß des Arbeitsvertrags weniger schutzbedürftig als im Rahmen der Erfüllung eines Arbeitsvertrags. Er ist nicht frei in seiner Entscheidung, ob er den ihm angebotenen Arbeitsvertrag annehme oder nicht. Wie im 1. Teil des ersten Kapitels unter *A* III dargestellt (S. 23ff), war dem früher nicht so. Auch heute kann von einer derart unabhängigen Lage des Arbeitnehmers keine Rede sein. Zwar sieht unsere heutige Rechtsordnung eine ganze Reihe sozialrechtlicher Regelungen vor, welche verhindern, daß ein Arbeitnehmer im Falle der Arbeitslosigkeit in seiner Existenz bedroht wird. Dieser Schutz geht jedoch nicht so weit, daß von einer gänzlichen Freiheit des Arbeitnehmers bei Vertragsabschluß die Rede sein könnte. Zudem ist auch der in Arbeit stehende Arbeitnehmer heutzutage durch eine Vielzahl von Schutzvorschriften vor dem Verlust seines Arbeitsplatzes geschützt. Er ist damit auch im Rahmen einer Anstellung dem Arbeitgeber heute weit weniger ausgeliefert als dies im 19. Jahrhundert der Fall war. Auch aus diesem Grund rechtfertigt sich keine Differenzierung zwischen in Arbeit stehenden und arbeitssuchenden Arbeitnehmern. Keinesfalls kann von einer größeren Abhängigkeit der in Arbeit stehenden Arbeitnehmer die Rede sein. Schützt die Gewerbeordnung aber bereits den Arbeitnehmer bei der Durchsetzung fälliger Lohnansprüche davor, zur Annahme anderer Leistungen an Erfüllungs Statt gedrängt zu werden, so muß sie ihn erst recht bei Abschluß des Arbeitsvertrags vor der Vereinbarung von untauglichen Sachlöhnen schützen.

Auch würde ohne ein Sachlohnverbot eine *Umgehung* der Truckvorschriften durch direkte Aufnahme einer entsprechenden flexiblen Entlohnung in den Arbeitsvertrag ohne weiteres ermöglicht. Der Umgehung des § 117 II GewO wären Tür und Tor geöffnet. Gleiches gilt in bezug auf das Verbot der Leistung an Erfüllungs Statt. Auch dieses könnte bei der Zulässigkeit der Vereinbarung von Sachlohn leicht umgangen werden.

Weiter wäre es befremdlich, wenn *§ 117 II GewO* den Abschluß nicht-arbeitsrechtlicher Verträge beschränkte, um auf diesem Wege den arbeitsrechtlichen Lohnanspruch zu sichern, jedoch die schuldrechtliche Vereinbarung des Arbeitsvertrags selbst keinerlei Schranken unterworfen wäre. Dies hätte das widersprüchliche Ergebnis zur Folge, daß eine dauerhafte und damit noch viel weitergehende Bindung des Arbeitnehmers an einen bestimmten Sachlohn zulässig wäre, die Vereinbarung, Barlohn in eben dieser Art und Weise zu verwenden, hingegen nicht.

Für ein Sachlohnverbot spricht weiter die frühere systematische Stellung des *§ 115 II 2 GewO* und seine heute anerkannte Geltung auch im Rahmen des § 115 I GewO. Denn da dieser nicht nur solche Sachen zum Gegenstand hat, welche an Erfüllungs Statt hingegeben werden können, sondern darüber hinaus auch beispielsweise Wohnung und Landnutzung zuläßt, welche für eine Hingabe an Zahlungs Statt nicht geeignet sind, liegt die Vermutung nahe, daß auch § 115 I GewO nicht nur Leistungen an Erfüllungs Statt zum Gegenstand hat. Dies umso mehr, als auch die Kreditierung von Wohnung und Landnutzung, wie die Darstellung im dritten Kapitel noch zeigen wird, unzulässig ist.

Auch der Umstand, daß *§ 116 GewO* lediglich den Einwand der Leistung an Zahlungs Statt für unzulässig erklärt, mithin nur die Rechtsfolgen eines Verstoßes gegen das Verbot der Leistung an Erfüllungs Statt regelt, spricht letztlich nicht gegen ein Sachlohnverbot.

Dieses Argument kann zwar entgegen der Ansicht von Müller nicht allein durch Verweis auf § 117 I GewO entkräftet werden, welcher jede Vereinbarung für nichtig erklärt, die dem § 115 I GewO zuwiderläuft. Denn insoweit regelt § 117 I GewO nur die Rechtsfolge der Nichtigkeit, während § 116 GewO die Frage der Rückabwicklung betrifft. Eine vergleichbare Regelung für die Frage, was im Falle einer unzulässigen Sachlohnvereinbarung gelten soll, fehlt in der Tat.

Das Fehlen einer solchen Regelung in den gewerberechtlichen Entgeltvorschriften ist jedoch nur dann zu beanstanden, wenn, wie dies durch § 116 GewO geschieht, nach dem Willen des Gesetzgebers eine von den zivilrechtlichen Rechtsfolgen der Nichtigkeit abweichende Regelung getroffen werden soll. Denn auch die Regelung des § 116 GewO war offenbar nur deshalb erforderlich, weil der Gesetzgeber das Ergebnis vermeiden wollte, dem Arbeitgeber einen Anspruch auf Rückgabe der an Zahlungs Statt hingegebenen Waren zuzubilligen. Eine von den zivilrechtlichen Rechtsfolgen abweichende Regelung der Rechtsfolgen einer unzulässigen Sachlohnvereinbarung wäre daher nur dann erforderlich gewesen, wenn der Gesetzgeber eine solche Regelung auch für den Fall der Vereinbarung unzulässiger Sachlöhne hätte treffen wollen. Wollte er dies jedoch nicht, so erklärt sich hieraus der Umstand, daß § 116 GewO sich lediglich auf Leistungen an Erfüllungs Statt bezieht.

Nach den Regeln des allgemeinen Zivilrechts (§ 612 II BGB) tritt im Falle einer unzulässigen – und wegen Nichtigkeit sodann fehlenden – Lohnvereinbarung an deren Stelle die übliche Vergütung. Auf die Regelung des § 612 II BGB kann auch dann zurückgegriffen werden, wenn eine Vereinbarung unzulässigen Sachlohnes neben die Vereinbarung eines bestimmten Barlohnes tritt und damit nur ein Teil der Vergütungsvereinbarung nichtig ist. Denn aus § 612 II BGB läßt sich nicht entnehmen, daß dieser nur dann gelte, wenn die gesamte Vergütungsvereinbarung nichtig sei. An die Stelle des vereinbarten Sachlohnes tritt nach § 612 II BGB dessen Marktwert zur Zeit des Abschlusses des Arbeitsvertrags.

Wollte der Gesetzgeber an diesen Rechtsfolgen nichts ändern, war auch keine dem § 116 GewO vergleichbare Regelung erforderlich. Dies kommt auch darin zum Ausdruck, daß der Gesetzgeber auch die Rechtsfolgen eines Verstoßes gegen § 117 II GewO nicht ausdrücklich geregelt hat. Er hat damit nur dann Rechtsfolgenregelungen getroffen, wenn sich Abweichungen von den zivilrechtlichen Folgen der Nichtigkeit ergeben sollten.

E. Ergebnis

Im Ergebnis bleibt festzuhalten, daß Arbeitnehmer auch in der Eingehung des Arbeitsvertrags zu schützen sind, da dieser Schutz gerade auch Voraussetzung dafür ist, später zu der Erhaltung der Lohnverwendungsfreiheit im Rahmen der Vertragserfüllung und im Rahmen des Abschlusses zusätzlicher Verträge zu gelangen. Ohne diesen, auf die Vertragsabschlußebene vorgelagerten Schutz liefen die (sonstigen) Vorschriften der §§ 115 ff GewO weitgehend leer.

6. Teil: Die Auslegung des Sachlohnverbots im Rahmen der heutigen Rechtsordnung sowie im Rahmen der heutigen tatsächlichen Lebensverhältnisse

Zu keiner Zeit verboten die gewerberechtlichen Entgeltvorschriften jegliche Form der Sachlohnvereinbarung. Erwünschte Sachlohnvereinbarungen sollten durch die gewerberechtlichen Entgeltvorschriften nicht unterbunden werden.

In § 115 II 2 GewO wurde daher bereits bei der Schaffung dieser Vorschriften festgelegt, welche Sachlohnvereinbarungen zulässig sein sollten. Aufgrund der damaligen Mißbräuche schien es erforderlich, hier einen Ausnahmekatalog durch enumerative Aufzählung der zulässigen Sachlöhne zu schaffen. Dieser genauen Festlegung dessen, was zulässig sein sollte, bedurfte es, um den damals häufigen Mißbräuchen wirksam begegnen zu können. Um dem Arbeitnehmer dennoch keine für ihn günstigen Sachlohnvereinbarungen zu verbieten, wurde dieser Ausnahmenkatalog auch im Rahmen späterer Novellen vielfach diskutiert und zum Teil, wenn auch aufgrund der damaligen Verhältnisse nicht allzu umfangreich, verändert. Dies läßt den Schluß zu, daß durch das Truckverbot zu keiner Zeit ein absolutes Sachlohnverbot geschaffen werden sollte. Es erscheint vor diesem Hintergrund fraglich, ob § 115 I GewO einerseits und § 115 II 2 GewO andererseits überhaupt als Vorschriften im Verhältnis Grundsatz zu Ausnahme anzusehen sind, § 115 I GewO mithin jemals ein grundsätzliches Sachlohnverbot aufstellen sollte.

Wie sich bereits aus dem Katalog des § 115 II 2 GewO ergibt, sollten jedenfalls all diejenigen Sachleistungen erlaubt sein, welche die Arbeitnehmer zur Deckung ihrer Grundbedürfnisse in jedem Fall benötigten, welche sie sich daher ohnehin beschaffen mußten.

I. Aktualität der in § 115 II 2 GewO genannten Güter

Heute zählen angesichts der veränderten Lebensverhältnisse zu diesen Grundbedürfnissen jedoch nicht mehr alle der in § 115 II 2 GewO genannten Güter. „Landnutzung" diente früher dem Anbau von Grundnahrungsmitteln. Heute wird sie jedoch, wenn überhaupt, dann allenfalls noch als Hobby betrieben. Auch „Feuerung und Beleuchtung" erfolgen heute überwiegend nicht mehr durch den Arbeitnehmer selbst (mit Hilfe von Kohlen und Kerzen), sondern durch die Inanspruchnahme von Energieversorgungsträgern. „Arzneien und ärztliche Hilfe" sind Leistungen, um welche sich der Arbeitnehmer heute ebenfalls nicht mehr selbst zu kümmern hat, sondern welche ihm in aller Regel durch die gesetzliche (Pflicht-)Krankenversicherung ohnehin zur Verfügung gestellt werden. Auch „Werkzeuge und Stoffe zu den ihnen übertragenen Arbeiten" werden heute in aller Regel durch den Arbeitgeber gestellt. Diese Regelung mag allenfalls noch für Heimarbeiter von Bedeutung sein.

Dies zeigt, daß die gewerberechtlichen Entgeltvorschriften auf Lebenssachverhalten beruhen, welche heute veraltet sind. Der Ausnahmekatalog des § 115 II 2 GewO ist daher nach seinen Grundgedanken auf die heutigen Lebensverhältnisse zu übertragen.

Da **Landnutzung, Feuerung und Beleuchtung ebenso wie Arzneien und ärztliche Hilfe, Werkzeuge und Stoffe** zur Erfüllung der arbeitsvertraglichen Pflichten heute nicht mehr als Grundbedürfnisse angesehen werden können, bedarf es einer in diesem Sinne einschränkenden Auslegung des § 115 II 2 GewO. Sie dürfen nur noch dort vereinbart werden, wo aufgrund besonderer Verhältnisse heute noch Grundbedürfnisse dieser Art bestehen.

Fraglich ist, ob auch der heute nach wie vor zur Deckung der Grundbedürfnisse erforderliche Gegenstand **„Lebensmittel"** nach den heutigen Gegebenheiten noch fest und damit dauerhaft als Arbeitslohn vereinbart werden darf. Die Vereinbarung von Lebensmitteln erscheint heute bedenklich, da der Lebensmittelmarkt infolge der Globalisierung Ausmaße erlangt hat, welchen der Arbeitgeber durch die Zur-Verfügung-Stellung einer Auswahl an Lebensmitteln nicht mehr wiedergeben kann. Die grundsätzliche Brauchbarkeit dieser Gegenstände steht jedoch nicht zur Diskussion. Angesichts des eindeutigen Wortlauts des

§ 115 II 2 GewO kann daher der Wille des Gesetzgebers, derartige Vereinbarungen zuzulassen, nicht ignoriert werden.

Auch **„Wohnung" und „regelmäßige Beköstigung"** werden auch heute noch zur Deckung der Grundbedürfnisse benötigt.

Zwar sind die Anforderungen, welche heute an eine Wohnung gestellt werden, abhängig von der Lebenssituation des Arbeitnehmers und erfahren angesichts der heute mehr als früher gegebenen Veränderungen im persönlichen Bereich des Zusammenlebens weit öfter Veränderungen als in Zeiten des 19. Jahrhunderts. Gleiches gilt für die regelmäßige Beköstigung, deren Vereinbarung als fester Lohnbestandteil angesichts wachsender Ansprüche und zunehmender Allergien auf bestimmte Lebensmittel ebenfalls auf Bedenken stößt. Während bis ins 19. Jahrhundert Kost und Logis einen gar nicht aus dem Arbeitsleben hinwegzudenkenden Teil der Entlohnung darstellten, versorgt sich der Arbeitnehmer heute in aller Regel selbst.

Zu beachten ist in diesem Zusammenhang jedoch, daß es vorliegend auf subjektive Brauchbarkeit nicht ankommen kann. Der Mißbrauch, welcher hier maßgeblich unterbunden werden soll, ist einzelfallunabhängig. Zudem wäre, würde man auf die subjektiven Verhältnisse des einzelnen Arbeitnehmers Rücksicht nehmen, eine Beurteilung des einzelnen Arbeitsvertrags nicht allein anhand des dort getroffenen Regelungsinhalts möglich. Es bedürfte des Rückgriffs auf Informationen, welche in der Sphäre des einzelnen Arbeitnehmers begründet liegen. Dies widerspräche jedoch allgemeinen, zivilrechtlichen Grundprinzipien wie etwa denen der Rechtssicherheit und Rechtsklarheit. Zudem sind auch heutzutage Werkswohnungen durchaus noch verbreitet und für den Arbeitnehmer dort von großem Vorteil, wo Wohnungsnot herrscht und der Arbeitnehmer daher auf dem freien Markt nur eine teurere Wohnung oder eine vom Arbeitsplatz weit entfernt liegende Wohnung beziehen könnte. Ebenso nutzen Arbeitnehmer in großen Zahlen das Angebot eines Kantinenessens. Auch diese Einrichtung macht angesichts der knapp bemessenen Mittagspausen der meisten Arbeitnehmer heute durchaus noch Sinn.

Es hat daher bei der Zulässigkeit von Wohnung und regelmäßiger Beköstigung als grundsätzlich geeignetem Sachlohn zu verbleiben.

II. Ergebnis

Als heute zulässige Sachlöhne sind Lebensmittel, Wohnung und regelmäßige Beköstigung anzusehen. Die Vereinbarung von Landnutzung, Feuerung, Beleuchtung, Arzneien, ärztlicher Hilfe, von Werkzeugen und Stoffen zur Erfüllung der arbeitsvertraglichen Pflichten als Sachlohn kann hingegen in heutiger

Zeit nur noch dort ausnahmsweise als zulässig anerkannt werden, so nach wie vor ein Bedürfnis für diese Gegenstände besteht. Insoweit ist § 115 II 2 GewO durch die Änderung der tatsächlichen Lebensverhältnisse als weitgehend überholt anzusehen.

Es bedarf daher einer teleologischen Reduktion dieser Vorschrift dahingehend, daß letztgenannte Sachlöhne nur noch bei ausnahmsweise tatsächlich vorhandenem Bedarf des Arbeitnehmers zulässig sind.

B. Teleologische Extension des § 115 II 2 GewO

Heute sind neue Bedürfnisse hinzugetreten. Wie sich der Darstellung des Cafeteria-Systems (vgl. die Ausführungen im 2. Teil des ersten Kapitels unter *A* II 2, S. 40ff) entnehmen läßt, haben sich neben verschiedenen Variationen der Geld- und der Zeitkomponente neue Entgeltbestandteile durchgesetzt, welche den Gruppen Bildung, Versicherungen, Sachleistungen, Investivlohn, Vorsorge / Beratung und Rente zugeordnet werden können. Hintergründe für deren Entstehung sind, wie bereits dargestellt, unter anderem die hierbei zu erlangenden steuerlichen Vorteile, welche sowohl dem Arbeitgeber als auch dem Arbeitnehmer zugute kommen, sowie, etwa bei der Entlohnung in Form von Aktien oder Aktienoptionen, die Entscheidung beider Vertragsparteien, die Entlohnung, ähnlich wie bei der Einführung virtueller Aktienprogramme, erfolgsabhängiger zu gestalten. Die sich hieraus ergebenden Vorteile dem Arbeitnehmer zu versagen, kann nicht Sinn und Zweck des § 115 I GewO sein und war es wohl auch nie.

Die Erforderlichkeit einer Differenzierung zwischen zulässigen und unzulässigen Sachlöhnen hat auch die Arbeitsgesetzbuchs-Kommission im Jahre 1977 erkannt. Während der Entwurf eines allgemeinen Arbeitsvertragsgesetzes im Jahre 1923 noch die Abschaffung des Sachlohnverbots vorsah[491], formulierte die Arbeitsgesetzbuchs-Kommission des Jahres 1977 einen Entwurf, welcher vorsah, daß andere Sachlöhne als Kost, Wohnung oder übliche Deputate dann zulässig sein sollten, wenn dies dem **Interesse des Arbeitnehmers** oder der **Eigenart des Arbeitsverhältnisses** entspräche[492].

Soweit heute moderne Entlohnungsbestandteile praktiziert werden, die bei Schaffung des § 115 II 2 GewO noch nicht bekannt waren, ist daher zu prüfen, ob diese Entlohnungsformen nach Sinn und Zweck des § 115 II 2 GewO nicht ebenfalls zulässig sein sollen.

---

[491] RABl. 1923, 498, 503.

[492] Arbeitsgesetzbuch-Kommission, Entwurf eines ArbGB, hrsg. v. BM für Arbeits- und Sozialordnung, S. 52.

I. Aus § 115 II 2 GewO ableitbare Kriterien

Um diese Prüfung vornehmen zu können, bedarf es zunächst der Feststellung, welche Kriterien nach damaligen Verhältnissen den Ausschlag für die Zulässigkeit einer Sachlohnvereinbarung gaben und welche Kriterien somit für die Beurteilung der Zulässigkeit von Sachlöhnen maßgeblich sind.

1. Der eigene Bedarf

Den in § 115 II 2 GewO genannten Gegenständen ist gemein, daß sie jeder Arbeitnehmer zum täglichen Leben braucht. Es handelt sich um **notwendige Gebrauchsgegenstände zur Deckung des täglichen Bedarfs.**

2. Die Preisgestaltung

Der Vereinbarung der in § 115 II 2 GewO genannten Sachleistungen sind darüber hinaus auch in der Preisgestaltung Grenzen gesetzt: Lebensmittel dürfen nach der ausdrücklichen Regelung des § 115 II 2 GewO nur *für den Betrag der Anschaffungskosten*, Wohnung und Landnutzung nur *gegen die ortsüblichen Miet- und Pachtpreise*, Feuerung, Beleuchtung, regelmäßige Beköstigung, Arzneien und ärztliche Hilfe sowie Werkzeuge und Stoffe zu den ihnen übertragenen Arbeiten nur *für den Betrag der durchschnittlichen Selbstkosten* an den Arbeitnehmer weitergegeben werden.

Auffällig ist hier zunächst die Dreiteilung in *Anschaffungskosten*, welche lediglich die Aufwendungen des Arbeitgebers für die Beschaffung der Ware erfassen[493], in die *durchschnittlichen Selbstkosten*, welche neben den Anschaffungskosten auch die Kosten der Lagerung, Versicherung und sonstigen Unterhaltung sowie die angelaufenen Zinsen der Anschaffungskosten umfassen[494], sowie schließlich in die *ortsüblichen Preise*.

Der Grund für diese Differenzierung wird in den Kommentaren nicht genannt. Fest steht jedoch, daß die Ortsüblichkeit der Miet- und Pachtpreise für Wohnung und Landnutzung durch die Novelle vom 1.6.1891 eingeführt wurde[495]. Es sollte dem Arbeitgeber auch eine gewisse Gewinnspanne ermöglicht werden[496]. Dies mag in der auch damals schon bestehenden Wohnungsknappheit begründet gelegen sein. Dem Arbeitgeber sollte ein Anreiz geschaffen werden, die Situation am Wohnungsmarkt zu entspannen. Beide anderen Preisgrenzen bezwecken eine Preislage, bei welcher der Arbeitgeber keine Gewinne erzielt. Die Differenzie-

---

493 L/R-Neumann (1981), § 115, Rn. 47.
494 L/R-Neumann (1981), § 115, Rn. 53.
495 Schenkel, GewO, § 115, Anm. 15.
496 Schenkel, GewO, § 115, Anm. 15.

rung zwischen Anschaffungs- und Selbstkosten dürfte in der Natur der Sache begründet liegen, mithin darauf beruhen, daß Lebensmittel üblicherweise sofort weiterverkauft wurden und daher keine Lagerungskosten und ähnliches zur Entstehung gelangten.

Zweck dieser Preisbestimmungen war und ist es damit, soweit möglich, einen Mißbrauch des Arbeitgebers bei der Überlassung dieser Gebrauchsgegenstände an den Arbeitnehmer zu verhindern. Geschützt werden sollte und soll der Arbeitnehmer vor einer *Übervorteilung* durch den Arbeitgeber. Deshalb wurde in § 115 II 2 GewO bestimmt, daß die dort genannten Gegenstände maximal zum marktüblichen Preis erworben werden können.

Zuzugeben ist, daß sich die Einhaltung dieses Kriteriums bei der anfänglichen Sachlohnvereinbarung aus tatsächlichen Gründen schwerlich überprüfen läßt. Anders verhält es sich jedoch bei sog. Cafeteria-Modellen oder auch bei der nachträglichen Gehaltsumwandlung, wie dies auch die Regelung des § 1 V BetrAVG zeigt. Dort wird ebenfalls die **Wertgleichheit** zur Voraussetzung einer wirksamen Entgeltumwandlung im Sinne des BetrAVG gemacht.

Der Aufstellung des Kriteriums „Wertgleichheit" läßt sich auch nicht entgegnen, dieses würde letztlich zu einem Eingriff in die Lohnhöhe führen, welche unstreitig durch die §§ 115 ff GewO nicht geschützt ist. Denn hierbei würde die Eigenart der nachträglichen Sachlohnvereinbarung verkannt. Bei dieser soll nach dem Willen beider Vertragsparteien kein Entgeltverzicht stattfinden, sondern lediglich eine Umwandlung des Entgelts. Dann aber muß auch der Arbeitnehmer vor einer heimlichen Schlechterstellung durch den Arbeitgeber geschützt werden.

Die Wertgleichheit ist daher ebenfalls ein Kriterium, welches im folgenden Beachtung finden muß.

3. Ergebnis

Nach den gesetzlichen Vorschriften zulässig sind mithin **wertgleiche** Gegenstände, welche der Arbeitnehmer **zur Deckung seines eigenen, notwendigen Bedarfs** benötigt.

II. Anforderungen, wie sie an die Hingabe von Waren zu stellen sind

Aus den obigen Ausführungen zu den Formen des Mißbrauchs zu Zeiten des Trucksystems (vgl. die Darstellung im 1. Teil des ersten Kapitels unter *B.*, S. 26ff) können hier nun Beispiele aufgegriffen werden, um weitere Kriterien für die Klärung der Zulässigkeit einer Sachlohnvereinbarung zu ermitteln.

1. Vermarktungsrisiko

In früheren Zeiten waren den Arbeitnehmern Waren aufgedrängt worden, die sie aufgrund ihrer Beschaffenheit oder aufgrund ihrer Menge selbst nicht verwenden konnten und daher vermarkten mußten. Der Arbeitgeber gab einen Teil der Produktion an seine Arbeitnehmer ab. Die Arbeitnehmer traf in diesen Fällen das *sog. Vermarktungsrisiko.*

Hieraus ist zu folgern, daß Sachleistungen nur insoweit vereinbart werden dürfen, als sie dem Arbeitnehmer zum eigenen Gebrauch dienen. Vor anderen als geeigneten oder der Menge nach benötigten Sachleistungen ist er zu schützen, da er sonst darauf angewiesen wäre, diese Sachen auf dem Markt feilzubieten, um dann wiederum erst seine eigenen Bedürfnisse befriedigen zu können. Das Truckverbot soll die Arbeitnehmer jedoch davor schützen, in die Rolle eines Verkäufers gedrängt zu werden. Es können daher nur solche Sachlöhne erlaubt werden, welche **für den Arbeitnehmer der Menge und der Sache nach jederzeit verwertbar** sind.

2. Außer Mode gekommene Waren, schlechte Qualität und Luxusgegenstände

Die Arbeitnehmer erhielten zu Zeiten des Trucksystems weiter Waren, die außer Mode gekommen waren, oder Waren in möglichst schlechter Qualität, welche der Arbeitgeber eigens zu diesem Zwecke angeschafft hatte. Teilweise wurden ihnen auch Luxusgegenstände aufgedrängt, an welchen sie gar kein Interesse hatten.

Die Vereinbarung von *Luxusgegenständen*, welche für den Arbeitnehmer nur je nach seiner derzeitigen finanziellen Lage und seinen individuellen Wünschen von Wert sein können, entspricht ebenfalls nicht der Interessenlage der Arbeitnehmer und ist daher verboten. Gedeckt werden dürfen daher nur die **alltäglichen Grundbedürfnisse des Arbeitnehmers**.

Angesichts der geschilderten, früheren Mißbräuche liegt es auf der Hand, daß an die Sachleistungen weiter Anforderungen dahingehend zu stellen sind, daß diese weder mit *Mängeln* versehen noch *außer Mode* gekommen sein dürfen. Diese Kriterien sind bei der Vereinbarung einer Sachleistung zwar schon nach den allgemeinen zivilrechtlichen Grundsätzen zu erfüllen. Gem. § 243 BGB sind bei einer Gattungsschuld **Waren mittlerer Art und Güte** zu leisten. Diese Norm ist jedoch im Rahmen der Sachlohnvereinbarung als zwingend anzusehen. Es dürfen daher keine Leistungen als Lohnbestandteil vereinbart werden, welche nach ihrer Beschaffenheit von vornherein nicht von mittlerer Art und Güte sind.

3. Ergebnis

Entscheidend ist damit die **der Menge und der Sache nach gegebene Brauchbarkeit** von Sachen **mittlerer Art und Güte** für den **eigenen Bedarf** des Arbeitnehmers **zur Deckung seiner alltäglichen Grundbedürfnisse.**

III. Anforderungen, wie sie an die Hingabe von Zahlungsmitteln zu stellen sind

Neben der Leistung von Waren und Naturalien an Erfüllungs Statt ist auch die Hingabe von Bons und Marken an Erfüllungs Statt verboten, ebenso die Erfüllung durch Anweisung Dritter oder durch Schecks und Wechsel. Auch aus diesen früher üblichen Formen der Leistung an Erfüllungs Statt lassen sich Kriterien dafür herleiten, was als Sachlohn vereinbart werden kann und was demgegenüber unzulässig ist.

1. Bons und Marken

Hintergrund des Verbots der Leistung in Bons und Marken ist, daß der Arbeitnehmer nicht darauf beschränkt werden sollte, seinen Bedarf an Waren anhand eines bestimmten Sortiments und unter Bindung an dortige Preise decken zu müssen. Die Verwendungsfreiheit des Arbeitnehmers würde auf diesem Wege stark eingeschränkt. Hieraus kann man folgern, daß der Arbeitnehmer, wenn er nicht zum eigenen Gebrauch geeignete Sachen erhält, dann doch in einer Art und Weise ausbezahlt werden soll, die es ihm ermöglicht, frei zu bestimmen, wie er seinen Lohn verwenden wolle. Die **Einsetzbarkeit des Lohnes auf dem gesamten freien Markt** muß gesichert sein.

2. Anweisungen, Schecks und Wechsel

Anweisungen, Schecks und Wechsel, deren Hingabe an Erfüllungs Statt früher ebenfalls keine Seltenheit war, verschafften dem Arbeitnehmer ebenfalls kein auf dem gesamten Markt einsetzbares Zahlungsmittel. Soweit Schecks und Wechsel auf einen Dritten lauteten, mußte der Arbeitnehmer bei der Annahme dieser Schecks und Wechsel an Erfüllungs Statt das Liquiditätsrisiko dieses Dritten übernehmen. Ebensowenig wie ihm bei Sachleistungen das Vermarktungsrisiko übertragen werden darf, darf ihm hier jedoch das Risiko übertragen werden, Forderungen gegen Dritte erst noch durchsetzen zu müssen. Sofern Bedürfnisse nicht unmittelbar durch die Ausgabe geeigneter Waren befriedigt werden, muß daher auch **die Werthaltigkeit der Entgeltbestandteile gesichert** sein.

3. Ergebnis

Gesichert sein muß der Zugriff des Arbeitnehmers auf den **gesamten Markt** sowie die **Einsetzbarkeit des Erlangten auf dem Markt**, mithin dessen jederzeitige Verwertbarkeit. Weiter muß die **Werthaltigkeit** des Erlangten gesichert sein.

IV. Zusammenfassung der ermittelten Kriterien

Im Ergebnis bleibt somit folgendes festzuhalten: Soweit der Arbeitnehmer sogleich in „Endprodukten" entlohnt wird, müssen diese in ihrem Wert dem Barlohn, an dessen Stelle sie getreten sind, gleichstehen und sich ihrer Menge und ihrer Beschaffenheit nach für den eigenen Gebrauch des Arbeitnehmers eignen. Dabei darf es sich lediglich um für den täglichen Bedarf erforderliche Gegenstände handeln, da der Arbeitnehmer in seiner Verwendungsfreiheit beschränkt würde, würde er sich bereits im Arbeitsvertrag an sog. Endprodukte binden, welche später unter Umständen nicht mehr von Interesse für ihn sind.

Soweit der Arbeitnehmer in anderen, auf dem Markt noch zu verwertenden Mitteln entlohnt wird, ist entscheidend, daß hierdurch seine Zugriffsmöglichkeit auf den gesamten Markt erhalten bleibt, er bereits auf dem Markt verwertbare Mittel erlangt (also nicht nur eine Art Anspruchsersatz erhält) und er die erlangten Mittel auf dem Markt problemlos verwerten kann. Hieraus ergibt sich folgende Übersicht:

Entlohnung in „Endprodukten"	**sonstige Entgeltbestandteile**
- wertgleich - zur Deckung des eigenen, notwendigen Bedarfs - der Menge nach und der Beschaffenheit nach (Sachen mittlerer Art und Güte) begrenzt auf das zur Deckung des täglichen Bedarfs Notwendige	- jederzeitige Einsetzbarkeit - auf dem gesamten Markt - Werthaltigkeit

C. Die Subsumtion der Entgeltbestandteile des modernen Arbeitsrechts

I. Die Entgeltbestandteile „Endprodukte" des modernen Arbeitsrechts

1. Die Frage des notwendigen Bedarfs

Für die Frage, welche Entgeltbestandteile zulässig sind, kommt es maßgeblich auf die Frage an, ob eine bestimmte Sache der Deckung des notwendigen Bedarfs dient.

a) Die Gestellung eines Kraftfahrzeugs und das Kfz-Leasing

Die Gestellung eines Kraftfahrzeugs ist nach § 115 II 2 GewO als Vergütungsbestandteil an sich nicht möglich. Wie jedoch ausgeführt, beruht § 115 II 2 GewO auf Lebensumständen der Arbeitnehmerschaft, welche heute als veraltet anzusehen sind.

Früher waren die Arbeitnehmer kaum in der Lage, durch ihre Arbeit mehr als die grundlegenden Bedürfnisse zu decken. Angesichts dieser damals bestehenden Lebensverhältnisse verwundert es nicht, daß die Gewerbeordnung keinerlei über die Deckung der damaligen Grundbedürfnisse hinausgehende Sachlohnvereinbarung zuließ.

Daneben gibt es heutzutage jedoch eine Reihe von Gebrauchsgegenständen, welche zwar zu dem heute in aller Regel praktizierten Lebensstandard dazugehören, auf welche jedoch je nach den individuellen Lebensumständen verzichtet werden kann. Hierzu gehört auch ein Kraftfahrzeug. Dieses ist heute ein durchweg gängiger Gebrauchsgegenstand.

Für diejenigen, die ein Kraftfahrzeug besitzen, stellt es ein Wirtschaftsgut von allgemeiner, zentraler Bedeutung für die Lebenshaltung dar[497]. Auf seine ständige Verfügbarkeit ist der Arbeitnehmer für seine eigenwirtschaftliche Lebenshaltung derart angewiesen wie auf die von ihm selbst bewohnte Wohnung oder das von ihm selbst bewohnte Haus[498]. Auch der Rechtsverkehr mißt der Nutzung eines Kraftfahrzeugs ein Interesse bei, welches an Geldmaßstäben des Marktes bemessen werden kann[499].

Hieraus hat der BGH auf die Ersatzpflichtigkeit des Nutzungsausfalls geschlossen und insoweit das Vorliegen eines Schadens für den Fall des Entzugs der Nutzungsmöglichkeit des Kraftfahrzeugs bejaht. Dem ist die Literatur gefolgt. Heute ist daher allgemein anerkannt, daß zentrale Wirtschaftsgüter, auf deren ständige Verfügbarkeit ihr Eigentümer für die eigenwirtschaftliche Lebenshaltung angewiesen ist, in die „materiale Vermögenssphäre“[500] einzuordnen sind und der Verlust der Nutzungsmöglichkeit dieser Wirtschaftsgüter einen ersatzfähigen Vermögensschaden darstellt, sofern der Nutzungsausfall fühlbar und nicht durch zumutbare Umdispositionen überwindbar ist[501].

---

[497] So die ständige Rechtsprechung des BGH, vgl. Erman-Kuckuk, § 249 BGB, mwN.
[498] BGH Z 98, 212, 216f.
[499] BGH Z 98, 212, 222.
[500] BGH Z 98, 212, 223.
[501] Staudinger-Schiemann, § 251 BGB, 102; Erman-Kuckuk, § 249 BGB, Rn. 59.

Diese Überlegungen sind auf die vorliegende Fragestellung übertragbar. Sie zeigen die Bedeutung eines Kraftfahrzeugs für dessen heutigen Nutzer und sie zeigen, daß die Nutzung eines Kraftfahrzeugs heute weitgehend dem allgemeinen Lebensstandard entspricht. Das Kraftfahrzeug ist heute oft genauso wichtig wie eine Wohnung geworden und deutlich von Gütern abzugrenzen, deren Gebrauch nach der Verkehrsauffassung als Liebhaberei oder als bloßes Mittel zur Freizeitgestaltung anzusehen wäre[502].

Gegen die Zulässigkeit der Gestellung eines Kraftfahrzeugs als Vergütungsbestandteil ist daher, sofern die oben aufgestellten Kriterien wie insbesondere Wertgleichheit mit dem hierfür entbehrten Barlohn eingehalten werden, heutzutage nichts mehr einzuwenden.

Auch Formen des Kfz-Leasings, wie sie im Rahmen der Cafeteria-Modelle zuweilen erfolgen, sind daher, sofern das Merkmal der Wertgleichheit gewahrt bleibt, zulässig. Sie stellen lediglich eine unselbständige Variante der Kfz-Gestellung dar, da in beiden Fällen letztlich die Gestellung eines Kraftfahrzeugs gegen einen bestimmmten Barlohnabzug erfolgt.

Als Ergebnis ist daher festzuhalten, daß die Einbeziehung des Kraftfahrzeugs als zentrales Wirtschaftsgut in die Entgeltgestaltung keinen Bedenken unterliegt.

b) Dienstwohnung

Aus diesen Überlegungen heraus ist auch nichts gegen die Gestellung einer Dienstwohnung einzuwenden, welche etwa neben der privaten Wohnung des Arbeitnehmers zum Einsatz kommt. Auch hier handelt es sich unstreitig um ein Wirtschaftsgut, für welches auf dem Markt ein bestimmter Wert besteht und welches für die eigenwirtschaftliche Lebensführung des Betroffenen von zentraler Bedeutung ist. Für Arbeitnehmer, welche aus Gründen der räumlichen Entfernung zwischen Privatwohnung und Arbeitsplatz eine Dienstwohnung benötigen, sind diese Kriterien erfüllt.

c) Ferienwohnung

Die Ferienwohnung gehört hingegen nicht zu den zentralen Wirtschaftsgütern. Der Arbeitnehmer benötigt sie nur während seines Urlaubs. Sie gehört auch nicht zum heutigen Lebensstandard. Selbst wenn man den Umstand, daß Arbeitnehmer heutzutage in aller Regel Urlaub machen, in die heutigen Lebensverhältnisse mit einbeziehen würde, wäre jedoch die Vereinbarung der Nutzung einer Ferienwohnung als fester Lohnbestandteil deshalb nicht möglich, weil der

---

[502] So etwa der BGH zum Gebrauch eines Schwimmbades oder eines Motorsportbootes.

Arbeitnehmer auf diese Weise auf einen bestimmten Ferienort festgelegt und damit in seiner Freiheit zur Gestaltung seiner Freizeit und auch in seiner Lohnverwendung nicht unwesentlich beschränkt würde.

d) Kfz-Wartung und -Reparatur

Aber nicht nur Sachen, sondern auch Dienstleistungen wie Kfz-Wartung und / oder Reparatur sind heute durchaus nützliche Leistungen, welche der Arbeitnehmer bei Haltung eines Kraftfahrzeugs notwendigerweise benötigt und welche für ihn daher, wird die Erbringung derartiger Dienstleistungen vom Arbeitgeber zugesagt, von Vorteil sind.

Ist die Gestellung eines Kraftfahrzeugs zulässig, so bestehen auch keine Bedenken, die Wartung oder Reparatur eines dem Arbeitnehmer selbst gehörenden Kraftfahrzeugs als Entgeltbestandteil zuzulassen. Diese Dienstleistungen dienen lediglich dem Erhalt des Kraftfahrzeugs des Arbeitnehmers.

e) Betriebliche Altersvorsorge

Weiter sind auch Ansprüche des Arbeitnehmers auf eine private Altersvorsorge zu dem zu zählen, was dieser in der heutigen Zeit, in der die gesetzliche Rente zur Alterssicherung zweifelsohne nicht mehr ausreicht, für die Erhaltung seines Lebensstandards im Alter dringend benötigt. Ansprüche auf betriebliche Altersvorsorge sind daher heute ebenfalls Vermögenswerte, welche zum Lebensstandard des heutigen Arbeitnehmers dazugehören. Dies verdeutlichen auch die im Jahre 2000 bereits sehr konkret gewordenen Überlegungen des Staates, den Abschluß einer zusätzlichen privaten Altersvorsorge gesetzlich vorzuschreiben. Auch die betriebliche Altersvorsorge muß daher als fester Entgeltbestandteil zulässig sein.

f) Versicherungen

Soweit der Arbeitnehmer Versicherungen als Entgeltbestandteil vereinbart, bestehen Bedenken, ob eine solche dauerhafte Bindung zulässig sein kann. Hier wird zu differenzieren sein.

Versicherungen, welche gesetzlich vorgeschrieben sind, so etwa die Haftpflichtversicherung für das Kraftfahrzeug, sind, da der Arbeitnehmer hier ohnehin bei Anschaffung eines Autos künftig an die Verwendung eines Teils seines Lohnes zur Bezahlung der Versicherungsbeiträge gebunden wäre, unbedenklich.

Soweit jedoch daneben etwa Lebensversicherungen, Unfallversicherungen, Krankenzusatzversicherungen, Reisegepäckversicherungen und dergleichen

Versicherungen Gegenstand einer festen Entgeltregelung werden sollen, kann eine dauerhafte Bindung des Arbeitnehmers keiner Rechtfertigung unterliegen. Weder handelt es sich hierbei um notwendige Gegenstände des täglichen Bedarfs, noch um zentrale Wirtschaftsgüter, noch erscheint deren generelle Notwendigkeit aus sonstigen Gründen gegeben. Im Gegenteil, gerade am Beispiel einer Risikolebensversicherung wird ersichtlich, daß Versicherungen von Arbeitnehmern nicht in gleichem Maße benötigt werden: Die Frage, ob ein Arbeitnehmer eine Risikolebensversicherung abschließt, wird gerade davon abhängen, ob er Familie hat und ob Ehefrau und / oder Kinder sich in einer Phase ihres Lebens befinden, in welcher sie nicht selbst für sich zu sorgen in der Lage sind. Mit einer abgeschlossenen Berufsausbildung der Kinder wird daher das Bedürfnis für eine Lebensversicherung in aller Regel entfallen. Neben dieser Frage nach der Notwendigkeit stellt sich auch die Frage, inwieweit der Arbeitnehmer überhaupt den Wunsch hegt, sich gegen diverse Risiken überhaupt zu versichern.

Andere als gesetzlich vorgeschriebene Versicherungen können daher, soweit nicht ausnahmsweise, wie etwa bei der betrieblichen Altersvorsorge, deren Notwendigkeit offenkundig zutage tritt, nicht als fester Entgeltbestandteil vereinbart werden.

g) Bildungsprogramme, Vorsorge und Beratung

Auch Bildungsprogramme können nicht als fester Entgeltbestandteil vereinbart werden, da der Wunsch nach Fortbildung entfallen kann. Auch hier fehlt es an der Notwendigkeit dieser Entgeltbestandteile. Allein deren Nützlichkeit für den Arbeitnehmer reicht jedoch nicht aus, eine feste Bindung des Arbeitnehmers an diese Verwendung seines Lohnes zu rechtfertigen.

Gleiches gilt für Vorsorge und Beratung, worunter, wie im 3. Teil des ersten Kapitels unter *A* II 2, S. 40ff, dargestellt, etwa die medizinische Betreuung, Sportprogramme, Rechtsberatung oder auch eine Steuer- und Finanzberatung zu verstehen sind.

2. Die Frage der Wertgleichheit

Moderne Entgeltbestandteile sind weiter nur dann zulässig, wenn die Wertgleichheit zwischen Sachlohn und hierfür geopfertem Barlohn gegeben ist. Dies ist erforderlich, um zu gewährleisten, daß der Arbeitgeber kein Eigeninteresse daran entwickelt, bestimmte Sachen als Entgeltbestandteil zu vereinbaren und damit die Freiheit des Arbeitnehmers gewährleistet bleibt, frei darüber zu entscheiden, welche Entgeltbestandteile vereinbart werden sollen. Der Arbeitgeber darf keine wirtschaftlichen Vorteile aus der Vereinbarung von Sachleistungen ziehen.

a) Die Preisgrenzen des § 115 II 2 GewO

§ 115 II 2 GewO sieht daher die bereits oben im einzelnen umschriebenen Preisgrenzen vor.

b) Wertgleichheit in § 1 V BetrAVG

Wie oben bereits festgestellt, ist die Vereinbarung einer betrieblichen Altersrente als Entgeltbestandteil zulässig. Ebenfalls wurde festgestellt, daß die Wertgleichheit Voraussetzung für eine zulässige Entgeltumwandlung ist. Dies ergibt sich ebenso unmittelbar aus § 1 V BetrAVG. An dieser Stelle kann damit festgehalten werden, daß § 1 V BetrAVG somit keine Spezialregelung zu den gewerberechtlichen Entgeltvorschriften enthält.

c) Definition der Wertgleichheit im Sinne des § 115 GewO

Fraglich ist, was unter Wertgleichheit zu verstehen ist. Zum einen könnten hier die für den Arbeitgeber entstehenden Aufwendungen miteinander verglichen werden, was letztlich auf eine Betriebsrente zum Selbstkostenpreis des Arbeitgebers hinausliefe, es könnten aber auch die für den Arbeitnehmer auf dem Markt für eine vergleichbare Rente zu zahlenden Beträge maßgeblich sein. Es stellt sich die Frage, ob auf Kostenidentität für den Arbeitgeber (Selbstkostenpreis) oder auf die Kostenidentität für den Arbeitnehmer (marktüblicher Preis) abzustellen ist.

Im Rahmen des § 115 I GewO bleibt jedenfalls die Regelung des § 115 II 2 GewO maßgebend. Danach kommt es maßgeblich auf die Ausgaben des Arbeitgebers an. Er soll bei Abgabe der dort genannten Waren nicht von diesen Rechtsgeschäften profitieren. Dies ist auch erforderlich.

- Vermittlung von Leistungen Dritter

Könnte der Arbeitgeber Waren in Mengen billig ankaufen und sie zum marktüblichen Preis weiterverkaufen, so entstünde die Gefahr, daß er den Arbeitnehmer bei Abschluß dieser Verträge, welche auch den Abschluß des Arbeitsvertrags selbst und damit die Regelung der Entgeltzahlung umfassen, zur Vereinbarung von Sach- und Dienstleistungen drängen würde. Der Arbeitnehmer muß aber bei Vertragsschluß die Wahl zwischen einer Sach- und einer Barleistung haben. Dem Arbeitgeber sollen daher aus diesen Entgeltbestandteilen keine

Vorteile erwachsen. Dies ist zur Verhinderung von Mißbrauchsgefahren auch unbedingt erforderlich. Gerade dieser dient das Gebot der Wertgleichheit.

Für die Vermittlung von Leistungen Dritter folgt hieraus: Soweit der Arbeitgeber lediglich Waren beschafft, welche auf dem Markt für den Arbeitnehmer ebenfalls zugänglich wären, der Arbeitgeber mithin lediglich als **Vermittler** tätig wird, darf er ausschließlich seine eigenen Aufwendungen in Ansatz bringen.

- Erbringung eigener Dienst- und Sachleistungen

Fraglich ist, ob auch die Vereinbarung von Dienst- und Sachleistungen, welche der Arbeitgeber selbst aufgrund seiner Betriebstätigkeit erbringt, zulässig ist. Diese Leistungen können vom Arbeitgeber oft recht günstig erbracht werden, was sich gerade aus dem Merkmal der Eigenproduktion ergibt. Auch diese wirtschaftlichen Vorteile dürfen dem Arbeitnehmer daher nicht grundsätzlich vorenthalten werden. Andererseits soll auch hier einer Mißbrauchsgefahr vorgebeugt werden. Eine solche bestünde, wenn der Arbeitgeber berechtigt wäre, seine Markttätigkeit ungehindert auf seine Arbeitnehmer zu erstrecken. Ein Versicherungsunternehmen könnte beispielsweise ein Interesse daran haben, auf seine Arbeitnehmer dahingehend einzuwirken, daß diese ihre Versicherungen sämtlich bei ihrem Arbeitgeber abschlössen. Derartigen Mißbrauchsgefahren kann jedoch dadurch abgeholfen werden, daß dem Arbeitgeber, ähnlich wie bei den meisten der in § 115 II 2 GewO genannten Sachleistungen nur erlaubt wird, diese Leistungen zum **Selbstkostenpreis** anzubieten.

Gegen derartige Vereinbarungen bestehen auch unter dem Gesichtspunkt der Begünstigung der Arbeitnehmer keine Bedenken. Soweit Arbeitnehmer aufgrund für sie äußerst vorteilhafter Preisgestaltungen dazu **verleitet** werden können, entsprechende Lohnbestandteile zu vereinbaren, steht dem die Vorschrift des § 115 I GewO nicht entgegen. Dies folgt bereits aus § 115 II 2 GewO, der gerade die Abgabe von Waren zum Selbstkostenpreis fordert. Zum zweiten ergibt sich dies auch aus Sinn und Zweck des § 115 I GewO, den Arbeitnehmer vor wirtschaftlich nachteiligen Rechtsgeschäften zu schützen. Zu einem Schutz davor, zu günstigen Rechtsgeschäften (hier: dem Abschluß eines entsprechenden Arbeitsvertrags) verleitet zu werden, besteht jedoch kein Bedürfnis. Dies folgt sowohl aus der historischen Betrachtung dieser Vorschrift als auch daraus, daß es eines derartigen Schutzes dort nicht bedarf, wo ohnehin nicht jegliche Sachlohnvereinbarung, sondern nur sinnvolle Sachlohnvereinbarungen für zulässig erklärt werden.

3. Ergebnis

Als Entgeltbestandteile können mithin alle Sach- und Dienstleistungen vereinbart werden, welcher der Arbeitnehmer entweder zu seinem Lebensunterhalt **notwendig bedarf**, welche für seine Lebensführung von zentraler Bedeutung sind oder welche aus sonstigen Gründen als notwendig zu erachten sind. Es bedarf hier jeweils einer Überprüfung des Einzelfalls, in deren Rahmen die im 6. Teil dieses Kapitels, dort unter *B.*, gefundenen Kriterien zu beachten sind. Als weiteres Kriterium ist zu beachten, daß nur solche Entgeltbestandteile zulässig sind, auf deren Verfügbarkeit es dem Arbeitnehmer dessen Natur nach dauerhaft ankommt.

Werden diese Sach- und Dienstleistungen als Entgeltbestandteil vereinbart, dürfen hierfür nur die **Selbstkosten** des Arbeitgebers angesetzt werden, nicht jedoch der Marktwert dieser Waren. Eine Ausnahme ergibt sich aus § 115 II 2 GewO, derzufolge Wohnung und Landnutzung zum ortsüblichen Preis überlassen werden dürfen.

Schließlich sind Leistungen **mittlerer Art und Güte** und nur in demjenigen **Umfang** zulässig, in welchem Leistungen vom einzelnen Arbeitgeber zur Deckung seiner täglichen Bedürfnisse auch tatsächlich eingesetzt werden können.

Welche Sachleistungen hiernach zulässig sind, ist im Wege einer **Einzelfallprüfung** festzustellen.

II. Sonderfall: Cafeteria-Systeme

Einen Sonderfall bilden Cafeteria-Systeme, welche üblicherweise ein regelmäßig wiederkehrendes Wahlrecht vorsehen, um dem Arbeitnehmer eine Anpassung der Entgeltbestandteile an seine Bedürfnisse und Wünsche zu ermöglichen.

Hier werden unter anderem auch Bedürfnisse gedeckt, welche an sich nicht notwendig sind und an sich auch nicht einer Vereinbarung als Entgeltbestandteil bedürfen, da der Arbeitnehmer diese Bedürfnisse auch ohne weiteres auf dem Markt decken könnte. Daß dies dennoch erfolgt, beruht, wie bereits dargelegt, vor allem auf steuerlichen Überlegungen.

Soweit dem Arbeitgeber ein in angemessener Zeit wiederkehrendes Wahlrecht verbleibt, erscheint die Zulässigkeit derartiger Cafeteria-Modelle nicht bedenklich. Auch hier muß freilich ein Mißbrauch durch den Arbeitgeber ausgeschlossen werden. Dies erfolgt wiederum durch das Merkmal der Wertgleichheit, welches verhindert, daß der Arbeitgeber von der Umgestaltung von Bar- in anderen Lohn profitiert.

Als Ergebnis ist somit festzuhalten, daß andere als notwendige Sachleistungen nicht grundsätzlich unzulässig sind, sondern ebenfalls einer Vereinbarung als Entgeltbestandteil zugänglich sind, sofern ein **regelmäßig wiederkehrendes Wahlrecht** eine endgültige Bindung des Arbeitnehmers an eine bestimmte Verwendung seines Lohnes verhindert und durch die Maßgabe, daß lediglich der Selbstkostenpreis des Arbeitgebers in Ansatz gebracht werden kann, die Freiheit in der Entscheidung des Arbeitnehmers über die Zusammensetzung seines Lohnes zu jeder Zeit erhalten bleibt.

III. Die sonstigen Entgeltbestandteile des modernen Arbeitsrechts

1. Verwertbarkeit für den Arbeitnehmer

Wie sich aus den oben aufgestellten Grundsätzen ergibt, ist wesentliches Kriterium für die Zulässigkeit eines Entgeltbestandteils dessen **Verwertbarkeit für den Arbeitnehmer**. Soweit er nicht schon mit „Endprodukten" beliefert wird, welche er selbst sofort verwerten kann, muß ihm die Möglichkeit gegeben werden, die erhaltenen Entgeltbestandteile auf dem Markt feilzubieten. Dabei darf ihn jedoch, wie oben dargelegt, kein Vermarktungsrisiko treffen. Der Arbeitgeber darf auch nicht auf eine lange Suche nach einem Käufer angewiesen sein.

Hieraus folgt, daß Beteiligungslohn nur zulässig ist, soweit der Arbeitnehmer hierfür Wertpapiere erhält, welche auf dem Finanzmarkt *handelbar* sind. Denn nur dann kann der Arbeitnehmer grundsätzlich ohne Schwierigkeiten den erhaltenen Beteiligungslohn in Bargeld verwandeln. Eine Entlohnung des Arbeitnehmers mit *nicht handelbaren Beteiligungen* kann demgegenüber als **dauerhafter Lohnbestandteil** nicht zulässig sein.

Welche Wertpapiere auf dem Markt handelbar sind, ergibt sich aus **§ 2 I WpHG**. Danach sind Aktien, Zertifikate, die Aktien vertreten, Schuldverschreibungen, Genußscheine, Optionsscheine und andere Wertpapiere, die mit Aktien oder Schuldverschreibungen vergleichbar sind, grundsätzlich zum Handel auf einem Markt geeignet. Ebenso fallen unter den Begriff der Wertpapiere im Sinne des § 2 I WpHG Anteilscheine, die von einer Kapitalanlagegesellschaft oder einer ausländischen Investmentgesellschaft ausgegeben werden.

Die Fungibilität des WpHG meint die Austauschbarkeit und Zirkulationsfähigkeit der Wertpapiere[503]. Austauschbar sind Papiere dann, wenn sie gegenseitig vertretbar sind und wegen ihrer Gleichartigkeit im Verkehr nach Zahl oder Stück bestimmt sind[504]. Für die Zirkulationsfähigkeit eines Papiers ist die Ver-

---

[503] Assmann/Schneider, § 2 WpHG, Rn. 10.
[504] Assmann/Schneider, § 2 WpHG, Rn. 10.

briefung des jeweiligen Rechts hilfreich, aber nicht zwingend. Sie fehlt aber dann, wenn das Wertpapier zwar umlauffähig gestaltet ist, aber, wie etwa Namensschuldverschreibungen oder andere Rektapapiere, nur durch schriftliche Abtretung des von ihm verkörperten Rechts nach zessionsrechtlichen Grundsätzen übertragen werden kann[505].

Dieser Begriff des § 2 I WpHG, wie er nach den Regelungszielen des Wertpapierhandelsgesetzes festgelegt wurde, ist auf die vorliegende Fragestellung nach der Zulässigkeit von Entgeltbestandteilen zu übertragen, da es auch hier, wie soeben festgestellt, maßgeblich auf die Handelbarkeit der Wertpapiere ankommt.

Eine Subsumtion der im 3. Teil des ersten Kapitels unter *A* II 4 und *B*. (S. 45ff, 53ff) vorgestellten, heute verbreiteten Formen der Mitarbeiterbeteiligung, ergibt folgende Ergebnisse:

Als Entgeltbestandteile zulässig sind Aktien, Aktienoptionen, Wandel- und Gewinnschuldverschreibungen, Genußscheine sowie nicht verbriefte Genußrechte.

Unzulässig sind hingegen etwa Darlehen und Namensschuldverschreibungen (da Rektapapier)[506]. Auch Geschäftsanteilen an einer GmbH oder Beteiligungen an einer KG als Kommanditist fehlt es an der erforderlichen Fungibilität[507]. Das gleiche ist für stille Beteiligungen sowie Rechte an einer Beteiligungsgesellschaft anzunehmen.

2. Sonstige Regelungsinhalte des Beteiligungslohns

Sonstige Regelungsinhalte der Vereinbarung von Beteiligungslohns verstoßen dagegen nicht gegen § 115 I GewO.

a) Sperrfrist

Zwar können Aktien oder Aktienoptionen in aller Regel vom Arbeitnehmer erst nach einer bestimmten Sperrfrist verwertet werden. Die Vereinbarung einer derartigen Sperrfrist schadet jedoch deshalb nicht, weil die Frage des Zeitpunkts der Lohnzahlung nicht dem Schutzbereich des § 115 I GewO unterliegt.

b) Kursrisiko

Soweit der Arbeitnehmer bei der Vereinbarung fungibler Beteiligungsformen als Entgeltbestandteil das Risiko eingeht, daß sich der Kurs zwischen Abschluß des

---

[505] Assmann/Schneider, § 2 WpHG, Rn. 10.
[506] Assmann/Schneider, § 2 WpHG, Rn. 14.
[507] Assmann/Schneider, § 2 WpHG, Rn. 16.

Arbeitsvertrags und Entlohnung verschlechtert, stellt sich dieses Risiko als wertpapierimmanentes Risiko dar. Die Vereinbarung eines solchen Risikos wird ebenfalls nicht durch § 115 I GewO untersagt. Letztlich verhält es sich hier auch nicht anders als bei virtuellen Aktienprogrammen: Durch die Entlohnung in Form von Wertpapieren wird ein variables Element in die Vergütung gebracht. Dieses führt angesichts der bestehenden Fungibilität allein zu Schwankungen in der Frage der Entgelthöhe, welche nach einhelliger Ansicht nicht durch §§ 115 ff GewO geregelt wird.

3. Ergebnis

Damit sind alle Wertpapiere als Entgeltbestandteil zulässig, deren Handelbarkeit auf dem freien Markt gegeben ist. Nicht handelbare Wertpapiere können hingegen nicht zum Entgeltbestandteil gemacht werden. Soweit die Handelbarkeit der Wertpapiere gesichert ist, schadet auch die Vereinbarung einer Ausübungssperre nicht, da diese mit der Stundung im Ergebnis vergleichbar ist, § 115 I GewO jedoch nicht vor Vereinbarungen über einen späteren Auszahlungszeitpunkt schützt.

IV. Grundgehalt in bar als Mindestvoraussetzung einer zulässigen Entgeltvereinbarung?

Neumann fordert einen Barlohn als einen zwingenden Bestandteil des Arbeitsentgelts[508]. Dem ist nicht zuzustimmen. Maßgebend ist allein die Sicherung der jederzeitigen Verwendbarkeit des Lohnes zur Befriedigung der Bedürfnisse des Arbeitnehmers. Soweit diese durch Sachleistungen erfolgt, sind diese in den soeben ermittelten Formen zulässig. Entscheidend ist, daß dasjenige, was gewährt wird, für den Arbeitnehmer verwertbar ist. Für die Forderung eines Mindest-Barlohns besteht vor diesem Hintergrund – bei Beachtung der ermittelten Schranken der Vereinbarung anderen als Barlohns – kein Bedürfnis.

Selbst dem Fall, daß die Arbeitsvertragsparteien vereinbaren sollten, daß der Arbeitnehmer ausschließlich beispielsweise in Aktien entlohnt werden solle, steht § 115 I GewO nicht entgegen. Sein Zweck ist es, zu gewährleisten, daß der Arbeitnehmer verwertbare Leistungen erhält. Sonstige Zwecke, wie im vorliegenden Fall etwa den Schutz vor Gefahren, die sich aus dem Kursrisiko ergeben, verfolgt § 115 I GewO, wie soeben unter III 2 ausgeführt, nicht. Insoweit greifen andere Vorschriften. Vor der Übertragung des Wirtschaftsrisikos auf den Arbeitnehmer könnte beispielsweise § 138 BGB schützen[509].

---

[508] L/R-Neumann (1999), § 115, Rn. 15.

[509] Näher untersucht von Rieble/Gutzeit, Individualarbeitsrechtliche Kontrolle erfolgsabhängiger Vergütungsformen, S. 41, 48-51 – mit dem Ergebnis, daß § 138 BGB den Arbeitnehmer hiervor allenfalls unzureichend schützt.

D. Ergebnis

Entscheidend ist, daß der Arbeitnehmer Lohn erhält, welcher von ihm zur Dekkung seines Lebensunterhalts sowie zu seiner sonstigen Verwendung frei zur Verfügung steht. Soweit der Arbeitnehmer dabei in Form von Sachlohnvereinbarungen bereits im voraus die Verwendung seines Lohnes festlegt, ist dies unbefristet nur zulässig, soweit es sich um Sachlöhne handelt, welche zur Dekkung seiner unmittelbaren Lebensbedürfnisse zwingend benötigt werden. Soweit die Arbeitsvertragsparteien nützliche, aber nicht notwendige Entgeltbestandteile vereinbaren, ist dies nur zulässig, soweit eine lediglich befristete Vereinbarung getroffen wird bzw. die Einräumung eines regelmäßigen Wahlrechts des Arbeitnehmers vereinbart wird, damit dem Arbeitnehmer die Möglichkeit eröffnet wird, auf Veränderungen seiner Bedürfnisse in angemessener Zeit zu reagieren. In allen Fällen ist auf die Einhaltung des Kriteriums der Wertgleichheit zu achten, um dem Arbeitgeber das Interesse an einer bestimmten Sachlohnvereinbarung zu nehmen.

Eine Entlohnung des Arbeitnehmers in anderen als „Endprodukten" ist nur insoweit zulässig, als der Arbeitnehmer diese auf dem Markt problemlos verwerten kann. Dies ist nur bei fungiblen Beteiligungen der Fall. Die Vereinbarung einer Sperrfrist schadet hingegen nicht, da § 115 I GewO ohne Einfluß auf Vereinbarungen über den Zeitpunkt der Lohnzahlung ist.

E. Bedeutung dieses Ergebnisses für das Verbot der Leistung an Erfüllungs Statt

Auch im Rahmen der Leistung an Erfüllung Statt muß dieses Ergebnis Berücksichtigung finden. Denn was im Arbeitsvertrag für sämtliche, künftige Sachlohnvereinbarungen vereinbart werden kann, muß auch im Rahmen der Erfüllung einer einzelnen Lohnschuld vereinbarungsfähig sein. Der Arbeitnehmer ist im Rahmen der Erfüllung nicht schutzbedürftiger als bei Abschluß des Arbeitsvertrags. Das unter *A.* und *C.* gefundene Ergebnis ist daher auch auf die Zulässigkeit der Vereinbarung von Leistungen an Erfüllungs Statt zu übertragen.

§ 3 Das Kreditierungsverbot, § 115 II 1 GewO

§ 115 II GewO lautet:

> „Sie (Anm: die Gewerbetreibenden) dürfen den Arbeitnehmern keine Waren kreditieren. Doch ist es gestattet, den Arbeitnehmern Lebensmittel für den Betrag der Anschaffungskosten, Wohnung und Landnutzung gegen die ortsüblichen Miet- und Pachtpreise, Feuerung, Beleuchtung, regelmäßige Beköstigung, Arzneien und ärztliche Hilfe sowie Werkzeuge und Stoffe zu den ihnen übertragenen Arbeiten für den Betrag der durchschnittlichen Selbstkosten unter Anrechnung bei der Lohnzahlung zu verabfolgen. Zu einem höheren Preise ist die Verabfolgung von Werkzeugen und Stoffen für Akkordarbeiten zulässig, wenn derselbe den ortsüblichen nicht übersteigt und im voraus vereinbart ist."

Im modernen Arbeitsrecht kommen häufig Zahlungsaufschübe dergestalt vor, daß Formen der Mitarbeiterbeteiligung durch Ratenzahlung beglichen werden. Zudem gewähren Unternehmen ihren Mitarbeiter nicht selten Darlehen, etwa zur Finanzierung eines Eigenheimes. Schließlich ist der Verkauf von Jahreswagen gegen Ratenzahlung keine Seltenheit. Ob und welche dieser heute praktizierten Rechtsgeschäfte durch § 115 II 1 GewO verboten sind, ist nun zu prüfen.

1. Teil: Schutzzweck

A. Unterstützungsfunktion

Das Trucksystem könnte leicht durch die Kreditierung von Waren praktiziert werden, welche der Lohnauszahlung zeitlich vorgeschaltet wäre. Am Zahltag könnte der Arbeitgeber sodann die Aufrechnung mit Forderungen aus diesen Kreditierungen erklären. Dies wurde so in der Vergangenheit auch praktiziert. Für die Arbeitnehmer war dies besonders gefährlich, da sie auf diese Weise Waren erst mit zeitlicher Verzögerung abbezahlen mußten, inzwischen aber erneut Waren kreditiert erhielten und auf diesem Wege leicht in eine dauernde wirtschaftliche Abhängigkeit ihres Arbeitgebers gerieten[510].

Aus diesem Grund wurde § 115 I GewO durch die Regelung des § 115 II 1 GewO ergänzt. § 115 II 1 GewO wird teils mit unter den Begriff „Truckverbot" gefaßt[511], im übrigen wird er richtigerweise als Vorschrift angesehen, welche eine **Umgehung** des in § 115 I GewO enthaltenen Truckverbots verhindern soll und insofern der Unterstützung des § 115 I GewO dient (Unterstützungsfunktion des § 115 II 2 GewO)[512].

---

[510] Hueck/Nipperdey, 5. A., S. 84 f.

[511] Herschel, Anm. zu BAG, U. v. 20.3.1974, ArbuR 1975, 159; Hueck/Nipperdey, 5. A., S. 78 sowie derselbe, 7. A., S. 356f; Schaub, 6. A., S. 565.

[512] Tettinger/Wank, § 115, Rn. 3; BAG DB 1979, 1848, 1849; Stahlhacke (1981), § 115, Anm. IV.

B. Darüber hinausgehende Funktion?

Das BAG erkennt dem Kreditierungsverbot daneben in ständiger Rechtsprechung eine über die Sicherung des Truckverbots hinausgehende Bedeutung zu. Zwar werde durch das Kreditierungsverbot in erster Linie verhindert, daß das Truckverbot durch den Verkauf von Waren auf Kredit umgangen werde, darüber hinaus solle § 115 II 1 GewO jedoch auch verhindern, daß der Arbeitnehmer durch die Eingehung von Kreditgeschäften in eine weitere **Abhängigkeit zum Arbeitgeber** geriete[513]. Denn je nach Ausgestaltung der vertraglichen Beziehungen (z.B. Fälligkeit der gesamten Kaufpreisraten bei Lösung des Arbeitsverhältnisses) werde dem Arbeitnehmer durch die Kreditierung von Forderungen der Wechsel des Arbeitsplatzes erheblich erschwert[514]. Die Arbeitgeber bezweckten auf diesem Wege zugleich, die Arbeitnehmer fester an den Gewerbebetrieb zu binden[515].

Ob dem zu folgen ist, sei zunächst dahingestellt. Zweifel ergeben sich daraus, daß auch eine geringer einschneidende Vertragskontrolle eine übermäßige Bindung des Arbeitnehmers verhindern würde. Dann wäre diese Vertragskontrolle jedoch einem gänzlichen Verbot von Verträgen, welche – infolge einer bestimmten Vertragsgestaltung – zu einer ausgeprägten Abhängigkeit führen können, vorzuziehen.

Sinn und Zweck des Kreditierungsverbots ist es jedenfalls, die **Lohnverwendungsfreiheit des Arbeitnehmers** zu sichern. Ebensowenig wie durch die Hingabe von Waren an Zahlungs Statt soll eine vorzeitige Hingabe von Waren gegen Stundung des Kaufpreises und unter späterer Anrechnung auf den Lohn zugelassen sein. Die Lohnauszahlung soll gewährleistet werden.

2. Teil: Der persönliche Geltungsbereich des § 115 II GewO

Der persönliche Geltungsbereich des § 115 II GewO ist mit dem des § 115 I GewO identisch. Es sei daher auf die Ausführungen im 1. Teil des zweiten Kapitels, S. 95ff, verwiesen.

Erwähnung soll jedoch noch eine Entscheidung des BGH zur Auslegung des § 119 GewO finden. Der BGH hat entschieden, daß der Abschluß eines Kreditierungsvertrags mit einem vom Arbeitgeber rechtlich unabhängigen Kreditinstitut selbst dann zulässig ist, wenn dieses mit dem Arbeitgeber in ständiger Geschäftsverbindung steht und regelmäßig zur Finanzierung von Rechtsgeschäften, die zwischen den Arbeitsvertragsparteien geschlossen werden, eingeschaltet

[513] statt vieler: BAG ArbuR 1974, 157, 158 sowie BAG DB 1979, 1848, 1849.
[514] BAG BB 1974, 1026; Reuß/Vollmer, § 115 GewO, Anm. I.
[515] BAG BB 1974, 1026.

wird. Er hat damit festgestellt, daß wirtschaftliche Rechtsbeziehungen zwischen Arbeitgeber und Dritten nicht genügen, um das Kreditierungsverbot auch auf diese Dritten zu erstrecken[516]. Diese Entscheidung verdient Zustimmung. Eine Ausdehnung des § 119 GewO auf lediglich in wirtschaftlichen Rechtsbeziehungen zum Arbeitgeber stehende Dritte würde zum einen die Rechtssicherheit belasten, zum anderen auch zu weit gehen, da Vertragspartner des Arbeitnehmers in diesen Fällen gerade ein Dritter wird und der Arbeitgeber davon jedenfalls nicht unmittelbar profitiert.

3. Teil: Die Abgrenzung des Regelungsinhalts des § 115 II 1 GewO

A. Gegenstand des Kreditierens

I. Der Begriff der Waren im Sinne des § 115 II 1 GewO

Nach dem Wortlaut des § 115 II 1 GewO ist allein die Kreditierung von **Waren** verboten. Daß sich das Kreditierungsverbot hierauf beschränkt, entspricht ganz allgemeiner Meinung[517].

Dabei wird der Begriff „Waren“ so verstanden wie auch im Rahmen des § 55 GewO[518]. Es werden daher nur bewegliche Sachen unter diesen Begriff gefaßt[519].

II. Die Zulässigkeit der Kreditierung anderer als Waren

Es entspricht daher allgemeiner Meinung, daß die Kreditierung anderer als Waren, mithin beispielsweise die Kreditierung von *Grundstücken / Immobilien*[520], *Geschäftsanteilen einer GmbH*[521] sowie die Kreditierung von *Dienstleistungen* unter Stundung des Dienstlohnes, möglich ist.

1. Überprüfung anhand von § 115 II 2 GewO

Dieses Ergebnis steht in Einklang mit § 115 II 2 GewO. Auch die in § 115 II 2 GewO genannten Sachen „Lebensmittel, Feuerung, Beleuchtung, Beköstigung, Arzneien sowie Werkzeuge und Stoffe“ stellen Waren im Sinne des § 115 II 2 GewO dar. Zwar ist dort auch von Wohnung und Landnutzung in

---

[516] Schaub, 6. A., S. 565; BGH NJW 1975, 1515, 1516.
[517] Statt vieler: L/R-Neumann (1981), § 115, Rn. 35; RAG v. 26.6.1937, ArbRS 30, 131, 137.
[518] Schenkel, GewO, § 115, Anm. 12; L/R-Neumann (1981), § 115, Rn. 35.
[519] Schenkel, GewO, § 115, Anm. 12.
[520] V. Landmann (1925), § 115, Anm. 3; L/R-Neumann (1981), § 115, Rn. 38; Stahlhacke (1981), § 115, Anm. IV; Tettinger/Wank, § 115, Rn. 3; BGH EzA Nr. 4 zu § 115 GewO.
[521] L/R-Neumann (1979), § 115, Rn. 35; RAG v. 26.6.1937, ArbRS 30, 131, 137.

Form von Miete und Pacht sowie von der Inanspruchnahme ärztlicher Hilfe die Rede. Dies ist jedoch unschädlich, da sich § 115 II 2 GewO nicht nur auf § 115 II 1 GewO, sondern auch auf § 115 I GewO bezieht. Die Aufzählung von Wohnung und Landnutzung in § 115 II 2 GewO behält damit ihren Sinn[522].

2. Rechtfertigung dieser Differenzierung

Die Motive des Gesetzgebers dafür, lediglich die Warenkreditierung zu verbieten, liegen nahe. Es spricht viel dafür, daß der Gesetzgeber in Anbetracht der früheren Mißbräuche des Truckverbots in erster Linie deren Verhinderung im Auge hatte. Die Mißbräuche beschränkten sich jedoch – jedenfalls in erster Linie – auf die Kreditierung von Waren, welche anstelle des Lohnes hingegeben wurden.

Auch der Zweck des Kreditierungsverbots, dem Arbeitnehmer die Verfügungsfreiheit über seinen Lohn zu erhalten, steht dieser Differenzierung nicht entgegen. Denn aus der Vereinbarkeit der Kreditierung anderer als Waren mit § 115 II 1 GewO folgt noch nicht deren Vereinbarkeit mit §§ 115 ff GewO insgesamt. Vielmehr steht bei diesen Kreditierungen noch eine Überprüfung anhand von § 117 II GewO bevor, welcher das Treffen sog. Lohnverwendungsabreden verbietet. Dort wird auf die Frage der Zulässigkeit der Kreditierung von unbeweglichen Sachen sowie Dienstleistungen zurückzukommen sein[523].

III. Ergebnis

Ein Verstoß gegen das Kreditierungsverbot liegt dann vor, wenn der Arbeitgeber dem Arbeitnehmer Waren kreditiert. Kein Verstoß gegen das Kreditierungsverbot liegt dagegen vor, wenn der Arbeitgeber dem Arbeitnehmer andere Sachen kreditiert.

IV. Subsumtion moderner Fallgruppen

Der Arbeitgeber kann dem Arbeitnehmer daher zum Beispiel eine hausintern organisierte Fortbildung gewähren und die hierfür vereinbarte Gegenleistung kreditieren. Er kann Reparaturen oder sonstige Arbeiten durch sein Personal für den Arbeitnehmer vornehmen lassen und ihm diese Dienstleistung kreditieren. Er kann dem Arbeitnehmer ein Grundstück verkaufen und den Kaufpreis stunden. Er kann dem Arbeitnehmer gesellschaftsrechtliche oder schuldrechtliche Beteiligungen am Unternehmen einräumen und deren Finanzierung stunden. Er kann den Arbeitnehmer zum Piloten ausbilden und ihm die Ausbildungskosten stun-

---

[522] V. Landmann (1925), § 115, Anm. 3.
[523] So beispielsweise auch Schenkel, GewO, § 115, Anm. 3; L/R-Neumann (1981), § 115, Rn. 35.

den. Diese Vereinbarungen verstoßen nicht gegen das Kreditierungsverbot. Jedoch sind diese Formen der Kreditierung im nächsten Kapitel auf deren Vereinbarkeit mit § 117 II GewO zu untersuchen.

B. Das Arbeitgeberdarlehen

I. Das „reine" Darlehen

Der Abschluß eines Darlehensvertrags zwischen Arbeitgeber und Arbeitnehmer, welcher nicht in einem Zusammenhang mit einem Kauf oder ähnlichem steht, ist ebenfalls nicht untersagt. Dies beruht bereits darauf, daß allein durch die Gewährung eines Darlehens nicht auf den Lohnanspruch des Arbeitnehmers zugegriffen wird. Der Arbeitgeber bleibt zur Lohnzahlung verpflichtet und erhält in der Folgezeit lediglich dasjenige zurück, was er dem Arbeitnehmer über die Lohnzahlung hinaus gewährt hatte[524].

II. Verbundene Rechtsgeschäfte

Verbundene Rechtsgeschäfte, bei welchen die Arbeitsvertragsparteien zwar einen selbständigen Kreditvertrag schließen, mit diesem jedoch eine Warenlieferung verknüpfen, sind, da sie letztlich zu einer Umgehung des Kreditierungsverbots führen würden, hingegen unzulässig. Letztlich wird auch hier auf die Lohnansprüche des Arbeitnehmers zugegriffen. Nach Ansicht des BGH liegt ein Umgehungsgeschäft vor, wenn Kauf und Darlehen zur Umgehung geschlossen werden und die Voraussetzungen des § 139 BGB erfüllt sind[525]. Dem ist mit der Einschränkung zuzustimmen, daß es auf die Umgehungsabsicht nicht ankommen kann. Ein subjektives Tatbestandselement, wie es etwa § 826 BGB vorsieht, ist dem Wortlaut des § 115 II 1 GewO nicht zu entnehmen. Auch soll durch § 115 II 1 GewO keine „böse Absicht" bestraft werden, sondern jedwede Kreditierung, die die Auszahlung des Lohnes an den Arbeitnehmer verhindern würde.

---

[524] BAG WuB IX A. § 117 GewO 1.94: ein Darlehensvertrag, da er nicht zur Disposition über den vereinbarten Lohn führt; Reuß/Vollmer, § 115, Anm. V, zur Zulässigkeit zusätzlich zum Lohn gewährter Kredite, etwa zur Vorfinanzierung eines Fertighauses, mit dem Argument, hierbei handle es sich um eine freiwillige Leistung des Arbeitgebers, weshalb nach Sinn und Zweck kein Verstoß gegen § 115 II GewO vorläge – meines Erachtens bedarf es jedoch der deutlicheren Betonung des Umstandes, daß die Lohnzahlungspflicht des Arbeitgebers hierdurch nicht berührt wird, der Arbeitgeber also letztlich keinen Zugriff auf die Lohnansprüche des Arbeitnehmers nimmt.

[525] BGH DB 1975, 1512.

III. Das zweckgebundene Darlehen

Anders wiederum beurteilt sich die Rechtslage bei zweckgebundenen Darlehen, wie sie in der Praxis häufig vorkommen[526]. Genannt seien hier zum Beispiel Baufinanzierungsdarlehen, mit deren Hilfe dem Arbeitnehmer der Bau eines Eigenheimes ermöglicht werden soll. Hier erfolgt, ebenso wie beim selbständigen Darlehen, lediglich die Hingabe von Geld, ohne daß auf die Lohnansprüche des Arbeitnehmers zugegriffen würde. Das zweckgebundene Darlehen dient lediglich einem bestimmten Zweck, welcher die Motivationsgrundlage des Arbeitgebers für die Gewährung des Darlehens darstellt. Der Sache nach wird jedoch ein reines Darlehen gewährt, welches – da hiermit ein Rechtsgeschäft mit einem Dritten finanziert werden soll – auf die Lohnzahlung ohne Einfluß ist.

IV. Ergebnis

Festzuhalten bleibt damit, daß Kreditierungen nur insoweit verboten sind, als sie auf den Erwerb von Waren des Arbeitgebers durch den Arbeitnehmer zielen und letztlich dazu führen, daß dem Arbeitnehmer im Wege des späteren Lohnabzugs etwas von seinem Lohn genommen wird.

V. Subsumtion moderner Fallgruppen

Der Arbeitgeber kann dem Arbeitnehmer daher ein Studium vorfinanzieren. Ebenso kann er bei Rechtsgeschäften mit Dritten als Finanzierer eingeschaltet werden. Die hierdurch eintretende Abhängigkeit ist nach dem ausdrücklichen Wortlaut des § 115 II 1 GewO nicht untersagt. Jedoch wird auch hier eine Prüfung auf die Vereinbarkeit derartiger Abreden mit § 117 II GewO zu erfolgen haben.

C. Der Barverkauf

Abzugrenzen ist die Kreditierung weiter vom Barverkauf, welcher nach ganz allgemein anerkannter Ansicht durch das Kreditierungsverbot nicht untersagt wird[527] und auch andere als die in § 115 II 2 GewO genannten Waren zum Gegenstand haben kann[528]. Dies ergibt sich bereits aus dem Wortlaut, welchem kein Anhalt dafür entnommen werden kann, daß auch ein Barverkauf untersagt

---

[526] Jesse/Schellen, Arbeitgeberdarlehen und Vorschuß, S. 65.

[527] Statt vieler: BVerfG BB 1992, 780, 781; Tettinger/Wank, § 115, Rn. 3; Schaub, 6. A., S. 565; Nikisch, S. 418; Schnorr v. Carolsfeld, S. 183; Hueck/Nipperdey, 7. A., S. 357; L/R-Neumann (1981), § 115, Rn. 38.

[528] Staudinger-Richardi, § 611 BGB, Rn. 704; Hueck/Nipperdey, 2. A., S. 78; Nikisch, S. 418; Schaub, 6. A., S. 565; L/R-Neumann (1979), § 115, Rn. 38; Stahlhacke (1966), § 115, Anm. IV; Schnorr v. Carolsfeld, S. 183.

werden sollte. Entsprechend war im Rahmen der gesetzgeberischen Entwicklung der GewO auch lediglich die *Aufnahme* eines solchen Verbots in die GewO diskutiert worden, jedoch ohne Erfolg[529]. Ein Verbot des Barverkaufs erschiene auch nicht sachgerecht. Gerade der Abschluß eines solchen Vertrags unter Verwendung bereits verdienten Lohnes – in freier Entscheidung – soll ja gerade durch die gewerberechtlichen Entgeltvorschriften ermöglicht werden. Verträge unter Einsatz von Lohn zwischen den Arbeitsvertragsparteien gänzlich zu verbieten, wäre hingegen ein nicht zu rechtfertigender, unzumutbarer Eingriff in die Rechtsstellung zumindest des Arbeitnehmers.

Auch in der Bemessung des Preises unterliegen die Arbeitsvertragsparteien hier keinen besonderen Beschränkungen. So müssen etwa beim Barverkauf in § 115 II 2 GewO genannter Waren die dortigen Vorgaben zur *Preisgestaltung* nicht eingehalten werden[530]. Begründet wird dies von den Vertretern dieser Rechtsansicht nicht. Es finden sich allerdings auch keine Gegenstimmen. Der Wortlaut des § 115 II GewO spricht jedenfalls für diese Ansicht. Ihr lassen sich keine Beschränkungen hinsichtlich der Inhalte von Barverkäufen entnehmen. Entscheidend dürfte die Überlegung sein, daß § 115 II 1 GewO, ebenso wie § 115 I GewO, dem Arbeitnehmer den Zufluß seines Lohnes sichern soll, bei Barverkäufen dieser Lohnzufluß jedoch nicht in Gefahr gerät, die Bezahlung vielmehr mit bereits fälligem oder bereits erhaltenem Lohn erfolgt. Derartige Rechtsgeschäfte können daher allenfalls, was noch näher zu untersuchen sein wird, durch § 117 II GewO verboten sein. Aufgrund dieser Erwägungen sind auch Barverkäufe zu Sonderpreisen für zulässig zu erachten[531].

Damit ist festzuhalten, daß jeder Barverkauf unproblematisch zulässig ist und auch keinen Inhaltskontrollen unterliegt, während ein Kaufvertrag unter Stundung des Kaufpreises grundsätzlich verboten ist.

D. Ergebnis

Damit steht fest, daß § 115 II 1 GewO generell weder der Durchführung von Barverkäufen noch dem Abschluß von Darlehensverträgen, welche nicht mit einer Abgabe von Waren gegen Entgelt verbunden sind, entgegensteht. Es bedarf jedoch noch einer Überprüfung dieser Rechtsgeschäfte auf deren Vereinbarkeit mit § 117 II GewO.

---

[529] Stenographische Berichte 1891, S. 1653.

[530] Schenkel, GewO, § 115, Anm. 12; L/R-Neumann (1981), § 115, Rn. 38; Stahlhacke (1966), § 115, Anm. IV; RGSt 22, 177, 178.

[531] So auch Schnorr v. Carolsfeld, S. 183, wenn auch ohne Begründung.

§ 115 II 1 GewO steht somit dem Abschluß zusätzlicher Verträge mit dem Ziel der **Mitarbeiterbeteiligung** selbst dann nicht im Wege, wenn diese unter Stundung der Verbindlichkeit des Arbeitnehmers abgeschlossen werden. Denn § 115 II 1 GewO verbietet lediglich die Kreditierung von Waren. Auch die Vorfinanzierung von Mitarbeiterkapitalbeteiligungen ist daher mit § 115 II 1 GewO vereinbar.

Auch die Kreditierung **sonstiger Vermögensanlagen** ist mit dem Kreditierungsverbot der Gewerbeordnung vereinbar.

Auch die **Vorfinanzierung von Dienstleistungen**, wie etwa auch die Finanzierung einer Pilotenausbildung durch den Arbeitgeber unter Vereinbarung späterer Verrechnung mit künftigen Lohnansprüchen nach Ende der Ausbildung ist mit § 115 II GewO vereinbar.

Schließlich steht § 115 II 1 GewO auch der Vereinbarung von **Zeitwertpapieren** nicht entgegen. Hier erfolgt schon keine Kreditierung irgendeiner Forderung, vielmehr bestimmt der Arbeitnehmer, welche Zeit- oder Geldbeträge auf sein Zeitwertkonto einfließen sollen. Im übrigen läge hierin eine Kreditierung zugunsten des Arbeitgebers und nicht zugunsten des Arbeitnehmers. Letztere wäre jedoch erforderlich, um den Gefährdungstatbestand der steigenden Abhängigkeit des Arbeitnehmers vom Arbeitgeber zu erreichen.

4. Teil: Das Verbot der Kreditierung von Waren

A. Die Rechtsnatur des abgeschlossenen Rechtsgeschäfts

I. Der Kaufvertrag

Einigkeit besteht darüber, daß § 115 II 1 GewO jegliche Stundung des Kaufpreises im Rahmen eines **Kaufvertrags** verbietet[532].

II. Sonstige entgeltliche Verträge

1. Darstellung des Meinungsstreits

Streitig ist, ob darüber hinaus auch die bloße *Vermietung* unter Stundung des Mietpreises sowie jede *sonstige Abgabe von Waren unter Stundung des Entgelts*

---

[532] Vgl. beispielsweise Hueck/Nipperdey, 7. A., S. 358; Schenkel, GewO, § 115, Anm. 12; v. Landmann (1925), § 115, Anm. 3; BAG DB 1979, 1848.

verboten ist. Eingegangen wird auf diese Problematik allerdings nur von wenigen[533].

Schenkel führt aus, es sei nur der Verkauf untersagt, nicht jedoch die leih- und mietweise Hingabe von Gebrauchsgegenständen, zum Beispiel Einrichtungsgegenständen, unter Stundung der Miet- und Leihzinsen. Hingegen ändere die Einkleidung eines gegen ratenweise Abzahlung erfolgenden Kaufgeschäfts in die Form eines Miet- oder Leihvertrags die rechtliche Natur des Rechtsverhältnisses (Kaufvertrag) nicht.

Demgegenüber sind Robert von Landmann sowie Neumann der Ansicht, auch die Vermietung unter Stundung des Mietpreises verstoße gegen § 115 II 1 GewO.

2. Stellungnahme

Begründet wird der jeweils vertretene Standpunkt von keiner Seite. Schenkel sieht sich jedoch zumindest veranlaßt, darauf einzugehen, daß der von ihm vertretenen Ansicht die Regelung des § 115 II 2 GewO nicht entgegenstehe. Die Kreditierung von Wohnung, Landnutzung oder ärztlicher Hilfe, wie sie in § 115 II 2 GewO genannt sind, sei schon gar nicht möglich. Er ist der Ansicht, dieser Vorschrift komme insoweit jedoch Bedeutung im Hinblick auf § 115 I GewO zu[534].

Dem ist zuzustimmen. Die Regelung des § 115 II 2 GewO über die Miet- und Pachtpreise von Wohnung, Landnutzung ebenso wie die Regelung über ärztliche Hilfe steht einer Beschränkung des Kreditierungsverbots auf Kaufverträge nicht entgegen. Vorgenannte Leistungen können sich in der Tat nicht auf einen Kaufvertrag, welcher kreditiert würde, beziehen. Schenkel ist auch darin zuzustimmen, daß diese Regelung insoweit Bedeutung behält, als sie über die Frage der Zulässigkeit der Vereinbarung von Leistungen an Erfüllungs Statt oder die Vereinbarung von Sachlöhnen Aussagen trifft.

Auch im Ergebnis ist Schenkel zu folgen. Kauf- und Mietvertrag sind ihrer Rechtsnatur nach nicht vergleichbar. Während der Kaufvertrag eine einmalige Verbindlichkeit für den Arbeitnehmer begründet, entsteht durch den Abschluß eines Mietvertrags ein Dauerschuldverhältnis. Aufgrund dieses Unterschieds ist auch die Stundung eines Kaufpreises durchaus üblich, während Mietzinsverbindlichkeiten ihrer Natur nach in aller Regel nicht gestundet werden. Hinzu kommt, daß das Kreditierungsverbot in engem sachlichen Zusammenhang zu

---

[533] **Bejahend:** v. Landmann (1925), § 115, Anm. 3; L/R-Neumann (1981), § 115, Rn. 34. **Verneinend:** Schenkel, GewO, § 115, Anm. 12.
[534] Schenkel, GewO, § 115, Anm. 13.

§ 115 I GewO und dem darin enthaltenen Verbot der Leistung an Erfüllungs Statt steht. Im Wege der Leistung an Erfüllungs Statt können naturgemäß jedoch ebenfalls nur Waren geleistet werden, die in das Vermögen des Arbeitnehmers übergehen. Die bloße Nutzungsüberlassung erfolgt hingegen nicht im Wege der Leistung an Erfüllungs Statt.

III. Ergebnis

Verboten ist daher nur der Abschluß von **Kaufverträgen** unter Stundung des Kaufpreises, nicht jedoch die Kreditierung im Rahmen anderer entgeltlicher Verträge. Folge eines Verstoßes gegen dieses Kreditierungsverbot ist, wie bereits im 4. Teil des ersten Kapitels unter *B* II , S. 75f, dargestellt, nicht etwa die Unwirksamkeit des Kaufvertrags. Vielmehr hat ein Verstoß gegen § 115 II GewO zur Folge, daß der Arbeitgeber seinen gesamten Kaufpreisanspruch verliert und dieser auf die in § 116 GewO bezeichnete Kasse übergeht.

Daneben sind freilich auch **andere Rechtsgeschäfte** untersagt**, welche letztlich auf einen Kauf abzielen**. Unter das Kreditierungsverbot fallen daher auch etwa *Leasingverträge*, wenn sie darauf angelegt sind, dem Leasingnehmer den Gebrauch der Sache auf unbestimmte oder begrenzte Dauer zu verschaffen und im Rahmen der Gegenleistung dem Leasinggeber das eingesetzte Kapital einschließlich des kalkulierten Gewinns zurückgewährt werden soll (sog. Finanzierungsleasing[535]). Ein sog. Mietkauf, d.h. ein Mietvertrag, verbunden mit einem Kaufoptionsvertrag[536], stellt demgegenüber kein auf einen Kauf abzielendes Rechtsgeschäft dar, da der Kauf noch ungewiß ist und der Arbeitnehmer zunächst nur Pflichten eines Mietvertrags eingeht.

B. Formen des Kreditierens

I. Der Begriff des Kreditierens

Nach dem allgemeinen Sprachgebrauch bestehen für das Wort „kreditieren“ folgende Synonyme: borgen, leihen, vorschießen und vorstrecken[537]. In diesem Sinne wird das Wort „kreditieren“ auch im vorliegenden § 115 II 1 GewO gebraucht. Das Kreditierungsverbot wird daher zuweilen auch als Borgverbot bezeichnet[538].

[535] Palandt, Einf v § 535 BGB, Rn. 29; Zu sonstigen Finanzierungshilfen im Rahmen des Verbraucherkreditgesetzes: Palandt, § 1 VerbrKrG, Rn. 7 unter Verweis auf BGH NJW 1996, 2034 mwN.
[536] Vgl. Palandt, Einf v § 535 BGB, 22.
[537] Vgl. die in Microsoft Word 2000 angezeigten Synonyme.
[538] So zum Beispiel von v. Landmann (1925), § 115, Anm. 3.

Eine Kreditierung im Sinne des § 115 II 1 GewO liegt bei jeder Vereinbarung von **Zahlungsaufschub** vor. Sie liegt damit vor, wenn der Arbeitgeber dem Arbeitnehmer den Kaufpreis *stundet*[539]. Daneben ist eine Kreditierung auch dann gegeben, wenn sich der Arbeitnehmer zu einer *Ratenzahlung* verpflichtet. Daß es auf die Art der Zahlungsvereinbarung nicht wesentlich ankommt, wird aus dem Begriff „verabfolgen" geschlossen. Dieser wurde gewählt, um den Arbeitsvertragsparteien bei Abschluß der nach § 115 II 2 GewO zulässigen Kreditierungen größtmöglichen Spielraum zu belassen, um diese für erwünscht erachteten Kreditierungen nicht zu behindern[540].

II. Die Hingabe von Marken oder Bons

Nach v. Landmann sowie Neumann liegt ein Verstoß gegen das Kreditierungsverbot auch dann vor, wenn zwar keine Stundung des Kaufpreises erfolgt, der Arbeitgeber dem Arbeitnehmer aber *Marken oder Bons* verabfolgt, welche der Arbeitgeber bei Aushändigung der zu verkaufenden Ware an Zahlungs Statt annimmt und sodann dem Arbeitnehmer bei der Lohnzahlung in Gegenrechnung bringt. Wenn solche Marken als Lohnvorschüsse gegeben würden, so läge hierin zugleich ein Verstoß gegen § 115 I GewO[541].

Im Rahmen des § 115 II 1 GewO kann in diesem Fall jedoch nicht von einer eigenständigen Form des Kreditierens gesprochen werden. Zunächst ist festzustellen, daß hierin kein Verstoß gegen § 115 I GewO zu sehen ist. Der Arbeitgeber gibt nicht, wie § 115 I GewO dies voraussetzt, Marken oder Bons hin, um dem Arbeitnehmer deren Verwendung zu derem üblichen Zwecke zu ermöglichen. Diese Marken oder Bons werden vielmehr nur hingeben, um sie sogleich wieder zurückzuerlangen und ihren Wert bei der späteren Lohnzahlung in Abzug zu bringen. Der Sache nach gibt der Arbeitgeber damit aber als Vorschuß *Waren* und nicht Marken oder Bons hin. Die Hingabe von Marken oder Bons – zurück an den Arbeitgeber – symbolisiert allenfalls die eingegangene Schuld des Arbeitnehmers. Es kann daher keine Rede davon sein, durch dieses Verhalten würden sowohl § 115 I als auch § 115 II 1 GewO verletzt. Es ist vielmehr allein von einem Verstoß gegen § 115 II 1 GewO auszugehen.

C. Ergebnis

Verboten durch § 115 II 1 GewO ist somit der Abschluß eines Kaufvertrags oder eines anderen, im wirtschaftlichen Sinne auf einen Kauf abzielenden Rechtsgeschäfts unter Vereinbarung eines Zahlungsaufschubs jeglicher Art.

---

[539] L/R-Neumann (1981), § 115, Rn. 36.
[540] Rohlfing/Kiskalt/Wolff, § 115, Anm. 6d; L/R-Neumann (1981), § 115, Rn. 44.
[541] V. Landmann (1925), § 115, Anm. 3; L/R-Neumann (1981), § 115, Rn. 36.

5. Teil: Ausnahmen vom Kreditierungsverbot

A. Der Ausnahmenkatalog des § 115 II 2 GewO

Die Regelung des **§ 115 II 2 GewO** bezieht sich nicht nur auf das Verbot der Leistung an Erfüllungs Statt sowie das Verbot von Sachlohnvereinbarungen, sondern schränkt in gleichem Maße auch das Kreditierungsverbot ein.

I. Der Inhalt des § 115 II 2 GewO

Zulässig ist die Kreditierung aller in § 115 II 2 GewO genannter Naturalien. Zulässig ist damit insbesondere die Kreditierung von **Lebensmitteln, Feuerung, Beleuchtung, regelmäßiger Beköstigung** und von **Arzneien.**

Als Ausnahmevorschrift ist § 115 II 2 GewO eng auszulegen und nicht ausdehnungsfähig[542]. Unter den Begriff Lebensmittel fallen daher nach allgemeiner Meinung weder *Genußmittel* wie Tabakwaren oder Spirituosen noch *Haushaltsartikel bzw. Verbrauchsgegenstände, die nicht zum Verzehr bestimmt sind*[543], wie etwa Seife, Haaröl, Zahnpulver, Parfüm und Spiritus oder *Kleidung*. Unzulässig ist weiter die Kreditierung von Zement für Bauarbeiten, sonstiger *Baustoffe* sowie die Kreditierung von *Baumaterialien*[544].

II. Der Zweck des § 115 II 2 GewO

Zum einen wird vertreten, Zweck dieser Vorschrift sei es, dem Arbeitnehmer die Kreditierung derjenigen Waren zu ermöglichen, welche zur Befriedigung der Grundbedürfnisse der Arbeitnehmer erforderlich sind[545]. Was dem Arbeitnehmer zur Deckung seines unmittelbaren Lebensbedarfs diene und was er überwiegend auch als Teil seines Lohnes (Sachbezug) erhalten könne, solle er nicht nur bei Dritten, sondern auch beim Arbeitgeber kreditieren dürfen[546].

Demgegenüber sieht etwa N i k i s c h den Sinn der Vorschrift in seiner Bedeutung in bezug auf § 115 II 1 GewO darin, den Arbeitnehmern diejenigen Vorteile zu erhalten, die sich für sie ergeben, wenn der Arbeitgeber Lebensmittel oder Brennstoffe im großen einkauft und zu den Selbstkosten an sie abgibt,

---

542 L/R-Neumann (1979), § 115, Rn. 41; RAG ArbRS 5, 369; Schnorr v. Carolsfeld, S. 183.

543 So Schenkel, GewO, § 115, Anm.14.

544 Nikisch, S. 418; Schaub, 6. A., S. 565; Rohlfing/Kiskalt/Wolff, § 115, Anm. 6a: Luxusgegenstände sowie Anm. 6c unter Verweis auf RAG SAE 29, 355; Hueck/Nipperdey, 7. A., S. 357 unter Verweis auf verschiedene Entscheidungen des Reichsarbeitsgerichts; Schnorr v. Carolsfeld, S. 183; L/R-Neumann (1981), § 115, Rn. 46 und 54; v. Landmann (1925), § 115, Anm. 4.

545 L/R-Neumann (1981), § 115, Rn. 44: „Versorgung des Arbeitnehmers mit den in Abs. 2 bezeichneten lebensnotwendigen Waren und Leistungen".

546 So auch BAG DB 1979, 1848, 1850.

oder wenn er durch Vereinbarungen mit Ärzten und Apothekern für ärztliche Hilfe und Arzneien sorgt[547]. Bei größeren Lieferungen, durch die sich die Arbeitnehmer etwa für den Winter mit Kohlen oder Kartoffeln eindecken, pflege der Preis in kleineren Raten vom Lohn abgezogen und so beglichen zu werden.

Dies kann jedoch allenfalls eine mit der Kreditierung einhergehende, zufällige Begünstigung des Arbeitnehmers darstellen. Würde man dem Arbeitnehmer allein die Möglichkeit, vorteilhafte Rechtsgeschäfte abzuschließen, erhalten wollen, so erschiene nicht recht verständlich, warum nicht auch andere als die in § 115 II 2 GewO genannten Waren, soweit eine kostengünstige Massenbestellung in Betracht käme, kreditierungsfähig sein sollten. Es bliebe die Frage ungelöst, weshalb gerade nur die in § 115 II 2 GewO genannten Waren kreditierungsfähig sein sollten. Auch der Umstand, daß der Aufrechenbarkeit in bezug auf Kreditierungen von Waren im Sinne des § 115 II 2 GewO keine Grenzen gesetzt sind, zeigt, daß sich der Zweck der Kreditierung vor dem Hintergrund der Deckung der Lebensbedürfnisse der Arbeitnehmer rechtfertigt.

Es ist daher derjenigen Ansicht zu folgen, welche den Zweck des § 115 II 2 GewO dahingehend bestimmt, daß die dort genannten Kreditierungen deshalb erlaubt sind, weil der Arbeitnehmer auf diese Waren zur Deckung seiner Lebensbedürfnisse dringend angewiesen ist. Denn dieses Merkmal ist den in § 115 II 2 GewO genannten Gegenständen gemein.

III. Die Geltung des § 394 BGB

Im Rahmen des § 115 II GewO war früher streitig, ob auch hinsichtlich der nach § 115 II 2 GewO zulässigen Kreditierungen eine Aufrechnung über den Rahmen der Pfändbarkeit hinaus zulässig sei[548]. Heute ist überwiegend anerkannt, daß § 115 II 1 i.V.m. § 115 II 2 GewO (ebenso wie § 117 II GewO bezüglich Lohnabzügen von Beiträgen zu sog. Wohlfahrtseinrichtungen) lex specialis zu § 394 BGB ist und damit der Aufrechnung keine Schranken gesetzt sind[549]. Dies rechtfertigt sich daraus, daß im Rahmen des § 115 II 2 GewO Waren gewährt werden, welche der Arbeitnehmer auch als Teil des Lohnes erhalten kann und die der Deckung seines unmittelbaren Lebensbedarfs dienen[550] und welche er auch bereits tatsächlich erhalten hat[551]. Ein weiteres Argument kann der Vorschrift des § 850 e Nr. 3 ZPO entnommen werden, nach welcher sich der pfändbare Betrag erhöht, soweit dem Arbeitnehmer Sachbezüge als Lohnbestandteil gewährt werden. Diese Vorschrift zeigt, daß Sachbezüge auch im Rahmen der §§ 850 ff

[547] Nikisch, S. 418.
[548] Vgl. Müller, Truckverbot, S. 74; L/R-Neumann (1981), § 115, Rn. 43.
[549] L/R-Neumann (1981), § 115, Rn. 43.
[550] BAG DB 1979, 1848, 1850.
[551] Nikisch, S. 418.

ZPO, mithin bei der Berechnung des pfändbaren Betrags, Berücksichtigung finden. Dann spricht aber auch nichts dagegen, gleichartige, tatsächliche Bezüge, die bereits gewährt wurden, im Wege der Aufrechnung zur Geltung zu bringen.

Neumann schränkt die Aufrechenbarkeit dahingehend ein, daß er die Aufrechnung, soweit sie dem Arbeitnehmer den pfändbaren Teil seines Lohnes entzieht, nur mit Ansprüchen auf Lebensmittel für möglich erklärt, mit welchen der Arbeitnehmer seinen Lebensunterhalt bestreitet, ebenso mit Ansprüchen auf laufende Mieten, nicht jedoch mit solchen auf rückständige Mieten, da dem Arbeitnehmer andernfalls der notwendige Lebensunterhalt entzogen würde[552].

Diese Begründung überzeugt schon deshalb nicht, weil Wohnung und Landnutzung schon nicht unter den Begriff von Waren im Sinne des § 115 II 2 GewO fallen, so daß hier eine Kreditierung und damit eine Aufrechnung auch mit dem an sich pfändungsfreien Betrag schon gar nicht in Betracht kommt[553]. Eine Begrenzung der Aufrechenbarkeit auf Kreditierungen, welche im letzten Abrechnungszeitraum erfolgten, erscheint auch nicht erforderlich.

B. Die Anordnung des Reichsarbeitsministers vom 16.1.1939

Im Jahre 1939 ist § 115 II 2 GewO durch die Anordnung des Reichsarbeitsministers vom 16.1.1939 (RArbBl. I, S. 57) ergänzt worden, welcher die Kreditierung bestimmter Gebrauchsgegenstände vom Kreditierungsverbot ausnimmt – jedoch unter der Voraussetzung, daß diese Gebrauchsgegenstände vom Arbeitgeber hergestellt oder doch zumindest regelmäßig vertrieben werden, und unter den weiteren Voraussetzungen, daß die Kreditierung auf Wunsch des Arbeitnehmers erfolgt und insgesamt nicht mehr als 10 % des Nettoarbeitsentgelts für Abzahlungsraten aufgewendet werden. Die Ermächtigungsgrundlage für diese Anordnung bildete § 28 AZO.

Der Reichsminister hatte angeordnet:

> "Aufgrund der AZO vom 30.4.1938 (RGBl. I S. 477) § 28 bestimme ich, daß in Abweichung von § 115 Abs. 2 Satz 1 der GewO Unternehmer den Gefolgschaftsmitgliedern auf deren Wunsch Elektrogeräte, Rundfunkempfangsgeräte, Gasapparate und andere **Gebrauchsgegenstände, die im Betrieb hergestellt oder von ihm regelmäßig vertrieben werden**, zum eigenen Bedarf auf Abzahlung verkaufen dürfen. Die Abzahlungsraten dürfen hierbei - bei Abzahlung mehrerer Gebrauchsgegenstände zusammen - 10 vH des Nettoarbeitsentgelts nicht übersteigen, den das Gefolgschaftsmitglied im Durchschnitt des Ratenzahlungsabschnitts erhält."

---

[552] L/R-Neumann (1981), § 115, Rn. 49.
[553] So Neumann selbst in L/R-Neumann (1981), § 115, Rn. 35.

Bezweckt wurde mit der Anordnung, in der damaligen Zeit der Güterknappheit den Arbeitnehmern dadurch einen Anreiz zu ordentlicher Arbeit zu verschaffen, daß man ihnen den Erwerb der von ihnen hergestellten Sachen auch selbst ermöglichte[554].

I. Geltendes Recht

Ob diese Anordnung nach wie vor geltendes Recht ist, ist streitig, letztlich aber zu bejahen[555].

Soweit die Meinung vertreten wird, die Anordnung sei schon niemals geltendes Recht gewesen, da sie ein Reichsgesetz (gemeint ist wohl die GewO) einenge und hierfür aus heutiger Sicht die AZO nicht mehr ausreiche, da deren Rechtsform dem Grundgesetz widerspreche[556], ist auszuführen, daß keineswegs ein Rechtssatz dahingehend existiert, vorkonstitutionelles Recht gelte nur insoweit, als es sich auch hinsichtlich seiner Entstehung in das Normengefüge, wie es durch das spätere Grundgesetz geschaffen wurde, nahtlos einfüge. Vielmehr ist vorkonstitutionelles Recht bereits dann wirksam, wenn es nach dem damals geltenden Rechtssystem ordnungsgemäß zustande gekommen ist. Vorkonstitutionelles Recht unterliegt nicht den formellen Anforderungen des Grundgesetzes, sondern ist allein in materieller Hinsicht von den Gerichten auf seine Verfassungsmäßigkeit zu prüfen. Nur insofern wirkt das Grundgesetz auf die Geltung früher geschaffener Rechtsvorschriften ein[557].

Soweit eingewandt wird, die Anordnung habe noch niemals Geltung entfaltet, da die AZO nur Regelungen auf dem Gebiet des Arbeiterschutzrechts zum Gegenstand gehabt habe, hier aber Regelungen im Bereich des Arbeiterschutzrechts betroffen seien[558], ist auszuführen, daß die AZO seit jeher dahingehend verstanden wurde, daß sie auch Vorschriften zur Sonntagsruhe (§§ 105 b - 105 i GewO) sowie Vorschriften zum Lohn- oder Betriebsschutz (§§ 114 a ff, 115 ff

---

[554] BAG EzA Nr. 5 zu § 115 GewO = DB 1979, 1848ff (Ausführungen zu diesem Aspekt finden sich jedoch nur im Abdruck der Entscheidung in der EzA).

[555] L/R-Neumann (1981), § 115, Rn. 55; Stahlhacke (1981), § 115, Anm. IV; Boldt, GewR, § 115, Anm. 1; Denecke-Neumann, § 28 AZO, Rn. 1 mwN; Rohlfing/Kiskalt-Wolf, § 115, Anm. 6c; Schaub, 6. A., S. 565; BAG AP Nr. 4 zu § 115 GewO = DB 1979, 1848, 1849; Weitnauer, Anm. zu BAG AP Nr. 4 zu § 115 GewO; **im Ergebnis ebenso** Herschel, der seine noch unter ArbuR 1975, 159, 160 vertretene Gegenansicht, wenn auch nur im Ergebnis, in der Anmerkung zu BAG EzA Nr. 5 zu § 115 GewO aufgab mit der Begründung, durch die langjährige Anwendung habe sich im Laufe der Zeit Gewohnheitsrecht gebildet; **a.A:** Reuß/Vollmer, § 115, Anm. V.

[556] Reuß/Vollmer, § 115, Anm. V; Herschel, Anm. zu BAG EzA Nr. 5 zu § 115 GewO unter Verweis auf die rechtsstaatlichen Anforderungen des Art. 80 I GG.

[557] Jarass/Pieroth, GG, Art. 123, Rn. 6f.

[558] Herschel, Anm. zu BAG ArbuR 1975, 159, 160.

GewO) betreffe[559]. Demgemäß ermächtigte sie auch ausdrücklich nicht nur zu Regelungen betreffend die Arbeitszeitordnung, sondern auch zu Regelungen betreffend „andere Arbeitsschutzvorschriften".

§ 28 AZO lautete:

> „Der *Reichsarbeitsminister* kann über die in der Arbeitszeitordnung **oder in anderen Arbeitsschutzvorschriften** vorgesehenen Ausnahmen hinaus widerruflich weitergehende Ausnahmen zulassen, wenn sie im öffentlichen Interesse dringend nötig werden."

Auch eine möglicherweise nicht ordnungsgemäße Verkündung der AZO[560] steht ihrer heutigen Geltung nicht im Wege, da sie jedenfalls vom Bundesgesetzgeber nicht wegen Verkündungsmängeln für unwirksam angesehen worden ist[561]. Zudem hat das Bundesverfassungsgericht bestätigt, daß die AZO gem. Art. 125 GG als Bundesrecht fortgilt[562].

Schließlich kann auch dahinstehen, ob eine Anordnung, welche auf § 28 AZO beruht, als nur vorübergehende Maßnahme geschaffen wurde und nur gelten sollte, solange das öffentliche Interesse andauerte[563]. Unabhängig hiervon bedarf es, wie die Widerruflichkeitsbestimmung in § 28 AZO zeigt, einer förmlichen Aufhebung durch die zuständige Stelle[564].

Auch die Neuregelung der Vorschriften der AZO im Arbeitszeitgesetz schadet nicht. Die AZO galt bis zum 30.6.1994 und wurde mit Wirkung zum 1.7.1994 durch das ArbZG ersetzt[565]. § 28 AZO wurde dabei zwar teilweise durch die Regelung in § 15 II ArbZG aufrechterhalten. Bezüglich anderer als solcher Regelungen, welche die Arbeitszeit betreffen, findet sich im ArbZG nunmehr jedoch, entgegen dem Inhalt der Regelung des § 28 AZO, keine Ermächtigung mehr für den Erlaß von Rechtsverordnungen[566]. An sich ist damit die Ermächtigungsgrundlage für die vorliegend zu untersuchende Anordnung des RAM aus dem Jahre 1939 entfallen. Eine solche Anordnung könnte nach der heutigen Regelung des § 15 II ArbZG nicht mehr erlassen werden. Dies schadet jedoch deshalb nicht, weil eine Neuregelung eines Gesetzes nicht zwangsläufig dazu führt, daß jegliches hierauf gestützte Recht unwirksam wird. Demgemäß wurde auch

---

[559] Meisel/Hiersemann, AZO, 1970, § 28, Rn. 1f; Denecke/Neumann, § 28 AZO, Rn. 1; BAG EzA Nr. 5 zu § 115 GewO, S. 33 mwN.
[560] Reuß/Vollmer, § 115, Anm. V.
[561] BAG EzA Nr. 5 zu § 115 GewO, S. 34.
[562] BVerfGE 22, 1, 2.
[563] Reuß/Vollmer, § 115, Anm. V.
[564] So auch BAG EzA Nr. 5 zu § 115 GewO, S. 34f.
[565] Neumann/Biebl, ArbZG, Einl., 6.
[566] Baeck/Deutsch, ArbZG, § 15, Rn. 3; Zmarklik/Anzinger, ArbZG, § 15, Rn. 23.

durch Artikel 21 des Gesetzes zur Vereinheitlichung und Flexibilisierung des Arbeitszeitrechts (Arbeitszeitrechtsgesetz - ArbZRG) ausdrücklich geregelt, welche der aufgrund der AZO erlassenen Anordnungen außer Kraft treten sollten. Die vorliegend zu untersuchende Anordnung des RAM aus dem Jahre 1939 ist dort jedoch nicht aufgeführt[567]. Sie soll daher nach dem ausdrücklichen Willen des Gesetzgebers fortgelten.

II. Auslegung

Die Anordnung des Reichsarbeitsministers ist als Ausnahmevorschrift nach herrschender Meinung eng auszulegen und nicht ausdehnungsfähig[568]. „Andere Gebrauchsgegenstände" im Sinne der genannten Anordnung sind daher nach herrschender Meinung nur solche, die mit den dort enumerativ aufgezählten Gebrauchsgegenständen vergleichbar sind.

Einen vergleichbaren Gebrauchsgegenstand stellt in jedem Fall der Staubsauger dar[569]. Farbfernsehgeräte sind ebenfalls als vergleichbar anzusehen[570]. Einhellig verneint wird demgegenüber die Vergleichbarkeit von Kraftfahrzeugen[571]. Fraglich ist hingegen, ob auch Fahrräder mit den in der Anordnung genannten Gegenständen vergleichbar sind[572].

1. Die Entscheidungen des BAG betreffend Kraftfahrzeuge sowie Farbfernsehgeräte

Im Rahmen seiner Entscheidung über die Zulässigkeit der Kreditierung von Kraftfahrzeugen hat das BAG für die Vergleichbarkeit von Gebrauchsgegenständen mit den in der Anordnung des RAM genannten zwei Kriterien aufgestellt und diese in einer späteren Entscheidung, betreffend die Zulässigkeit der Kreditierung von Farbfernsehgeräten, bestätigt[573].

---

567 BGBl. 1994, I, 1170, 1182f.

568 L/R-Neumann (1979), § 115, Rn. 41; RAG ArbRS 5, 369, 374; Schnorr v. Carolsfeld, S. 183.

569 Schnorr v. Carolsfeld, S. 183.

570 Tettinger/Wank, 6. A., § 115, Rn. 4.

571 L/R-Neumann (1981), § 115, Rn. 55; Schaub, 6. A., S. 565; wohl auch Weitnauer/Holtkamp, Anm. zu BAG AP Nr. 1 zu § 115 GewO, da sie die Kreditierung von Kraftfahrzeugen zwar im Ergebnis für zulässig halten, jedoch mit dem Argument, es bestehe keine Mißbrauchsgefahr und daher könne das Kreditierungsverbot nach Sinn und Zweck nicht greifen - in ihrer Anmerkung haben sie nicht der Meinung des BAG widersprochen, daß es an einer Vergleichbarkeit mit den in der Anordnung genannten Gebrauchsgegenständen fehle.

572 Die Vergleichbarkeit bejahend: Schnorr v. Carolsfeld, S. 183.

573 BAG ArbuR 1974, 157ff - bestätigt in seiner Entscheidung BAG, U. v. 6.12.1978, EzA Nr. 5 zu § 115 GewO = DB 1979, 1848ff (Ausführungen zu diesem Aspekt finden sich jedoch nur im Abdruck der Entscheidung in der EzA).

Zum einen hat es ausgeführt, die in der Anordnung genannten Gegenstände dienten der Ausstattung des Haushalts. In der Art vergleichbar seien daher nur solche Gegenstände, die dem **persönlichen Gebrauch oder dem Haushalt** dienten. Zu diesen Gegenständen gehörten *insbesondere die in § 811 Nr. 1 ZPO genannten Gegenstände*. Diese wichtigsten Gegenstände des persönlichen Bedarfs seien der Pfändung nicht unterworfen. Das gleiche gelte für die in der Anordnung im einzelnen aufgeführten Gegenstände. Ihre Anschaffung könne ebenso wie ihr Verbleib im Arbeitnehmerhaushalt im öffentlichen Interesse liegen, so daß eine Ausnahme in dieser Hinsicht vom allgemeinen Kreditierungsverbot zugelassen werden könne[574]. In seiner späteren Entscheidung hat das BAG dieses Kriterium bestätigt und zudem klargestellt, daß von einer Beschränkung der Anordnung auf die in § 811 Nr. 1 ZPO genannten Gegenstände keine Rede sein könne. Eine solche, auch von der Höhe der Schuld und der Möglichkeit ihrer Abtragung bestimmte Einschränkung sei der Anordnung nicht zu entnehmen. Eine solche Einschränkung ergebe sich auch nicht aus dem mit ihr damals im öffentlichen Interesse verfolgten Zweck, den Arbeitnehmern einen Anreiz zu erhöhter Warenproduktion zu verschaffen[575].

Nach Ansicht des BAG ist zum zweiten der Wert des Gebrauchsgegenstandes maßgeblich für die Frage der Subsumtion unter die Anordnung aus dem Jahre 1939. Auch der **Anschaffungswert** des Gebrauchsgegenstands müsse mit den in der Anordnung aufgeführten Gegenständen vergleichbar sein. Eine weitere Einschränkung der wirtschaftlichen Bewegungsfreiheit des Arbeitnehmers sieht es, wie in seiner späteren Entscheidung aus dem Jahre 1978 nochmals klargestellt, nicht für zulässig an. Ein Indiz, welches für die Nicht-Vergleichbarkeit spricht, liegt nach Ansicht des BAG in der Vereinbarung einer höheren Ratenzahlung als 10 % des Nettoeinkommens des Arbeitnehmers.

Das BAG hat daher die Kreditierung eines Kraftfahrzeugs als verboten erachtet, da es insoweit jedenfalls das zweite Kriterien als nicht erfüllt ansah[576]. Die Zulässigkeit der Kreditierung eines Farbfernsehgeräts hat es hingegen bejaht[577].

2. Stellungnahme der Literatur

Nach Ansicht von Herschel soll dieses zweite Kriterium nur für „andere Gegenstände" im Sinne der Anordnung gelten, während die in der Anordnung aus-

[574] BAG ArbuR 1974, 157, 158.
[575] BAG EzA Nr. 5 zu § 115 GewO = DB 1979, 1848ff (Ausführungen zu diesem Aspekt finden sich jedoch nur im Abdruck der Entscheidung in der EzA).
[576] BAG AP Nr. 1 zu § 115 GewO.
[577] BAG DB 1979, 1848.

drücklich aufgezählten Gegenstände unabhängig vom Verhältnis der vereinbarten Ratenhöhe zum Nettoarbeitsverdienst zulässig seien[578].

3. Eigene Stellungnahme

a) Gegenstände des persönlichen Bedarfs oder der Haushaltsführung

Dem BAG ist darin zuzustimmen, daß auch die Anordnung des RAM eng auszulegen ist und daher unter diese nur solche Gegenstände fallen, die der Arbeitnehmer zum persönlichen Bedarf oder zur Haushaltsführung benötigt. Es bedarf jedoch einer genaueren Untersuchung dessen, welche Anforderungen an diese Gegenstände zu stellen sind.

Entscheidend ist, daß der Arbeitnehmer nur solche Gegenstände kreditiert erhalten kann, welche er zu seiner Lebensführung **notwendig** benötigt. Auch hier können beispielsweise Luxusgegenstände nicht kreditierungsfähig sein.

b) Anschaffungswert

Dem BAG ist weiter darin zuzustimmen, daß auch der Anschaffungswert mit den in der Anordnung ausdrücklich genannten Gegenständen vergleichbar sein muß.

Die Meinung des BAG, ein Indiz für diese Vergleichbarkeit stelle die Überschreitung der 10 %-Rate dar, ist jedoch abzulehnen. Dieses Kriterium ist nicht geeignet. Aus ihm kann nicht auf die Werthaltigkeit einer Anschaffung geschlossen werden. Der Wert einer Anschaffung auf Raten ergibt sich vielmehr aus einer Kombination von Anzahl der Raten und Höhe der Raten. Die Lösung des BAG läßt demgegenüber das Zeitmoment (Anzahl der Raten) gänzlich außer Acht.

Sachgerechter erscheint es daher, die Vergleichbarkeit des Wertes durch den Marktwert der in der Anordnung genannten Gegenstände zu ermitteln. Der Wert, den die in der Anordnung genannten Gegenstände haben, läßt sich zu jeder Zeit problemlos ermitteln. Es genügt, den hieraus ermittelten Durchschnittswert mit dem Anschaffungswert des zu prüfenden Gegenstandes zu vergleichen.

[578] Herschel, Anm. zu BAG EzA Nr. 5 zu § 115 GewO.

c) Preisvereinbarung

Die Preisvereinbarung unterliegt nach dem Wortlaut der Anordnung des RAM keinerlei Begrenzungen. Im Unterschied zu § 115 II 2 GewO enthält die Anordnung keine Bestimmung darüber, ob der Arbeitgeber etwa nur seine Anschaffungskosten in Ansatz bringen darf, ob er den marktüblichen Betrag verlangen oder ob er gar größere Gewinnspannen einzukalkulieren berechtigt ist.

Im Hinblick darauf, daß dem § 115 II 2 GewO der Gedanke zugrunde liegt, daß eine Mißbrauchsgefahr nur dadurch vermieden werden kann, daß man dem Arbeitgeber gewisse Grenzen in der Befugnis zur Preisgestaltung setzt, erscheint es jedoch geboten, auch hier eine Grenze zu ziehen und jedenfalls keine Vereinbarung zuzulassen, bei der ein höherer als der marktübliche Preis vereinbart wird.

4. Ergebnis

Zulässig ist daher nach der Anordnung des RAM die Kreditierung notwendiger Gegenstände des persönlichen Bedarfs oder der Haushaltsführung, welche in ihrem Wert mit dem Wert der in der Anordnung genannten Gegenständen vergleichbar sind. Sie dürfen jedoch maximal zum marktüblichen Preis veräußert werden.

III. Die Geltung des § 394 BGB

Die Grenzen der Pfändbarkeit sind, anders als im Rahmen des § 115 II 2 GewO, im Rahmen der aufgrund der AO des RAM aus dem Jahre 1939 erfolgten Kreditierungen zu beachten[579]. Dies folgt daraus, daß die in § 115 II 2 GewO genannten Gebrauchsgüter gerade zum Lebensunterhalt des Arbeitnehmers benötigt werden, ihnen insoweit das Notwendige bereits zugeflossen ist (vgl. wiederum § 850 e Nr. 3 ZPO), während im Rahmen der Anordnung des RAM Gegenstände geleistet werden, welche der Arbeitnehmer zwar ebenfalls notwendig braucht, welche jedoch *neben* seinem täglichen Lebensunterhalt benötigt werden. Zur Deckung dieses täglichen Lebensunterhalts muß dem Arbeitnehmer ein entsprechender Teil des Entgelts belassen werden, um ihn nicht in soziale Nöte zu bringen.

Das BAG beschränkt die Aufrechenbarkeit aber nicht nur auf den pfändbaren Teil des Gehalts, sondern geht sogar so weit, zu sagen, aus Sinn und Zweck der Vorschrift ergebe sich, daß die Aufrechenbarkeit nur in Höhe von 10 % des Nettoeinkommens zulässig sei, mithin in der Höhe, in der auch die Ratenzahlung zulässig sei. Selbst bei vereinbarter Fälligkeit der Gesamtforderung bei Beendi-

---

[579] L/R-Neumann (1981), § 115, Rn. 55; BAG DB 1979, 1848, 1850 = BAG AP Nr. 4 zu § 115 GewO.

gung des Arbeitsverhältnisses gelte nichts anderes. Auch im Anschluß hieran dürfe nicht mit mehr als 10 % des Nettoeinkommens des Arbeitnehmers aufgerechnet werden. Der Anordnung sei deutlich zu entnehmen, daß dem Arbeitnehmer in jedem Fall 90 % des Nettoeinkommens verbleiben und er nicht in höherem Maße wirtschaftlichen Belastungen ausgesetzt werden solle[580]. Dieser Ansicht kann nicht gefolgt werden. Schließen die Arbeitsvertragsparteien einen Kreditierungsvertrag, der nach den gewerberechtlichen Vorschriften für zulässig zu erachten ist, so besteht kein Grund, diese auf zulässigem Wege entstandene Forderung des Arbeitgebers so zu beschränken, daß letztlich bis auf einen Bruchteil dem Arbeitgeber die Möglichkeit der Aufrechnung überhaupt genommen wird. Die durch die Anordnung des RAM für zulässig erklärten Kreditforderungen des Arbeitgebers würden auf diesem Wege die Rechte des Arbeitgebers deutlich mehr beschränken als Forderungen des Arbeitgebers beispielsweise aufgrund eines Darlehens, aufgrund von Rückzahlungsansprüchen verwirkter Gratifikationen und vielem mehr. Auch dort kann der Arbeitgeber jedoch bis zur Grenze der Pfändbarkeit aufrechnen. Neben dieser Ungleichbehandlung im Vergleich zu anderen Forderungen des Arbeitgebers würde der Arbeitgeber auch im Vergleich zu anderen Gläubigern des Arbeitnehmers benachteiligt, welche mit einer titulierten Forderung ohne weiteres die Zwangsvollstreckung in den pfändbaren Teil des Gehalts des Arbeitnehmers betreiben können. Auch insofern ist für eine Differenzierung zwischen Arbeitgeber und anderen Gläubigern keine Rechtfertigung ersichtlich.

C. Spezialgesetze

§ 3 I Nr. 4 VerbrKrG ist keine Spezialregelung im Verhältnis zu § 115 II 1 GewO, da diese Norm lediglich die Freiheit in der Vereinbarung eines selbständigen Darlehens durch die Regelungen des VerbrKrG einschränkt, ein selbständiges Darlehen jedoch, wie im 3. Teil dieses Kapitels unter *B* I, S. 167, festgestellt, schon nicht dem Schutz des § 115 II 1 GewO unterliegt.

---

[580] BAG DB 1979, 1848, 1849f – ihm folgend Weitnauer, Anm. zu BAG AP Nr. 4 zu § 115 GewO.

6. Teil: Auslegung der Ausnahmevorschriften zu § 115 II 1 GewO im Rahmen der heutigen Rechtsordnung sowie im Rahmen der heutigen tatsächlichen Lebensverhältnisse

A. Die Ausnahmevorschrift des § 115 II 2 GewO

Wie die Ausführungen im 6. Teil des zweiten Kapitels, S. 142ff dieser Arbeit, bereits gezeigt haben, ist § 115 II 2 GewO heute bezüglich der Einschränkungen, welche diese Vorschrift **in bezug auf das Sachlohnverbot** vornimmt, veraltet. Dies beruht darauf, daß diese Norm, während sie noch in früherer Zeit den veränderten Lebensverhältnissen angepaßt worden war, im Laufe des 20. Jahrhunderts keinerlei Änderungen mehr erfuhr. Es war daher bereits festzustellen, daß eine teleologische Reduktion dieser Vorschrift erforderlich ist, soweit sie Sachlöhne für zulässig erklärt, welche heute im allgemeinen vom Arbeitnehmer nicht mehr benötigt werden, da er diese regelmäßig von Dritten bezieht. Weiter war festzustellen, daß es heute zudem einer teleologischen Extension dieser Norm bedarf, um auch diejenigen Sachlöhne für zulässig zu erklären, welche heute praktiziert werden und für den Arbeitnehmer von Vorteil sind.

In bezug auf § 115 II 1 GewO bezweckt § 115 II 2 GewO, dem Arbeitnehmer die Möglichkeit zu erhalten, vom Arbeitgeber Waren auf Kredit zu erwerben, auf deren Erhalt er zur Deckung seines notwendigen Bedarfs angewiesen ist. Es stellt sich daher die Frage, ob auch insoweit eine an die heutigen Verhältnisse anknüpfende Auslegung des § 115 II 2 GewO geboten ist.

I. Teleologische Reduktion des § 115 II 2 GewO?

Eine teleologische Reduktion des § 115 II 2 GewO ist zu befürworten. Soweit heute Sachlöhne nicht mehr für zulässig zu erachten sind, erscheint auch deren Kreditierung nicht interessengerecht. Diese sind daher, ebenso wie die Sachlohnvereinbarung, nur insoweit zulässig, als für die Kreditierung der in § 115 II 2 GewO genannten Sachen tatsächlich noch ein Bedürfnis besteht. In bezug auf Landnutzung, Feuerung, Beleuchtung, Arzneien und ärztliche Hilfe sowie Werkzeuge und Stoffe zur Erfüllung arbeitsrechtlicher Pflichten ist daher eine Kreditierung jedenfalls grundsätzlich unzulässig.

II. Teleologische Extension des § 115 II 2 GewO?

Fraglich ist, ob darüber hinaus auch eine **teleologische Extension des § 115 II 2 GewO** zu erfolgen hat, soweit das Kreditierungsverbot betroffen ist. Eine teleologische Extension dieser Norm war in bezug auf die Zulässigkeit von Sachlöhnen geboten, um die Arbeitsvertragsparteien in der Vereinbarung für günstig erachteter, moderner Sachlöhne nicht in weiterem als dem gebotenen Maße zu beschränken.

1. Gleichlauf mit den Ausnahmen vom Sachlohnverbot?

Zunächst ist festzustellen, daß eine teleologische Extension des § 115 II 2 GewO nicht so weit gehen kann wie diese im Rahmen des zweiten Kapitels erfolgte. Die Kreditierung unterscheidet sich von der Sachlohnvereinbarung dadurch, daß der Arbeitnehmer bei der Kreditierung ein Rechtsgeschäft trifft, welches ihm künftige Lohnansprüche entzieht. Er disponiert über seine künftigen Gehaltsansprüche. Die Zulassung jeglicher Kreditierung, welche zur Deckung des **heute üblichen Lebensstandards** benötigt wird, erscheint daher als zu weit gehend. So ist etwa die Gestellung eines Kraftfahrzeugs heute durchaus als Sachlohnvereinbarung zulässig, dessen Kreditierung erscheint jedoch als etwas hiervon grundlegend verschiedenes. Der Arbeitnehmer ist in diesem Rahmen schutzwürdiger als in Fragen der Sachlohnvereinbarung, welche zwar eine bestimmte Verwendung des Lohnes notwendig beinhalten, jedoch in dieser Form als Lohn tatsächlich geleistet werden.

Eine Kreditierung muß nach Sinn und Zweck des § 115 II 2 GewO jedoch auch heute dort möglich sein, wo diese erforderlich ist, um dem Arbeitnehmer die Deckung seiner notwendigen Bedürfnisse zu ermöglichen. Auch der Umfang dieser zur Deckung der **notwendigen Bedürfnisse** benötigten Güter hat sich jedoch im Laufe des 20. Jahrhunderts erweitert. Insofern hat eine Anpassung des § 115 II 2 GewO im Wege der teleologischen Extension zu erfolgen.

2. Veränderungen in der sozialen Wirklichkeit in der zweiten Hälfte des 19. Jahrhunderts

Während die Arbeitnehmer um 1800 ca. 70 bis 75 % ihres Nominaleinkommens allein für Nahrung aufzuwenden hatten, war der hierfür erforderliche Betrag ihres Nominaleinkommens um 1870 zwar gesunken, betrug jedoch immer noch 53 % ihres Einkommens[581]. Vergleichsweise sei ausgeführt, daß die Kosten für Nahrungsmittel im Jahre 1980 bei ca. 20 % lagen[582].

Die Ausstattung des Haushalts spiegelte die Lebensverhältnisse eines Arbeiters ebenfalls wieder. Dabei dienten Haushaltsgegenstände auch als Reserve für schlechte Zeiten. So war es gängig, daß Möbel, ebenso wie Schmuck und Leinwand, sowohl im Alter als auch bei Krankheit als Substanz dienten, mit der zusätzliche Kosten des Arbeiters bestritten werden konnten. Dementsprechend wa-

---

[581] Teutenberg, die Arbeiter im Kaiserreich, S. 68.
[582] Teutenberg, die Arbeiter im Kaiserreich, S. 68.

ren beim Tode eines der beiden Ehepartner oft nur noch die notwendigsten Gegenstände eines Zweipersonenhaushalts vorhanden[583].

Betrachtet man die gesamten Lebenshaltungskosten, so ist festzustellen, daß die Arbeitnehmer im 19. und zu Beginn des 20. Jahrhunderts nahezu ihren gesamten Lohn aufwenden mußten, um überhaupt ihren notwendigen Bedarf des täglichen Lebens zu decken[584].

3. Anpassung des § 115 II 2 GewO an die heutigen Verhältnisse

a) Gegenstände des persönlichen Bedarfs

Nach im Schrifttum einhellig vertretener Ansicht ist die Kreditierung von Gegenständen zur Deckung des täglichen Bedarfs auch heute noch verboten[585]. Diese Ansicht wird den heutigen Lebensverhältnissen jedoch nicht mehr gerecht. Im Gegensatz zu früher sind heute zum notwendigen Bedarf zweifelsohne auch etwa Seife, Haaröl, Zahnpulver oder etwa Spiritus zu zählen. Diese Gegenstände des persönlichen Bedarfs sind daher heute nach Sinn und Zweck ebenfalls als kreditierungsfähig anzusehen.

b) Ausdehnung auf alle in § 811 Nr. 1 ZPO genannten Güter?

Auch Haushaltsgegenstände oder Kleidung gehören heute zu dem, was jede Person zwingend braucht. Sie sind daher auch von der Pfändbarkeit ausgenommen, vgl. § 811 Nr. 1 ZPO. Es stellt sich daher die Frage, ob auch diese Gegenstände kreditierungsfähig sein sollen. Dies ist jedoch zu verneinen. Gerade diese Anschaffungen würden den Arbeitnehmer sehr bald in eine Abhängigkeit zum Arbeitgeber versetzen, wie sie das Kreditierungsverbot gerade verhindern will. Auch zeigt eine Betrachtung der in § 115 II 2 GewO genannten Güter, daß nur dasjenige kreditierungsfähig sein soll, was der Arbeitnehmer zur Deckung seiner *täglichen* Bedürfnisse benötigt.

Eine Beschränkung auf diese ständig benötigten Güter erscheint auch sachgerecht. Sie verhindert eine in hohe Summen steigende Kreditierung und sichert dem Arbeitnehmer zugleich das Nötigste. Im Interesse der Vermeidung von Abhängigkeiten des Arbeitnehmers vom Arbeitgeber ist es daher gerechtfertigt, nur das laufend Benötigte der Kreditierung zugänglich zu machen.

---

583 Schomerus, die Arbeiter der Maschinenfabrik Esslingen, S. 259-261.

584 Schildt, Tagelöhner, Gesellen, Arbeiter, S. 60 zu den Lebensverhältnissen eines Tagelöhners; derselbe, S. 59 mit einer Übersicht über die Kosten zur Deckung der Bedürfnisse eines Tagelöhners.

585 Vgl. etwa Nikisch, S. 418; Schaub, 6. A., S. 565; Rohlfing/Kiskalt/Wolff, § 115, Anm. 6a sowie Anm. 6c unter Verweis auf RAG SAE 29, 355; Hueck/Nipperdey, 7. A., S. 357; Schnorr v. Carolsfeld, S. 183; L/R-Neumann (1981), § 115, Rn. 46 und 54; v. Landmann (1925), § 115, Anm. 4.

c) Fahrräder und Kraftfahrzeuge

Auch die Kreditierung von Fahrrädern oder Kraftfahrzeugen ist daher verboten. Diese Waren werden nicht zur Deckung der täglichen Bedürfnisse benötigt.

III. Ergebnis

Auch das Kreditierungsverbot ist den heutigen Lebensverhältnissen anzupassen. Soweit in § 115 II 2 GewO genannte Gegenstände daher heute nicht mehr benötigt werden, sind diese nicht mehr als kreditierungsfähig anzusehen. Dagegen sind auch andere als die in § 115 II 2 GewO genannten Gegenstände zulässig, soweit sie zur Deckung des täglichen Bedarfs benötigt werden. Zulässig ist daher insbesondere auch die Kreditierung von Gegenständen des täglichen Bedarfs wie Mitteln zur Pflege des Körpers oder des Haushalts. Hingegen sind hierüber hinausgehende Gegenstände, bei welchen es sich zwar ebenfalls um Gebrauchsgegenstände handelt, welche jedoch nicht dem Verbrauch unterliegen, wie etwa Fernsehgeräte, Fahrräder, Kraftfahrzeuge, Haushaltsgeräte und dergleichen nicht vom Kreditierungsverbot auszunehmen.

B. Die Anordnung des RAM als Ausnahmevorschrift

Durch diese Anordnung werden weitaus wertvollere Sachen zur Kreditierung zugelassen als diejenigen, welche in § 115 II 2 GewO einer Kreditierung zugänglich gemacht werden. Dies hat zur Folge, daß zum Beispiel die Kreditierung eines Fahrrads unzulässig ist, während ein Fernseher oder eine Waschmaschine der Kreditierung zugänglich ist. Dieses an sich widersprüchliche Ergebnis erklärt sich jedoch aus der Zwecksetzung der Anordnung. Wie bereits dargestellt, wurde diese nicht deshalb geschaffen, um der Arbeitnehmerschaft den Erwerb dieser Gegenstände zu erleichtern, bezweckt war vielmehr, den Arbeitnehmern in Zeiten der Güterknappheit einen Anreiz zu ordentlicher Arbeit zu verschaffen, welcher ohne diese Anordnung deshalb nicht bestanden hätte, weil den Arbeitnehmern ohne die Möglichkeit der Kreditierung die Chance auf einen eigenen Erwerb der von ihnen produzierten Sachen aussichtslos erscheinen mußte. Es war daher gar nicht beabsichtigt, die Vorschriften der Gewerbeordnung im Hinblick auf die Schutzbedürftigkeit des Arbeitnehmers zu erweitern. Es wurde bewußt eine von den Schutzvorschriften der Gewerbeordnung abweichende, mit diesen nicht in Einklang zu bringende, Vorschrift geschaffen.

Der Gesetzgeber hat die Motivation des Arbeitnehmers im Interesse der Allgemeinheit an einer ordnungsgemäßen Produktion vor das Interesse an der Unabhängigkeit des Arbeitnehmers von seinem Arbeitgeber gestellt. Diese wertende Entscheidung des Gesetzgebers ist nur beschränkt überprüfbar. Ein Ermessensfehler ist nicht feststellbar. Die Anordnung des RAM aus dem Jahre 1939 kann daher nicht als verfassungswidrig bezeichnet werden. Sie ist trotz ihrer Unvereinbarkeit mit den Grundgedanken des § 115 II 2 GewO zu beachten.

7. Teil: Verfassungsmäßigkeit der §§ 115 II 1, 118 GewO

A. Verfassungsmäßigkeit des § 115 II 1 GewO

§ 115 II 1 GewO ist mit dem Grundgesetz vereinbar. Eine unzulässige Beschränkung der Vertragsfreiheit des Arbeitnehmers liegt ohnehin nicht vor. Wie die obigen Ausführungen gezeigt haben, wird ihm lediglich die Kreditierung von Waren verboten. Eine Vielzahl anderer Kreditierungen sowie der Abschluß von Bargeschäften bleibt dem Arbeitnehmer daher möglich. Sie schränkt die Vertragsfreiheit des Arbeitnehmers daher nicht unzumutbar ein.

Aber auch die Rechte der Arbeitgeber werden, trotz teilweise gegenteilig vertretener Ansicht, nicht unverhältnismäßig stark eingeschränkt. § 115 II 1 GewO verstößt weder gegen die Berufsausübungsfreiheit der Arbeitgeber noch greift sie in deren allgemeine Handlungsfreiheit der Arbeitgeber ein[586].

Die Vorschrift des § 115 II 1 GewO bezweckt, die Umgehung des Truckverbots zu verhindern. Den Arbeitnehmern soll der volle Lohn in bar zur Lebensführung zur Verfügung stehen. Dieses Verbot könnte ohne die Vorschrift des § 115 II 1 GewO leicht umgangen werden, indem der Arbeitgeber dem Arbeitnehmer Waren kreditieren und bei der nächsten Lohnzahlung seine Forderungen in Abzug bringen würde. Um dies zu verhindern, wurde § 115 II 1 GewO geschaffen.

Vor diesem Hintergrund ist § 115 II 1 GewO sowohl als geeignet als auch als erforderlich anzusehen. Ein milderes Mittel war jedenfalls in früherer Zeit auch nicht ersichtlich. Heute haben sich die tatsächlichen Lebensverhältnisse gewandelt. Es ist jedoch nach wie vor zu bedenken, daß dem Gesetzgeber bei der Schaffung eines Verbots, wie es sich in § 115 II GewO findet, ein weiter Ermessensspielraum zusteht[587]. Waren sind, wie die historischen Ereignisse zeigen, weitaus mehr als andere Gegenstände geeignet, im Rahmen der Lohnzahlung an Erfüllungs Statt hingegeben zu werden. Gerade deshalb besteht auch bei deren Kreditierung ein enger Zusammenhang mit dem Truck. Solange der Gesetzgeber das Verbot der Kreditierung von Waren als notwendig erachtet, um Umgehungen des § 115 I GewO vorzubeugen, ist dies folglich zu akzeptieren.

---

[586] So auch BVerfG BB 1992, 780, 781.

[587] Vgl. etwa Dieterich RdA 1995, 129, 131.

Dem Arbeitgeber ist es auch zumutbar, dieses Verbot zu beachten, da es seine berufliche Betätigungsfreiheit nicht nennenswert einschränkt und zudem der Abschluß von Barzahlungsverträgen mit dem Arbeitnehmer gestattet bleibt. Art. 12 GG ist daher, sollte § 115 II 1 GewO überhaupt eine berufsregelnde Tendenz zukommen, nicht verletzt. Eine Verletzung der allgemeinen Handlungsfreiheit des Arbeitgebers (Art. 2 I GG) scheitert bereits daran, daß diese nur im Rahmen der verfassungsmäßigen Ordnung gegeben ist, zu welcher aber die Vorschrift des § 115 II 1 GewO gehört[588].

B. Verfassungsmäßigkeit des § 118 GewO

Auch die Regelung des § 118 GewO schränkt Grundrechte des Arbeitgebers nicht unzumutbar ein. § 118 GewO verstößt nicht gegen das Eigentumsrecht des Arbeitgebers, Art. 14 GG. Vielmehr stellt § 118 GewO sich als zulässige Inhalts- und Schrankenbestimmung im Sinne des Art. 14 I 2 GG dar. Er entzieht dem Arbeitgeber kein bereits entstandenes Recht, sondern läßt das Recht auf Einklagbarkeit der kreditierten Forderung erst gar nicht entstehen[589].

§ 118 GewO ist auch verhältnismäßig, da es die Durchsetzung des Kreditierungsverbots auch erfordert, daß der Arbeitgeber selbst etwaige Bereicherungsansprüche verliert. Soweit dies verkannt wird[590], ist näher auszuführen, daß der Ausschluß der Klagbarkeit und die Anordnung der Nichtigkeit der Kreditierung als Rechtsfolge allein nichts bewirken könnte, weil dem Arbeitgeber dann die Möglichkeit der Verrechnung von Bereicherungsansprüchen mit den Lohnansprüchen des Arbeitnehmers verbliebe. Anstelle der kreditierten Forderung stünde ihm dann der Bereicherungsanspruch zu, mit welchem er am Zahltage die Aufrechnung erklären könnte. Im Ergebnis könnte er dem Arbeitnehmer damit dann doch wieder den Lohn entziehen, was durch § 115 GewO aber gerade verhindert werden soll[591].

---

[588] BVerfG BB 1992, 780, 781.

[589] BVerfG BB 1992, 780, 781; Herschel, Anm. zu BAG ArbuR 1975, 159; **a.A.:** Weitnauer/Holtkamp, Anm. zu BAG AP Nr. 1 zu § 115 GewO, die der Ansicht sind, es entstünde zunächst ein Anspruch des Arbeitgebers, der dann durch § 118 GewO nachträglich wieder entzogen würde - vergleichbar der Einziehung im Strafrecht.

[590] So von Weitnauer/Holtkamp, Anm. zu BAG AP Nr. 1 zu § 115 GewO.

[591] BVerfG BB 1992, 780, 781; **zudem:** sollte man im Rahmen des Bereicherungsrechts bereits § 817, 2 BGB für einschlägig halten, so ist die Verfassungsmäßigkeit bereits deshalb gewahrt, weil der Arbeitgeber dann schon nicht schlechter stünde als bei Geltung des allgemeinen Zivilrechts – indes ist insoweit Weitnauer/Holtkamp darin zuzustimmen, daß das Vorliegen des § 817, 2 BGB deshalb zweifelhaft erscheint, weil vorliegend nur die Kreditierung verboten werden soll, nicht aber das gesamte Rechtsgeschäft als solches.

8. Teil: Ergebnis

Das Kreditierungsverbot bezieht sich ausschließlich auf die Kreditierung von Waren und auch nur auf Kaufverträge, nicht hingegen auf Miet- oder andere entgeltlichen Verträge. Es steht nicht der Barzahlung oder der Hingabe eines von der Lohnzahlung unabhängigen Darlehens des Arbeitgebers an den Arbeitnehmer entgegen. Ausnahmen von diesem Verbot der Warenkreditierung sind durch § 115 II 2 GewO sowie durch die Anordnung des RAM aus dem Jahre 1939 zugelassen. Während die Anordnung des RAM heute wie bei ihrer Schaffung im Jahre 1939 der gleichen Auslegung unterliegt, ist im Rahmen des § 115 II 2 GewO heute eine andere Auslegung vorzunehmen. Aufgrund des Wandels der Zeit ist diese Norm einerseits teleologisch zu reduzieren, soweit sie Kreditierungen zuläßt, welche heute nicht mehr zur Deckung des täglichen Bedarfs benötigt werden, zum anderen ist sie im Wege der teleologischen Extension auf diejenigen Gegenstände zu erweitern, welche heute nach allgemeiner Lebensanschauung ebenfalls zur Deckung der täglichen Bedürfnisse eines jeden zwingend benötigt werden.

Personaleinkauf sowie Mitarbeiterbeteiligungen und andere Formen der Vermögensanlage werden durch den Abschluß zusätzlicher Verträge praktiziert. Auch die Kreditierung anderer als Waren könnte gegen § 117 II GewO verstoßen. Inwieweit § 117 II GewO modernen Rechtsbeziehungen zwischen den Arbeitsvertragsparteien entgegensteht, soll Prüfungsgegenstand dieses Kapitels sein.

1. Teil: Schutzzweck

A. Der Begriff der Lohnverwendungsfreiheit

Die Lohnverwendungsfreiheit ist die Freiheit des Arbeitnehmers, über die Verwendung seines Lohnes frei zu entscheiden. Sie ist durch Art. 2 I GG geschützt, denn dieses Grundrecht schützt die freie Entfaltung der Persönlichkeit. Diese wäre jedoch beschränkt, würde man den einzelnen an eine bestimmte Verwendung seines Einkommens binden.

Dem tragen zivilrechtliche Sondervorschriften Rechnung, so insbesondere das VerbrKrG sowie das HaustürWG. Diese Gesetze schützen den Verbraucher – nunmehr im Zuge des Fernabsatzgesetzes in § 13 BGB definiert – davor, sich ohne genaue Kenntnis von Details zu verschulden bzw. infolge Überrumpelung Verträge einzugehen, welche er **bei näherer Überlegung** so nicht eingegangen wäre.

§ 13 BGB ist zum 30.6.2000 mit folgendem Wortlaut in Kraft getreten[592]:

> „Verbraucher ist jede natürliche Person, die ein Rechtsgeschäft zu einem Zweck abschließt, der weder ihrer gewerblichen noch ihrer selbständigen beruflichen Tätigkeit zugerechnet werden kann."

Auch das AGBG und verschiedene weitere Gesetze schützen den Verbraucher vor **unüberlegten bzw. versteckten Vertragsinhalten**, auf welche er sich bei Kenntnis derselben bzw. näherer Überlegung nicht eingelassen hätte. Durch das Fernabsatzgesetz wurde dem Verbraucher zudem im neu geschaffen § 361 a BGB ein Widerrufsrecht für alle Verträge über die Lieferung von Waren oder die Erbringung von Dienstleistungen eingeräumt, die „unter Verwendung von Fernkommunikationsmitteln geschlossen wurden". Durch dieses Gesetz wird der Verbraucher nicht etwa nur vor übereilten Rechtsgeschäften im Internet geschützt, sondern selbst vor Vertragsschlüssen, welche per Telefax geschlossen werden[593].

---

[592] Vgl. das Fernabsatzgesetz v. 27.6.2000, BGBl. I, S. 897.
[593] BGBl. I, S. 897.

Dieser Schutz kommt auch den Arbeitnehmern zugute, soweit sie Rechtsgeschäfte (neben dem Arbeitsvertrag) mit ihrem Arbeitgeber eingehen[594]. Nur dort, wo es an der Schutzbedürftigkeit mangelt, finden diese Verbraucherschutzgesetze keine Anwendung. So schließt etwa § 3 I Nr. 4 VerbrKrG die Anwendbarkeit des Verbraucherkreditgesetzes für Fälle aus, in denen der Arbeitgeber dem Arbeitnehmer ein Darlehen zu besseren als den marktüblichen Konditionen gewährt.

Dennoch soll dem Arbeitnehmer durch § 117 II GewO ein über das Verbraucherschutzrecht hinausgehender, **arbeitnehmerspezifischer Schutz** zukommen.

§ 117 II GewO lautet:

> „Dasselbe (Anm: die Nichtigkeit des Vertrags) gilt von Verabredungen zwischen den Gewerbetreibenden und den von ihnen beschäftigten Arbeitnehmern über die Entnahme der Bedürfnisse der letzteren aus gewissen Verkaufsstellen sowie überhaupt über die Verwendung des Verdienstes derselben zu einem anderen Zweck als zur Beteiligung an Einrichtungen zur Verbesserung der Lage der Arbeitnehmer oder ihrer Familien."

Bemerkenswert ist, daß § 117 II GewO damit eine für das Arbeitsrecht untypische Vorschrift darstellt. Sie regelt nicht Fragen des Arbeitsrechts, sondern behindert die Arbeitsvertragsparteien in ihrem Recht, *außerhalb des Arbeitsverhältnisses* schuldrechtliche Verträge einzugehen. Sie greift damit in die **Verbraucherfreiheit des Arbeitnehmers** ein und begründet über die dem allgemeinen Zivilrecht zu entnehmende Regelung des Verbraucherschutzes hinaus einen zusätzlichen, **spezifischen Arbeitnehmerschutz**, der zudem nicht nur, wie verschiedene allgemeine Verbraucherschutzgesetze, ein Widerrufsrecht zum Schutz des Verbrauchers vorsieht, sondern das abgeschlossene Rechtsgeschäft für gänzlich nichtig erklärt.

Die vorliegende Untersuchung wird auch die Grenzen der tarifvertraglichen Regelungsbefugnis der Tarifvertragsparteien aufzeigen. Zwar wird die Regelungsbefugnis der Tarifvertragsparteien nicht durch § 117 II GewO direkt berührt, sie ergibt sich jedoch daraus, daß die Tarifvertragsparteien nach allgemeiner Ansicht darauf beschränkt sind, den Lohn der Arbeitnehmer auszuhandeln und nicht befugt sind, in die Lohnverwendungsfreiheit der Arbeitnehmer einzugreifen[595].

---

[594] So entspricht es einhelliger Ansicht, daß das AGBG für jeden anderen als den Arbeitsvertrag auch zwischen den Arbeitsvertragsparteien gilt, vgl. etwa BAG DB 1993, 1779.

[595] Vgl. beispielsweise Ilbertz, die tarifliche Regelung der Einziehung und Abführung von Gewerkschaftsbeiträgen, S. 9f und S. 12 mwN in Fn. 29; Farthmann ArbuR 1963, 353, 355 mwN in Fn. 7.

B. Reine Unterstützungsfunktion versus darüber hinausgehende, eigenständige Funktion

§ 117 II GewO kommt die Funktion zu, Umgehungen des § 115 GewO zu verhindern. Allerdings ist streitig, ob § 117 II GewO auch Vereinbarungen verbietet, welche nicht bereits durch § 115 GewO verboten sind und auch nicht der Umgehung des Verbots des § 115 GewO dienen.

I. Der Meinungsstreit

Zum einen wird vertreten, § 117 II GewO komme lediglich eine Unterstützungsfunktion in bezug auf § 115 GewO zu[596]. Andere sind der Auffassung, § 117 II GewO enthalte einen allgemeinen Rechtssatz dahingehend, daß der Arbeitnehmer in der Verwendung seines Lohnes und des Lohnanspruchs von Bindungen völlig frei sein solle[597].

II. Relevanz des Meinungsstreits

Die Behandlung dieses Meinungsstreits bleibt in der veröffentlichten Literatur in einer abstrakten Erörterung stecken.

Soweit Fallgruppen für relevant erachtet werden, stellt sich bei näherem Blick heraus, daß der Meinungsstreit im Ergebnis keine Rolle spielt. Soweit etwa die Auffassung vertreten wird, Aufrechnungsverträge, Abreden über die Lohneinbehaltung und dergleichen seien zulässig, da § 117 II GewO nicht verbiete, was nach § 115 GewO zulässig sei (keine eigenständige Bedeutung des § 117 II GewO)[598], kommt die gegenteilige Meinung ebenfalls zum Ergebnis der Zulässigkeit, indem sie diese Abreden – richtigerweise – schon nicht als Abreden über die Verwendung des Lohnes ansieht (vgl. hierzu im 3. Teil dieses Kapitels, S. 199ff).

Dennoch ist der vorgenannte Streit praxisrelevant. Die Zulässigkeit moderner Vertragsgestaltungen hängt durchaus von der Frage ab, ob § 117 II GewO eine eigenständige Bedeutung zukommt. Zum jetzigen Stand der Untersuchung kann festgehalten werden, daß durch §§ 115 I, 115 II 1 GewO zusätzliche Verträge nur insoweit verboten werden, als sie die Kreditierung von Waren betreffen.

---

[596] Farthmann ArbuR 1963, 353, 356; Stahlhacke (1981), §§ 115a-119, Anm. II 4 a; Hofmann, Lohnverwendungsabreden, S. 6 und 7 (ohne Begründung); BGH DB 1975, 1512 = BGH EzA § 115 GewO Nr. 4.

[597] Nipperdey, Gewerkschaftsbeiträge, S. 36f; L/R-Neumann (1979), § 117, Rn. 11, *derselbe:* Neumann ArbuR 1967, 70, 72f, *derselbe:* Neumann ZfA 1970, 339, 345; Hueck RdA 1961, 141, 148; BAG 23.9.1992, WuB IX A. § 117 GewO 1.94; Hanau/Becker VersR 1988, 1093, 1099; Sieg/Leifermann, GewO, § 117, Anm. 2.

[598] So insbesondere Stahlhacke (1981), §§ 115a-119, Anm. II 4.

Beispielsweise dem Barverkauf, dem eigenständigen Arbeitgeberdarlehen, der Mitarbeiterbeteiligung und der Kreditierung anderer als Waren wurden bislang keine Schranken gesetzt. Für die Frage, ob diesen Verträgen durch § 117 II GewO Schranken gesetzt sind, kommt es zunächst darauf an, ob § 117 II GewO überhaupt eine eigenständige Bedeutung zukommt.

III. Der Meinungsstreit im einzelnen

1. Keine über § 115 GewO hinausgehende Funktion

F a r t h m a n n ist der Ansicht, § 117 II GewO stehe im Zusammenhang mit dem Truckverbot des § 115 GewO und solle die wirtschaftliche Ausnutzung oder Bindung des Arbeitnehmers verhindern[599].

F e c h n e r meint, eine über § 115 GewO hinausgehende Funktion sei zwar aus dem Wortlaut des § 117 II GewO zu entnehmen („überhaupt"), dies entspreche jedoch nicht Sinn und Zweck des § 117 II GewO. Dieser gehe nicht über § 115 I GewO hinaus. Es sollten lediglich Mißbräuche beim Lohnabzug verhindert werden.

S t a h l h a c k e erklärt, andernfalls handele es sich um eine Fessel für den Arbeitnehmer, die eine freie Verwendung über den Lohn gerade ausschließen würde[600].

Der B u n d e s g e r i c h t s h o f stellt fest, wo Verstöße gegen das Truckverbot und das Kreditierungsverbot nicht zu befürchten seien, bestehe auch kein Anlaß, eine verbotene Lohnverwendungsabrede anzunehmen[601].

2. Eigenständige Funktion des § 117 II GewO

N i p p e r d e y führt demgegenüber aus, § 117 II GewO bringe den heute wieder stark im Vordergrund stehenden Rechtssatz zum Ausdruck, daß der Arbeiter in der Verwendung des Lohnes und des Lohnanspruches von Bindungen grundsätzlich völlig frei sein soll. Diese heute vielfach übersehene Bestimmung sei streng anzuwenden. Die Formulierung „überhaupt" lasse keine anderen Ausnahmen zu, als das Gesetz selbst sie in § 117 II GewO ausspreche[602].

N e u m a n n vertritt die Ansicht, das Vorhandensein einer eigenständigen Funktion des § 117 II GewO zeige bereits ein Blick auf § 117 I GewO, der alle

[599] Farthmann ArbuR 1963, 353, 356.
[600] Stahlhacke (1981), §§ 115a-119, Anm. II 4 a.
[601] BGH DB 1975, 1512 = BGH EzA § 115 GewO Nr. 4.
[602] Nipperdey, Gewerkschaftsbeiträge, S. 36f.

Umgehungen des § 115 I GewO durch Verträge verhindere. In Absatz 2 werde dann in Form einer Erweiterung eine zivilrechtliche Nichtigkeit für Verwendungsabreden ausgesprochen. Gerade diese Unterteilung spreche dafür, daß allein nach Absatz 1 ein Zusammenhang zu § 115 GewO bestehe, während Absatz 2 ein zusätzliches, also selbständiges und darüber hinausgehendes Verbot ausspreche. Die erweiterte Funktion des § 117 II GewO folge somit aus der Rechtssystematik[603]. Auch liefe es Sinn und Zweck des § 117 II GewO zuwider, diesen auf eine reine Unterstützungsfunktion zu beschränken. Der Arbeitnehmer solle vor sich selbst und vor einer unzulässigen Ausbeutung geschützt werden[604]. Gerade zur Erhaltung der Handlungsfreiheit sei diese Beschränkung der Vertragsfreiheit erforderlich[605].

Auch das Bundesarbeitsgericht stellt fest, § 117 II GewO ergänze und erweitere § 115 GewO[606].

IV. Stellungnahme

Die Vorzugswürdigkeit der zweiten Ansicht ergibt sich nicht bereits aus der *systematischen Stellung* des § 117 II GewO. Zwar spricht die Unterteilung des § 117 GewO in zwei Absätze für eine eigenständige Funktion des Verbots sog. Lohnverwendungsabreden. Andererseits kann aber auch argumentiert werden, daraus, daß § 117 II GewO lediglich als Absatz einer Vorschrift formuliert sei, welche im übrigen die Folgen eines Verstoßes gegen das Truckverbot regle, folge, daß dieser nur eine untergeordnete Funktion zukommen solle. Auch eine *historische Betrachtung* liefert keinerlei Anhaltspunkte für vorgenannte Streitfrage.

Für die zweite Meinung spricht jedoch, wie auch die Vertreter der erstgenannten Ansicht zugestehen, der *Wortlaut* des § 117 II GewO. Nach diesem soll „überhaupt" jede Abrede über die Verwendung des Lohnes verboten sein.

Die Entscheidung des Meinungsstreits hängt somit von der Frage ab, ob *Sinn und Zweck* des § 117 II GewO zu einer anderen Auslegung führen als sie der Wortlaut des § 117 II GewO nahelegt. Dies ist meines Erachtens zu verneinen. Der Argumentation, es liefe Sinn und Zweck des § 117 II GewO zuwider, diesem eine über das Truckverbot hinausreichende Bedeutung zuzuerkennen, kann nicht gefolgt werden. Denn die gewerberechtlichen Entgeltvorschriften beinhalten Vorschriften zur Lohnsicherung. Der Lohnsicherung dient jedoch auch das Verbot an Arbeitnehmer und Arbeitgeber, überhaupt Abreden über die Ver-

[603] Neumann ArbuR 1967, 70, 72.
[604] Neumann ZfA 1970, 339, 345.
[605] Neumann ArbuR 1967, 70, 72f.
[606] BAG 23.9.1992, WuB IX A. § 117 GewO 1.94.

wendung des Lohnes zu treffen. Damit kann eine Umgehung der Lohnsicherungsvorschriften überhaupt unmöglich gemacht werden. Soweit gegen diese Auslegung eingewandt wird, dem Arbeitnehmer werde auf diese Weise letztlich die Verfügungsberechtigung über seinen Lohn genommen, weil er dann nicht mehr selbst bestimmen dürfe, wie er seinem Lohn verwende, ist dem entgegenzuhalten, daß eine gewisse Beschränkung der Verfügungsfreiheit gerade erforderlich ist, um den Arbeitnehmer, der einer Beeinflussung seitens des Arbeitgebers ausgesetzt ist, vor ungewollten Bindungen seines Lohnes zu schützen. Um diesen Schutz zu vervollständigen, ist es aber auch gerade erforderlich, auch andere als in § 115 GewO vorgesehene Rechtsgeschäfte zu verbieten. Denn der Arbeitgeber könnte den Arbeitnehmer auch zu anderen als die in § 115 GewO vorgesehenen Rechtsgeschäften drängen. Gerade daher bedarf es eines umfassenden Schutzes des Arbeitnehmers vor Beeinflussungen seitens des Arbeitgebers.

V. Ergebnis

§ 117 II GewO kommt neben der Unterstützungsfunktion in bezug auf § 115 I GewO auch eine eigenständige Funktion zu.

2. Teil: Der persönliche Geltungsbereich des § 117 II GewO

A. Verfügungsfreiheit der Arbeitnehmer in bezug auf den unpfändbaren Teil des Entgelts

Im Rahmen des § 117 GewO ist anerkannt, daß nach § 117 II GewO zulässige Lohnverwendungsabreden auch den unpfändbaren Gehaltsteil erfassen, d.h. Beiträge zu sog. Wohlfahrtseinrichtungen auch dann vom Lohn abgezogen werden können, wenn das vom Arbeitnehmer erwirtschaftete Gehalt nicht über die Beträge der Unpfändbarkeit hinausgeht[607]. Die zivilrechtlichen Vorschriften der §§ 394, 400 BGB gelten daher nicht in bezug auf § 117 II GewO. Dies folgt aus einer historischen Betrachtung des § 117 II GewO in Verbindung mit dessen Wortlaut. Denn § 117 II GewO zieht insoweit keine Grenzen, obwohl bei Schaffung der gewerberechtlichen Entgeltvorschriften das sog. Lohnbeschlagnahmeschutzgesetz bestand, nach welchem Lohnbeschlagnahmeschutz immer nur dann bestehen sollte, wenn eine entsprechende Regelung in das jeweilige Gesetz aufgenommen worden war, vgl. etwa § 115 a GewO in der Fassung bis 1978[608].

[607] **Bejahend:** Stahlhacke (1981), §§ 115a-119, Anm. II 3 b; Nikisch, S. 420; L/R-Neumann (1981), § 117, Rn. 28; Staudinger-Richardi, § 611 BGB, Rn. 709; Hueck/Nipperdey, 7. A., S. 359; Hanau/Becker VersR 1988, 1093, 1098 mwN; RG GewKfmG 19, 14 und 231; auch bereits RG JW 1913, 148, 149 unter Verweis auf die bereits damals herrschende Meinung; **anderer Ansicht lediglich:** Schnorr v. Carolsfeld, S. 185.

[608] Zitiert in: L/R-Neumann (1991), § 115 a, Rn. 1.

Da der innere Grund für diese Ausnahme aber auch für alle sonstigen Arbeitnehmer zutrifft und nicht durch den Bestand des nur für gewerbliche Arbeitnehmer geltenden Truckverbots bedingt ist, ist allgemein anerkannt, daß diese Vorschrift (insoweit) auch auf alle sonstigen Arbeitnehmer analog anzuwenden ist[609].

B. Auswirkungen auf die Verfügungsfreiheit der nicht-gewerblichen Arbeitnehmer insgesamt

I. Meinungsstand

Ein Teil der Vertreter, die § 117 II GewO eine eigenständige Bedeutung beimessen, zieht hieraus die Konsequenz, daß diese Vorschrift auf alle Arbeitnehmer, nicht nur auf gewerbliche Arbeitnehmer, anzuwenden sei[610].

Entgegen der Darstellung von Neumann ist diese Ansicht nicht allgemein anerkannt. Die von Neumann angegebenen Fundstellen beziehen sich zu einem Großteil nur auf Stellungnahmen zur allgemeinen Gültigkeit in bezug auf die Geltung der §§ 394, 400 BGB[611]. Aus der allgemein anerkannten Ansicht, daß die Pfändungsgrenzen hinsichtlich der nach § 117 II GewO zulässigen Lohnverwendungsabreden auch bei nicht-gewerblichen Arbeitnehmern nicht gelten, kann jedoch nicht der Schluß gezogen werden, daß der Vorschrift des § 117 II GewO *insgesamt* allgemeine Bedeutung zukommt. Ob auch für nicht-gewerbliche Arbeitnehmer daneben jegliche *andere* Lohnverwendungsabrede

---

609 Statt vieler: Staudinger-Richardi, § 611 BGB, Rn. 709; Hueck/Nipperdey, 7. A., S. 359; Nikisch, S. 419f.

610 L/R-Neumann (1979), § 117, Rn. 11; *derselbe:* Neumann ZfA 1970, 339, 345; *derselbe:* Neumann ArbuR 1967, 70, 72: „das beruht vor allem darauf, daß § 117 II GewO eine Spezialvorschrift gegenüber den Beschränkungen der Lohnpfändung und damit der Aufrechnung ist. Das wurde schon bei der Schaffung des § 115 a GewO eingehend diskutiert und vom Abgeordneten Hartmann (vgl. Sten. Berichte des RT 1890, S. 2806) ausdrücklich als einstimmige Meinung des Hauses ‚für die Kommentatoren der GewO' festgestellt"; *derselbe:* Staudinger-Nipperdey-Neumann (1979), § 611 BGB, Anm. 240; Hanau/Becker VersR 1988, 1093, 1098; Schumacher DB 1978, 162, Fn. 5; Müller DB 2000, 770, 772; **im Ergebnis** auch Hofmann, Lohnverwendungsabreden, S. 18, die zwar die Anwendbarkeit des § 117 II GewO auf andere als gewerbliche Arbeitnehmer verneint, aber aus Art. 2 I GG folgert, daß die Beschränkung der Verfügungsfreiheit des Arbeitnehmers über seinen Lohn nur dann rechtswirksam ist, wenn sie hauptsächlich zu seinem Wohl erfolgt und nicht allein dem Interesse des Arbeitgebers dient; Nipperdey, Gewerkschaftsbeiträge, S. 36, Fn. 2; **a.A:** Schaub, 8 .A., S. 732; Staudinger-Richardi, § 611 BGB, Rn. 707: „weder unmittelbare noch analoge Anwendung auf andere Arbeitnehmer"; Schnorr v. Carolsfeld, S. 184

611 Staudinger-Richardi, § 611 BGB, Rn. 707 und 709, der jedoch im Hinblick auf § 117 II als lex specialis gegenüber § 400 BGB eine Ausdehnung auf nicht-gewerbliche Arbeitnehmer zuläßt mit der Begründung, der innere Grund für diese Ausnahme treffe auch auf sie zu und diese sei nicht bedingt durch den Bestand des nur für gewerbliche Arbeitnehmer geltenden Truckverbots; Hueck/Nipperdey, 7. A., S. 359: allgemeine Geltung auch für andere Arbeitnehmer hinsichtlich Pfändungsschutz; der Verweis auf Nikisch, S. 419f geht ins Leere, dieser äußert sich zu dieser Fragestellung gar nicht.

als solche betreffend Wohlfahrtseinrichtungen verboten und nichtig sein soll, geht hieraus nichts hervor.

II. Stellungnahme

Gegen die Ausdehnung des Verbots auf nicht-gewerbliche Arbeitnehmer spricht die systematische Stellung des § 117 II GewO. Betrachtet man hingegen seinen Inhalt, so ist, wie bereits eingangs dargestellt, zu bemerken, daß es sich hier um eine Vorschrift handelt, die weniger das Arbeitsverhältnis selbst als vielmehr die Rechtsbeziehungen der Arbeitsvertragsparteien außerhalb des Arbeitsvertrags regelt. Insoweit handelt es sich um eine Spezialvorschrift, welche mit den Truckvorschriften selbst nicht unmittelbar zusammenhängt, auch wenn sie systematisch in diese eingegliedert ist. Dem steht auch nicht entgegen, daß sich auch § 115 II GewO mit dem Abschluß selbständiger Verträge befaßt. Denn diese Vorschrift steht, wie bereits im dritten Kapitel eingangs dargestellt, in einem engen, sachlichen Zusammenhang mit der Lohnauszahlung. Hierzu wird noch im 5. Teil dieses Kapitels unter *B.* (S. 235ff) näheres auszuführen sein.

Auch die für eine Ausdehnung des Verbots auf nicht-gewerbliche Arbeitnehmer erforderliche, vergleichbare Schutzbedürftigkeit nicht-gewerblicher Arbeitnehmer ist gegeben. Es sei hier auf die Ausführungen zum persönlichen Geltungsbereich des Truckverbots verwiesen (vgl. die Darstellung im 1. Teil des zweiten Kapitels unter *B.*, S. 106ff). Dort war bereits festgestellt worden, daß eine Differenzierung zwischen gewerblichen und anderen Arbeitnehmern nicht gerechtfertigt ist.

Auch die Vorschrift des § 154 I GewO steht – anders als § 115 GewO – einer analogen Anwendung des § 117 II GewO auf alle sonstigen Arbeitnehmer nicht entgegen. Denn der Regelung des § 117 II GewO kommt aufgrund ihres Regelungsgehalts eine über die (sonstigen) gewerberechtlichen Vorschriften hinausgehende Funktion zu. Sie geht inhaltlich über diese hinaus und knüpft, anders als § 115 GewO, nicht an das Trucksystem an.

III. Ergebnis

Das Verbot sog. Lohnverwendungsabreden ist auch im Verhältnis zu nicht-gewerblichen Arbeitnehmern zu beachten. Dies folgt zwar nicht bereits aus pfändungsrechtlichen Gesichtspunkten, ergibt sich aber aus dem Umstand, daß § 117 II GewO Verabredungen untersagt, welche nicht bereits zur Verhinderung des Trucksystems zu untersagen wären, sondern welche zum allgemeinen Schutz des Arbeitnehmers vor Beeinflussungen durch den Arbeitgeber zu untersagen sind.

3. Teil: Der Begriff der Lohnverwendungsabrede

Lohnverwendungsabreden sind zwischen *Arbeitgeber und Arbeitnehmer* (I.) getroffene *Vereinbarungen* (II.), die Arbeitsvergütung zugunsten bestimmter Personen oder zu bestimmten Zwecken ganz oder teilweise zu *verwenden* (III.)[612].

A. Vertragsparteien

Bereits aus dem Wortlaut des § 117 II GewO ergibt sich, daß Abreden zwischen **Arbeitnehmern** und **Arbeitgebern** verboten sind.

Zulässig sind hingegen Vereinbarungen zwischen **Arbeitnehmern** und **Dritten**. Mit diesen kann der Arbeitnehmer, wie oben bereits dargestellt, im Rahmen der durch das Zivilrecht gesetzten Grenzen Verträge, etwa auch Kreditverträge, abschließen[613]. Stahlhacke begründet dies damit, daß die Regelung des § 117 II GewO andernfalls zur Beschränkung der Disposition der Arbeitnehmer über ihren Lohn führen würde. Richtigerweise folgt dies jedoch bereits aus dem Wortlaut des § 117 II GewO, welcher lediglich Abreden zwischen den Arbeitsvertragsparteien verbietet.

Folgerichtig sind auch Rechtsgeschäfte zwischen Arbeitnehmern und Dritten zulässig, welche die Erfüllung dieser wirksamen Abreden betreffen. Der Arbeitnehmer ist daher befugt, seine Entgeltansprüche an Dritte, beispielsweise zur Sicherung eines Darlehens, *abzutreten* oder diesen eine *Einziehungsermächtigung* zu erteilen[614]. Als weitere Variationen kommen die *Bevollmächtigung des Dritten* sowie die Erteilung einer *Empfangsermächtigung* in Betracht. Diese Rechtsgeschäfte sind ebenfalls zulässig[615]. Auch bei diesen liegt richtigerweise schon keine Abrede zwischen den Arbeitsvertragsparteien vor.

Da § 117 II GewO nur Abreden zwischen den Arbeitsvertragsparteien regelt, sind daneben auch Abreden zwischen **Arbeitgebern** und **Dritten** zulässig, durch welche sich der Arbeitgeber verpflichtet, im Falle des Einverständnisses des Arbeitnehmers dessen Warenbezüge unter Anrechnung auf den Lohn zu begleichen[616]. Der Arbeitnehmer wird hierdurch zu nichts verpflichtet. Ihm wird auch nicht die Möglichkeit genommen, seinen Einkauf bei Dritten direkt zu bezahlen.

---

[612] Schaub, 8. A., S. 732; ebenso Mölders DB 1996, 213; ähnlich Hofmann, Lohnverwendungsabreden, S. 2.

[613] Stahlhacke (1981), §§ 115a-119, Anm. II 4; Neumann ArbuR 1967, 70ff.

[614] Neumann ArbuR 1967, 70ff, *derselbe:* L/R-Neumann (1979), § 117, Rn. 18; Hoff BB 1951, 699, *derselbe:* BB 1951, 783; Hofmann, Lohnverwendungsabreden, S. 10, zur Zulässigkeit einer Abtretung unter Verweis auf § 115 a GewO (a.F.), da dieser nur eine Pfändungsgrenze setze.

[615] Nipperdey, Gewerkschaftsbeiträge, S. 31f und S. 34f: diese Gestaltungsformen kommen als Inhalt des Arbeitsverhältnisses nicht in Betracht.

[616] Im Ergebnis ebenso Hueck/Nipperdey, 7. A., S. 359.

Ihm wird lediglich die zusätzliche Möglichkeit eröffnet, den Dritten an den Arbeitgeber zu verweisen und so eine Anrechnung auf den Lohn vornehmen zu lassen.

B. Schuldrechtliche Verpflichtung des Arbeitnehmers

Wie bereits eingangs dargestellt, handelt es sich bei den von § 117 II GewO umfaßten Abreden um **Vereinbarungen**, welche sich als Abreden außerhalb des Arbeitsverhältnisses darstellen. Bestandteil dieser Abrede muß, um im Sinne des § 117 II GewO für den Arbeitnehmer gefährlich zu werden, die Eingehung einer *Verpflichtung* durch den Arbeitnehmer sein[617]. Wird der Arbeitgeber hingegen lediglich, ohne daß er hierauf Einfluß hätte, zur Erfüllung anderer Rechtsgeschäfte eingeschaltet, wird die Vorschrift des § 117 II GewO nicht berührt[618].

I. Eingehen einer schuldrechtlichen Verbindlichkeit

Dementsprechend ist es dem Arbeitnehmer untersagt, eine Verpflichtung einzugehen, bei einem Dritten seine Bedürfnisse zu befriedigen. Dies entspricht dem ausdrücklich geregelten Fall des **§ 117 II 1. Halbsatz GewO**.

Auch in sonstiger Weise darf er sich gegenüber dem Arbeitgeber nicht zu einer bestimmten Verwendung seines Lohnes verpflichten. Die Reichweite dieses Verbots wird im 4. Teil dieses Kapitels näher zu untersuchen sein.

II. Einschaltung des Arbeitgebers zur Erfüllung einer Schuld gegenüber einem Dritten

Hingegen kann der Arbeitnehmer den Arbeitgeber *anweisen*, bestimmte Zahlungen an Dritte zu erbringen, zum Beispiel Gewerkschaftsbeiträge abzuführen (auch als *Inkassoabrede* bezeichnet)[619]. Der Arbeitnehmer geht hierdurch gegen-

---

[617] Zweifelnd offenbar Nipperdey, Gewerkschaftsbeiträge, S. 38, welcher wohl primär Verfügungen für unzulässig erachtet und Verpflichtungen hierzu lediglich aufgrund des engen Zusammenhangs auch unter § 117 II GewO faßt; dem ist jedoch entgegenzuhalten, daß Verfügungen in aller Regel auf einer schuldrechtlichen Verpflichtung beruhen und als solche nur der Erfüllung eingegangener Verpflichtungen dienen. Dies verdeutlicht jedoch, daß gerade die Eingehung einer Verbindlichkeit verboten werden muß. Die Erfüllung einer Verbindlichkeit richtet sich dann ohnehin nach der Wirksamkeit des dieser zugrunde liegenden Rechtsgeschäfts.

[618] So bereits das Preußische Oberste Tribunal v. 7.1.1875, GA Bd. 23 (1875), 133, 134.

[619] **Ebenso** Stahlhacke (1981), §§ 115a-119, Anm. II 4 und Farthmann ArbuR 1963, 353, 356 mit der Begründung, § 117 II GewO gehe nicht über § 115 GewO hinaus, ihm komme keine eigenständige Bedeutung zu – richtigerweise fehlt es jedoch bereits am Vorliegen einer Verpflichtung des Arbeitnehmers bzw. an einer Abrede über die Verwendung; Nipperdey, Gewerkschaftsbeiträge, S. 37; Staudinger-Richardi, § 611 BGB, Rn. 708; Simmich DB 1992, 991, 992, der zwischen Anweisung, Abtretung und Lohnverwendungsabrede differenziert; wohl auch Neumann ArbuR 1967, 70, 74, der lediglich die Verpflichtung des Arbeitnehmers durch Tarifvertrag problematisiert und als unzulässig ab-

über dem Arbeitgeber keine Verbindlichkeit ein. Sofern der Arbeitgeber die Anweisung nach § 784 BGB annimmt, geht ebenfalls lediglich der Arbeitgeber eine Verpflichtung ein, nicht jedoch der Arbeitnehmer. Im Ergebnis werden durch die Anweisung lediglich dem Arbeitgeber Pflichten auferlegt[620]. Der Arbeitnehmer veranlaßt den Abzug erst[621]. Wie im folgenden zu zeigen sein wird, dient die Anweisung auch lediglich der Erfüllung einer anderweitig eingegangenen Verpflichtung gegenüber einem Dritten[622], es läge daher auch keine Abrede über die Verwendung, sondern nur eine über die Erfüllung vor. Dem Arbeitnehmer soll aber nicht die Freiheit verkürzt werden, über die Art der Tilgung seiner Schuld zu entscheiden[623]. Auch ein *Überweisungsauftrag* ist daher zulässig[624].

III. Verpflichtung zur Einschaltung des Arbeitgebers zur Erfüllung einer Schuld gegenüber einem Dritten

Als Abrede zwischen den Arbeitsvertragsparteien stellt sich hingegen wiederum die Abrede dar, durch welche der Arbeitnehmer in Form eines *Vertrags zugunsten Dritter* die Verpflichtung eingeht, Teile des Entgelts durch den Arbeitgeber an Dritte abführen zu lassen. Als Beispiel sei der Vertrag zugunsten der Gewerkschaft über die Abführung von Gewerkschaftsbeiträgen genannt – wenn auch Nipperdey darin zuzustimmen ist, daß diese rechtliche Konstruktion der Abführung von Gewerkschaftsbeiträgen in der Praxis nicht sehr relevant sein dürfte[625]. Denn hier geht der Arbeitnehmer wiederum eine schuldrechtliche Verpflichtung gegenüber dem Arbeitgeber ein.

Gleiches gilt, soweit der Arbeitnehmer gegenüber dem Arbeitgeber die *Verpflichtung* eingeht, *im Verhältnis zu einem Dritten eine bestimmte Art der Er-*

---

lehnt; **im Ergebnis auch** Hofmann, Lohnverwendungsabreden, S. 9; Biedenkopf, Grenzen der Tarifautonomie, S. 261 mit dem Argument, das Verbot des § 117 II GewO sei auf einen völlig anderen Tatbestand zugeschnitten; Fechner, Gewerkschaftsbeiträge, S. 12-14; **a. A.**: Hueck RdA 1961, 141, 148; Steinhaus BB 1951, 783; Ilbertz, die tarifliche Regelung der Einziehung und Abführung von Gewerkschaftsbeiträgen, S. 11 mit der unzutreffenden Begründung, die §§ 115 ff GewO verböten jegliche Auskehrung von Lohn an Dritte, weil der Arbeitnehmer auf diesem Wege immer mehr Lohn entzogen werden könnte - diese Argumentation geht jedoch deshalb fehl, weil der eigentliche Grund für die Lohnschmälerung des Arbeitnehmers in diesen Fällen die Eingehung von Verbindlichkeiten gegenüber Dritten ist, nicht jedoch die Modalität der Erfüllung dieser eingegangenen Verbindlichkeiten - dies verkennt Ilbertz.

620 Vgl. Staudinger-Richardi, § 611 BGB, Rn. 708.

621 Fechner, Gewerkschaftsbeiträge, S. 13.

622 Stahlhacke (1981), §§ 115a-119, Anm. II 4.

623 Stahlhacke (1981), §§ 115a-119, Anm. II 4; **im Ergebnis ebenso** Biedenkopf, Grenzen der Tarifautonomie, S. 261 unter Verweis auch auf Fechner, Gewerkschaftsbeiträge, S. 14 mit dem Argument, das Verbot des § 117 II GewO sei auf einen völlig anderen Tatbestand zugeschnitten.

624 **Im Ergebnis ebenso** Stahlhacke (1981), §§ 115a-119, Anm. II 4 wiederum mit der Begründung, es läge zwar eine Verwendung vor, jedoch komme § 117 II GewO keine eigenständige Bedeutung zu.

625 Nipperdey, Gewerkschaftsbeiträge, S. 33.

füllung zu wählen, etwa eine Abtretung, Einzugsermächtigung, Bevollmächtigung, Anweisung oder Empfangsermächtigung vorzunehmen. Auch dies stellt eine Lohnverwendungsabrede dar[626]. Wie beim Vertrag zugunsten Dritter wird auch hier eine Verpflichtung gegenüber dem Arbeitgeber eingegangen. Auch dies stellte aber eine Beeinflussung durch den Arbeitgeber dar, welche nach § 117 II GewO gerade nicht ermöglicht werden soll[627].

Demgegenüber sind F a r t h m a n n – und ihm folgend H o f m a n n – der Ansicht, in der *Verpflichtung zu einer bestimmten Erfüllungsart oder Verfügung* könne keine Lohnverwendungsabrede zu sehen sein[628]. Begründet wird dies damit, in diesen Fällen sei die Interessenlage eine völlig andere als diejenige, welche die Bestimmungen über das Truckverbot im Auge habe. Dies zeige ein Vergleich mit der Verabredung, durch welche sich der Arbeitgeber verpflichte, Warenkäufe unter Anrechnung auf den Lohn zu bezahlen, welche anerkanntermaßen zulässig seien, wenn nur der Arbeitnehmer in der Wahl seiner Bezugsquellen frei bleibe. Sei aber diese Abrede über die Verwendung des Lohnes zur Schuldentilgung bei einem unabhängigen Kaufmann nicht von § 117 II GewO erfaßt, so müsse das erst recht für die Beitragsabführung an die Gewerkschaft gelten.

Diese Schlußfolgerung geht jedoch fehl. Farthmann und Hofmann übersehen, daß im ersten Fall lediglich der Arbeit*geber* eine Verpflichtung eingeht. Der Arbeitnehmer bleibt in jeglicher Hinsicht ungebunden. Beim Warenkauf kann er nach wie vor frei entscheiden, ob er sofort bezahlt oder den Verkäufer an seinen Arbeitgeber verweist. Demgegenüber geht der Arbeit*nehmer* im zweiten Fall eine Bindung ein. Daß diese sich lediglich auf die Erfüllung einer bereits eingegangenen Verbindlichkeit bezieht, ändert nichts. Auch in diesen Fällen bindet sich der Arbeitnehmer an einen Lohnabzug, er kann in Zukunft nicht mehr frei entscheiden, zu welchen Zwecken und zur Erfüllung welcher Verbindlichkeiten er seinen Lohn einsetzen will. Wie die Abführung der Gewerkschaftsbeiträge zeigt, kann auch der Arbeitgeber ein erhebliches Interesse an derartigen Abreden haben.

IV. Verfügung des Arbeitnehmers zur Erfüllung einer Verbindlichkeit gegenüber dem Arbeitgeber

Verfügungen zwischen den Arbeitsvertragsparteien sind nicht verboten. „Abreden", wie sie § 117 II GewO verbietet, betreffen nach dem juristischen Sprach-

---

[626] Nipperdey, Gewerkschaftsbeiträge, S. 37; ebenso Simmich DB 1992, 991, 992, der zwischen Anweisung, Abtretung und Verpflichtung zum Abzug unterscheidet - nur letzteres sieht er als Lohnverwendungsabrede an.
[627] So auch schon das Preußische Oberste Tribunal, GA Bd. 23 (1875), 133, 134.
[628] Farthmann ArbuR 1963, 353, 356; Hofmann, Lohnverwendungsabreden, S. 8-10.

gebrauch Verpflichtungen und nicht Verfügungen. Auch ließe sich eine solche Auslegung nur schwer mit den Regelungen des § 117 II GewO vereinbaren, welcher sowohl in seinem ersten Halbsatz als auch in der Ausnahmevorschrift des zweiten Halbsatzes (die Eingehung der Verpflichtung zur Beitragszahlung an Wohlfahrtseinrichtungen) lediglich die Eingehung von schuldrechtlichen Verbindlichkeiten zum Gegenstand hat. Es besteht auch kein Erfordernis, den Arbeitnehmer in der Erfüllung eingegangener Verbindlichkeiten zu begrenzen. Er ist nicht schutzwürdig, wenn er eine Leistung erbringt, zu welcher er ohnehin auch gerichtlich verurteilt werden könnte. Dem folgend, ist etwa auch der *Aufrechnungsvertrag* zulässig. Er dient lediglich der Erfüllung[629]. Auch der *vor Fälligkeit eingegangene Aufrechnungsvertrag* ist zulässig. Er dient unmittelbar der Erfüllung des Lohnanspruchs[630].

V. Ergebnis

Im Ergebnis ist damit festzuhalten, daß durch § 117 II GewO jegliche Verpflichtung des Arbeitnehmers gegenüber dem Arbeitgeber zu einer bestimmten Verwendung seines Lohnes verboten ist. Welche Rechtsgeschäfte hierdurch im einzelnen verboten sind, wird im 4. Teil dieses Kapitels ausführlich zu untersuchen sein.

Die Freiheit des Arbeitnehmers, Rechtsgeschäfte mit Dritten abzuschließen, wird durch § 117 II GewO nicht tangiert. Auch die Mitwirkung des Arbeitgebers bei der Erfüllung dieser Rechtsgeschäfte ist nicht verboten, solange der Arbeitnehmer keine Verpflichtung gegenüber dem Arbeitgeber eingeht. Schließlich ist dem Arbeitnehmer auch eine Verfügung zur Erfüllung einer gegenüber dem Arbeitgeber bestehenden Verbindlichkeit nicht untersagt.

C. Abrede über die Verwendung

Eine Abrede muß freilich auch über die **Verwendung** des Lohnes getroffen werden, der Arbeitnehmer mithin eine Verpflichtung eingehen, welche nicht schon zuvor bestand und welche ihm den Lohn endgültig entzieht.

Zulässig sind daher Verabredungen über *Lohneinbehaltungen* zu Kautionszwecken, Lohneinbehaltungen zur Sicherung gegen Kontraktbruch nach § 119 a

---

[629] Dies entspricht heute ganz allgemeiner Meinung; in früheren Zeiten war diese Frage streitig, was jedoch darauf beruhte, daß damals auch noch die Frage diskutiert wurde, ob § 115 GewO auch den Aufrechnungsvertrag verbiete, vgl. Hofmann, Lohnverwendungsabreden, S. 6.

[630] RAG ArbRS 30, 131, 137; Stahlhacke (1981), §§ 115a-119, Anm. II 4 unter Verweis wiederum auf die reine Unterstützungsfunktion des § 117 II GewO; **unklar / zweifelhaft** L/R-Neumann (1979), § 117, Rn. 14; **s. ausführlich** zur historischen Darstellung dieser früher sehr streitigen Frage bei Hofmann, Lohnverwendungsabreden, S. 2-6.

GewO oder auch zu anderen Zwecken. Lohneinbehaltungsabreden haben im Gegensatz zu Lohnverwendungsabreden keine endgültige Verpflichtung zum Inhalt. Sie erfolgen nur vorübergehend. Es handelt sich daher schon nicht um eine Verwendung, sondern nur um eine einstweilige Zurückhaltung des Arbeitslohns[631].

Gleiches gilt für die Vereinbarung einer *Stundung*. Auch hier wird lediglich die Pflicht des Arbeitgebers zur Lohnzahlung aufgeschoben, der Lohnanspruch an sich bleibt hiervon jedoch unberührt.

Auch der *Erlaßvertrag* trifft keine Vereinbarung über eine bestimmte Verwendung des Lohnes und wird daher durch § 117 II GewO nicht tangiert.

Verboten sind hingegen alle Abreden über die Verwendung des Lohnes. Daneben muß dem Arbeitnehmer im Umkehrschluß auch verboten sein, sich zu verpflichten, seinen Lohn in bestimmter Weise *nicht* zu verwenden, ihn etwa nicht für Gewerkschaften oder bestimmte Parteien zu verwenden. Ob sich dieses Verbot ebenfalls aus § 117 II GewO ergibt[632] oder ob es bereits aus allgemeinen zivilrechtlichen Grundsätzen folgt, kann dahinstehen.

D. Die Abführung von Gewerkschaftsbeiträgen durch die Arbeitgeber

Diese Darstellung der Definition sog. Lohnverwendungsabreden entspricht – jedenfalls im Ergebnis – herrschender Meinung. Auch aus der früheren Diskussion um die Zulässigkeit der Abführung von Gewerkschaftsbeiträgen durch die Arbeitgeber folgt nichts anderes. Soweit hierzu im Ergebnis unterschiedliche Ansichten vertreten worden sind, wird die nachfolgende Darstellung des – insoweit scheinbaren – Meinungsstreits zeigen, daß dies auf der Zugrundelegung verschiedener Sachverhalte beruht.

Die Frage, ob Tarifvertragsparteien eine tarifliche Regelung dahingehend treffen können, daß die Arbeitgeber verpflichtet seien, die Gewerkschaftsbeiträge ihrer Arbeitnehmer diesen vom Lohn abzuziehen und an die Gewerkschaft zu überweisen, wurde in den 1950er und -60er Jahren heftig diskutiert. Dabei ging es auch um die Frage, inwieweit die Tarifvertragsparteien überhaupt befugt seien, nicht nur die Lohnhöhe und die Lohnbestandteile festzulegen, sondern auch bereits die Verwendung des Lohnes für die Arbeitnehmer verbindlich zu regeln. Anerkannt war bereits damals, daß auch tarifvertragliche Lohnverwendungsab-

---

[631] L/R-Neumann (1979), § 117, Rn. 16; Hofmann, Lohnverwendungsabreden, S. 3; **im Ergebnis ebenso** Stahlhacke (1981), §§ 115a-119, Anm. II 4 mit der Begründung, es läge zwar eine Verwendungsabrede vor, die Zulässigkeit folge jedoch aus Sinn und Zweck der Regelung des § 117 II GewO, da dieser nicht über § 115 GewO hinausgehe.
[632] So Hofmann, Lohnverwendungsabreden, S. 3.

reden insofern nicht zulässig seien, als auch die Arbeitnehmer selbst sich nicht zu einer Lohnverwendung hätten verpflichten können[633]. Es wurde daher in der Diskussion um die Frage nach der Zulässigkeit der Abführung von Gewerkschaftsbeiträgen durch die Arbeitgeber (neben der Frage nach der Regelungsbefugnis der Tarifvertragsparteien) auch die Vereinbarkeit einer derartigen Regelung mit § 117 II GewO diskutiert. Dabei blieb – auf den ersten Blick – die Frage streitig, ob überhaupt eine Lohnverwendungsabrede im Sinne des § 117 II GewO vorliege.

Nipperdey vertrat die Ansicht, daß für die Vereinbarung der Abführung von Gewerkschaftsbeiträgen sechs rechtliche Konstruktionen in Betracht kämen, und zwar die *Forderungsabtretung*, die *Einziehungsermächtigung* des Arbeitnehmers an die Gewerkschaft, die *Bevollmächtigung* der Gewerkschaft durch den Arbeitnehmer zum Einzug des entsprechenden Lohnteiles im Namen des Arbeitnehmers, die verbriefte *Anweisung* der Gewerkschaft durch Aushändigung einer entsprechenden Anweisungsurkunde durch den Arbeitnehmer an die Gewerkschaft, die Ermächtigung der Gewerkschaft durch den Arbeitnehmer, die Leistung des Arbeitgebers in Empfang zu nehmen (sog. *Empfangsermächtigung*) sowie die Vereinbarung eines *Vertrags* zwischen Arbeitgeber und Arbeitnehmer *zugunsten Dritter* (der Gewerkschaft), wodurch ein eigenes Forderungsrecht der Gewerkschaft entstünde[634]. Die Konstruktionen 1 bis 5 seien Verfügungen, bezüglich welcher im Tarifvertrag auch lediglich die Verpflichtung zu derartigen Verfügungen vereinbart werden könnte[635].

Da, wie die obigen Ausführungen zur Definition der Verwendungsabrede zeigen, die Lohnverwendungsabrede eine Vereinbarung zwischen Arbeitnehmer und Arbeitgeber voraussetzt, ist mit Nipperdey festzustellen, daß die Konstruktionen 1 bis 5 von vornherein ausscheiden. Diese stellen keine Lohnverwendungsabrede im Sinne des § 117 II GewO dar. Soweit jedoch der Arbeitnehmer gegenüber dem Arbeitgeber eine *Verpflichtung* zum Abschluß von Rechtsgeschäften im Sinne der Konstruktionen 1 bis 5 eingeht oder ein Vertrag zugunsten der Gewerkschaft geschlossen wird, liegt eine Lohnverwendungsabrede im Sinne des § 117 II GewO vor[636].

---

[633] Vgl. beispielsweise Ilbertz, die tarifliche Regelung der Einziehung und Abführung von Gewerkschaftsbeiträgen, S. 9f und S. 12 mwN in Fn. 29; Farthmann ArbuR 1963, 353, 355 mwN in Fn. 7. Dies beruht zwar nicht auf einem Ungleichgewicht in der Verhandlungslage, jedoch darauf, daß die Gewerkschaften nicht befugt sind, in die Lohnverwendungsfreiheit der Arbeitnehmer einzugreifen. Sie haben sich auf die Aushandlung des Lohnes zu beschränken.

[634] Nipperdey, Gewerkschaftsbeiträge, S. 30ff.

[635] Nipperdey, Gewerkschaftsbeiträge, S. 38.

[636] Soweit Nipperdey, Gewerkschaftsbeiträge, S. 38, jedoch der Ansicht ist, hierbei handele es sich um Kausalgeschäfte, die nicht unmittelbar von § 117 II GewO erfaßt würden, ist dem zu widersprechen.

Auch N e u m a n n problematisierte, wie Nipperdey, lediglich die Frage, ob im Tarifvertrag eine Verpflichtung des Arbeitnehmers zur Verabredung über die Abführung der Gewerkschaftsbeiträge verboten ist[637].

Soweit F e c h n e r , F a r t h m a n n, B i e d e n k o p f und S t a h l h a c k e einen Verstoß gegen § 117 II GewO nicht für gegeben erachteten[638], gehen sie entgegen der Darstellung von Neumann auch mit Nipperdey konform, denn die Vorgenannten diskutierten lediglich die von Nipperdey unter die Konstruktionen 1 bis 5 gefaßten Sachverhalte[639]. Auch Nipperdey hat diese jedoch für zulässig erachtet. Lediglich die *Verpflichtung* des Arbeitnehmers gegenüber dem Arbeitgeber zur Durchführung derartiger Absprachen hatte er für nichtig erklärt. Diese Variante wurde von den Vorgenannten jedoch gar nicht untersucht. Sie untersuchten lediglich das die Abführung der Gewerkschaftsbeiträge veranlassende Rechtsgeschäft, gingen jedoch nicht auf die Frage ein, ob der Arbeitnehmer durch Tarifvertrag zum Abschluß dieses Rechtsgeschäfts verpflichtet werden könnte[640]. Gerade hierauf wäre es jedoch angekommen.

Hätten sämtliche Vertreter der Literatur nach dieser Sachverhaltsfrage unterschieden, wäre offenkundig geworden, daß über das Verständnis vom Begriff der Lohnverwendungsabrede Einigkeit bestand und besteht. Soweit *im Ergebnis* dennoch unterschiedliche Ansichten vertreten worden sind, beruhte dies nicht auf einem unterschiedlichen Verständnis vom Begriff der Lohnverwendungsabrede, sondern darauf, daß teils die Gewerkschaft als Wohlfahrtseinrichtung angesehen wurde, teils eine Anwendbarkeit des § 117 II GewO unter Verweis auf Sinn und Zweck dieser Vorschrift verneint wurde.

E. Subsumtion moderner Fallgruppen unter den Begriff der Lohnverwendungsabrede

I. Darlehen des Arbeitgebers an den Arbeitnehmer

Darlehen an den Arbeitnehmer, welche vom Arbeitgeber gewährt werden, sind zulässig. In diesen Fällen erfolgt keine Bindung des Arbeitnehmers an eine bestimmte Lohnverwendung. Er bleibt frei in seiner Entscheidung darüber, wie er das Darlehen des Arbeitgebers einsetzen will. Auch soweit Darlehen einer Zweckbindung unterliegen, schadet dies nichts. Denn dies macht lediglich die

---

637 Neumann ArbuR 1967, 70, 73f.

638 Fechner, Gewerkschaftsbeiträge, S. 12ff; Farthmann ArbuR 1963, 356; Biedenkopf, Grenzen der Tarifautonomie, S. 261.

639 Neumann ArbuR 1967, 70f.

640 Fechner untersuchte die Variante der Anweisung, Farthmann ging von einer Variante aus, bei der der Arbeitnehmer jedenfalls nicht gebunden wurde, Biedenkopf untersuchte die Inkassoabrede und Stahlhacke sah in der Abführung der Gewerkschaftsbeiträge ebenfalls keine Verpflichtung zur Abführung, er sprach vielmehr allein von einem Erfüllungsgeschäft.

Gewährung des Darlehens durch den Arbeitgeber von der Absicht zu einer bestimmten Verwendung abhängig. Der Arbeitnehmer bleibt jedoch auch in diesen Fällen frei in seiner Entscheidung, ob er Geld zu diesem Zwecke verwenden möchte. Hinzu kommt, daß die volle Lohnverwendungsfreiheit des Arbeitnehmers erhalten bleibt. Ihm wird lediglich zusätzlich zur Lohnauszahlung ein Darlehen gewährt. Soweit er in der Zukunft zur Rückzahlung verpflichtet ist, schadet dies ebenfalls nicht, da er dann lediglich den zusätzlich zum Lohn erhaltenen Betrag zurückbezahlt. Sein Lohnanspruch wird auch hierdurch, nimmt man eine Gesamtbetrachtung vor, nicht geschmälert.

Auch eines Schutzes des Arbeitnehmers in anderer Hinsicht, etwa zum Schutz vor einer Verleitung des Arbeitnehmers durch das Angebot zinsloser Darlehen, bedarf es nicht. Eine solche Schutzrichtung der gewerberechtlichen Entgeltvorschriften ergibt sich weder aus Wortlaut, noch aus historischer Sicht, noch aus Sinn und Zweck dieser Vorschriften.

II. Die Mitarbeiterbeteiligung

Ob in den Fällen der Mitarbeiterbeteiligung überhaupt begrifflich eine Lohnverwendungsabrede vorliegt, hängt davon ab, ob auch das Tatbestandsmerkmal der Verwendung erfüllt ist. Die Mitarbeiterbeteiligung ist ihrem Wesen nach nicht auf den Verbrauch von Lohn gerichtet, sondern sie zielt auf eine Vermögensanlage und damit auf den Erhalt des Vermögens. Sie dient damit gerade nicht dem Verbrauch von Lohn, sondern erhält den Lohn in seinem Bestand. Der Lohn verbleibt für eine bestimmte, vereinbarte Zeit beim Arbeitgeber. Anschließend soll der Arbeitnehmer eine Auszahlung fordern können. Der Arbeitgeber greift daher in diesen Fällen der Vermögensanlage nicht auf die Substanz des Lohnes zu.

Dennoch ist auch das Merkmal der Verwendung zu bejahen. Es ist nicht zu verkennen, daß auch bei auf Vermögenserhalt gerichteten Anlagen der Lohnanspruch des Arbeitnehmers in irgendeiner Weise verwendet werden muß, um zu einer Anlageform zu gelangen. Auch hier geht der Arbeitnehmer daher Bindungen ein, welche mit Blick auf mögliche Einflußnahmen durch den Arbeitgeber problematisch erscheinen können. Zudem hat sich in den letzten Jahrzehnten immer mehr der Gedanke durchgesetzt, daß Mitarbeiterbeteiligungen heute nicht nur dem Arbeitnehmer dienen, sondern auch für den Arbeitgeber als Finanzquelle von enormer Wichtigkeit sind. Hinzu kommt, daß auch die Einzahlung von Beiträgen in eine Versorgungskasse nicht dem Verbrauch von Lohn, sondern dessen Erhalt für das Alter dient. Unstreitig ist hierin jedoch ebenfalls eine Lohnverwendungsabrede zu sehen, welche lediglich aufgrund der Ausnahmevorschrift des § 117 II GewO nach allgemeiner Ansicht zulässig ist. Für den Begriff der Verwendung genügt es daher, daß der Arbeitnehmer infolge eines

Rechtsgeschäfts nicht mehr frei ist, über seinen Lohn anderweitig zu verfügen. Daß der Arbeitnehmer bei Vermögensanlagen später wieder über einen bestimmten Geldbetrag wird verfügen können, steht dem nicht entgegen. Er ist zunächst gebunden. Auch geht der Lohnanspruch für immer verloren. Später entstehende Ansprüche sind auf diesen nicht mehr zurückzuführen, sondern stellen sich als solche aus dem abgeschlossenen Rechtsgeschäft dar.

Der Abschluß von Mitarbeiterbeteiligungen stellt somit eine Lohnverwendungsabrede dar.

III. Investment-Pläne

Da es sich auch in den Fällen der Aufstellung sog. Investment-Pläne, bei welchen der Arbeitgeber eine Form der externen Vermögensanlage für seine Arbeitnehmer organisiert und diese fördert, um eine Form der Vermögensanlage handelt, ist auch deren vertragliche Vereinbarung eine Abrede über die Lohnverwendung.

IV. Abschluß von Dauerrechtsgeschäften wie etwa verbilligter Versicherungen

Der Abschluß einzelner Rechtsgeschäfte stellt unproblematisch dann eine Lohnverwendungsabrede dar, wenn er auf ein Dauerrechtsverhältnis gerichtet ist, mithin wiederkehrende Beiträge des Arbeitnehmers zum Gegenstand hat und damit den Arbeitnehmer in seiner künftigen Lohnverwendung bindet. Eine Lohnverwendungsabrede ist daher beispielsweise auch dann gegeben, wenn ein Versicherungsunternehmen seinen Mitarbeitern Versicherungen zum Selbstkostenpreis bietet und diese daraufhin entsprechende Versicherungsverträge schließen.

V. Der „Sanierungstarifvertrag“ von Holzmann

Nach Müller ist auch im Abschluß des Sanierungstarifvertrags zur Sanierung des angeschlagenen Baukonzerns Philipp Holzmann eine Lohnverwendungsabrede zu sehen[641]. In diesem Tarifvertrag war vereinbart worden, daß die Arbeitnehmer 18 Monate lang fünf unbezahlte Überstunden pro Woche zu leisten haben. Diese Mehrarbeit wird auf einem „Sanierungsarbeitszeitkonto“ gutgeschrieben und unverzinst in den Jahren 2002 und 2007 durch Freizeit abgegolten. Entgegen vorheriger Überlegungen wurde bewußt kein unverzinsliches längerfristiges Darlehen vereinbart[642]. Dies wäre auch schon nicht möglich gewesen, da, wie bereits dargelegt, weder die Tarifvertragsparteien noch Arbeitgeber und Betriebsrat befugt sind, Abreden über die Verwendung des Lohnes zu treffen[643].

Entgegen Müller ist die getroffene Vereinbarung nicht als Darlehen zu qualifizieren. Wie bereits dargelegt, war die Idee der Gestaltung als zinsloses Darlehen von den Tarifvertragsparteien wieder verworfen worden. Auch die Bezeichnung als „Sanierungsarbeitszeitkonto“ zeigt, daß vorliegend keine Abrede über die Verwendung getroffen werden sollte. Vielmehr sollte lediglich ein Flexibilisierungsinstrument in Form eines über einige Jahre andauernden, flexiblen Arbeitszeitkontos geschaffen werden. Dies zeigt auch der Umstand, daß keine spätere Lohnauszahlung erfolgen – wie sie bei Abschluß eines Darlehensvertrags typischer Regelungsinhalt wäre –, sondern ein Ausgleich in Zeit stattfinden soll. Vom Abschluß eines Darlehensvertrags kann daher keine Rede sein[644].

Der geschlossene Sanierungstarifvertrag ist somit als Flexibilisierungsinstrument anzusehen, das zum einen die Fälligkeit von Lohnansprüchen (vergleichbar der Stundung bereits fällig gewordener Ansprüche) auf einen späteren Zeitpunkt verlagert und zum anderen die zu erbringende Arbeitsleistung in den Jahren 2002 und 2007 reduziert – bei gleichzeitiger Abgeltung der bereits erbrachten und auf dem Arbeitszeitkonto gutgeschriebenen Leistungen. Der Sache nach liegt also eine Stundung des Entgelts vor, kombiniert mit der Vereinbarung, in Zukunft die zunächst geleistete Mehrarbeit durch Freizeitausgleich zu kompensieren. Im Ergebnis liegt damit keine Abrede über die Verwendung von Lohn vor.

Der Sanierungstarifvertrag von Holzmann enthält somit keine Abrede über die Lohnverwendung und ist daher mit § 117 II GewO vereinbar.

---

[641] Von Müller als unzulässige Lohnverwendungsabrede angesehen, vgl. Müller DB 2000, 770ff.
[642] Vgl. Rieble NZA 2000, 225, 226.
[643] So auch Rieble NZA 2000, 225, 229: „ ..., - weil der Arbeitnehmer insofern nicht in seiner Rolle als abhängig Beschäftigter, sondern als Verbraucher und Investor angesprochen ist.“.
[644] Im Ergebnis ebenso Rieble NZA 2000, 225, 229.

VI. Zeitwertpapiere

Zeitwertpapiere sind hingegen als Lohnverwendungsabreden anzusehen. Zwar bezwecken auch sie lediglich eine Verschiebung der Barlohnzahlung. Da das im Unternehmen verbliebene Guthaben des Arbeitnehmers jedoch tatsächlich angelegt wird, liegt eine Abrede über die Verwendung dieses Lohnes vor.

Zeitwertpapiere sind von reinen Zeitkonten zu unterscheiden, bei denen lediglich Zeit gutgeschrieben wird und später eine Freistellung erfolgt. Reinen Zeitkonten ist eigen, daß der Anspruch auf Arbeitsentgelt in seiner ursprünglichen Form erhalten bleibt. Bei den von VW eingeführten Zeitwertpapieren wird das Zeitguthaben jedoch zur Finanzierung einer externen Vermögensanlage eingesetzt. Zudem kann der Mitarbeiter nicht nur Zeit, sondern auch Geld zur Finanzierung dieser externen Vermögensanlage einsetzen, indem er Teile seines Bruttoentgelts durch Zeit-Werte ersetzt. Dies ist jedoch bei reinen Zeitkonten nicht möglich. Schließlich wird nicht nur das vorhandene Zeitguthaben in Form eines Zeitkontos schriftlich erfaßt, sondern es entstehen Wertpapiere, welche das Vermögen des einzelnen Mitarbeiters und dessen Wertentwicklung verkörpern und deren Wert abhängig vom Erfolg der Vermögensanlage wächst[645]. An sich bestünde bei diesen auch ein Verlustrisiko. VW hat dieses ausgeschlossen, indem es den Nominalwert garantiert. Es bleibt dennoch typisch für eine externe Vermögensanlage. All dies zeigt, daß durch die Vermögensanlage in Zeitwertpapieren der Charakter als Arbeitsentgelt verlorengeht (vgl. hierzu bereits oben im 5. Teil des ersten Kapitel unter *C.*, S. 94).

Daran ändert auch der Umstand nichts, daß VW die Auszahlung des angesparten Vermögens derart konzipiert hat, daß dieses durch Freistellung von der Arbeit erfolgt – bei Fortzahlung des Arbeitsentgelts. Die Auszahlung durch Freistellung erfolgt vor dem Hintergrund, daß VW die Zeitwertpapiere in der Absicht geschaffen hat, den Vorruhestand von Mitarbeitern zu fördern und so älteren Mitarbeitern ein frühzeitiges Ausscheiden aus dem Unternehmen finanziell zu ermöglichen. Hierdurch erfolgt zwar eine Verknüpfung der Geldanlage mit dem bestehenden Arbeitsverhältnis, der Schwerpunkt der Rechtsbeziehungen bleibt jedoch weiterhin die Vermögensanlage. Bei der Auszahlung durch Freistellung handelt es sich um eine Auszahlungsmodalität, die den Charakter als Vermögensanlage nicht überspielen kann.

Auch Zeitwertpapiere stellen damit eine Lohnverwendung dar. Anders ist dies bei reinen Zeitkonten – wie beispielsweise auch bei den auf der Basis des bereits gesondert dargestellten Sanierungstarifvertrags von Holzmann entstehenden

---

[645] So auch die Ausführungen von VW in einer Informationsbroschüre, welche an die Mitarbeiter ausgegeben wurde.

Zeitguthaben der Arbeitnehmer. Bei diesen wird lediglich der Auszahlungszeitpunkt geändert, über die Verwendung des Lohnes hingegen keine Bestimmung getroffen.

4. Teil: Ausnahmen vom Verbot sog. Lohnverwendungsabreden

A. Einrichtungen zur Verbesserung der Lage der Arbeitnehmer und ihrer Familien

Die durch § 117 II GewO zugelassenen Lohnverwendungen für Wohlfahrtseinrichtungen kommen heute seltener vor, da diese Arten von Einrichtungen heutzutage verstärkt als gemeinsame Einrichtungen der Tarifvertragsparteien gegründet zu werden pflegen[646].

Gemeinsame Einrichtungen stellen eine Vereinbarung auf der Ebene des Tarifvertrags dar. Im Ergebnis ergibt sich daraus jedoch keine unterschiedliche Beurteilung. Die Zulässigkeit dieser Einrichtungen unterliegt den gleichen Schranken wie eine Vereinbarung zwischen den Arbeitsvertragsparteien selbst. Zwar ließe sich die Frage stellen, ob die Arbeitnehmer im Falle der Vertretung durch ihre (mächtige) Gewerkschaft ebenso schutzbedürftig sind wie bei eigenem Vertragsschluß. Da jedoch die Arbeitnehmer auch durch ihre Gewerkschaften nicht stärker in ihrer Lohnverwendungsfreiheit eingeschränkt werden sollen und – rechtlich – können als sie selbst dazu in der Lage wären, ist diese Schranke nicht niedriger anzusetzen, wenn Arbeitnehmer durch ihre Gewerkschaft vertreten sind[647]. Im folgenden wird daher nicht zwischen Gemeinsamen Einrichtungen der Tarifvertragsparteien und Einrichtungen, welche durch den Arbeitgeber oder durch ihn und die Arbeitnehmer geschaffen wurden, unterschieden. Es kommt maßgeblich auf den Charakter der Einrichtung an, nicht auf die Frage, wer diese errichtet hat.

Eine allgemeine Definition, die über die bereits in § 117 II GewO enthaltene Definition „Einrichtungen zur Verbesserung der Lage der Arbeitnehmer und ihrer Familien" hinausgeht, gibt es nicht. In der Literatur finden sich lediglich folgende Stellungnahmen:

N e u m a n n versteht unter Wohlfahrtseinrichtungen solche Einrichtungen, die die wirtschaftliche Lage des Arbeitnehmers allgemein verbessern[648]. Eine solche Einrichtung sei die Pensionskasse, der Kindergarten, eine Sparkasse oder auch die gemeinsame Einrichtung beider Tarifpartner[649].

---

[646] Stahlhacke (1981) §§ 115a-119, Anm. II 3 b.
[647] Ebenso Otto/Schwarze ZfA 1995, 639, 680.
[648] Neumann ArbuR 1967, 70, 74.
[649] Neumann ArbuR 1967, 70, 74f.

Nach Hanau/Becker bestehen lediglich zwei Grundsätze, nach denen sich die Subsumtion unter Wohlfahrtseinrichtungen zu richten hat: zum einen dürfe die Einrichtung die Verbesserung der Lage der Arbeitnehmer nicht nur beabsichtigen, sondern müsse dieses Ziel auch tatsächlich erreichen können[650], zum anderen dürfe die Einrichtung nicht in erheblichem Maße den Interessen des Arbeitgebers dienen, wie dies etwa im Falle der Bildung einer Werksgemeinschaft zur Rettung des Unternehmens der Fall sei.

Hueck fordert, daß die Einrichtung dem Arbeitnehmer ausschließlich oder doch überwiegend zugute kommt[651].

Karakatsanis fordert einen Zusammenhang mit dem Arbeitsverhältnis. Unzulässig seien daher Abzüge zugunsten kirchlicher, karitativer, sportlicher oder sonst kultureller oder auch politischer Einrichtungen, da diese – im Gegensatz zu Beiträgen zu Soziallohnkassen, Zuschußkassen oder sonstigen Wohlfahrtseinrichtungen – mit dem Arbeitsverhältnis nichts zu tun hätten[652].

In gleichem Sinne sieht Schenkel Abreden für nichtig an, welche mit dem Zweck des Arbeitsverhältnisses nicht zusammenhängen, in die persönliche Freiheit eingreifen und daher gegen die guten Sitten verstoßen. Zulässig seien hingegen Einrichtungen zur Verbesserung der Lage der Arbeitnehmer in geistig-sittlicher, gesundheitlicher oder wirtschaftlicher Hinsicht[653].

Nach Nipperdey fallen hierunter Betriebswohlfahrtseinrichtungen und andere Wohlfahrtseinrichtungen, unter welchen er „z.B. (solche) nach § 115 II 2 GewO, gemeinsame Einrichtungen der Tarifparteien nach § 4 II TVG, ... Hilfskassen, Werksbüchereien, Kindergärten, Pensionskassen, (sowie) Lohnausgleichskassen" versteht[654].

Die folgende Darstellung beginnt, da keine allgemeine Definition der sog. Wohlfahrtseinrichtungen existiert, zunächst mit einer Unterscheidung zwischen anerkannten und streitigen Wohlfahrtseinrichtungen, zu welchen bislang in Literatur und Rechtsprechung Stellung bezogen wurde. Sodann erfolgt eine Stellungnahme zu den vorgestellten Fallgruppen, gefolgt von der Untersuchung, ob es für die Frage der Zulässigkeit dieser Einrichtungen auf deren inhaltliche Ausgestaltung ankommen kann. Auch diese Frage wurde in früherer Zeit häufig dis-

---

[650] Hanau/Becker VersR 1988, 1093, 1099 unter Verweis auf RG Gruchot 57, 1101, 1105.
[651] Hueck/Nipperdey, 7. A., S. 359.
[652] Karakatsanis, Gestaltung des Arbeitsverhältnisses, S. 92.
[653] Schenkel, GewO, § 117, Anm. 4.
[654] Nipperdey, Gewerkschaftsbeiträge, S. 37; RAG ArbRS 4, 170 zur Zulässigkeit einer Lohnzuschußkasse als Wohlfahrtseinrichtung.

kutiert und bejaht. Am Ende soll der Versuch einer Definition von sog. Wohlfahrtseinrichtungen stehen.

I. Unstreitige Fallgruppen sog. Wohlfahrtseinrichtungen

Einigkeit besteht darüber, daß folgende Einrichtungen als Wohlfahrtseinrichtungen anzusehen und daher zulässig sind: Einrichtungen zur betrieblichen Altersvorsorge[655], Hilfs- und Unterstützungskassen zum Zwecke der sozialen Absicherung (auch Pensionskassen, soweit Beiträge nicht auch bei Austritt einbehalten werden)[656], Horte und Kindergärten (da sie den Frauen die Arbeit erst ermöglichen)[657], Einrichtungen, etwa Werksbüchereien, zur Bildung und Unterhaltung der Arbeitnehmer[658], Einrichtungen zur Beschaffung von Bedarfsgegenständen des § 115 II 2 GewO[659], Werkmietwohnanlagen[660] sowie überhaupt soziale Einrichtungen i.S.d. § 56 BetrVG (heute: § 87 I Nr. 8 BetrVG)[661].

Keine Wohlfahrtseinrichtung ist demgegenüber ein Verbrauchsverein (wegen § 117 II 1. Halbsatz GewO)[662].

II. Streitige Fallgruppen sog. Wohlfahrtseinrichtungen

Streitig ist die Einordnung von Gewerkschaften als sog. Wohlfahrtseinrichtung[663], der Abschluß privater Zusatzkrankenversicherungen[664], die Gründung von Werksgemeinschaften zur Rettung des Unternehmens des Arbeitgebers[665] sowie die Zulässigkeit von Sparkassen[666].

---

[655] Simmich DB 1992, 991, 992; Metz/Paschek DB 1987, 1930; **a.A.:** Schmid/Störner NZA 1987, 627.
[656] Hofmann, Lohnverwendungsabreden, S. 13; v. Landmann (1925), § 117, Anm. 6; jedenfalls heute einhellige Meinung, nachdem das BetrVG geschaffen wurde, vgl. L/R-Neumann (1981), § 117, 24; Stahlhacke (1981), §§ 115a-119, Anm. II 3b.
[657] Hofmann, Lohnverwendungsabreden, S. 13; Schenkel, GewO, § 117, Anm. 4; v. Landmann (1925), § 117, Anm. 6.
[658] Staudinger-Richardi, § 611 BGB, Rn. 708; Hofmann, Lohnverwendungsabreden, S. 13; Schenkel, GewO, § 117, Anm. 4; v. Landmann (1925), § 117, Anm. 6; Schnorr v. Carolsfeld, S. 184 - ohne Begründung.
[659] Hofmann, Lohnverwendungsabreden, S. 12f; Hueck/Nipperdey, 7. A., S. 359.
[660] Staudinger-Richardi, § 611 BGB, Rn. 708.
[661] Reuß/Vollmer, § 117, Anm. II.
[662] Schenkel, GewO, § 117, Anm. 4.
[663] **Zulässig:** Stahlhacke (1981), §§ 115a-119, Anm. II 4; Farthmann ArbuR 1963, 353, 356; Fechner, Gewerkschaftsbeiträge, S. 13; **unzulässig:** Staudinger-Richardi, § 611 BGB, Rn. 708; L/R-Neumann (1979), § 117, Rn. 18; Hueck RdA 1961, 141, 148; Steinhaus BB 1951, 783; Neumann ArbuR 1967, 70ff; Karakatsanis, Gestaltung des Arbeitsverhältnisses, S. 92 - Argument: solcher Abzug hat nichts mit dem Arbeitsverhältnis zu tun; Nipperdey, Gewerkschaftsbeiträge, S. 37.
[664] Hanau/Becker VersR 1988, 1093, 1099f; **a.A.:** Schenkel, GewO, § 117, Anm. 4: der Abschluß einzelner im privatwirtschaftlichen Vorteil des Arbeitnehmers gelegener Verträge ist unzulässig.
[665] **zulässig:** RAG ArbRS 30, 131, 135; **a.A:** Reuß/Vollmer, § 117 GewO, Anm. II; Hofmann, Lohnverwendungsabreden, S. 12; Stahlhacke (1981), § 117, Anm. II 4; L/R-Neumann (1981), § 117, Rn.

III. Stellungnahme

1. Unproblematisch zulässige Wohlfahrtseinrichtungen

Der einhelligen Ansicht der Literatur ist darin zuzustimmen, daß Einrichtungen zur betrieblichen Altersvorsorge, Hilfs- und Unterstützungskassen zum Zwecke der sozialen Absicherung, Horte und Kindergärten, Einrichtungen zur Bildung und Unterhaltung der Arbeitnehmer sowie sonstige soziale Einrichtungen im Sinne des § 87 I Nr. 8 BetrVG zulässig sind.

Unter Sozialeinrichtungen im Sinne des § 87 I Nr. 8 BetrVG, welche in früherer Zeit als Wohlfahrtseinrichtungen bezeichnet wurden[667], sind unter anderem Werkskantinen, Erholungsräume in den Betrieben, Verkaufsstellen und Automaten zum Verkauf verbilligter Getränke, weiter auch Kindergärten, Erholungsheime, Alters- und Krankenheime, Sportanlagen, Bibliotheken und Fortbildungseinrichtungen zu verstehen[668]. Sie sind sämtlich zulässig, da ihnen gemeinsam ist, daß der Arbeitnehmerschaft durch sie vermögenswerte Vorteile gewährt werden sollen[669]. Freilich ist auch bei ihnen jeweils, wie bei den bereits eingangs genannten gemeinsamen Einrichtungen der Tarifvertragsparteien auch, zu prüfen, ob sie tatsächlich der Verbesserung der Lage der Arbeitnehmer im Sinne von § 117 II GewO zu dienen bestimmt sind. Auch sie stellen sich daher nicht als eigenständige Gruppe von Wohlfahrtseinrichtungen dar, vielmehr unterliegt auch bei ihnen jede einzelne Einrichtung einer Prüfung auf ihre Vereinbarkeit mit § 117 II GewO.

Einrichtungen zur betrieblichen Altersvorsorge im Sinne des § 117 II GewO erfassen nicht nur die Zulässigkeit von hierzu tatsächlich eingerichteten Kassen (Pensions- oder Unterstützungskassen), sondern aus deren Zulässigkeit folgt, daß auch die unmittelbare Versorgungszusage des Arbeitgebers sowie die Direktversicherung zulässig sind. Ob dies auf dem engen Sachzusammenhang und der Gleichwertigkeit der verschiedenen Formen der betrieblichen Altersvorsorge beruht oder ob sich dies, da diese Formen der betrieblichen Altersvorsorge streng genommen keine Einrichtung darstellen, analog aus der Ausnahmevorschrift des § 117 II 2. Halbsatz GewO ergibt, kann dahinstehen. Dies kann zu-

---

27; Hanau/Becker VersR 1988, 1093, 1099 mit dem Argument, das Unternehmen vor dem Zusammenbruch zu retten, sei bisher als Arbeitgeberinteresse eingestuft worden und nur zu einem geringen Teil als Interesse des Arbeitnehmers an der Erhaltung seines Arbeitsplatzes.

[666] **Zulässig:** L/R-Neumann (1981), § 117, Rn. 25; Stahlhacke (1981), §§ 115a-119, Anm. II 3b; **problematisch** jedoch wegen § 3 KWG.

[667] Richardi, § 87 BetrVG, Rn. 651.

[668] Richardi, § 87 BetrVG, Rn. 671.

[669] Vgl. Richardi, § 87 BetrVG, Rn. 674, der mit diesem Argument der Werkszeitung die Eigenschaft als Sozialeinrichtung abspricht.

dem auch bereits daraus geschlossen werden, daß die betriebliche Altersvorsorge auch als Entgeltbestandteil zulässig ist (vgl. die Ausführungen unter I.).

2. Der Abschluß einzelner Verträge

Der Abschluß einzelner Verträge kann schon begrifflich keine Einrichtung darstellen. Eine Einrichtung setzt voraus, daß eine Institution geschaffen wird, welche den Arbeitnehmern oder ihren Familien bestimmte Leistungen bietet[670]. Nur dann kann begrifflich eine Einrichtung vorliegen[671].

Der Abschluß von Zusatzversicherungsverträgen kann daher, entgegen der Ansicht von Hanau / Becker[672], nicht als Wohlfahrtseinrichtung angesehen werden. Gleiches gilt für sonstige Versicherungsverträge, welche der Arbeitgeber seinen Arbeitnehmern zum Selbstkostenpreis anbietet.

Als Wohlfahrtseinrichtungen kommen damit nur Institutionen in Betracht, welche tatsächlich bestehen und Leistungen an die Arbeitnehmer erbringen. Ob es – entgegen dem Wortlaut „Einrichtungen" – einer hierüber hinausgehenden, erweiternden Auslegung des Begriffs Wohlfahrtseinrichtungen bedarf, wird im 6. Teil dieses Kapitels (S. 238ff) noch zu untersuchen sein.

3. Gewerkschaften

Gewerkschaften stellen keine Wohlfahrtseinrichtungen dar. Soweit dies bejaht wird (vgl. die Darstellung unter Ziffer 2), erfolgt keine nähere Auseinandersetzung mit dem Für und Wider der Beitragsabführung an die Gewerkschaften. Die Subsumtion erfolgt ersichtlich in dem Bestreben, diese Beitragsabführung nicht an der Vorschrift des § 117 II GewO scheitern zu lassen.

Die Gegenauffassung legt hingegen überzeugend dar, daß Gewerkschaften bereits deshalb keine Wohlfahrtseinrichtungen darstellen können, weil diese Arbeitnehmervertretungen darstellen, welche sich unter anderem das Ziel gesetzt haben, auf die Gründung sog. Wohlfahrtseinrichtungen hinzuwirken, damit je-

---

[670] Ähnlich in Bezug auf die Sozialeinrichtungen im Sinne des § 87 I Nr. 8 BetrVG: Richardi, § 87 BetrVG, Rn. 655f: „Voraussetzung ist deshalb ein zweckgebundenes Sondervermögen mit einer abgrenzbaren, auf Dauer gerichteten Organisation, die der Verwaltung bedarf"; **a.A.** Hanau/Becker VersR 1988, 1093, 1099f.

[671] Ob eine hierüber hinausgehende, erweiternde Auslegung des Begriffs der Wohlfahrtseinrichtungen zu fordern ist, kann erst dann problematisiert werden, wenn feststeht, inwieweit Einzelverträge überhaupt durch § 117 II GewO verboten werden. Dies hängt jedoch von der Frage ab, welche Verpflichtungen im einzelnen zwischen den Arbeitsvertragsparteien vom Begriff der sog. Lohnverwendungsabrede im Sinne des § 117 II GewO erfaßt werden. Hierauf wird im 4. Teil dieses Kapitels einzugehen sein.

[672] Hanau/Becker VersR 1988, 1093, 1099f.

doch gerade selbst keine solche begrifflich darstellen können. Dies folgt auch aus § 152 II GewO, welcher Koalitionen zum Gegenstand hat und woraus folgt, daß auch die GewO begrifflich zwischen Einrichtungen zur Verbesserung der Lage der Arbeitnehmer und ihrer Familien einerseits und Koalitionen andererseits unterscheidet, zudem Einrichtungen zur Verbesserung der Lage der Arbeitnehmer und ihrer Familien ihrem Wesen nach gemeinsame Einrichtungen der beiden Parteien des Arbeitsvertrags sind, während die Gewerkschaften eindeutig der Arbeitnehmerseite zuzuordnen sind und der Arbeitgeber an ihnen naturgemäß nicht beteiligt sein kann und ist, sondern ihnen gegenübersteht[673].

4. Die Gründung von Werksgemeinschaften zur Rettung des Unternehmens

Besondere Brisanz kommt der Frage zu, ob § 117 II GewO die Gründung einer Werksgemeinschaft zur Rettung eines angeschlagenen Unternehmens verbietet.

Soweit Arbeitsverträge zur Senkung der Lohnkosten im Krisenfall einzelvertraglich abgeändert werden, ist § 117 II GewO nicht einschlägig, da in diesen Fällen auf die Entgeltzusammensetzung eingewirkt wird. Sofern jedoch Vereinbarungen zwischen den Arbeitsvertragsparteien dahingehend getroffen werden, zur Rettung eines Unternehmens eine Beteiligungsgesellschaft zu gründen, welcher Arbeitgeber sowie Arbeitnehmer zu unterschiedlichen Teilen angehören, ist § 117 II GewO einschlägig. Denn hierdurch wird nicht auf die Zusammensetzung des Entgelts eingewirkt, sondern die Arbeitnehmer werden durch Abschluß zusätzlicher Verträge am Unternehmen beteiligt.

Ob es sich hierbei um eine Wohlfahrtseinrichtung handeln kann, ist streitig geblieben (vgl. oben, Ziffer 2). Diese Frage ist letztlich zu verneinen. Eine Wohlfahrtseinrichtung stellt ihrer Natur nach eine vom Arbeitgeber gegründete Einrichtung dar, welche der Verbesserung der Lage der Arbeitnehmer und ihrer Familien zu dienen bestimmt ist. Demgegenüber dient eine Werksgemeinschaft nicht der Verbesserung der Lage der Arbeitnehmer, sondern dem Erhalt der Arbeitsplätze der Arbeitnehmer und zudem dem Erhalt des Unternehmens selbst. Die Arbeitnehmer übernehmen zudem ein wirtschaftliches Risiko. Eine Verbesserung der Lage der Arbeitnehmer ist daher – auch wenn ein erhebliches Interesse der Arbeitnehmer an der Aufrechterhaltung des status quo bestehen mag – nicht feststellbar[674].

---

[673] Neumann ArbuR 1967, 70, 74; Ilbertz, die tarifliche Regelung der Einziehung und Abführung von Gewerkschaftsbeiträgen, S. 12.

[674] So auch das RAG ArbRS 30, 131, 135.

5. Sparkassen

Sparkassen wurden bereits in frühester Zeit zu dem Zweck gegründet, den Arbeitnehmern einen Sparanreiz zu verschaffen. Sie können insoweit als Vorläufer der heutigen Vermögensbildung, wie sie auch staatlich gefördert wird, betrachtet werden. Auch die Zulässigkeit dieser Sparkassen war und ist streitig. Eine nähere Auseinandersetzung findet jedoch nicht statt.

Die im Ergebnis vorhandene Meinungsverschiedenheit mag darauf beruhen, daß diese betrieblichen Sparkassen in ihrer Existenz nicht als gleichermaßen gesichert angesehen werden können wie externe Bankinstitute und daß der Arbeitnehmer bei Insolvenz seines Arbeitgebers nicht nur seinen Arbeitsplatz verliert, sondern auch sein bei diesem Arbeitgeber angelegtes Vermögen. Aus diesem Grund sind Vermögenseinlagen und damit insbesondere auch Werkssparkassen beim Arbeitgeber, wenn der Arbeitgeber diese nicht geschäftsmäßig betreibt, gem. § 3 KWG verboten.

§ 3 KWG verbietet nicht-gesellschaftsrechtliche Beteiligungen des Arbeitnehmers am eigenen Unternehmen. Verstöße gegen dieses Verbot kann das Bundesaufsichtsamt für das Kreditwesen nach § 37 KWG im Verwaltungswege unterbinden[675]. Allein aus diesem Gesichtspunkt folgt jedoch nicht die Unvereinbarkeit einer solchen Vereinbarung mit § 117 II GewO. Dies beruht darauf, daß als Einlage im Sinne des § 3 KWG auch bereits das vorübergehende Belassen von Arbeitsentgelt beim Arbeitgeber in Form der Gutschrift auf einem zinsfreien oder verzinslichen Konto zu sehen ist[676]. Gerade diese Formen des Aufschubs der Lohnzahlung sind jedoch, ebenso wie die Lohnstundung, mit §§ 115 ff GewO vereinbar. Auf die Frage der Insolvenzsicherung kann es daher nicht entscheidend ankommen.

Im Ergebnis ist die Zulässigkeit von Sparkassen aber dennoch zu verneinen. Wie § 3 KWG zeigt, entsteht bei einer Geldanlage beim Arbeitgeber ein nicht unerhebliches Sicherheitsrisiko. Zudem kann der Arbeitgeber bei einer Spareinlage der Arbeitnehmer enorme Liquiditätsvorteile erlangen. Ein Eigeninteresse des Arbeitgebers an einer derartigen Einrichtung gefährdet jedoch grundsätzlich die Entscheidungsfreiheit des Arbeitnehmers. Der Wohlfahrtscharakter von Werkssparkassen ist daher nicht hinreichend gewährleistet.

Sparkassen sind daher keine Wohlfahrtseinrichtungen im Sinne des § 117 II GewO.

---

[675] Schröder, Darlehen und Schuldverschreibungen, S. 175.

[676] Bähre/Schneider, § 3 KWG, Anm. 2.

IV. Hieraus ableitbare Kriterien

Eine Wohlfahrtseinrichtung kann damit nur dann vorliegen, wenn tatsächlich **begrifflich eine Einrichtung** geschaffen wird, an welche Beitragszahlungen erfolgen können. Der Abschluß von Einzelverträgen ist hiervon nicht gedeckt.

In Fällen, in denen ein **erhebliches Eigeninteresse des Arbeitgebers** an einer Einrichtung besteht, kann ebenfalls nicht von einer zulässigen Einrichtung die Rede sein, da dann die Gefahr einer unzulässigen Beeinflussung der Arbeitnehmerschaft entsteht, welche die Freiheit der Arbeitnehmer, über die Verwendung ihres Lohnes selbst zu entscheiden, gefährdet.

Mit Neumann ist weiter zu fordern, daß die Einrichtung die **wirtschaftliche Lage** der Arbeitnehmer verbessert. Denn nur dann kann von einer „Verbesserung" der Lage der Arbeitnehmer die Rede sein. Einrichtungen, welche hingegen lediglich den status quo des Arbeitnehmers sichern sollen (beispielsweise Werksgemeinschaften zur Rettung des Unternehmens), stellen daher keine Wohlfahrtseinrichtung im Sinne des § 117 II GewO dar. Der Begriff der wirtschaftlichen Lage ist dabei jedoch weit zu verstehen und erfaßt damit auch beispielsweise Bildungseinrichtungen und Einrichtungen zur Unterhaltung der Arbeitnehmer, da auch für diese ein Marktwert vorhanden ist.

Soweit darüber hinaus ein **Zusammenhang mit dem Arbeitsverhältnis** gefordert wird, ist dies abzulehnen. Eine Abgrenzung von Einrichtungen, welche in Zusammenhang mit dem Arbeitsverhältnis stehen, und solchen, welche nicht in einem Zusammenhang mit dem Arbeitsverhältnis stehen, erscheint abstrakt schon nicht möglich. Auch von den Vertretern der Literatur, welche auf dieses Kriterium abstellen, werden keine hierfür geeigneten Unterscheidungsmerkmale aufgezeigt[677]. Die Schwierigkeit einer Abgrenzung zeigt sich zudem daran, daß sowohl Karakatsanis als auch Schenkel einen Zusammenhang mit dem Arbeitsverhältnis fordern, Schenkel jedoch dann Einrichtungen in geistig-sittlicher oder gesundheitlicher Hinsicht für zulässig erklärt, während Karakatsanis die Zulässigkeit sportlicher oder kultureller Einrichtungen ablehnt. Betrachtet man weiter die in diesem Zusammenhang von Schenkel und Karakatsanis gebildeten Fallgruppen, so wird ersichtlich, daß die Verwendung des Lohnes zu kirchlichen, karitativen und politischen Einrichtungen nicht zu Konsumzwecken erfolgt, sondern solcher Lohn gebunden wird, ohne daß den Arbeitnehmern hierfür eine Gegenleistung zuteil wird. Hieran wird ersichtlich, daß in diesen Fällen die wirtschaftliche Lage der Arbeitnehmer auch nicht im weitesten Sinne verbessert wird. Gerade dieses Kriterium der Verbesserung der wirtschaftlichen Lage des

[677] Karakatsanis, Gestaltung des Arbeitsverhältnisses, S. 92; Schenkel, GewO, § 117, Anm. 4.

Arbeitnehmers reicht daher aus, um solche Einrichtungen auszuschließen. Ein Zusammenhang mit dem Arbeitsverhältnis ist daher nicht zu fordern.

V. Die inhaltliche Ausgestaltung von Wohlfahrtseinrichtungen

Es stellt sich die Frage, ob Abreden über den Beitritt zu einer Einrichtung bereits dann zulässig sind, wenn diese ihrer Natur nach geeignet sind, die Lage der Arbeitnehmer zu verbessern oder ob es auf deren inhaltliche Ausgestaltung ankommt. Diese Frage wurde bereits in früherer Zeit häufig diskutiert[678]. Die Ausgestaltung als Pflichtmitgliedschaft, mithin die Ausübung eines Beitrittszwangs seitens des Arbeitgebers, ebenso Regelungen, welche die Leistungspflicht von Pensionskassen noch von einer Entscheidung des Arbeitgebers abhängig machten, und schließlich die Einbringung von Verfallklauseln stellten nach früher vertretener Ansicht die Zulässigkeit dieser Wohlfahrtseinrichtungen in Frage und gefährdeten damit die Anerkennung einer Einrichtung als Wohlfahrtseinrichtung insgesamt – wenn auch im Ergebnis nicht jede dieser Vertragsgestaltungen für schädlich erachtet wurde. In heutiger Zeit wird diese Problematik nicht mehr diskutiert. Dies – im Ergebnis – zu Recht.

Eine Auslegung des § 117 II GewO dahingehend, daß er auch die Prüfung der einzelnen Vertragklauseln erfasse, erscheint weder erforderlich noch interessengerecht.

Es genügt, die Zulässigkeit einzelner inhaltlicher Vertragsgestaltungen an den Vorschriften des Zivilrechts zu messen. Es liefe den Interessen des Arbeitnehmers sogar zuwider, wegen einzelner Inhaltsregelungen die gesamte Wohlfahrtseinrichtung für unzulässig zu erklären. Wie auch die Regelung des § 6 AGBG zeigt, soll die Unwirksamkeit einzelner Regelungen in aller Regel nicht derart weitreichende Folgen haben. Im Arbeitsrecht kann nichts anderes gelten, zumal im Falle von Wohlfahrtseinrichtungen diese Folgen auch für die Arbeitnehmerschaft nicht unerhebliche Nachteile mit sich bringen könnten. Haben etwa Arbeitnehmer zur Absicherung im Alter disponiert und sich für eine betriebliche Altersvorsorge entschieden, so würden auch ihnen erhebliche Schäden dadurch entstehen, daß man die gewählte Einrichtung in ihrer Gesamtheit für unwirksam erklärte.

Auf die inhaltliche Ausgestaltung von Wohlfahrtseinrichtungen kommt es mithin nicht an. Es genügt, einzelne Regelungen für nichtig zu erklären. Es ist hierzu nicht erforderlich, die Unwirksamkeit auf die Einrichtung insgesamt zu

---

[678] So insbesondere zur Frage der Zulässigkeit von Pensionskassen; **zulässig:** Staudinger-Richardi, § 611 BGB, Rn. 708; Hofmann, Lohnverwendungsabreden, S. 16; **zweifelhaft:** v. Landmann (1925), § 117, Anm. 6 mwN zur Rspr.; **zum Meinungsstreit:** Hofmann, Lohnverwendungsabreden, S. 13-16 mwN.

erstrecken. Dies liefe in aller Regel auch den Interessen der Arbeitnehmer selbst zuwider.

VI. Ergebnis

Zulässig ist damit jede **Einrichtung im sprachlichen Sinne**, welche vom Arbeitgeber **ohne ein erhebliches Eigeninteresse errichtet** wird und die **wirtschaftliche Lage** der Arbeitnehmer verbessert.

Ein Zusammenhang mit dem Arbeitsverhältnis ist hingegen nicht zu fordern, ebensowenig kann es auf die inhaltliche Ausgestaltung einzelner Regelungen des Vertrages ankommen.

VII. Subsumtion moderner Fallgruppen

1. Mitarbeiterbeteiligung

Es wird die Ansicht vertreten, die Mitarbeiterbeteiligung sei mit der Vorschrift des § 117 II GewO deshalb vereinbar, weil es sich hierbei um eine Einrichtung zur Verbesserung der Lage der Arbeitnehmer handle[679].

Dem ist zu widersprechen. Es erscheint schon fraglich, ob überhaupt von einer Einrichtung gesprochen werden kann, wenn lediglich, wie dies meistens der Fall ist, Einzelverträge zwischen Arbeitgeber und Arbeitnehmer geschlossen werden und keine Einrichtung zugunsten der Arbeitnehmer geschaffen wird, welcher diese beitreten können[680]. Jedenfalls aber kann der Arbeitgeber selbst ein erhebliches Eigeninteresse an der Vereinbarung von Mitarbeiterbeteiligungen haben.

2. Investment-Pläne

Auch Investment-Pläne sind nicht als Wohlfahrtseinrichtung anzusehen. Auch hier werden voneinander unabhängige Einzelverträge abgeschlossen.

3. Zeitwertpapiere

Aus dem gleichen Grund sind auch Zeitwertpapiere nicht als Wohlfahrtseinrichtungen anzusehen. Offen bleiben kann, ob auch hier ein nicht unerhebliches Eigeninteresses des Arbeitgebers zu bejahen ist. VW hat sich beispielsweise zur Einführung der Zeitwertpapiere deshalb veranlaßt gesehen, weil es eine Finan-

---

[679] Halbach BB 1965, 87, 88; Schelp DB 1965, 1094, 1098 mit den weiteren Ausführungen, zumindest sei die Ausnahmevorschrift des § 117 II 2. Halbsatz GewO analog anzuwenden, jedenfalls verbiete § 117 II GewO die Vermögensbildung der Arbeitnehmer nicht.
[680] Dies verneinend Löwisch, Festschrift für Däubler, S. 473, 476.

zierung für eine Vorruhestandsregelung erreichen wollte, welche den Arbeitnehmern ein Ausscheiden aus dem Unternehmen ermöglicht, ohne daß diese hierbei finanzielle Nachteile erleiden. Auf diesem Wege soll älteren Arbeitnehmern ein Anreiz gegeben werden, den Betrieb vor Eintritt des Rentenalters zu verlassen. Jedenfalls fehlt es auch hier am Vorliegen einer gemeinsamen Einrichtung. Es werden Einzelverträge abgeschlossen.

4. Abschluß von Dauerrechtsgeschäften

Auch hierbei handelt es sich schon begrifflich nicht um Einrichtungen.

B. Nach § 115 GewO zugelassene Gegenstände

Soweit § 115 GewO die Vereinbarung als Sachlohn oder die Kreditierung bestimmter Waren für zulässig erklärt, müssen auch Lohnverwendungsabreden zulässig sein. Denn eine Abrede über die Lohnverwendung stellt keine hierüber hinausgehende Bindung dar, im Gegenteil, soweit man die Abrede einer Lohnverwendung mit der Vereinbarung von Sachlohn vergleicht, ist festzustellen, daß die Abrede einer Lohnverwendung zu einer geringeren, da nicht derart dauerhaften, Lohnbindung führt und daher ein Minus gegenüber der Vereinbarung als fester Entgeltbestandteil darstellt.

Zulässig sind daher Abreden über den Erwerb dessen, **was auch als Sachlohn vereinbart werden kann** – mithin beispielsweise Abreden über die Gestellung eines Kraftfahrzeugs (welche freilich von dessen *Kreditierung* auf Kosten und Risiko des Arbeitnehmers zu unterscheiden ist) oder Abreden über den Erwerb handelbarer Wertpapiere, mithin verschiedener Formen der Kapitalbeteiligung.

Entgeltbestandteile, für welche der Bedarf nicht auf Dauer gesichert ist, sind hingegen nur bei Einräumung eines regelmäßig wiederkehrenden Wahl- bzw. Kündigungsrecht zulässig. Andernfalls würde der Arbeitnehmer an eine Lohnverwendung gebunden, deren Brauchbarkeit für ihn untergehen kann, ohne daß er hierauf entsprechend reagieren könnte.

Nach § 115 II 2 GewO zugelassene Kreditierungen sind ebenfalls nicht durch § 117 II GewO untersagt. Inhaltlich beschränken sich diese Kreditierungen – nach obiger moderner Auslegung – auf diejenigen Entgeltbestandteile, welche für den täglichen Bedarf notwendig sind. Daneben werden Abreden über die in der AO des RAM aus dem Jahre 1939 aufgezählten Bedarfsgegenstände nicht durch § 115 II 1 GewO untersagt. Auch diesen Kreditierungen kann § 117 II GewO nicht entgegenstehen. Dies beruht auf der Unterstützungsfunktion des § 117 II GewO. Zwar ist § 117 II GewO auch eine über diese Funktion hinausgehende, eigenständige Funktion zuzusprechen. Diese beinhaltet jedoch lediglich eine weitere Schutzrichtung, nämlich der Schutz vor auch hier unzulässiger Beeinflussung des Arbeitnehmers, welche die Zulässigkeit der nach § 115 GewO ausdrücklich für vereinbarungsfähig erachteten Gegenstände jedoch nicht in Frage stellt.

C. Spezialgesetze

In der Regelung des **§ 1 V BetrAVG** kann kein Spezialgesetz zu § 117 II GewO gesehen werden. Wie bereits festgestellt, ist eine hierauf gerichtete Verwendungsabrede schon deshalb zulässig, weil auch eine Vereinbarung als fester Entgeltbestandteil möglich wäre.

Auch **§ 88 Nr. 3 BetrVG** stellt keine Sonderregelung zu § 117 II GewO dar. Dieser sieht lediglich eine Mitbestimmung über vom Arbeitgeber zu leistende Beiträge vor, hat hingegen nicht die Befugnis zum Abschluß von Abreden über die Verwendung des Entgelts der Arbeitnehmer zum Gegenstand.

Das **Gesetz zur sozialrechtlichen Absicherung flexibler Arbeitszeitregelungen vom 6.4.1998** (BGBl. I, S. 688), auch Flexi-Gesetz genannt, durch welches insbesondere § 7 Ia SGB IV geschaffen wurde, ist ebenfalls nicht als Spezialregelung zu § 117 II GewO anzusehen. Dies bereits deshalb nicht, weil dieses Gesetz, wie bereits sein Name sagt, lediglich bezweckt, Freistellungszeiten, die sich aus flexiblen Arbeitszeitregelungen ergeben, als Zeiten der versicherungspflichtigen Beschäftigung festzustellen, damit Arbeitnehmern durch diese Zeiten keine versicherungsrechtlichen Nachteile entstehen. Wie aber bereits festgestellt, sind Zeitkonten ohnehin keine Abreden über die Lohnverwendung und daher zulässig. Soweit Zeitwertpapiere vereinbart werden, liegt zwar eine Lohnverwendung vor. Die durch das Flexi-Gesetz eingeführten Vorschriften befassen sich jedoch lediglich mit den sozialversicherungsrechtlichen Aspekten einer Freistellungszeit, nicht mit Modellen einer Vermögensanlage, welche die Auszahlung des Vermögens wiederum mit arbeitsrechtlichen Ansprüchen verknüpft, und damit nicht mit dieser Form der Lohnverwendung.

Hingegen bedarf die Frage, ob die Beteiligung der Mitarbeiter spezialgesetzlich durch das **5. VermBG** zugelassen ist, einer genaueren Untersuchung[681].

[681] Stahlhacke (1981), §§ 115a-119 GewO, Anm. II 4 d: jedenfalls das VermBG sei lex specialis zu § 117 II GewO; L/R-Neumann (1979), § 117, Rn. 20; Neumann ArbuR 1967, 70, 74; Loritz, Anm. zu BAG WuB IX A. § 117 GewO 1.94, *derselbe:* Loritz BB 1990, 1741, 1742; Hanau/Becker VersR 1988, 1093, 1099; Schelp DB 1965, 1094, 1098; Reuß/Vollmer, § 117 a.E.; - sämtlich ohne Begründung.

I. Überblick über die steuerliche Förderung von Mitarbeiterbeteiligungen

Die Mitarbeiterbeteiligung wird dual gefördert, und zwar seit dem Jahre 1961 durch das Vermögensbildungsgesetz[682] sowie seit 1959 zusätzlich durch § 19 a EStG (damals noch § 8 KapErhStG)[683].

1. Das Vermögensbildungsgesetz

Das Vermögensbildungsgesetz wurde seit seinem Inkrafttreten wiederholt geändert, zuletzt durch das dritte Vermögensbeteiligungsgesetz, dessen Änderungen zum 1.1.1999 in Kraft traten[684].

a) Die Motive des Gesetzgebers

Die Motive des Gesetzgebers haben sich im Laufe der Zeit gewandelt. Bei Schaffung des 1. Vermögensbildungsgesetzes im Jahre 1961 war der Gesetzgeber von der Absicht geleitet, auf die Förderung der Vermögensbildung, insbesondere auf eine gerechtere Verteilung des Vermögenszuwachses in breiten Bevölkerungsschichten hinzuwirken[685]. Dies entsprach der damaligen Diskussion um die Verteilungsgerechtigkeit, welche bis heute anhält, wenn sich die Ziele des VermBG auch zwischenzeitlich in eine andere Richtung weiterentwickelt haben. So wird seit dem 5. VermBG 1990 nicht mehr die reine "Geldvermögensbildung" gefördert, wenn auch ihre Anlage mit vermögenswirksamen Leistungen seitens des Arbeitgebers möglich bleibt, vielmehr ist die Kapitalbildung in den Vordergrund getreten. Die Aufnahme indirekter außerbetrieblicher Beteiligungen an nicht-börsennotierten Unternehmen in die Förderung, wie sie im Jahre 1990 erfolgte, war nicht ausschließlich vermögenspolitisch orientiert, sondern erfolgte im Zusammenhang mit der Diskussion um den langfristigen Rückgang der Eigenkapitalquote deutscher Unternehmen und der Suche nach geeigneten Gegenmaßnahmen[686]. Diese erforderten aber nun vermehrt die Investition des Lohnes des Arbeitnehmers in Beteiligungen am Unternehmen selbst, nicht hingegen das bloße Ansparen von Geld.

b) Inhaltliche Änderungen

Inhaltlich wurden folgende Änderungen vorgenommen: Durch das 2. VermBG vom 1.7.1965 (BGBl. I, S. 585ff) wurde vor allem das Recht der Arbeitnehmer, ihre *Anlageform frei zu wählen*, als Förderungsvoraussetzung festgeschrieben

---

682 BGBl. 1961, I, S. 909 ff.
683 Loritz BB 1990, 1741ff.
684 BGBl. 1998, I, S. 2647.
685 Schelp/Schmitt/Haase, VermBG, Einf. S. 11.
686 Thüsing, Einl., 59.

(§ 6 2. VermBG, heute § 12, 2 5. VermBG). Weiter wurde das Recht des Arbeitnehmers eingeführt, durch *einseitiges Verlangen* an den Arbeitgeber diesen zur Vornahme vermögensbildender Maßnahmen verpflichten zu können, ebenso wurde die Möglichkeit der Vereinbarung vermögensbildender Maßnahmen durch Tarifvertrag in den Förderungskatalog mit einbezogen. Der *Anlagekatalog* wurde durch das 1. Vermögensbeteiligungsgesetz vom 1.1.1984, welches das damals bestehende 3. VermBG ins 4. VermBG verwandelte, *erweitert*. Seitdem werden neben Aktien, Darlehen und Lebensversicherungen auch Genußscheine, Genossenschaftsguthaben, stille Beteiligungen und Genußrechte gefördert. Mit dem 1.1.1999 wurde eine *zweite Förderschiene* eingeführt, mit welcher die Anlage in betriebliche oder außerbetriebliche Beteiligungen in Höhe von 800,- DM mit einer Sparzulage von 20 % in den alten und 25 % in den neuen Bundesländern gefördert wird – neben der bisherigen Förderung der Anlage von 936,- DM in beliebiger Form, welche auch weiterhin mit einer Sparzulage von 10 % unterstützt wird. Zudem wurde zum 1.1.1999 ein *umfassender Insolvenzschutz* eingeführt, welcher nunmehr für sämtliche Beteiligungen des Arbeitnehmers am Unternehmen des eigenen Arbeitgebers vorgeschrieben ist (§ 2 Va 5. VermBG)[687]. Zuvor war lediglich das Mitarbeiter-Darlehen gegen das Insolvenzrisiko abzusichern gewesen. Sanktionen bei Verstoß gegen diese Vorschrift wurden zwar noch nicht festgeschrieben, der Gesetzgeber hat jedoch klar zum Ausdruck gebracht, daß er den Schutz vor einer Insolvenz des Arbeitgebers erreichen will, mithin nicht länger willens ist, die Gefahr des seitens der Gewerkschaften schon seit eh und je betonten Doppelrisikos hinzunehmen[688].

c) Voraussetzungen für die gesetzliche Förderung nach dem 5. VermBG

Damit setzt das 5. VermBG heute die **Anlagefreiheit** des Arbeitnehmer voraus (§ 12, 2 5. VermBG). Ein Unternehmen darf seinen Arbeitnehmern daher beispielsweise nicht nur die Förderung eines Aktienkaufs mit vermögenswirksamen Leistungen anbieten, sondern muß ihnen daneben eine alternative Anlagemöglichkeit zur Verfügung stellen. Die Wahlfreiheit des Arbeitnehmers wird so garantiert. Eine echte Freiheit über die Entscheidung der Lohnverwendung wäre den Arbeitnehmern andernfalls unter Umständen durch eine tarifliche Regelung genommen worden. Sie hätten durch Tarifvertrag zu einer bestimmten Form der Vermögensanlage zumindest gedrängt, wenn nicht gezwungen werden können – von Löwisch zu Recht als die Methode „Vogel friß oder stirb" bezeichnet[689].

---

[687] BGBl 1998, I, S. 2647.

[688] Daß dieser Schutz nach dem Wortlaut der neuen Vorschrift nur das Insolvenzrisiko des Arbeitgebers „während der Dauer der Sperrfrist" absichern will, stellt keine wesentliche Einschränkung der Kernaussage des Gesetzgebers dar.

[689] Löwisch, Festschrift für Däubler, S. 473, 475.

Weiter ist im Rahmen des 5. VermBG die Vereinbarung einer **Sperrfrist** Voraussetzung für die gesetzliche Förderung. Auch diese muß der Arbeitgeber, will er eine Förderung nach dem 5. VermBG erreichen, beachten. Zu bemerken ist an dieser Stelle jedoch, daß der Arbeitnehmer durch die Sperrfrist nicht gänzlich in seiner Verfügungsbefugnis für diese Zeit beschränkt wird. Folge einer vorzeitigen Auflösung der Anlage ist jedoch der Verlust der staatlichen Förderung (vgl. § 12 II 5. VermBG). Im Rahmen von laufenden Leistungen wird der Arbeitnehmer auch nicht an die Weiterzahlung gebunden, er kann seine Beitragszahlung jederzeit einstellen.

Schließlich müssen die Vereinbarungen zwischen Arbeitgeber und Arbeitnehmer im Rahmen des 5. VermBG nunmehr unabhängig von der Art der gewählten Anlageform **insolvenzgesichert** sein (vgl. § 2 Va 5. VermBG).

d) Praxisrelevanz

Nach Loritz ist die Förderung durch das 5. VermBG schon angesichts der Einkommensgrenze wenig effektiv[690]. Hinzu kommt, daß diese Förderung voraussetzt, daß der Arbeitnehmer, wie soeben dargestellt, die Art der vermögenswirksamen Anlage und das Unternehmen oder Institut, bei dem sie erfolgen soll, frei wählen kann (§ 12 5. VermBG). Die Arbeitgeber werden jedoch zumindest zum Teil dazu neigen, nur eine Art der Vermögensbildung in ihrem Unternehmen anzubieten, jedenfalls dann, wenn sie nicht nur an einer Vermögensbildung ihrer Arbeitnehmer, sondern auch an eigenen Vorteilen aus der Beteiligung interessiert sind. Auch verzichten die Arbeitgeber aufgrund der langen Sperrfrist des 5. VermBG häufig auf die Förderung des 5. VermBG und nutzen lediglich die steuerrechtliche Förderung des § 19 a EStG. Aus diesen und anderen Gründen wird diese Form der Mitarbeiterbeteiligung von der Praxis vernachlässigt[691].

2. Zur Förderung nach § 19 a EStG

Bereits im Jahre 1959 begann die steuerrechtliche Förderung von Belegschaftsaktien. Nach dem damals geltenden § 8 KapErhStG, welcher seit 1.1.1984 seinen Platz in § 19 a EStG gefunden hat, ist ein bestimmter Betrag, um den die Aktie verbilligt abgegeben wird, steuer- und sozialversicherungsfrei. Heute werden zudem auch andere Formen der Mitarbeiterbeteiligung auf diese Weise steuerlich gefördert (vgl. § 19 a III EStG).

§ 19 a EStG setzt eine unentgeltliche (oder verbilligte) Leistung voraus, d.h. der Arbeitnehmer muß hierfür ganz oder z.T. keine Gegenleistung erbringen[692].

---

[690] Loritz BB 1990, 1741.
[691] Loritz BB 1990, 1741.
[692] Loritz BB 1990, 1741, 1743.

3. Ergebnis

Aus alledem ergibt sich, daß sich die staatlich geförderte Mitarbeiterbeteiligung in Grenzen hält und deren Anforderungen in der Praxis bei weitem nicht immer erfüllt werden. Arbeitgeber verzichten in nicht wenigen Fällen auf die staatliche Förderung, insbesondere die durch das 5. VermBG, um in der vertraglichen Ausgestaltung nicht eingeschränkt zu werden.

Das 5. VermBG schützt den Arbeitnehmer inzwischen umfassend vor der mit Mitarbeiterbeteiligungen an sich verbundenen Gefahr des Verlusts (Insolvenzgefahr), indem es deren Absicherung durch eine geeignete Bürgschaft vorschreibt. Auch setzt es die Wahlfreiheit des Arbeitnehmers voraus, indem es fordert, daß der Arbeitgeber dem Arbeitnehmer zumindest zwei Anlagemöglichkeiten alternativ bietet. Dem Arbeitnehmer wird auch die jederzeitige Beendigung von Einzahlungen ermöglicht und er erhält eine jederzeitige Zugriffsmöglichkeit auf das von ihm angelegte Vermögen, mag ihm dann auch die steuerliche Förderung verlorengehen.

II. Das 5. VermBG als lex specialis für sämtliche Formen der Mitarbeiterbeteiligung

Hieraus ergibt sich, daß das 5. VermBG keinesfalls jegliche Form der heute praxisrelevanten Mitarbeiterbeteiligungen fördert. Es erscheint daher bedenklich, aus dem 5. VermBG den Schluß abzuleiten, jegliche Form der Mitarbeiterbeteiligung sei durch das VermBG spezialgesetzlich zugelassen. Bedenken ergeben sich auch mit Blick auf die Grenzen der Förderung der Höhe nach. Es erscheint bedenklich, aus dem 5. VermBG auf die Zulässigkeit auch in größerem Ausmaße durchgeführter Beteiligungen zu schließen, welche auch einen nicht unerheblichen Teil des Arbeitsentgelts binden können. Weitere Bedenken ergeben sich daraus, daß durch das 5. VermBG nicht jeder Arbeitnehmer gefördert wird, sondern nur diejenigen, die dem einkommensschwachen Kreis der Arbeitnehmer zuzurechnen sind.

Dem 5. VermBG kann daher kein weitergehender Geltungsbereich zuerkannt werden als derjenige, den er selbst zum Gegenstand hat. Aus ihm ist auch kein allgemeiner Rechtsgedanke ableitbar. § 117 II GewO steht dem entgegen. Sollte das 5. VermBG hier als Spezialgesetz angesehen werden, so hätte es einer ausdrücklichen Regelung bedurft. Durch das 5. VermBG ist daher jedenfalls nicht jede Form der heute praktizierten Mitarbeiterbeteiligung zugelassen.

III. Das 5. VermBG als lex specialis für die durch das 5. VermBG geförderten Formen der Mitarbeiterbeteiligung

Doch auch soweit durch das 5. VermBG geförderte Beteiligungen erfolgen, ist das 5. VermBG nicht als eine den § 117 II GewO verdrängende Spezialregelung anzusehen. Dieses Gesetz stellt **keine arbeitsrechtliche Regelung** dar, sondern ist vielmehr als steuerrechtliche Regelung anzusehen[693]. Soweit – ohne Begründung – eine andere Ansicht vertreten wird[694], ist dieser entgegenzuhalten, daß eine arbeitsrechtliche Regelung typischerweise arbeitsrechtliche Rechte und Pflichten zum Gegenstand hat, während das 5. VermBG darauf abzielt, eine steuerliche Förderung zu konstatieren und im einzelnen die Voraussetzungen eben dieser Förderung festschreibt. Bereits seinem Regelungsinhalt nach liegt daher keine arbeitsrechtliche Regelung vor.

Eine steuerrechtliche Regelungsmaterie ist jedoch **als Spezialgesetz ungeeignet**. Dies folgt bereits aus der unterschiedlichen Gesetzgebungszuständigkeit, die bei Steuergesetzen einerseits und bürgerlich-rechtlichen Gesetzen andererseits gegeben ist. Daß vorliegend die Gesetzgebungszuständigkeit dieselbe ist, erscheint insoweit zufällig.

Auch entspricht es der Eigenart des Steuerrechts, daß es vielfach Besteuerungsformen trifft, obwohl dem Gesetzgeber bei Schaffung dieser Regelungen bewußt ist, daß dem zuweilen keine zivilrechtlich wirksamen Verträge zugrunde liegen. Dies ist beispielsweise bei der Besteuerung der Einnahmen von Prostituierten der Fall[695]. Dieses Beispiel zeigt, daß das Steuerrecht oftmals gerade auf wirtschaftliche Zuflüsse abhebt, ohne sich um die diesen zivilrechtlich zugrunde liegenden Verträge zu bemühen oder gar deren Wirksamkeit zu prüfen. Dann kann aber auch eine steuerrechtliche Regelung nicht als Spezialregelung bürgerlichrechtlicher Vorschriften angesehen werden.

Selbst aus Gründen der Rechtseinheit erscheint daher eine das Steuerrecht und das Arbeitsrecht in Einklang bringende Auslegung dieser Vorschriften weder geboten noch angebracht.

---

693 Adomeit RdA 1964, 309ff; wohl auch Thüsing, VermBG, Einf., 58, indem er lediglich § 19a V (heute VII) EStG als arbeitsrechtliche Regelung und Fremdkörper im Rahmen steuerrechtlicher Regelungen bezeichnet.

694 Herschel, Sozialer Fortschritt 1965, S. 125; Schwedes, BArbBl. 1965, S. 643; Schelp/Schmitt/Haase, § 1 2. VermBG, Rn. 36.

695 Vgl. BGH 67, 122.

IV. § 19 a EStG als lex specialis zu § 117 II GewO?

Aus den gleichen Erwägungen ist auch in § 19 a EStG keine taugliche Spezialregelung im Verhältnis zu § 117 II GewO zu erblicken. Auch der möglicherweise arbeitsrechtliche Charakter des § 19 a VII EStG ändert hieran nichts, da diese Regelung nicht die Zulässigkeit von Vermögensbildungen zum Gegenstand hat, sondern die Entscheidungsfreiheit des Arbeitgebers zu schützen bestimmt ist. § 19 a EStG ist daher ebenfalls nicht als lex specialis zu § 117 II GewO anzusehen.

Im übrigen wäre selbst bei Vertreten der Ansicht, die steuerrechtlichen Regelungen stellten eine arbeitsrechtliche Regelung dar, unklar, inwieweit damit auch andere als die geförderten Mitarbeiterbeteiligungen zulässig sein sollten. Insoweit sei auf II. verwiesen.

V. Ergebnis

Es existieren keine Spezialgesetze, welche § 117 II GewO vorgehen könnten. Weder das 5. VermBG noch § 19 a EStG sind als lex specialis zu § 117 II GewO anzusehen. Da sie keinen arbeitsrechtlichen, sich auf die Lohnverwendungsfreiheit des Arbeitnehmers beziehenden Regelungsinhalt haben, können sie auch nicht aufgrund ihrer zeitlich späteren Entstehung vorgehen[696].

5. Teil: Die Abgrenzung des Regelungsinhalts des § 117 II GewO

Der Begriff der „Verabredungen ... über die Verwendung des Verdienstes“ bedarf noch einer genaueren Untersuchung. Dies ist zum einen deshalb erforderlich, weil bislang noch nicht untersucht wurde, ob § 117 II GewO zwischen den Arbeitsvertragsparteien schlicht jegliches Rechtsgeschäft verbieten will oder ob sich § 117 II GewO auf einen bestimmten Kreis von Rechtsgeschäften beschränkt. Zudem ist dieser Frage nachzugehen, um das Verhältnis des § 117 II GewO zum Kreditierungsverbot des § 115 II 1 GewO abklären zu können.

A. Verbot jeglichen Rechtsgeschäfts zwischen den Arbeitsvertragsparteien?

I. Einmalige Rechtsgeschäfte

Problematisch erscheint die Frage, ob nach dem Zweck des § 117 II GewO auch solche Rechtsgeschäfte unter den Begriff der Abreden über die Lohnverwendung zu fassen sind, welche sofortige Pflichten begründen und sofort erfüllt werden (vorliegend als einmalige Rechtsgeschäfte bezeichnet). Dem Begriff der

[696] So jedoch Neumann ArbuR 1967, 70, 74.

Verwendung des Lohnes kommt in diesen Fällen keine eigenständige Bedeutung zu. Der Vertrag führt lediglich zu einer Geldschuld des Arbeitnehmers, ohne daß die Parteien den Lohn als Zahlungsquelle in den Blickpunkt nehmen würden.

Es stellt sich daher die Frage, was unter dem Begriff der „Verabredung ... über die Verwendung des Verdienstes" zu verstehen ist. Es stellt sich die Frage, ob § 117 II GewO jedes Rechtsgeschäft verbietet oder ob nur bestimmte, die **Bindung an die Verwendung zukünftigen Lohnes** betreffende Abreden unwirksam sind.

1. Stand der Literatur

Ob lediglich Bindungen für die Zukunft untersagt sind, geht aus der veröffentlichten Rechtsprechung und Literatur nicht eindeutig hervor. Es finden sich jedoch folgende Stellungnahmen.

S t a h l h a c k e problematisiert im Rahmen des § 117 II GewO nicht den Aufrechnungsvertrag selbst, sondern nur den „vor Fälligkeit geschlossenen" Aufrechnungsvertrag[697]. Er scheint damit nur den Vertrag für unzulässig zu erachten, durch welchen der Arbeitnehmer zeitlich im voraus über seinen Lohn disponiert.

Auch N e u m a n n äußert sich dahingehend, unzulässig sei jede „von vornherein" bestimmte Verwendung des Lohnes für andere als in § 117 II GewO genannte Zwecke[698]. Auch er scheint damit lediglich die Verpflichtung zu einer bestimmten, zukünftigen Verwendung als verboten anzusehen.

2. Stellungnahme

Es stellt sich daher die Frage, ob § 117 II GewO auch sofort zu erfüllende Rechtsgeschäfte verbietet, bei denen keine Bindung künftiger Lohnansprüche erfolgt.

Dem Wort Verabreden kommen *nach dem allgemeinen Sprachgebrauch* verschiedene Bedeutungen zu. Man versteht hierunter das Treffen einer Vereinbarung, aber auch eine verabredete (in der Zukunft liegende) Zusammenkunft[699]. Der Begriff der Verabredung kann damit zum einen dahingehend verstanden werden, daß er jede Vereinbarung erfaßt, er kann jedoch auch, sollte dies nach Sinn und Zweck des § 117 II GewO geboten sein, einschränkend dahingehend

---

[697] Stahlhacke (1981), §§ 115a-119, Anm. II 4.
[698] Neumann ZfA 1970, 339, 346.
[699] Deutsches Universalwörterbuch A-Z, Stichwort: Verabredung.

ausgelegt werden, daß er lediglich in die Zukunft gerichtete Vereinbarungen bzw. hieraus folgende Verpflichtungen verbietet.

In Verbindung mit den Worten „über die Verwendung des Verdienstes“ spricht der Wortlaut des § 117 II GewO aber durchaus für eine Beschränkung des Verbots auf Vereinbarungen über künftige Lohnansprüche. Dem Merkmal „Verwendung des Verdienstes“ kann zudem nur dann eigenständige Bedeutung zukommen kann, wenn ein Rechtsgeschäft darauf gerichtet ist, die Lohnauszahlung zu verhindern.

Die Systematik des § 117 GewO spricht ebenfalls für diese einschränkende Auslegung des § 117 II GewO. Denn hätte diese Norm bereits jegliches Rechtsgeschäft zwischen den Arbeitsvertragsparteien verbieten wollen, hätte sie sich darauf beschränken können, jegliches Rechtsgeschäft für nichtig zu erklären. Stattdessen wurde § 117 GewO in zwei Absätze gegliedert und lediglich jegliches Rechtsgeschäft, welches § 115 I GewO zuwiderläuft, für nichtig erklärt. Zusätzliche Verträge, wie sie neben dem Arbeitsverhältnis geschlossen werden, wurden hingegen nicht grundsätzlich für nichtig erklärt, vielmehr lediglich Verabredungen über die Verwendung des Verdienstes.

Aus systematischer Sicht sprechen weiter die in § 117 II GewO enthaltenen Fallgruppen für die Zulässigkeit des Abschlusses einmaliger, sofort zu erfüllender Rechtsgeschäfte. In § 117 II 1. Halbsatz GewO wird lediglich eine Abrede verboten, welche die Pflicht zum Gegenstand hat, bestimmte Bedürfnisse „aus gewissen Verkaufsstellen“ zu befriedigen. Hier wird kein einzelnes Rechtsgeschäft verboten, sondern der Abschluß eines Vertrags, durch den sich der Arbeitnehmer in der zukünftigen Verwendung bereits ausbezahlter Löhne bindet. Ebenso wird in § 117 II 2. Halbsatz GewO zwar das Eingehen eines konkreten Rechtsgeschäfts verboten, nämlich der Abschluß eines Vertrags, durch welchen der Arbeitnehmer einer anderen als einer Wohlfahrtseinrichtung beitritt und sich zur Beitragszahlung verpflichtet. Auch dort geht der Arbeitnehmer jedoch eine inhaltliche Verpflichtung ein, welche auf die Bindung zukünftiger Lohnverwendung gerichtet ist. Dies ist bei einmaligen Rechtsgeschäften indes nicht der Fall.

Aus historischer Sicht erscheint der Abschluß einmaliger Rechtsgeschäfte ebenfalls unproblematisch. Fälle, in denen der Arbeitgeber seine Arbeitnehmer durch den Abschluß einmaliger Rechtsgeschäfte schädigte, sind, soweit diese nicht im Zusammenhang mit der Lohnauszahlung stehen und damit bereits gegen § 115 I GewO verstoßen, nicht bekannt. Auch wurde seit jeher lediglich die Lohnauszahlung dergestalt für unzulässig erachtet, daß an diese die Bedingung an eine sofortige, bestimmte Verwendung geknüpft werde. Stand die Lohnauszahlung nicht unter dieser Bedingung, wurde ein später abgeschlossenes, einmaliges Rechtsgeschäft für zulässig erachtet.

Sinn und Zweck des § 117 II GewO entspricht es, den Zufluß von Arbeitslohn sicherzustellen. Sobald der Arbeitnehmer hierüber jedoch Verfügungsfreiheit erlangt hat, erscheint es nicht mehr geboten, diese weiter zu beschränken. Geschützt werden soll der Arbeitnehmer vor einer Bindung des Lohnes an eine bestimmte Verwendung. Durch den Abschluß eines einmaligen Rechtsgeschäfts bindet er sich hingegen nicht an eine bestimmte Verwendung, sondern verwendet seinen Lohn gerade nach freier Entscheidung.

3. Bedeutung für den Schutz des Lohnes in seinen verschiedenen Stadien

Sinn und Zweck des § 117 II GewO entspricht es jedenfalls, **künftige Lohnbindungen** zu verhindern. Dem Arbeitnehmer soll auf diesem Wege der Erhalt und die Verfügungsfreiheit über seinen vollständigen Lohn gesichert werden. Fraglich ist jedoch, ob es darüber hinaus auch eines Schutzes des **bereits fälligen Lohnes** bedarf, welcher zur Erfüllung einmaliger Rechtsgeschäfte verwendet werden soll.

Es ist zu unterscheiden zwischen der Verwendung bereits ausbezahlten und der Verwendung noch nicht ausbezahlten, aber bereits fälligen Lohnes (ist der Lohn noch nicht fällig, handelt es sich um künftigen Lohn, über welchen nach § 117 II GewO keine Verbindlichkeit eingegangen werden darf).

a) Bereits ausbezahlter Lohn

Es besteht schon kein ausreichendes Schutzbedürfnis, welches es erforderlich machte, den Anwendungsbereich des § 117 II GewO auf einmalige Rechtsgeschäfte zu erstrecken, welche mit bereits ausbezahltem Lohn erfüllt werden. Ein Arbeitgeber, welcher die Absicht verfolgt, seinem Arbeitnehmer Waren aufzudrängen, wird dies bereits im Rahmen der Lohnzahlung anstreben. Dort hat er einen weitaus größeren Einfluß auf den Arbeitnehmer als nach erfolgter Lohnzahlung. Hat der Arbeitnehmer seinen Lohn erst einmal erhalten, ist es ihm in weit höherem Maße möglich, sich den Wünschen des Arbeitgebers zu widersetzen. Dies hat bereits die Auslegung des § 115 I GewO ergeben. Bereits dort war anerkannt, daß lediglich die Lohnauszahlung zu gewährleisten ist, nicht jedoch der Abschluß nachfolgender Rechtsgeschäfte nichtig ist, sofern nicht der Abschluß eines entsprechenden Rechtsgeschäfts zur Bedingung der Lohnauszahlung gemacht worden war.

Ein Verbot jeglicher Rechtsgeschäfte zwischen den Arbeitsvertragsparteien wäre zudem unverhältnismäßig. Wie die Darstellung moderner Rechtsbeziehungen zwischen den Arbeitsvertragsparteien gezeigt hat, können den Arbeitnehmern auch durch Abschluß zusätzlicher Verträge eine Vielzahl von Vergünstigungen zuteil werden. Der verbilligte Verkauf der verschiedensten Produkte sowie auch die Beteiligung der Mitarbeiter am Kapital des Arbeitgebers bieten der Arbeitnehmerschaft preisliche und zum Teil auch steuerliche Vorteile. Wären dem Arbeitnehmer lediglich diejenigen Sachen zugänglich, welche auch als Sachlöhne vereinbart bzw. kreditiert werden können, wäre ihm insbesondere im Bereich der Waren ein breites Feld von Einkaufsmöglichkeiten untersagt. Insbesondere eigens vom Arbeitgeber produzierte Waren könnten an die Arbeitnehmer nicht verbilligt abgegeben werden. Dies würde die allgemeine Handlungsfreiheit der Arbeitnehmer, welche durch das Verbot des Abschlusses von Verträgen mit künftiger Lohnbindung bereits nicht unerheblich eingeschränkt wird, noch weiter einschränken. Gerade angesichts der gewandelten Verhältnisse, denenzufolge die Arbeitnehmer heute in erster Linie an einer Motivation der Mitarbeiter und wohl noch kaum an deren Ausbeutung interessiert sind, stehen dem nicht gleichwertige Mißbrauchsgefahren gegenüber.

b) Bereits fälliger, aber noch nicht ausbezahlter Lohn

Das Reichsarbeitsgericht hat festgestellt, daß der Arbeitnehmer die Barzahlung seines Lohnes *bei Fälligkeit* durchzusetzen in der Lage sei und daß das Schutzbedürfnis, wenn er einmal auf diese Durchsetzung verzichtet habe, erheblich geringer erscheine[700]. Dem folgend, hat es sodann die Einbringung von rückständigem Lohn in eine Beteiligung an einer Werksgemeinschaft für zulässig erachtet.

Diese Argumentation geht fehl. Auch die Auszahlung des bereits fälligen Lohns ist nicht gesichert. Auch dieser Lohn befindet sich noch bis zur Auszahlung im Machtbereich des Arbeitgebers und der Arbeitnehmer hat daher bis zu dieser Auszahlung gerade noch keine Zugriffsmöglichkeit auf diesen Lohn. Die Auszahlung ist daher in gleicher Weise wie im Rahmen der Lohnzahlung – erinnert sei an das Verbot der Leistung an Erfüllungs Statt – abhängig von der Auszahlungsbereitschaft des Arbeitgebers. Wäre dies nicht der Fall, hätte es schon nicht der Regelung des Truckverbots bedurft. Denn in all diesen Fällen der Leistung an Erfüllungs Statt werden Vereinbarungen über bereits fällige Lohnansprüche getroffen. Zudem wäre es widersprüchlich, noch nicht fälligen Lohn unter den Schutz des § 117 II GewO zu stellen – was angesichts der Regelung des § 117 II 1. Halbsatz GewO nicht in Frage gestellt werden kann – , ihn jedoch ab dem Zeitpunkt der Fälligkeit diesem Schutz wiederum zu entziehen.

Es stellt sich jedoch die Frage, ob es Aufgabe des § 117 II GewO ist, den Schutz noch nicht ausbezahlten, aber bereits fälligen Lohnes zu gewährleisten. Dies ist zunächst originäre Aufgabe des § 115 I GewO. § 115 I GewO verbietet Leistungen an Erfüllungs Statt. Diesen ist eigen, daß sie nicht auf dem Abschluß eines zusätzlichen schuldrechtlichen Vertrages beruhen, sondern unmittelbar der

[700] RAG ArbRS 30, 131, 136.

Erfüllung der Lohnzahlungspflicht aus dem Arbeitsvertrag dienen. Unbestreitbar ist jedoch, daß im Ergebnis auch dadurch eine Umgehung der Lohnzahlung durch den Arbeitgeber erfolgen kann, daß er einen zusätzlichen Vertrag schließt und im Anschluß daran die Aufrechnung der Lohnforderung mit der nunmehr entstandenen Forderung gegen den Arbeitnehmer erklärt. § 117 II GewO dient der Verhinderung solcher Umgehungsformen. Seinem Sinn und Zweck zufolge schützt er daher auch die Eingehungen von Bindungen in bezug auf fälligen, aber noch nicht ausbezahlten Lohn.

Anders stellt sich die Sachlage dann dar, wenn die Arbeitsvertragsparteien einen Vertrag schließen, der von der Lohnzahlung unabhängig ist. Die Parteien können daher Vereinbarungen treffen, welche mit dem beim Arbeitnehmer vorhandenen Vermögen zu erfüllen sind. Vereinbarungen sind daher immer dann zulässig, wenn die Lohnzahlung gesichert ist und der Arbeitnehmer eigene Mittel zur Erfüllung seiner Schuld verwendet.

3. Ergebnis

Der Abschluß einmaliger Rechtsgeschäfte, welche unabhängig von der Lohnzahlung durch den Arbeitnehmer erfüllt werden, wird somit durch § 117 II GewO nicht untersagt. Diese Rechtsgeschäfte sind zulässig, sofern der Arbeitgeber keine Bedingung an die Lohnauszahlung knüpft und der Arbeitnehmer daher frei in seiner Entscheidung ist, ob er dieses Rechtsgeschäft abschließt. Sinn und Zweck des § 117 II GewO ist allein, die Auszahlung des Lohnes an den Arbeitnehmer zu sichern. Der Arbeitnehmer soll sich daher nicht an künftige Lohnverwendungen binden, mit welchen der Arbeitgeber am Zahltag die Aufrechnung erklären könnte. Ebensowenig soll er sich verpflichten, künftig bestimmte Verträge abzuschließen und diese mit seinem ausbezahlten Lohn zu erfüllen. Wird die Lohnauszahlung jedoch nicht in Frage gestellt und der Arbeitgeber auch nicht bereits vor Auszahlung des Lohnes zu einer bestimmten Verwendung verpflichtet, so besteht nach der Schutzrichtung der §§ 115 ff GewO kein Grund, dem Arbeitnehmer den Abschluß eines einmaligen Rechtsgeschäfts zu verbieten.

Der Begriff der Verabredung über die Verwendung des Verdienstes ist daher dahingehend auszulegen, daß lediglich Rechtsgeschäfte, welche zu einer künftigen Lohnbindung führen oder die künftige Lohnauszahlung in Frage stellen, verboten sind. Im übrigen ist der Abschluß einmaliger Rechtsgeschäfte nicht untersagt.

II. Dauerschuldverhältnisse

Dem folgend, ist auch der Abschluß von Dauerschuldverhältnissen als Lohnverwendungsabrede zu qualifizieren. Dauerschuldverhältnisse führen gerade zu einer dauerhaften Bindung des Arbeitnehmers an die vertraglich vereinbarte Lohnverwendung. Dies folgt auch bereits aus dem ersten Halbsatz des § 117 II GewO, welcher beispielhaft die Verabredung über die Entnahme der Bedürfnisse aus bestimmten Verkaufsstellen regelt. Gerade derart langfristige Bindungen des Arbeitnehmers an eine bestimmte Lohnverwendung will § 117 II GewO „überhaupt" verhindern.

Da jegliche Verpflichtung für die Zukunft verboten werden sollte, fallen hierunter nicht nur zeitlich **unbefristete** Verwendungsabreden, sondern auch solche, bei welchen sich der Arbeitnehmer **befristet** zu einer bestimmten Verwendung verpflichtet.

III. Die Kreditierung

Das Reichsarbeitsgericht hat (im Rahmen der Prüfung, ob die Bildung einer Werksgemeinschaft gegen § 117 II GewO verstößt) ausgeführt, es läge in den Fällen der Kreditierung keine Lohnverwendungsabrede vor, vielmehr werde allein eine Aufrechnungsvereinbarung getroffen, die der unmittelbaren Erfüllung des Lohnanspruchs diene[701]. Es hält damit jede Bindung noch nicht ausbezahlten Lohns für zulässig, jedenfalls, sofern die Bindung in einer Aufrechnungsvereinbarung besteht.

Die Aufrechnung für sich stellt in der Tat lediglich eine Erfüllung dar. Wie im 3. Teil dieses Kapitels unter *B* IV (S. 203) festgestellt, begegnet sie keinen Bedenken. Der Ansicht des Reichsarbeitsgerichts ist jedoch entgegenzuhalten, daß im Rahmen des § 117 II GewO nicht die Zulässigkeit der Aufrechnung, sondern die Wirksamkeit des der Aufrechnung zugrunde liegenden Rechtsgeschäfts, mithin die Wirksamkeit der Kreditierung, zu untersuchen ist. Hierzu hat das RAG jedoch aufgrund seines falschen Ansatzes keine Stellung bezogen.

Neumann ist der Ansicht, daß etwa die Kreditierung eines Fahrrads nicht nur durch § 115 II GewO, sondern auch durch § 117 II GewO verboten ist. Er sieht somit die Kreditierung durchaus als Fallgruppe der Lohnverwendungsabreden an.

---

[701] RAG ArbRS 30, 131, 137.

Der Auffassung von Neumann ist zuzustimmen. In der Kreditierung liegt zugleich eine Verabredung über die Lohnverwendung. Der Arbeitnehmer geht eine Verbindlichkeit für die Zukunft ein. Er bindet seinen künftigen Lohn.

IV. Ergebnis

Als Lohnverwendungsabrede im Sinne des § 117 II GewO sind daher nur solche Rechtsgeschäfte anzusehen, welche eine künftige Lohnbindung des Arbeitnehmers bewirken. Einmalige Rechtsgeschäfte zwischen den Arbeitsvertragsparteien sind, sofern hierdurch nicht die Lohnauszahlung beeinträchtigt wird und kein Zahlungsaufschub und keine Ratenzahlung gewährt wird, zulässig. Hingegen sind Dauerrechtsgeschäfte oder Kreditierungen ohne Einschränkung untersagt. Denn hier würde der Arbeitnehmer an eine bestimmte künftige Lohnverwendung gebunden.

B. Das Verhältnis von § 117 II GewO zu § 115 II 1 GewO

Sollte § 115 II 1 GewO als lex specialis zu § 117 II GewO anzusehen sein, so hätte dies zur Folge, daß aufgrund des § 115 II 1 GewO – trotz Vorliegens einer Lohnverwendungsabrede – andere als Warenkreditierungen vom Verbot des § 117 II GewO ausgenommen wären.

I. Das Kreditierungsverbot als lex specialis zu § 117 II GewO

Die Kreditierung von Waren ist durch § 115 II GewO untersagt. Andere Kreditierungen werden nach einhelliger Meinung durch § 115 II GewO nicht verboten. Ob diese anderen Kreditierungen, welche insbesondere die Kreditierung von Dienstleistungen, von Grundstücken oder Mitarbeiterbeteiligungen umfassen, damit insgesamt zulässig sind, wird in der Kommentarliteratur jedoch nicht diskutiert. Im Rahmen des § 115 II GewO wird lediglich, wenn überhaupt, darauf hingewiesen, daß noch deren Vereinbarkeit mit § 117 II GewO zu überprüfen sei[702]. Im Rahmen des § 117 II GewO wird dann auf die Frage des Verhältnisses dieser Vorschriften zueinander jedoch nicht mehr eingegangen.

Die *geschichtlichen Rahmenbedingungen* zu Zeiten der Schaffung des § 117 II GewO geben keinen Aufschluß über die Reichweite des § 117 II GewO, da weder dieser Vorschrift Anhaltspunkte zu entnehmen sind noch in früherer Zeit andere als Warenkreditierungen, soweit ersichtlich, üblich waren.

Daß § 115 II GewO lediglich die Warenkreditierung verbietet, erscheint *aus systematischer Sicht* als gewichtiges Argument für die Zulässigkeit jeglicher ande-

[702] Schenkel, GewO, § 115, Anm. 3; L/R-Neumann (1981), § 115, Rn. 35.

ren Kreditierung. Denn würde § 117 II GewO die Waren- ebenso wie jede sonstige Kreditierung verbieten, hätte es der Regelung in § 115 II GewO überhaupt nicht bedurft, es hätte die Schaffung des § 117 II GewO zum Schutze der Arbeitnehmer ausgereicht.

Begrifflich gesehen führt jedoch jede Kreditierung zu einer Bindung künftiger Lohnansprüche an eine bestimmte Verwendung. Auch *Sinn und Zweck* sprechen, da der Arbeitnehmer auch bei anderen als Warenkreditierungen an eine künftige Lohnverwendung gebunden wird, gegen die Annahme, § 115 II GewO sei als lex specialis zu § 117 II GewO anzusehen. § 117 II GewO ist ersichtlich darauf angelegt, jegliche Bindung des Arbeitnehmers an eine bestimmte Verwendung zu verhindern.

Die Stellung des Kreditierungsverbots als Absatz 2 des § 115 GewO läßt sich aus *historischer Sicht* erklären. In früheren Zeiten bestand neben dem Trucksystem auch häufig die Praxis, bereits vor dem Zeitpunkt der Lohnzahlung Waren an den Arbeitnehmer zu leisten und am Tag der Lohnzahlung die hieraus entstandene Forderung mit dem Entgeltsanspruch des Arbeitnehmers in Aufrechnung zu bringen. Es bestand daher ein innerer Zusammenhang mit § 115 I GewO. Als weiterer Gesichtspunkt kommt hinzu, daß im Rahmen des § 117 II GewO als Rechtsfolge lediglich die Nichtigkeit der getroffenen Lohnverwendungsabrede eintritt, während nach früherem Recht ein Verstoß gegen § 115 GewO strafrechtlich sanktioniert werden sollte. Auch die Rechtsfolgenregelung des § 118 GewO zeigt, daß ein Verstoß gegen das Verbot der Kreditierung von Waren auch in zivilrechtlicher Hinsicht zu härteren Konsequenzen für den Arbeitgeber führen sollte. Auch aus diesem Grund lag eine gesonderte Regelung der Warenkreditierung nahe.

II. Ergebnis

§ 115 II GewO ist damit nicht als lex specialis zu § 117 II GewO anzusehen. Jegliche Kreditierung ist durch § 117 II GewO verboten.

C. Subsumtion moderner Fallgruppen unter den Begriff der Lohnverwendungsabrede

I. Die Mitarbeiterbeteiligung

Mitarbeiterbeteiligungen stellen daher nur dann eine Abrede über die Lohnverwendung dar, wenn die Arbeitnehmer hierdurch eine *Bindung künftiger Lohnverwendung* eingehen. Demnach sind Mitarbeiterbeteiligungen nur dann verboten, wenn eine Kreditierung derselben erfolgt, ein Dauerschuldverhältnis eingegangen wird oder die Aufrechnung mit fälligen Lohnansprüchen zum ausdrücklichen Inhalt eines einmaligen Rechtsgeschäfts gemacht wird.

Erfolgt die Erfüllung eines einmaligen Rechtsgeschäfts hingegen aus eigenen Mitteln des Arbeitnehmers, bestehen hiergegen keine Bedenken. Zulässig ist daher jeder Beteiligungskauf, welcher keine Vereinbarung über einen Lohnabzug enthält. Zulässig ist danach etwa auch die Verpflichtung des Arbeitnehmers, eine bestimmte Anzahl an Aktien zu kaufen, selbst wenn dies etwa als Einstellungsvoraussetzung seitens des Arbeitgebers gefordert wird – sofern keine Aufrechnungsvereinbarung zum Bestandteil des Vertrags gemacht wird. Dem zu begegnen, bleibt Aufgabe sonstiger zivil- oder arbeitsrechtlicher Regelungen.

II. Investment-Pläne

Gleiches gilt für externe Formen der Vermögensanlage, mithin für vom Arbeitgeber entwickelte Investment-Pläne. Auch diese sind lediglich dann auf ihre Vereinbarkeit mit § 117 II GewO näher zu untersuchen, wenn eine Bindung von Lohnansprüchen erfolgt.

III. Zeitwertpapiere

Für Zeitwertpapiere folgt aus diesem Ergebnis, daß diese zulässig sind. Denn Zeitwertpapiere werden dergestalt begründet, daß der Arbeitnehmer Einzahlungen in Form von Zeit oder Geld auf ein für ihn eingerichtetes Konto vornimmt. Hierbei ist er zu jeder Zeit frei in seiner Entscheidung, die Einzahlungen fortzusetzen. Er bindet sich daher nicht für die Zukunft. Diese Rechtsgeschäfte sind daher nicht durch § 117 II GewO untersagt.

IV. Abschluß von Dauerrechtsgeschäften

An der Charakterisierung verbilligter Versicherungen als Lohnverwendungsabrede ändert sich unter Betrachtung der verschiedenen Arten von Rechtsgeschäften nichts. Ihnen ist eigen, daß Zahlungspflichten gerade auch für die Zukunft begründet werden.

6. Teil: Die Auslegung des Verbots von Lohnverwendungsabreden im Rahmen der heutigen Rechtsordnung sowie im Rahmen der heutigen tatsächlichen Lebensverhältnisse

Wie bereits dargestellt, existiert in der Praxis eine Fülle verschiedener vertraglicher Ausgestaltungen, welche nicht das Arbeitsverhältnis selbst betreffen. Einige seien an dieser Stelle nochmals in Erinnerung gerufen.

Die **Mitarbeiterbeteiligung** ist inzwischen weit verbreitet. Nach dem Modell der Wala-Stiftung werden langfristige Darlehensverträge angestrebt und diese durch den Abschluß einzelner Darlehensverträge verwirklicht, welche jährlich neu abgeschlossen werden. Der Arbeitnehmer bindet sich auf diese Weise jeweils für die Laufzeit eines Jahres an einen bestimmten Gehaltsabzug. Die einzelnen Darlehensverträge haben eine Laufzeit von 25 Jahren. Erst danach erfolgt deren Ausschüttung. Bei der Microsoft GmbH legen sich die Mitarbeiter zur Finanzierung des Aktienkaufs für die Dauer von 6 Monaten auf einen Gehaltsabzug zwischen 2 % und 10 % fest. Bei der ehemaligen Veba AG (heute e.on) können Mitarbeiter beim Aktienkauf zwischen einer Zahlung in drei Raten und einer Einmalzahlung wählen. Bei der Continental AG erfolgt die Finanzierung zu 80 % durch ein zinsloses Darlehen des Arbeitgebers, mithin der Sache nach durch einen Zahlungsaufschub. Es werden somit nicht nur – zulässige – einmalige Rechtsgeschäfte geschlossen, sondern es erfolgt sehr oft auch eine Kreditierung des Kaufpreises bzw. der Abschluß eines (befristeten) Dauerschuldverhältnisses.

Auch im Hinblick auf praktizierte **Investment-Pläne** stellt sich die Frage, ob die Vorschrift des § 117 II GewO dieser heute praktizierten Form der Lohnverwendung entgegensteht. Dies vor allem mit Blick auf den Zweck dieser Form der Vermögensanlage, welcher darin besteht, den Arbeitnehmern eine Alternative zur Anlage ihres Vermögens im eigenen Unternehmen anzubieten. Hierdurch soll vermieden werden, daß die Arbeitnehmer in Zugzwang versetzt würden, entweder in das eigene Unternehmen zu investieren oder auf die seitens des Arbeitgebers geschaffenen Vergünstigungen verzichten zu müssen.

Auch die Frage der Zulässigkeit des Abschlusses von **Dauerschuldverhältnissen**, beispielsweise Versicherungsverträgen, welche zwischen den Arbeitsvertragsparteien zum Selbstkostenpreis geschlossen werden, ist nach wie vor problematisch.

Die Frage, ob § 117 II GewO einzig Wohlfahrtseinrichtungen zuläßt oder ob nach Sinn und Zweck des § 117 II GewO auch andere Lohnverwendungsabreden zulässig sein müssen, ist streitig. Einerseits wird vertreten, § 117 II GewO sei streng nach seinem Wortlaut auszulegen[703], andererseits wird maßgeblich auf Sinn und Zweck des § 117 II GewO abgestellt[704].

Auf das richtige Verständnis des § 117 II GewO kommt es maßgebend an, denn **§ 117 II GewO ist nicht abdingbar**. Er steht nicht zur Disposition der Arbeitsvertragsparteien. Hiergegen spricht bereits der Wortlaut "sowie überhaupt"[705], daneben auch die Schutzbedürftigkeit des Arbeitnehmers vor dem Arbeitgeber. Wäre § 117 II GewO abdingbar, so würden die Vorschriften der GewO nicht wirksam greifen können. Da sie gerade den Druck des Arbeitgebers auf den Arbeitnehmer ausschließen sollen, wäre es zweckwidrig, diese Vorschrift zur Disposition des Arbeitnehmers zu stellen. Dies würde gerade ein unzulässiges Einwirken auf den Arbeitnehmer ermöglichen und damit den mit § 117 II GewO verfolgten Zweck vereiteln.

A. Auslegung des § 117 II GewO

I. Wortlaut

Stellt man auf den Wortlaut des § 117 II GewO ab, so ergibt sich aus diesem eindeutig die Unzulässigkeit jeder anderen als einer Abrede über eine Einrichtung zur Verbesserung der Lage der Arbeitnehmer oder ihrer Familien. Dies bedarf keiner näheren Ausführung. Der Wortlaut „überhaupt" spricht für sich[706]. Danach wäre dem Arbeitnehmer auch die Möglichkeit genommen, ihm günstige Verträge in freier Entscheidung einzugehen, sobald diese zu einer Bindung künftiger Lohnansprüche führten.

II. Systematik

Auch der systematischen Stellung des § 117 II GewO im Rahmen der gewerberechtlichen Entgeltvorschriften kann kein richtungsweisender Hinweis dazu entnommen werden, ob § 117 II GewO andere als Wohlfahrtseinrichtungen gestattet.

---

[703] Ilbertz, die tarifliche Regelung der Einziehung und Abführung von Gewerkschaftsbeiträgen, S. 10; RAG ArbRS 30, 131, 134; Staudinger-Nipperdey-Neumann (1979), § 611 BGB, Anm. 240, *derselbe:* Nipperdey, Gewerkschaftsbeiträge, S. 37; Robert von Landmann (1925), § 117, Anm. 6 d; Neumann ZfA 1970, 339, 345f, *derselbe:* L/R-Neumann (1989), § 117, Rn. 11.
[704] Farthmann ArbuR 1963, 356; Fechner, Gewerkschaftsbeiträge, S. 12ff; **im Ergebnis ebenso**, unter analoger Anwendung der Ausnahmevorschrift Wohlfahrtseinrichtungen: Schelp DB 1965, 1094, 1098.
[705] RAG ArbRS 30, 131, 134: "verbietet ausdrücklich schlechthin"; im Ergebnis ebenso, jedoch ohne Begründung: Otto/Schwarze ZfA 1995, 639, 681.
[706] So auch das RAG ArbRS 30, 131, 134: "verbietet ausdrücklich schlechthin".

III. Historische Auslegung

Um festzustellen, ob dem Arbeitnehmer aus historischer Sicht andere als Abreden betreffend Wohlfahrtseinrichtungen untersagt sein sollten, sei zunächst dargestellt, welche anderen als Arbeitsverträge zwischen den Arbeitsvertragsparteien in früherer Zeit geschlossen wurden.

1. Praktizierte Wohlfahrtseinrichtungen Ende des 19. und zu Beginn des 20. Jahrhunderts

Zunächst sei daran erinnert, daß aufgrund der Industrialisierung in der zweiten Hälfte des 19. Jahrhunderts und der erst beginnenden Entwicklung eines Arbeitsrechts eine ausgeprägte Armut der Arbeitnehmer bestand und eine soziale Absicherung, wie sie heute durch die gesetzlichen Pflichtversicherungen gewährleistet wird, nicht vorhanden war. Ein Teil der Unternehmen wurde daher in verschiedenster Form tätig, um die Lebensverhältnisse der Arbeiter zu verbessern. An erster Stelle ist hier die Einrichtung von Arbeiterpensionskassen zu nennen, welche eine Unterstützung des Arbeitnehmers bei Invalidität, Tod oder im Alter vorsahen[707]. Daneben wurde Hausrat, z.B. Mobiliar, kreditiert, für Kinder und Jugendliche wurden Ferienkolonien, Säuglings- und Kinderhorte, Kinderschulen und ähnliches errichtet. Hinzu kamen Altenheime und Stifte, die vorbeugende Krankenpflege durch eine eigens angestellte Fabrikpflegerin, Lungenkrankenhäuser, Wasch- und Aufenthaltsräume für die Arbeiter im Betrieb, Ferienhäuser für die Familien der Werksangehörigen, ein umfangreiches Programm zur Wohnungsfürsorge, Unterricht für Jugendliche während der Arbeitszeit, die Errichtung von Bibliotheken und Lesehallen in den Betrieben, die kostenlose Erteilung von Rechtsauskünften, die Gründung von Vereinen, die Förderung des Sparsinnes durch die Schaffung von Sparkassen, etwa auch eine Zwangsspareinrichtung für unverschuldete Arbeitslosigkeit, der Großeinkauf von Lebensmitteln und deren Abgabe zum Selbstkostenpreis und vieles mehr[708].

Trotz des durchaus positiv zu bewertenden Charakters all dieser Einrichtungen waren diese in ihrer einzelnen Ausgestaltung nicht unumstritten. Denn freilich wurden die Arbeitgeber nicht nur uneigennützig tätig, sie beabsichtigten durch die Schaffung dieser Einrichtungen auch eine Bindung der Arbeiter an ihr Unternehmen, um sich eine Stammarbeiterschaft aufzubauen bzw. zu erhalten. Aus diesen Gründen wurden Arbeitnehmer in einer Reihe von Unternehmen zu einer

---

[707] Laporte, Arbeiterpensionskassen, S. 1.

[708] Vgl. Hansa-Bund für Gewerbe, Handel und Industrie, die freiwilligen sozialen Fürsorge- und Wohlfahrtseinrichtungen in Deutschlands Gewerbe, Handel und Industrie im Deutschen Reiche, S. 1-41.

Mitgliedschaft an bestimmten Wohlfahrtseinrichtungen gezwungen[709]. In Kombination mit der Verfallbarkeit von Ansprüchen aus diesen Einrichtungen bei Ausscheiden des Arbeitnehmers wurde auf diese Weise den Arbeitnehmern die Kündigung ihres Arbeitsverhältnisses deutlich erschwert. Dennoch betrachteten selbst die Gerichte diese Mitgliedschaft durch *Zwang* in aller Regel als unschädlich. Dabei wurde der auf die Arbeitnehmer ausgeübte Zwang zum Beitritt in eine Pensionskasse entweder nicht als solcher angesehen, vielmehr allein auf das Vorliegen einer (formalen) Abrede abgestellt[710] oder der Zwang jedenfalls mit dem Argument als unschädlich bezeichnet, daß auch die damalige staatliche deutsche Arbeitsversicherung auf Zwang beruhe[711]. Dies wurde nicht nur für den Fall einer Zwangssparkasse[712] entschieden, auch bezüglich einer Kasse zur Unterstützung in Krankheits- und Sterbefällen sowie bei eintretender Invalidität wurde entschieden, daß es gegen Treu und Glauben verstoße, wenn der Arbeitnehmer Zeit seines Arbeitsverhältnisses diesen Versicherungsschutz genieße und nach Beendigung des Arbeitsverhältnisses unter Verweis auf den Beitrittszwang plötzlich die Vereinsbeiträge deshalb zurückfordere, weil die gemachten Lohnabzüge ungesetzlich sein sollten[713]. Es wurde – freilich zu Unrecht – argumentiert, nach den Grundsätzen des Auftrags bzw. der Geschäftsführung ohne Auftrag stehe dem Arbeitgeber dann jedenfalls eine Gegenforderung zu, mit der er gegen die Forderung des Arbeitnehmers aufrechnen könne[714].

Diese Rechtsprechung spiegelt das Verständnis der damaligen Gerichtsbarkeit wieder, daß der Arbeitnehmer dann keines Schutzes bedürfe, wenn die Einrichtung, welcher er beigetreten war, ihm Vorteile verschaffe. Sah man damals aber selbst den Zwang zu diesen vorteilhaften Rechtsbeziehungen als zulässig an, so kann hieraus gefolgert werden, daß der Arbeitnehmer noch nicht einmal vor jeglichem Druck des Arbeitgebers geschützt werden sollte. Es liegt nahe, daß dem Arbeitnehmer bei diesem Verständnis dann aber auch nicht das Recht genommen werden sollte, in freier Entscheidung Vertragsbindungen einzugehen, zumindest dann nicht, wenn diese für ihn vorteilhaft waren.

[709] Vgl. etwa Laporte, Arbeiterpensionskassen, S. 4 sowie LG Essen GewKfmG 7, 150 zur Beteiligung an einer Pensionskasse; GG Düsseldorf GewKfmG 12, 507 zur Beteiligung an einer Sparkasse.
[710] Kreis-GG Moers, GewKfmG 1, 11, 12.
[711] GG Kassel, GewKfmG 12, 509, 511.
[712] GG Düsseldorf GewKfmG 12, 507.
[713] GG Chemnitz GewKfmG 2, 37, 38.
[714] Diese Grundsätze greifen freilich nicht, da der Arbeitnehmer den Arbeitgeber in diesen Fällen weder beauftragt hat noch auf den mutmaßlichen Willen des Arbeitnehmers im Rahmen der GoA abgestellt werden kann, da der Arbeitnehmer persönlich nach seinem wirklichen Willen hätte gefragt werden können. Aufgedrängte Geschäfte können niemals eine Geschäftsführung ohne Auftrag darstellen.

2. Praktizierte Rechtsbeziehungen zwischen den Arbeitsvertragsparteien Ende des 19. und zu Beginn des 20. Jahrhunderts

Hervorzuheben ist weiter, daß zwischen den Arbeitsvertragsparteien bei Schaffung der gewerberechtlichen Vorschriften und in den darauf folgenden Jahrzehnten, soweit ersichtlich, kaum andere als Rechtsbeziehungen bestanden, welche sich nicht auf Wohlfahrtseinrichtungen bezogen. Soweit der Arbeitgeber dem Arbeitnehmer nicht in feindlicher Gesinnung nach den Formen des Trucksystems gegenübertrat und von diesem die Hinnahme von Leistungen an Erfüllungs Statt begehrte, trat er ihm als Wohltäter gegenüber, indem er vorgenannte Vielzahl von Wohlfahrtseinrichtungen gründete.

Es stellt sich daher die Frage, ob § 117 II GewO in früherer Zeit überhaupt im Sinne einer Grundsatz-Ausnahme-Vorschrift gesehen wurde oder ob er nicht vielmehr bezweckte, die damaligen Rechtsbeziehungen, welche sich im wesentlichen auf Wohlfahrtseinrichtungen beschränkten, zu regeln und damit zu bestimmen, welche Vereinbarungen zwischen den Arbeitsvertragsparteien zulässig sein sollten und welche nicht. Es stellt sich damit die Frage, ob dem Verbot sonstiger Lohnverwendungsabreden überhaupt das aus heutiger Sicht strenge Verbot jeglicher Abrede über die Lohnverwendung zukommen sollte, wie es sich heute aus dem Wortlaut dieser Regelung ergibt.

3. Ergebnis

Der Umstand, daß in früherer Zeit selbst der Beitrittszwang zu Wohlfahrtseinrichtungen als unschädlich betrachtet wurde, läßt daran zweifeln, ob § 117 II GewO tatsächlich die volle Lohnverwendungsfreiheit des Arbeitnehmers garantieren sollte und ob er überhaupt jeglichen Druck verhindern sollte. Weiter läßt der Umstand, daß sich in früherer Zeit die Rechtsbeziehungen zwischen den Arbeitsvertragsparteien im wesentlichen auf Regelungen über Wohlfahrtseinrichtungen beschränkten, die Frage aufkommen, ob § 117 II GewO überhaupt, wie sein Wortlaut dies nahelegt, im Sinne einer Grundsatz-Ausnahme-Vorschrift zu verstehen ist.

IV. Sinn und Zweck

Es stellt sich die Frage, welche Schutzrichtung der Vorschrift des § 117 II GewO überhaupt zugrunde zu legen ist und ob eine teleologische Reduktion dieser Vorschrift vorzunehmen ist.

1. Schutz des Arbeitnehmers vor Druck des Arbeitgebers

Wie sich aus der Stellung des § 117 II GewO im Rahmen der Truckvorschriften und auch aus der Variante des § 117 II 1. Halbsatz GewO ergibt, soll der Arbeitnehmer davor bewahrt werden, aufgrund unzulässiger Beeinflussung durch den Arbeitgeber zum Abschluß ihn bindender Rechtsgeschäfte gedrängt zu werden.

Ob die Arbeitnehmer daneben auch davor geschützt werden sollen, für sie vorteilhafte Rechtsgeschäfte einzugehen, mag in früherer Zeit unterschiedlich beurteilt worden sein. Soweit in früherer Zeit, wie soeben dargelegt, eine Zwangsmitgliedschaft bei Wohlfahrtseinrichtungen als unschädlich angesehen wurde, kann dem jedenfalls heute nicht mehr gefolgt werden. Nach der gesamten Rechtsordnung, vor allem auch den Regelungen des Arbeitsrechts, steht es dem Arbeitgeber keinesfalls zu, den Arbeitnehmer zu irgendeiner Lohnverwendung zu zwingen, und zwar auch dann nicht, wenn diese sich als für den Arbeitnehmer objektiv vorteilhaft darstellt. Es kann damit nicht in Frage gestellt werden, daß nach heute allgemein vertretener Rechtsanschauung **jegliche Beeinflussung des Arbeitnehmers** durch den Arbeitgeber bei Vertragsabschluß unzulässig ist. Nach diesem heutigen Rechtsverständnis gebietet § 117 II GewO in jedem Fall den Schutz des Arbeitnehmers vor jeglichem Druck des Arbeitgebers.

§ 117 II GewO soll daher jeglicher Beeinflussung vorbeugen, unabhängig davon, ob damit der Abschluß eines für den Arbeitnehmer vorteilhaften oder eines für den Arbeitnehmer nicht vorteilhaften Rechtsgeschäfts bezweckt wird.

2. Schutz des Arbeitnehmers vor sich selbst

Arbeitnehmer bedürfen, wie andere Verbraucher auch, eines Schutzes vor unerwünschten Beeinflussungen Dritter, wie dies etwa im VerbrKrG oder im HausTWiG zum Ausdruck kommt. Hier soll der Verbraucher vor einer voreiligen Entscheidung geschützt werden, beispielsweise vor Überrumpelung oder davor, einen Vertrag einzugehen, ohne sich über dessen finanzielle Folgen im klaren zu sein. Eines derartigen Schutzes bedarf es auch des Arbeitnehmers. Hingegen bedarf es beim Arbeitnehmer ebensowenig wie bei sonstigen Verbrauchern eines darüber hinausgehenden Schutzes vor sich selbst[715]. Ausreichender Schutz des Arbeitnehmers läßt sich insoweit durch die allgemeinen Verbraucherschutzgesetze verwirklichen. Eines arbeitnehmerspezifischen Verbraucherschutzes bedarf es unter diesem Gesichtspunkt nicht.

---

[715] Ähnlich auch Biedenkopf, Grenzen der Tarifautonomie, S. 253: „es gibt ... (k)einen typischen Erfahrungssatz, daß Arbeitnehmer unfähiger sind als andere Staatsbürger, ihre wirtschaftlichen Belange zu wahren".

Ein Schutz des Arbeitnehmers vor sich selbst kann daher nur dann als Sinn und Zweck des § 117 II GewO erachtet werden, wenn festzustellen ist, daß eine Begrenzung auf einen Schutz vor Druck des Arbeitgebers rein tatsächlich nicht durchsetzbar wäre. Ein Verbot jeglichen Vertragsabschlusses kann daher nur dann erforderlich sein, wenn es – *erstens* – **keine** anderen, die Vertragsfreiheit des Arbeitgebers **geringer einschränkenden Möglichkeiten** gibt, die freie Entscheidungsfindung des Arbeitnehmers zu garantieren und – *zweitens* – eine **Abwägung** zwischen dem Schutz vor unerwünschter Beeinflussung durch den Arbeitgeber einerseits und der gänzlichen Beschränkung der Vertragsfreiheit des Arbeitnehmers vor dem Abschluß von Rechtsgeschäften mit künftiger Lohnbindung andererseits ergibt, daß dem Schutz des Arbeitnehmers vor Druck des Arbeitgebers der Vorrang vor der Freiheit des Arbeitnehmers gebührt, auch mit dem Arbeitgeber Abreden über die Verwendung künftigen Lohnes abschließen zu können.

3. Schutz des Arbeitnehmers vor einer Verleitung durch den Arbeitgeber

Schließlich bedarf die Frage einer näheren Prüfung, ob § 117 II GewO neben einer unzulässigen Beeinflussung des Arbeitnehmers durch Druck auch den Schutz des Arbeitnehmers vor einer Verleitung durch den Arbeitgeber bezweckt, etwa der Verleitung davor, wirtschaftlich besonders günstige Verträge abzuschließen, welche der Arbeitnehmer ohne diese Vergünstigung nicht abgeschlossen hätte.

Löwisch bezeichnet die Förderung nur einer bestimmten Form der Mitarbeiterbeteiligung als unzulässige Beeinflussung des Arbeitnehmers nach dem Motto „Vogel friß oder stirb“[716].

Löwisch ist zuzugeben, daß die Mitarbeiter bei der Förderung nur einer bestimmten Form der Mitarbeiterbeteiligung geneigt sein werden, den Abschluß dieses Vertrags einem Verzicht auf Vergünstigungen vorzuziehen. Unter diesem Gesichtspunkt mag es auch wünschenswert erscheinen, den Arbeitnehmern eine Wahlmöglichkeit zwischen verschiedenen Anlageformen anzubieten. Aus Gründen des Schutzes der Arbeitnehmer geboten ist dies jedoch nicht. Auch hier gilt, daß Arbeitnehmer nicht unfähiger als andere Verbraucher sind, ihre wirtschaftlichen Belange zu wahren. Vor unüberlegten Rechtsgeschäften werden sie bereits durch die Verbrauchergesetze weitgehend geschützt. Zudem ist die Verleitung zum Abschluß besonders günstiger Verträge bei Angeboten durch den Arbeitgeber nicht als gefährdender zu erachten als dies bei anderen „Verlockungen“ auf dem Verbrauchermarkt der Fall ist.

[716] Löwisch, Festschrift für Däubler, S. 473, 475.

Ein Schutz vor der Verleitung einzelner Arbeitnehmer ist daher nicht geboten.

4. Ergebnis

Somit ist nur der Schutz des Arbeitnehmers vor unzulässigem Druck seitens des Arbeitgebers zu gewährleisten.

B. Zwischenbilanz

Nach Sinn und Zweck soll eine unzulässige Beeinflussung des Arbeitnehmers verhindert werden. Nach seinem eindeutigen Wortlaut verbietet § 117 II GewO jede Abrede über die Lohnverwendung, welche nicht die Beteiligung an einer Wohlfahrtseinrichtung zum Gegenstand hat.

In früherer Zeit lag hierin kein Widerspruch. Die Differenzierung zwischen Abreden betreffend die Beteiligung an Wohlfahrtseinrichtungen und sonstigen Lohnverwendungsabreden war – aufgrund der damaligen tatsächlichen Verhältnisse – ausreichend. Die Rechtsbeziehungen zwischen den Arbeitsvertragsparteien beschränkten sich in dieser Zeit auf die Beteiligung an Wohlfahrtseinrichtungen. Auf die Frage, ob die Zulässigkeit von Wohlfahrtseinrichtungen als Ausnahmevorschrift ausgestaltet ist, kam es daher ebensowenig an wie auf die Frage, ob auch andere Lohnverwendungsabreden ihrem Sinn und Zweck nach zulässig sein sollten.

Heute ist eine Diskrepanz zwischen Wortlaut einerseits und Sinn und Zweck andererseits festzustellen. Die heutigen Rechtsbeziehungen zwischen den Arbeitsvertragsparteien gehen weit über Abreden betreffend die Beteiligung an Wohlfahrtseinrichtungen hinaus. Auch der Abschluß von Versicherungsverträgen, verschiedene Formen der Mitarbeiterbeteiligung sowie externe Vermögensanlagen sind, sofern eine unzulässige Beeinflussung des Arbeitgebers ausgeschlossen werden kann, wünschenswert.

Dem stehen heute auch nicht mehr derart große Gefahren gegenüber, daß ein strenges Verbot jeglicher Lohnverwendungsabrede sachlich gerechtfertigt erschiene. Die Fälle, in denen die Arbeitgeber ihre Arbeitnehmer in ausbeuterischer Absicht zum Abschluß von Rechtsgeschäften auffordern, sind heute wesentlich seltener geworden. Dies beruht auf einem Wandel im Bewußtsein der Arbeitgeber. So kann heute keine Rede mehr davon sein, daß Arbeitgeber ihre Arbeitnehmer im Rahmen der Lohnzahlung zu prellen beabsichtigten. Die Unternehmen haben erkannt, daß sich die Leistung ihrer Arbeitnehmerschaft in erster Linie durch die Schaffung von Anreizen erhöhen läßt. Je zufriedener der Mitarbeiter, desto leistungsfähiger ist er. Soweit daher heute der Bezug von Waren aus dem Unternehmen des Arbeitgebers angeboten wird, geschieht dies in aller Regel zu vergünstigten Preisen. Den Arbeitnehmern sollen zusätzliche Vorteile verschafft werden.

Andererseits ist nicht zu verkennen, daß auch hier die Gefahr besteht, daß der Arbeitgeber sich im Rahmen neuer Rechtsbeziehungen von eigenen Interessen leiten läßt. So kann etwa die Mitarbeiterbeteiligung nicht nur zum Zwecke der Motivation der Mitarbeiter erfolgen, sondern auch im Interesse des Arbeitgebers begründet sein, sich wichtige Liquiditätsvorteile zu verschaffen. Es besteht daher nach wie vor die Gefahr des Abschlusses negativer Rechtsgeschäfte sowie die Gefahr der Unterdrucksetzung zum Abschluß dieser Rechtsgeschäfte durch den Arbeitgeber.

Es ist daher eine neue Auslegung des § 117 II GewO zu erarbeiten, welche den Interessen der modernen Rechtsbeziehungen zwischen den Arbeitsvertragsparteien Rechnung trägt.

C. Teleologische Reduktion des § 117 II GewO

I. Voraussetzungen einer teleologischen Reduktion

Das Gesetz greift in mannigfache und sich wandelnde Lebensverhältnisse ein, die der Gesetzgeber nicht alle zu übersehen vermochte. Es gibt Antwort auf Fragen, die der Gesetzgeber sich noch nicht gestellt hat. Es gewinnt so mit der Länge der Zeit mehr und mehr gleichsam ein eigenes Leben und entfernt sich damit von den Vorstellungen seiner Urheber[717]. Zudem ist jede Gesetzesauslegung bis zu einem gewissen Grad zeitgebunden. Einem grundlegenden Wandel des allgemeinen Wertbewußtseins darf sich der Ausleger nicht entziehen, vor allem dann nicht, wenn er in neueren Gesetzen Ausdruck gefunden hat oder auf einem breiten Konsens beruht[718]. Was sich zur Entstehungszeit eines Gesetzes in einer bestimmten, vom Gesetzgeber gewünschten Weise auswirkte, kann sich in der Folgezeit in einer Weise auswirken, die der Gesetzgeber weder vorgesehen hat, noch, wenn er sie hätte voraussehen können, zu billigen bereit gewesen wäre. Es entsteht ein Spannungsverhältnis, das erst dann zu einer Lösung (Rechtsfortbildung) drängt, wenn die Unzulänglichkeit des bisherigen Gesetzesverständnisses „evident" geworden ist[719].

Beide Voraussetzungen sind vorliegend erfüllt. Es besteht ein *Spannungsverhältnis* zwischen einem weitreichenden Verbot und nur der Ausnahme der Zulässigkeit von Beteiligungen an Wohlfahrtseinrichtungen. Zum anderen ist *evident*, daß der Abschluß einzelner, für den Arbeitnehmer vorteilhafter Rechtsge-

---

[717] Larenz/Canaris, S. 138.
[718] Larenz, S. 315.
[719] Larenz, S. 350.

schäfte genauso vorteilhaft für einen Arbeitnehmer sein kann wie die Beteiligung an einer Wohlfahrtseinrichtung. Zwar steht dem Gesetzgeber bei der Schaffung eines Verbots, wie es sich in § 117 II GewO findet, ein weiter Ermessensspielraum zu[720]. Allein Abreden betreffend Wohlfahrtseinrichtungen zuzulassen, alle sonstigen Abreden hingegen zu verbieten, ist jedoch in heutiger Zeit sachlich nicht mehr gerechtfertigt. Das Merkmal der Schaffung einer Einrichtung, an welcher alle Arbeitnehmer sich beteiligen können, ist kein geeignetes Abgrenzungskriterium. Auch innerhalb einzelner Einrichtungen war seit jeher fragwürdig, welche Einrichtungen der Verbesserung der Lage der Arbeitnehmer dienen, wie dies bei anderen Rechtsgeschäften der Fall ist. Ist aber auch innerhalb der existierenden Einrichtungen eine Prüfung vorzunehmen, welche Einrichtungen ihrem Inhalt nach zulässig sind und welche nicht, so ist es nicht gerechtfertigt, sonstige Rechtsgeschäfte gänzlich für unzulässig zu erklären, ohne auch bei diesen zu differenzieren. Zudem hat die historische Auslegung ergeben, daß es keineswegs als erwiesen angesehen werden kann, daß der damalige Gesetzgeber überhaupt ein derart weitgreifendes Verbot sog. Lohnverwendungsabreden aufstellen wollte.

Eine teleologische Reduktion des § 117 II GewO ist daher geboten.

II. Die Erhaltung der Lohnverwendungsfreiheit des Arbeitnehmers

In Literatur und Rechtsprechung wird die Frage der Zulässigkeit der Beschränkung der Lohnverwendungsfreiheit nur selten, in bezug auf § 117 II GewO nie, erörtert. Einigkeit besteht in der Kommentierung, wie sie zu Vorschriften außerhalb der Gewerbeordnung zu finden ist, darüber, daß der Arbeitnehmer selbst befugt ist, mit dem Arbeitgeber Abreden über die Verwendung seines Lohnes zu treffen. Die Vorschrift des § 117 II GewO wird dort nicht gesehen. Dennoch wird die Gefahr der unzulässigen Beeinflussung des Arbeitnehmers durch den Arbeitgeber erkannt.

S i e b e r t fordert daher, daß die Verpflichtung des Arbeitnehmers nicht gesetzes- oder sittenwidrig sein dürfe, der Arbeitgeber mit der Bindung einen **vernünftigen Zweck** verfolgen müsse und der **Arbeitnehmer nicht unter Druck** stehen dürfe[721].

B i e d e n k o p f fordert pauschal, daß der Arbeitgeber **keinen unbilligen Druck** ausüben dürfe, wenn eine Bindung des Arbeitnehmers im Bereich seiner Privatsphäre vereinbart wird. Dabei habe jede Bindung des Arbeitnehmers, die vom Arbeitgeber ausgehe – und eine andere werde es kaum geben, da niemand

---

[720] Vgl. etwa Dieterich RdA 1995, 129, 131.
[721] Siebert, Festschrift für Nipperdey, S. 119, 140.

ohne Grund der Beschränkung seiner Freiheit zustimme –, den **Verdacht des Mißbrauchs** gegen sich[722].

L ö w i s c h sieht ebenfalls die Vertragsfreiheit des Arbeitnehmers gegenüber dem Arbeitgeber als gefährdet an. Im Zusammenhang mit seinen Ausführungen zum Günstigkeitsprinzip und seiner Ansicht, ein Wahlrecht zwischen der tarifvertraglich vorgesehenen Gehaltszusammensetzung und einer anderen Gehaltsvereinbarung sei für den Arbeitnehmer immer günstiger als die tarifvertraglich vorgesehene Gehaltsregelung allein, fordert er daher eine Begrenzung dieses Wahlrechts. Er fordert ein **jederzeitiges Wahlrecht** bzw. die **Möglichkeit der Rückkehr zur tarifvertraglich vorgesehenen Regelung in angemessener Frist**[723]. Zudem hat seiner Ansicht nach eine **Mißbrauchskontrolle** stattzufinden, bei welcher zu prüfen ist, ob die arbeitsvertragliche Regelung wirklich dem subjektiven Interesse des Arbeitnehmers dient oder ob dieses nur vorgeschoben ist und in Wahrheit betriebliche Interessen ausschlaggebend waren[724]. Diese Ausführungen betreffen zwar arbeitsvertragliche Vereinbarungen. Ihre Grundgedanken sind jedoch auch auf die Stellung des Arbeitnehmers bei nichtarbeitsvertraglichen Verhandlungen übertragbar.

Anhand dieser Stimmen der Literatur wird – wenn die Stellungnahmen auch nicht zu § 117 II GewO erfolgt sind und daher der Übertragung bedürfen – ersichtlich, daß keineswegs eine allgemeine Meinung dahingehend besteht, sämtliche Lohnverwendungsabreden zwischen den Arbeitsvertragsparteien müßten unzulässig sein. Vielmehr wird die Ansicht vertreten, durch eine **Mißbrauchskontrolle** könne der unzulässigen Ausübung von Druck seitens des Arbeitgebers vorgebeugt werden.

Allerdings wird nicht näher auf die Frage eingegangen, wie ein Mißbrauch seitens des Arbeitgebers festgestellt und wie dieser ausgeschlossen werden kann.

1. Kündigungsmöglichkeit in angemessener Frist

Unabdingbar ist beim Abschluß von Dauerrechtsgeschäften zunächst die Möglichkeit der Kündigung in angemessener Frist. Sie nimmt dem Arbeitgeber die Möglichkeit, durch Ausübung von Druck den Arbeitnehmer zu einer übermäßi-

---

[722] Biedenkopf, Grenzen der Tarifautonomie, S. 254.

[723] Löwisch fordert eine Begrenzung durch zwei Schranken. Der Vollständigkeit halber sei vorgetragen, daß er neben der oben genannten Schranke des jederzeitigen Wahlrechts bzw. der Rückkehrmöglichkeit zur tarifvertraglich vorgesehenen Regelung fordert, der Arbeitnehmer dürfe keine Vereinbarung eingehen, die den Vorschriften des Arbeitnehmerschutzes zuwiderlaufe (unzulässig sei daher z.B. eine Begrenzung der Dauer der Arbeitszeit, die dem Gesundheitsschutz diene, oder eine kollektivvertragliche Bestimmung über die Lage der Arbeitszeit, die dem Arbeitnehmer eine ausreichende Erholungspause zwischen den Arbeitstagen nehme).

[724] Löwisch BB 1991, 59, 62f; Löwisch/Rieble, § 4 TVG, Rn. 208ff; Buchner DB 1990, 1715, 1720.

gen Lohnbindung zu bewegen. Sie ist daher als Voraussetzung für den Abschluß von Dauerschuldverhältnissen zu fordern.

Allein ausreichend ist sie jedoch nicht. Denn wäre der Arbeitgeber maßgeblich am Fortbestand des Rechtsverhältnisses interessiert, käme auch hier die Ausübung von Druck auf den Arbeitnehmer, die Kündigung nicht auszusprechen, in Betracht.

2. Kein erhebliches Eigeninteresse des Arbeitgebers

Als zweite Voraussetzung einer Lohnverwendungsabrede ist daher zu fordern, daß die Vorteilhaftigkeit der Vereinbarung für den Arbeitnehmer gesichert ist. Dies ist jedenfalls dann gegeben, wenn kein erhebliches Eigeninteresse des Arbeitgebers am Vertrag besteht.

Dies ist wiederum, wie bereits im Rahmen der Prüfung der Zulässigkeit von Sachlöhnen festgestellt, jedenfalls dann der Fall, wenn der Arbeitgeber lediglich als **Vermittler** tätig wird. Eine Kapitalanlage ist daher jedenfalls dann zulässig, wenn der Arbeitgeber lediglich auf eine externe Vermögensanlage hinwirkt, wie dies bei den Investment-Plänen der ehemaligen Veba AG oder auch bei den bereits mangels künftiger Lohnbindung für zulässig erachteten Zeitwertpapieren der Fall ist.

Bei Eigenproduktionen des Arbeitgebers ist auch grundsätzlich dann kein erhebliches Eigeninteresse des Arbeitgebers anzunehmen, wenn er seinen Mitarbeitern diese Produkte lediglich zum **Selbstkostenpreis** anbieten darf. In diesen Fällen ist der Arbeitgeber nicht in der Lage, Gewinne zu erzielen. Da dies jedoch gerade den Unternehmenszweck ausmacht, besteht somit keine Gefahr der unzulässigen Beeinflussung der Mitarbeiter. Zulässig ist daher etwa der Abschluß von Versicherungsverträgen zum Selbstkostenpreis, wenn dies das Geschäftsfeld des Arbeitgebers ist.

Fraglich bleiben jedoch diejenigen Fälle, in denen es nicht allein auf den Selbstkostenpreis ankommt, sondern darauf, das **zu tätigende Rechtsgeschäft überhaupt** abschließen zu können. Dies sind Fälle, in denen ein Unternehmen nicht in der Lage ist, diese Rechtsgeschäfte auch auf dem freien Markt abzuschließen.

Problematisch ist dies beispielsweise im Rahmen der Mitarbeiterbeteiligung. Diesen Formen von Lohnverwendungsabreden ist ein Eigeninteresse des Arbeitgebers immanent. Dieses Eigeninteresse wird jedenfalls in Fällen beachtlich, in denen ein Unternehmen liquide Mittel benötigt, diese jedoch auf dem Kapitalmarkt mangels vorhandener Sicherheiten nicht beschaffen kann und sich daher auf dem Kapitalmarkt als kreditunwürdig erweist. Dies sind Fälle, in denen entweder – wie beispielsweise bei der Bertelsmann AG – dem Unternehmen eine Expansion nicht möglich ist oder in denen gar Insolvenzgefahr besteht und nun auf die Mitarbeiter eingewirkt wird, um Mittel zur Rettung des Unternehmens zu erhalten.

a) Die Interessenlage im Falle der Mitarbeiterbeteiligung

Ein gänzliches Verbot derartiger Rechtsgeschäfte erschiene unverhältnismäßig. Die *Vorteile* der Unternehmen, welche Mitarbeiterbeteiligungen einführten, sind zahlreich. Im Vordergrund stehen dabei nicht nur Vorteile der Unternehmen, welche auf diesem Wege in aller Regel eine Verbesserung der Motivation der Mitarbeiter und die Ausnutzung von Finanzierungs- und Liquiditätseffekten erreichen. Auch für die Mitarbeiter bringt die Mitarbeiterbeteiligung Vorteile mit sich. Die hierdurch geschaffene Motivation der Mitarbeiter sichert langfristig auch den Erhalt der Arbeitsplätze im Unternehmen. Auch erlangt der Arbeitnehmer aufgrund der Förderung der Mitarbeiterbeteiligung durch den Gesetzgeber staatliche Förderbeträge (vgl. das 5. VermBG) sowie steuerliche Vergünstigungen (vgl. § 19 a EStG) durch die Eingehung einer Mitarbeiterbeteiligung. Zudem werden dem Arbeitnehmer meist zusätzlich seitens des Arbeitgebers finanzielle Vergünstigungen eingeräumt, welche letztlich dazu dienen, den Arbeitnehmer zum Vertragsabschluß zu bewegen.

Auch die mit der Mitarbeiterbeteiligung verbundenen *Risiken* wie etwa das Risiko des Verlusts der Beteiligung im Falle der Insolvenz sind im Rahmen des § 117 II GewO nicht schädlich. Sinn und Zweck des § 117 II GewO ist es, den Arbeitnehmer vor Druck des Arbeitgebers zu schützen. Er bedarf hingegen nicht eines Schutzes vor sich selbst, mithin eines Schutzes vor wesensimmanenten Risiken eines frei eingegangenen Vertrages. Er ist keinesfalls schutzwürdiger als ein sonstiger Verbraucher. Ähnlich wie bei der Vermögensanlage privater Verbraucher, welche seitens der Banken Aufklärung über die möglichen Risiken der von ihnen ins Auge gefaßten Kapitalanlage verlangen können, kann der Mitarbeiter von seinem Arbeitgeber in gewissem Rahmen Aufklärung verlangen[725]. Wäre dies nicht der Fall, würde der Verbraucherschutz des Arbeitnehmers hinter dem des sonstigen Verbrauchers zurückstehen. Dem hat die Rechtsprechung zwischenzeitlich Rechnung getragen[726].

---

[725] Leitsatz des BAG BB 1993, 1393: „vor Abschluß eines Vertrags über die Anlage vermögenswirksamer Leistungen als außerbetriebliche stille Beteiligung nach § 2 Abs. 1 Nr. 1 Buchst. i 5. VermBG a. F. mußte ein Arbeitnehmer, bei dem die Kenntnis der wirtschaftlichen Zusammenhänge nicht vorausgesetzt werden konnte, über die für seine Anlageentscheidung wesentlichen Punkte (hier: Renditeerwartung des Unternehmens und der Vertragskosten) aufgeklärt werden".

[726] BAG BB 1993, 1393.

b) Die Erhaltung der Entscheidungsfreiheit des Arbeitnehmers

Für den Gesetzgeber stellte sich dieselbe Problematik, als er im 2. VermBG auch den Tarifvertragsparteien die Befugnis einräumte, durch Tarifvertrag vermögenswirksame Leistungen zu vereinbaren. Um dem Arbeitnehmer dennoch die ihm höchstpersönlich zustehende Entscheidungsfreiheit über die Verwendung seines Lohnes zu belassen, verankerte er in § 6 2. VermBG (heute in leicht modifizierter Form § 12 5. VermBG) das Recht des Arbeitnehmers, zwischen mindestens zwei Vermögensbildungsformen wählen zu können, als Voraussetzung für die staatliche Förderung.

Die Verpflichtung des Arbeitgebers, eine **Wahlmöglichkeit** zugunsten des Arbeitnehmers zu verschaffen, sichert dem Arbeitnehmer die Möglichkeit, dem Drängen des Arbeitgebers auszuweichen. Freilich bleibt auch hier die Beeinflussung durch den Arbeitgeber theoretisch möglich. Wird er jedoch verpflichtet, eine Alternative anzubieten, werden seine Möglichkeiten der Beeinflussung der Arbeitnehmer deutlich reduziert.

Wird zudem – anders als im Rahmen des 5. VermBG – eine **Alternative** gefordert, **an welcher ein erhebliches Eigeninteresse des Arbeitgebers nicht besteht**, sind die Interessen der Arbeitnehmer gewahrt.

III. Ergebnis

Es ist daher eine teleologische Reduktion des § 117 II GewO dahingehend vorzunehmen, daß Lohnverwendungsabreden jedenfalls dann zulässig sind, wenn kein erhebliches Eigeninteresse des Arbeitgebers festzustellen ist und bei Dauerschuldverhältnissen die Möglichkeit der Kündigung innerhalb angemessener Frist vorgesehen ist.

Ein erhebliches Eigeninteresse liegt jedenfalls dann nicht vor, wenn der Arbeitgeber lediglich als Vermittler tätig wird oder eigene Produkte zum Selbstkostenpreis anbietet, er mithin durch Abschluß von Rechtsgeschäften mit den Arbeitnehmern keine Gewinne erzielen kann. Sofern auf dem Markt keine Vertragspartner in ausreichender Zahl vorhanden sind und daher ein erhebliches Interesse des Arbeitgebers am Vertragsschluß selbst besteht, wird eine unzulässige Beeinflussung des Arbeitnehmers dadurch verhindert, daß der Arbeitgeber in diesem Fall verpflichtet ist, alternativ ein Rechtsgeschäft anzubieten, an welchem er kein erhebliches Eigeninteresse hat. Zur Prüfung der Frage, ob ein erhebliches Eigeninteresse des Arbeitgebers an einer bestimmten Lohnverwendung besteht, hat eine Einzelfallprüfung zu erfolgen.

Besteht ein erhebliches Eigeninteresse des Arbeitgebers an einer bestimmten Lohnverwendung, ist dieses jedenfalls dann nicht schädlich, wenn alternativ hierzu eine Abrede über die Lohnverwendung angeboten wird, an welcher der Arbeitgeber kein erhebliches Eigeninteresse hat.

D. Ergebnis

Maßgeblich für die Frage der Zulässigkeit von Lohnverwendungsabreden ist die Entscheidungsfreiheit des Arbeitnehmers. Diese ist dann gewährleistet, wenn der Arbeitgeber keinen Druck auf den Arbeitnehmer ausüben wird. Eines Schutzes des Arbeitnehmers vor sich selbst oder vor einer Verleitung seitens des Arbeitgebers bedarf es hingegen nicht.

§ 117 II GewO ist daher das ungeschriebene, negative Tatbestandsmerkmal hinzuzufügen, daß auf den Arbeitnehmer kein Druck ausgeübt werden darf, mithin die Entscheidungsfreiheit des Arbeitnehmers gewährleistet bleiben muß. Die Entscheidungsfreiheit des Arbeitnehmers ist dann gegeben, wenn der Arbeitgeber selbst am Abschluß des Vertrags kein erhebliches Eigeninteresse hat oder dem Arbeitnehmer ein solches Rechtsgeschäft zumindest als Alternative anbietet. Bei Dauerschuldverhältnissen ist zudem die Möglichkeit der Kündigung innerhalb angemessener Frist vorzusehen. Die Frage, wann ein erhebliches Eigeninteresse des Arbeitgebers vorliegt, kann naturgemäß nur im Wege einer Einzelfallprüfung festgestellt werden. Es wird in aller Regel zu verneinen sein, wenn der Arbeitgeber lediglich als Vermittler tätig wird oder Rechtsgeschäfte zum Selbstkostenpreis abschließt.

Zwar mag eine gewisse Gefahr dahingehend fortbestehen, daß der Arbeitgeber im Einzelfall Druck auf den Arbeitnehmer ausübt. Diese Gefahr ist jedoch gegenüber den vielfältigen Vorteilen, welche im Wege des Abschlusses von Lohnverwendungsabreden zu erzielen sind, zu vernachlässigen. Es hat daher in diesem Sinne eine teleologische Reduktion des § 117 II GewO stattzufinden.

E. Die Subsumtion der Lohnverwendungsabreden des modernen Arbeitsrechts

I. Versicherungen beim Arbeitgeber und andere Dauerschuldverhältnisse

Soweit der Arbeitgeber dem Arbeitnehmer etwa den Abschluß von Versicherungen, welche er vertreibt, zum *Selbstkostenpreis* bietet, mag er hierzu dadurch motiviert werden, den Arbeitnehmern durch diese Vergünstigungen einen Arbeitsplatzwechsel zu erschweren. Da er jedoch keine wirtschaftlichen Vorteile erlangt, steht die Durchführung des Vertrags in keinem überwiegenden Interesse des Arbeitgebers. Auch der Arbeitnehmer erleidet bei Austritt aus dem Unternehmen keine wirtschaftlichen Nachteile. Ihm werden lediglich Vergünstigungen genommen.

Es ist den Arbeitsvertragsparteien daher gestattet, Dauerschuldverhältnisse einzugehen, solange der Arbeitnehmer an diesen nicht verdient, diese vielmehr zum Selbstkostenpreis anbietet. Zulässig ist daher der Abschluß etwa von Versicherungsverträgen beim Arbeitgeber, der Abschluß eines Leasingvertrags, die Zur-Verfügung-Stellung von pay-TV und dergleichen.

II. Investment-Pläne

Soweit die Arbeitgeber eine externe Vermögensanlage mit einer Investment-Prämie fördern, sind sie ersichtlich ebenfalls lediglich daran interessiert, eine Vermögensbildung ihrer Arbeitnehmer voranzutreiben. Sie haben an den hierdurch entstehenden Geschäften nicht teil. Sie können daher *kein wirtschaftliches Interesse* an deren Begründung haben. Sie sind daher zulässig.

III. Mitarbeiterbeteiligung

Eine Beteiligung des Arbeitnehmers am eigenen Unternehmen setzt hingegen, da hier ein erhebliches Eigeninteresse des Arbeitgebers an der Erhöhung der liquiden Mittel bestehen kann, voraus, daß dem Arbeitnehmer eine alternative Anlageform angeboten wird, welche in vergleichbarer Weise gefördert wird und an welcher der Arbeitgeber kein erhebliches Eigeninteresse hat. Es ist daher zu fordern, daß dem Arbeitnehmer eine externe Anlageform angeboten wird oder er jedenfalls einen Barbetrag erhält, welcher ihm zur Verfügung steht, um selbst eine etwa nach dem VermBG geförderte Anlageform einzugehen.

F. Grenzen der Aufrechenbarkeit mit dem Arbeitsentgelt des Arbeitnehmers

Eine Grenze der Zulässigkeit der Eingehung von Verbindlichkeiten ergibt sich jedoch aus den allgemeinen Pfändungsgrenzen. Soweit der Arbeitnehmer sich im Rahmen der Lohnverwendungsabrede mit einem bestimmten Abzug seines monatlichen Entgelts einverstanden erklärt, ist dies nur zulässig, soweit die Pfändungsgrenzen nicht überschritten werden. Eine Verrechnung oder Aufrechnung mit seinem Tarifentgeltanspruch ist dem Arbeitnehmer nur in diesen Grenzen möglich, da die Vorschriften der ZPO insoweit eine Effektiverfüllung vorschreiben[727].

Anderes gilt, wie bereits im zweiten Teil dieses Kapitels unter *A.* (S. 196f) dargelegt, nur hinsichtlich sog. Wohlfahrtseinrichtungen im Sinne des § 117 II Ge-

[727] Rieble NZA 2000, 225, 229.

wO. Anders als dort ist in sonstigen Fällen der Lohnverwendungsabrede eine Ausdehnung über die Pfändungsgrenzen nicht interessengerecht, da den dort untersuchten Wohlfahrtseinrichtungen gemein ist, daß sie grundlegende Bedürfnisse der Arbeitnehmer decken, die vorliegend diskutierten Fällen der Lohnverwendung jedoch hierüber weit hinausgehen.

Ergebnis

Im Ergebnis ist festzustellen, daß die gewerberechtlichen Entgeltvorschriften den heute praktizierten Formen der Entlohnung sowie dem Abschluß zusätzlicher Verträge, legt man diese reduziert auf deren Schutzzweck aus, im wesentlichen nicht im Wege stehen. Eine solche Anpassung der gewerberechtlichen Entgeltvorschriften der Gewerbeordnung ist aufgrund ihres Alters und ihrer Entstehung in einer Zeit, in welcher von der Existenz eines Rechts der Arbeitnehmer noch keine Rede sein konnte, noch viel mehr aber aufgrund der damals in ganz anderer Form vorhandenen Rechtsbeziehungen zwischen den Arbeitsvertragsparteien und aufgrund der damaligen tatsächlichen Lebensverhältnisse unumgänglich.

Im Rahmen des § 115 I GewO war daher festzustellen, daß diese Vorschrift denjenigen Sachlohnbestandteilen, welche heute zur Deckung der Grundbedürfnisse der Arbeitnehmerschaft benötigt werden, nicht entgegenstehen kann. Soweit durch Cafeteria-Modelle eine Flexiblisierung in der Zusammensetzung der Entlohnung beabsichtigt wird, war festzustellen, daß diese Flexiblisierung ebenfalls nach Sinn und Zweck des § 115 I GewO nicht verboten sein kann, solange es sich um nützliche Entgeltbestandteile handelt und eine Rückkehrmöglichkeit zum vorherigen Barlohn in angemessener Zeit gewährleistet ist. Allen Entlohnungsbestandteilen gemein ist, daß diese zu keinem höheren Preis als denjenigen Kosten, welche dem Arbeitgeber entstanden sind, angesetzt werden dürfen. Soweit daneben eine Entlohnung in anderen als zum Verbrauch durch den Arbeitnehmer bestimmten „Endprodukten“ erfolgt, ist diese nur dann zulässig, wenn gesichert ist, daß der Arbeitnehmer diese problemlos vermarkten und sich auf diesem Wege den zur Deckung seines Lebensunterhalts erforderlichen Barlohn beschaffen kann.

Eine Untersuchung des § 115 II 1 GewO ergab, daß dieser zwar grundsätzlich die Kreditierung von Waren verbietet, die Kreditierung jedoch aufgrund der veränderten tatsächlichen Lebensverhältnisse heute in weitergehendem Umfang als § 115 II 2 GewO dies vorsieht zulässig sein muß. Soweit heute Waren zur Dekkung des täglichen Bedarfs erforderlich sind, sind daher beispielsweise auch Gegenstände des persönlichen Bedarfs für kreditierungsfähig zu erachten. Hingegen muß am grundsätzlichen Verbot der Kreditierung von Waren festgehalten werden, da dies dem ausdrücklichen Willen des Gesetzgebers entspricht und die Vorschrift sich vor dem Hintergrund der geschichtlichen Ereignisse – der praktizierten Umgehung des Truckverbots – erklärt.

Auch Lohnverwendungsabreden werden heute in vielerlei Hinsicht zugunsten des Arbeitnehmers getroffen, um dessen Motivation zu erhöhen. Am Wortlaut des § 117 II GewO kann jedoch nicht festgehalten werden. Es hat eine teleologische Reduktion dieser Norm auf ihren Schutzzweck zu erfolgen. § 117 II GewO ist daher dahingehend auszulegen, daß er keiner Vereinbarung entgegensteht, welche für den Arbeitnehmer günstig ist. Da jedoch auch in diesen Fällen der Gefahr zu begegnen ist, daß der Arbeitgeber Druck auf den Arbeitnehmer ausübt und diesen zu einer bestimmten Lohnverwendung drängt, ist zu fordern, daß auch hier die Gegenleistung des Arbeitnehmers die Selbstkosten des Arbeitgebers nicht übersteigen darf. Soweit zudem ein erhebliches Eigeninteresse des Arbeitgebers an einer bestimmten Lohnverwendungsabrede vorhanden ist, bedarf es zusätzlich eines Angebots an den Arbeitnehmer, eine alternative Abrede zu treffen, welche für den Arbeitgeber nicht von erheblichem Eigeninteresse ist. Dies ist erforderlich, aber auch ausreichend, um dem Arbeitnehmer letztlich die Lohnverwendungsfreiheit zu garantieren.

Literaturverzeichnis

Adomeit Klaus, Vermögensbildungsgesetz und Koalitionsfreiheit (Tarifvertrag), RdA 1964, 309ff

Anton Günther K., Geschichte der preußischen Fabrikgesetzgebung bis zu ihrer Aufnahme durch die Reichsgewerbeordnung. Auf Grund von Quellen, in: Staats- und socialwissenschaftliche Forschungen, herausgegeben von Gustav Schmoller, 11. Band, 2. Heft, 1891, Reprint Bad Feilnbach 1990

Altehoefer Klaus / Schwarz Hansjürgen, Steuerrecht und Arbeitsverhältnis, 2. Auflage, Stuttgart 1981

Arbeitsgesetzbuch-Kommission, Entwurf eines Arbeitsgesetzbuchs - Allgemeines Arbeitsvertragsrecht - , Herausgeber: der Bundesminister für Arbeit und Sozialordnung, Bonn 1977

Assmann Heinz-Dieter / Schneider Uwe H., Kommentar zum WpHG, 2. Auflage, Köln 1999

Baeck Ulrich / Deutsch Markus, Kommentar zum ArbZG, München 1999

Bähre Inge L. / Schneider Manfred, Kommentar zum KWG, 3. Auflage, München 1986

Baumbach Adolf, Hopt Klaus G., Kommentar zum HGB, 30. Auflage, München 2000

Bernhardt Wolfgang / Witt Peter, Stock Options und Shareholder Value, ZfB 1997, 85ff

Bertelsmann Stiftung / Prognos GmbH, Mitarbeiter am Kapital beteiligen, Gütersloh 1997

Biedenkopf Kurt, Grenzen der Tarifautonomie, Karlsruhe 1964

Blomeyer Wolfgang, Direktversicherung durch Gehaltsumwandlung, DB 1994, 882ff

Blomeyer W., Änderungen des Betriebsrentengesetzes zum 1.1.1999 - Neue Lösungen - Neue Probleme, NZA 1998, 911ff

Blomeyer W., Rechtsfragen der Entgeltumwandlung und Lösungsansätze, NZA 2000, 281ff

Bode Christoph, Gehaltsumwandlung im Tarifbereich, DB 1997, 1769ff

Bode Karl-Josef / Grabner Edwin R., Versicherungsmathematische Rückstellungen aus dem Arbeitsverhältnis, Stuttgart 1985

Bode Christoph, Gehaltsumwandlung im Tarifbereich, DB 1997, 1769ff

Boldt Gerhard, Gewerberecht, 3. Auflage, Münster 1961

Bürger K. / Oehmann W. / Matthes H.-Ch., Handwörterbuch des Arbeitsrechts für die tägliche Praxis, 5. Auflage, Stuttgart et al 1956 / 1981

Brox Hans, Handelsrecht und Wertpapierrecht, 13. Auflage, München 1998

Buschmann Barbara, Vermögensbildung durch Kollektivvereinbarungen - die Gewinn- und Kapitalbeteiligung des Mitarbeiters eines Unternehmens als Gegenstand von Tarifverträgen und Betriebsvereinbarungen, Spardorf 1983

Claussen Carsten, Aktienoptionen - eine Bereicherung des Kapitalmarktrechts, WM 1997, 1825ff

Clermont A. / Schmeisser W. / Krimphove D., Personalführung und Organisation, München 2000

Denecke J. / Neumann Dirk, Kommentar zur AZO, 11. Auflage, München 1991

Dersch Hermann / Neumann Dirk, Kommentar zum BUrlG, 7. Auflage, München 1990

Dieterich Thomas, Grundgesetz und Privatautonomie im Arbeitsrecht, RdA 1995, 129ff

Dietz Rolf, Freiheit und Bindung im kollektiven Arbeitsrecht - historische und arbeitsrechtliche Betrachtung, in: Jahresversammlung der Gesellschaft für Sozialen Fortschritt eV, Bonn 1957

Dreher Eduard / Tröndle Herbert, Kommentar zum StGB, 47. Auflage, München 1995

Deutsches Universalwörterbuch A-Z, hrsg. u. bearb. vom Wissenschaftlichen Rat und den Mitarbeitern der Dudenredaktion unter Leitung von Günther Drosdowski, Dudenverlag 1983

Einigungsvertrag mit amtlichen Erläuterungen, Sonderdruck aus der Sammlung Das deutsche Bundesrecht, 4. Auflage, Baden-Baden 1992

Eisenhardt Ulrich, Deutsche Rechtsgeschichte, 2. Auflage, München 1995

Erfurter Kommentar zum Arbeitsrecht, hrsg. v. Dieterich Thomas, Hanau Peter, Schaub Günter, München 1998

Erman, Kommentar zum BGB, Band 1, §§ 1-853 BGB, 10. Auflage, München 2000

Eyer Eckhard, Entgelt und Entgeltsysteme: Aufbau, Philosophie, Tendenzen, in: Hromadka Wolfgang, Die Mitarbeitervergütung - Entgeltsysteme der Zukunft, Stuttgart 1995

Farthmann Friedhelm, Rechtsprobleme zur Einziehung des Gewerkschaftsbeitrages durch den Arbeitgeber, ArbuR 1963, 353ff

Fiedler-Winter Rosemarie, innovative Mitarbeiterbeteiligung, Landsberg / Lech, 1998

Gast Wolfgang / Wissmann Manfred, Mitarbeiterbeteiligung durch Genußrechte, BB 1987, Beilage 17, 1ff

Gernhuber Joachim, Die Erfüllung und ihre Surrogate sowie das Erlöschen der Schuldverhältnisse aus anderen Gründen, 2. Auflage, Tübingen 1994

Groeger Axel, Nochmals: Gehaltsumwandlungsversicherungen als betriebliche oder private Altersversorgung?, DB 1992, 2086ff

Grube Frank, Steuerliche Gestaltungsmöglichkeiten im Rahmen von Gehaltserhöhungen, DStR 1997, 1956ff

Gursky Karl-Heinz, Wertpapierrecht, 2. Auflage, Heidelberg 1997

Guski Hans-Günter, Vermögensbildung und Vermögenspolitik, Köln 1979

Halbach Günter, Tarifverträge zur Vermögensbildung und Lohnverwendungsabreden, BB 1965, 87ff

Hanau Peter, Zur Insolvenzsicherung der Ruhegehaltszusagen an Unternehmer, ZGR 1985, 112ff

Hanau Peter / Becker Friedemann, Die Gehaltsumwandlung zur Finanzierung von Gruppenkrankenversicherungen, VersR 1988, 1093ff

Hanau Peter / Arteaga Marco S., Die Gehaltsumwandlung, Köln 1999

Hansa-Bund für Gewerbe, Handel und Industrie, Die freiwilligen sozialen Fürsorge- und Wohlfahrtseinrichtungen in Deutschlands Gewerbe, Handel und Industrie im Deutschen Reiche, Halle a. S.: Marhold 1913

Harder Manfred, Die Leistung an Erfüllungs Statt (datio in solutum), Berlin 1976

Hattenhauer Hans, Europäische Rechtsgeschichte, 3. Auflage, Heidelberg 1999

Heidelberger Kommentar zum HGB, hrsg. v. von Glanegger, Güroff u.a., 5. Auflage, Heidelberg 1999

Heither Ulrike, Ergänzende Altersvorsorge durch Direktversicherung nach Gehaltsumwandlung - Vorteile und Gefahren, Berlin 1998

Herschel Wilhelm, Anmerkung zu BAG, Urteil v. 20.3.1974, ArbuR 1975, 159f

Herschel, Anmerkung zu BAG, Urteil v. 6.12.1978, EzA Nr. 5 zu § 115 GewO

Höfer Hugues, Impulse aus dem novellierten Betriebsrentengesetz und aus neuen Versorgungsformen - Auszüge aus einer Umfrage, DB 1998, 1562ff

Höfer Reinhold, Entgeltumwandlungszusagen im novellierten Betriebsrentengesetz, DB 1998, 2266ff

Höfer Reinhold / Meier Karin, Tarifvertragliche Altersversorgung und Entgeltumwandlung, BB 1998, 1894ff

Hoff M., Einbehaltung der Gewerkschaftsbeiträge, BB 1951, 699

Hofmann Helga, Lohnverwendungsabreden, Köln 1965
Hueck Alfred, Die Frage der tarifrechtlichen Zulässigkeit von Solidaritätsbeiträgen nach geltendem deutschen Recht, RdA 1961, 141ff
Hueck Alfred / Nipperdey Carl, Grundriß des Arbeitsrechts, 2. Auflage, Berlin 1962
Hueck Alfred / Nipperdey Carl, Grundriß des Arbeitsrechts, 5. Auflage, Berlin 1970
Hueck Alfred / Nipperdey Carl, Lehrbuch des Arbeitsrechts, 1. Bd., 7. Auflage, Berlin 1963
Hueck Götz, Gesellschaftsrecht, 19. Auflage, München 1991
Hueck Götz, Anmerkung zu BAG, Urteil v. 4.5.1956, AP Nr. 2 zu § 394 BGB
Ilbertz Wilhelm, Die tarifliche Regelung der Einziehung und Abführung der Gewerkschaftsbeiträge durch die Arbeitgeber, München 1965
Isele Hellmut Georg, AR-Blattei, D Sachbezüge I, bearbeitet 1974, in: Handbuch für die Praxis, herausgegeben von Oehmann Werner und Dieterich Thomas, Stuttgart, laufende Sammlung, Stand 1982
Jarass Hans D. / Pieroth Bodo, Kommentar zum GG, 5. Auflage, München 2000
Jauernig Othmar, Kommentar zum BGB, 9. Auflage, München 1999
Jesse Lenhard / Schellen Norbert, Arbeitgeberdarlehen und Vorschuß, Stuttgart 1990
Kania Thomas, Nichtarbeitsrechtliche Beziehungen zwischen den Arbeitgeber und Arbeitnehmer, Frankfurt am Main 1990
Karakatsanis Alexander, die kollektivrechtliche Gestaltung des Arbeitsverhältnisses und ihre Grenzen, Heidelberg 1963
Kaskel Walter / Dersch Hermann, Lehrbuch des Arbeitsrechts, 5. Auflage, Berlin et al 1957
Kau Wolfgang M. / Leverenz Niklas, Mitarbeiterbeteiligung und leistungsgerechte Vergütung durch Aktien-Options-Pläne, BB 1998, 2269ff
Kaufhold Karl Heinrich, Neugestaltung des Arbeitsrechts im Deutschen Reich und Novelle zur ReichsGewO, ZfA 1991, 278ff
Kittner Michael / Trittin Wolfgang, Kündigungsschutzrecht, 3. Auflage, Köln 1997
Kohler Klaus, Stock Options für Führungskräfte aus der Sicht der Praxis, ZHR 161 (1997), 246ff
Kuder Dieter, Die wirtschaftliche und soziale Lage der deutschen Industriearbeiter von 1918 bis zur Gegenwart, Dülken 1960
Kürten Tanja, Aktien statt Gehalt, in: Eyer, Report Vergütung, S. 144
v. Landmann, Robert, Kommentar zur GewO, 2. Band (§§ 81-155), 6. Auflage, München 1912
v. Landmann, Robert, Kommentar zur GewO, 2. Band (§§ 81-155), 7. Auflage, München 1925
Landmann Robert / Rohmer Gustav, Kommentar zur GewO, Band 1, laufende, aktuelle Sammlung, Stand Februar 2000, München; zitiert: L/R-Bearbeiter (Jahreszahl des jeweiligen Blattes)
Langohr-Plato Uwe, Die Direktversicherung in der aktuellen Rechtsentwicklung, BB 1999, 1215ff
Laporte Walter, Das Problem der Arbeiterpensionskassen und seine rechtlichen und sozialen Konsequenzen, Jena 1910
Larenz Karl, Methodenlehre der Rechtswissenschaft, 6. Auflage, Berlin et al 1991
Larenz Karl / Canaris Claus-Wilhelm, Methodenlehre der Rechtswissenschaft, 3. Auflage, Heidelberg 1995
Lieb Manfred, Arbeitsrecht, 5. Auflage, Heidelberg 1994
Lindenberg Georg, Reichsgewerbeordnung, Berlin 1913
Löwisch Manfred, Die Freiheit zu arbeiten - nach dem Günstigkeitsprinzip, BB 1991, 59ff
Löwisch Manfred / Rieble Volker, Kommentar zum TVG, München 1992

Löwisch Manfred, Schutz der Selbstbestimmung durch Fremdbestimmung, ZfA 1996, 293ff
Löwisch Manfred, Der Grundsatz der freien Anlagenwahl im Recht der Vermögensbildung, in: Recht und soziale Arbeitswelt, Festschrift für Wolfgang Däubler, herausgegeben von Klebe Thomas, Wedde Peter und Wolmerath Martin, Frankfurt am Main 1999
Loritz Karl-Georg, Betriebliche Arbeitnehmerbeteiligungen in Tarifverträgen und Betriebsvereinbarungen, DB 1985, 531ff
Loritz Karl-Georg, § 19 a EStG und die Mitarbeiterbeteiligung durch Tarifvertrag, BB 1990, 1741ff
Loritz Karl-Georg, Anmerkung zu BAG, Urteil v. 23.9.1992, WuB IX A. § 117 1.94
Lotmar Philipp, Der Arbeitsvertrag nach dem Privatrecht des deutschen Reiches, 1. Band, Leipzig 1902
Löwisch Manfred, Arbeitsrecht, 5. Auflage, Düsseldorf 2000
Lutter Marcus, Aktienoptionen für Führungskräfte - de lege lata und de lege ferenda, ZIP 1997, 1ff
Meisel Peter G. / Hiersemann Walter, Kommentar zur AZO, Berlin et al 1970
Metz Horst / Paschek Winfried, Sind durch Gehaltsumwandlung finanzierte Direktversicherungen auch für „Tarifangestellte" zulässig?, DB 1987, 1938ff
Mölders Heinz-Willi, Arbeitsrechtliche Rahmenbedingungen für Cafeteria-Systeme, DB 1996, 213ff
Müller Hans, Das Truckverbot, Erlangen 1959
Müller Hans-Peter, Sanierungstarifvertrag als unzulässige Lohnverwendungsabrede, DB 2000, 770ff
Müller Helmut M., Schlaglichter der deutschen Geschichte, herausgegeben von der Bundeszentrale für politische Bildung, Bonn 1988
Münchner Handbuch zum Arbeitsrecht, hrsg. v. Richardi Reinhard / Wlotzke Otfried, Band 1, Individualarbeitsrecht I, 2. Auflage, München 2000
Natzel Benno, Berufsbildungsrecht - Ausbildung, Fortbildung, Umschulung, 3. erweiterte Auflage, Stuttgart 1982
Nelken F., Die deutschen Handwerker- und Arbeiterschutzgesetze (Titel VI und VII der GewO in der Fassung der Bekanntmachung vom 26. Juli 1900, RGBl. S. 871) nebst den reichsrechtlichen Ausführungsbestimmungen – mit Erläuterungen, Berlin 1901
Neumann Dirk, Abführung von Gewerkschaftsbeiträgen und § 117 II GewO, ArbuR 1967, 70ff
Neumann Dirk, Die unterschiedliche Regelung des Individualarbeitsrechts, ZfA 1970, 339ff
Neumann Dirk / Biebl Josef, Kommentar zum ArbZG, 12. Auflage, München 1995
Nikisch Arthur, Arbeitsrecht, 1. Band, 3. Auflage, Tübingen 1961
Nipperdey Hans Carl, Die Frage der tarifvertraglichen Regelung der Einziehung von Gewerkschaftsbeiträgen durch die Betriebe, in: Schriftenreihe der Bundesvereinigung der Deutschen Arbeitgeberverbände, Heft 33, Köln 1963
Oehmann, AR-Blattei, D Lohnzahlung I, bearbeitet 1974, in: Handbuch für die Praxis, herausgegeben von Oehmann Werner und Dieterich Thomas, Stuttgart, laufende Sammlung, Stand 1982
Oertmann Paul, Deutsches Arbeitsvertragsrecht, Berlin 1923
Otto Hansjörg / Schwarze Roland, Tarifnormen über Gemeinsame Einrichtungen und deren Allgemeinverbindlicherklärung, ZfA 1995, 639ff
Palandt, Kommentar zum BGB, 59. Auflage, München 2000
Pohl Hans, Sozialgeschichtliche Probleme in der Zeit der Hochindustrialisierung (1870-1914), Paderborn et al 1979

Ramm Thilo, Die Arbeitsverfassung des Kaiserreichs, in: Festschrift für Walter Mallmann, Baden-Baden 1978

Reith Reinhold, Lohn und Leistung - Lohnformen im Gewerbe 1450-1900, Stuttgart 1999

Reuß / Vollmer, in: M. von Brauchitsch, Verwaltungsgesetze des Bundes und der Länder, Bd. VIII, 1. Halbband, Köln 1963, Wirtschaftsverwaltungsrecht I

Reuter Dieter, Verbesserung der Risikokapitalausstattung der Unternehmen durch Mitarbeiterbeteiligung, NJW 1984, 1849ff

Rieble Volker / Gutzeit Martin, Individualarbeitsrechtliche Kontrolle erfolgsabhängiger Vergütungsformen, S. 41ff in: Jahrbuch des Arbeitsrechts - Gesetzgebung, Rechtsprechung, Literatur, Dokumentation für das Jahr 1999, hrsg. v. Dieterich Thomas, Band 37, Berlin 2000

Rieble Volker, Der Fall Holzmann und seine Lehren, NZA 2000, 225ff

Röder Gerhard, Die Beteiligung von Arbeitnehmern am Unternehmen, NZA 1987, 799ff

Rohlfing Theodor / Kiskalt Hans, Handkommentar zur GewO, Berlin et al 1953

Rohlfing Theodor / Kiskalt Hans / Wolff Karl, Kommentar zur GewO, 3. Auflage, Berlin et al 1961

Ross Helmut, Die Beteiligung der Arbeitnehmer in der Rechtsform der stillen Gesellschaft, Frankfurt a.M. 1977

Schanz Günther, Entwicklungsstadien und Perspektiven der Mitarbeiterbeteiligung, in: Weber Wolfgang, Entgeltsysteme - Lohn, Mitarbeiterbeteiligung und Zusatzleistungen, Festschrift zum 65. Geburtstag von Eduard Gaugler, Stuttgart 1993

Schaub Günter, Arbeitsrechtshandbuch, 6. Auflage, München 1987

Schaub Günter, Arbeitsrechtshandbuch, 8. Auflage, München 1996

Schelp Günther, Vermögenswirksame Leistungen auf Grund von Tarifverträgen, DB 1965, 1094ff

Schelp G. / Schmitt K. / Haase W., Kommentar zum VermBG, 2. Auflage, Heidelberg 1965

Schenkel Karl, die Deutsche Gewerbeordnung, 1. Band, §§ 1-63 GewO, 2. Auflage, Karlsruhe 1892

Schenkel Karl, die Deutsche Gewerbeordnung, 2. Band, §§ 64 ff GewO, 2. Auflage, Karlsruhe 1894

von Schicker Kurt, die Deutsche Gewerbeordnung, Stuttgart 1879

von Schicker Kurt, Die Gewerbeordnung für das Deutsche Reich, 3. Auflage, Stuttgart 1892

Schildt Gerhard, Tagelöhner, Gesellen, Arbeiter - Sozialgeschichte der vorindustriellen und industriellen Arbeiter in Braunschweig 1830 - 1880, Band 40 der Schriftenreihe des Arbeitskreises für moderne Sozialgeschichte, hrsg. v. Conze Werner, Stuttgart 1986

Schmid Hans, Verwendung von Gehaltsteilen für die betriebliche Altersversorgung, BB 1977, 700ff

Schmidt Karsten, Das Geld im BGB und im Staudinger, in: 100 Jahre BGB - 100 Jahre Staudinger (Symposium 1998), Berlin 1999

Schmidt Karsten, Handelsrecht, 5., neubearbeitete Auflage, Köln et al 1999

Schmidt Ludwig, Kommentar zum EStG, 19. Auflage, München 2000

Schmidt Manfred / Störmer Uwe H., Betriebliche Altersversorgung durch Direktversicherungsverträge, NZA 1987, 617ff

Schmidt Reiner, Öffentliches Wirtschaftsrecht, Besonderer Teil 1 und 2, Berlin 1995

Schneider Hans J. / Zander Ernst, Erfolgs- und Kapitalbeteiligung, 4. Auflage, Freiburg 1993

Schnorr von Carolsfeld Ludwig, Arbeitsrecht, 2. Auflage, Tübingen 1954

Schomerus Heilwig, Die Arbeiter der Maschinenfabrik Esslingen, Stuttgart 1977

Schön Wolfgang, Prinzipien des bargeldlosen Zahlungsverkehrs, AcP 198 (1998), S. 401ff

Schumacher Klaus, Ersetzung von Barlohn durch Zukunftssicherungsleistungen, DB 1978, 162ff
Siebert Wolfgang, Kollektivnorm und Individualrecht im Arbeitsverhältnis, in: Festschrift für Nipperdey zum 60. Geburtstag, München et al 1955
Sigel Walter, Der gewerberechtliche Arbeitsvertrag nach dem Bürgerlichen Gesetzbuch, Stuttgart 1903
Silberberger Axel, Der Partizipationsschein als Möglichkeit einer Mitarbeiterkapitalbeteiligung, Stuttgart 1983
Simitis Spiros, Bemerkungen zur rechtlichen Sonderstellung des Geldes, AcP 159 (1960), 406ff
Simmich Claus, Fallen „Gehaltsumwandlungsversicherungen" (Barlohnersetzung durch Versicherungsbeiträge nach § 40 b EStG) unter das Betriebsrentengesetz?, DB 1977, 2377f
Simmich Claus, Gehaltsumwandlungsversicherungen als betriebliche oder private Altersversorgung?, DB 1992, 991ff
Sinzheimer Hugo, Lohn und Aufrechnung. Ein Beitrag zur Lehre vom gewerblichen Arbeitsvertrag auf reichsrechtlicher Grundlage, Berlin 1902
Sinzheimer Hugo, Grundzüge des Arbeitsrechts, 2. Auflage, Jena 1927
Soergel Thomas, Kommentar zum BGB, 12. Auflage, §§ 241-432, Stuttgart et al 1990
Stahlhacke Eugen, Kommentar zur Gewerbeordnung - arbeitsrechtliche Vorschriften, laufende Sammlung, Neuwied a. Rh., Stand 1966
Stahlhacke Eugen, Kommentar zur Gewerbeordnung - arbeitsrechtliche Vorschriften, laufende Sammlung, Neuwied a. Rh., Stand 1981
Staudinger, Kommentar zum BGB, Einleitung zum BGB, 13. Bearbeitung, bearbeitet von Coing Helmut, Habermann Norbert und Weick Günter, Berlin 1995
Staudinger, Kommentar zum BGB, §§ 134-163 BGB, 13. Bearbeitung, bearbeitet von Bork Reinhard, Kohler Jürgen, Roth Herbert und Sack Rolf, Berlin 1996
Staudinger, Kommentar zum BGB, §§ 244-248 BGB, 13. Bearbeitung, bearbeitet von Blaschczok Andreas und Martinek Michael, Berlin 1997
Staudinger, Kommentar zum BGB, §§ 249-254 BGB, 13. Bearbeitung, bearbeitet von Schiemann Gottfried, Berlin 1998
Staudinger, Kommentar zum BGB, §§ 293-327 BGB, 13. Bearbeitung, bearbeitet von Löwisch Manfred, Berlin 1995
Staudinger, Kommentar zum BGB, §§ 362-396 BGB, 13. Bearbeitung, bearbeitet von Gursky Karl-Heinz und Löwisch Manfred, Berlin 1995
Staudinger, Kommentar zum BGB, §§ 611-615 BGB, 13. Bearbeitung, bearbeitet von Richardi Reinhard, Berlin 1999
Staudinger, Kommentar zum BGB, §§ 779-811 BGB, 13. Bearbeitung, bearbeitet von Marburger Peter, Berlin 1997
Stehle Heinz, Mitarbeiterbeteiligung - ein Mittel zur Leistungssteigerung und Unternehmensfinanzierung, Stuttgart 1985
Steinhaus C., Einbehaltung der Gewerkschaftsbeiträge BB 1951, 783
Steinmeyer Heinz-Dietrich, Betriebliche Altersversorgung und Arbeitsverhältnis, München 1991
Steinmeyer Heinz-Dietrich, Die Gehaltsumwandlungsversicherung als betriebliche Altersversorgung, BB 1992, 1553ff
Tettinger Peter J. / Wank Rolf, Kommentar zur GewO, 6. Auflage, München 1999

Teutenberg Hans-Jürgen, Wie ernährten sich Arbeiter im Kaiserreich?, in: Arbeiterexistenz im 19. Jahrhundert - Lebensstandard und Lebensgestaltung deutscher Arbeiter und Handwerker, herausgegeben von Conze Werner und Engelhardt Ulrich, Stuttgart 1981

Thüsing Rolf, Kommentar zum VermBG, München 1992

Umbach Dieter / Clement Thomas, Mitarbeiterkommentar und Handbuch zum BVerfGG, Heidelberg 1992

Wagner Dieter, Cafeteria-Modelle in der Unternehmenspraxis, Personalführung 1991, 44ff

Wagner Franz W., Gehaltsumwandlungen in Kindergartenzuschüsse, BB 1992, 2483ff

Wagner Klaus-R., Renaissance der Mitarbeiterbeteiligung, BB 1995, Beil. 7 zu Heft 25, 1ff

Wagner Klaus-R., Ergebnisorientierte variable Vergütungen, BB 1997, 150ff

Wagner Klaus-R., Rechtliche Fragen des Investivlohns, BB 1998, Beilage 11 zu Heft 41, 1ff

Wagner D. / Grawert A. / Langemeyer H., Cafeteria-Modelle - Möglichkeiten der Individualisierung und Flexibilisierung von Entgeltsystemen für Führungskräfte, Tübingen 1993

Weber Rolf, Probleme der bargeldlosen Erfüllung von Geldschulden, SJZ 1982, 137ff

Weber Rolf, Kommentar zum BBiG, laufende Sammlung, Köln

Weber Ulrich, Nachschlag mit Aktienoptionen, Capital 7/99, S. 203ff

Weilenmann Rolf, Value Based Compensation Plans, Bern et al 1999

Weitnauer H. / Holtkamp H.-G., Anmerkung zu BAG, Urteil v. 12.3.1974, AP Nr. 1 zu § 115 GewO

Weitnauer H., Anmerkung zu BAG, Urteil v. 6.12.1978, AP Nr. 4 zu § 115 GewO

Wesel Uwe, Geschichte des Rechts - von den Frühformen bis zum Vertrag von Maastricht, München 1997

Wieczorek Bernhard / Schütze Rolf A., Zivilprozeßordnung und Nebengesetze, vierter Band, zweiter Teilband, §§ 808-915h, 3. Auflage, Berlin - New York 1999

Wolf Christian, Variable Vergütung in Form eines Cafeteria-Plans, BB 1993, 928ff

Wolf Niels G., Voll im Trend - deferred taxation, DB 1999, 16ff

Wörlen Rainer, Arbeitsrecht - Lehrbuch, Strukturen, Übersicht, 4. Auflage, München 2000

Ziegler Karl-Heinz, Die Wertlosigkeit der allgemeinen Regeln des BGB über die sog. Wahlschuld (§§ 262-265 BGB), AcP 171 (1971), 193ff

Zippelius Reinhard, Juristische Methodenlehre, 6. Auflage, München 1994

Zmarlik Johannes / Anzinger Rudolf, Kommentar zum ArbZG, Heidelberg 1995

Zöllner Wolfgang / Loritz Karl-Georg, Arbeitsrecht, 5. Auflage, München 1998

FSC
www.fsc.org
MIX
Papier | Fördert
gute Waldnutzung
FSC® C083411

Kolibri 360 GmbH
Ferdinand-Jühlke-Straße 7
99095 Erfurt, Deutschland
produktsicherheit@kolibri360.de

Druck:
CPI Druckdienstleistungen GmbH
im Auftrag der
Kolibri 360 GmbH
Ferdinand-Jühlke-Str. 7
99095 Erfurt